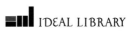IDEAL LIBRARY

공자와 그의 제자들 1

공자와 천하를 논하다

신동준 지음

이상의 도서관 2

한길사

ＥＩＩＩ 이상의 도서관²

공자와 그의 제자들 1
공자와 천하를 논하다

지은이 · 신동준
펴낸이 · 김언호
펴낸곳 · (주)도서출판 한길사

등록 · 1976년 12월 24일 제74호
주소 · 413-756 경기도 파주시 교하읍 문발리 520-11
　　　www.hangilsa.co.kr
　　　E-mail: hangilsa@hangilsa.co.kr
전화 · 031-955-2000~3　　팩스 · 031-955-2005

상무이사 · 박관순 ㅣ 영업이사 · 곽명호
편집 · 박희진 ㅣ 전산 · 김현정
마케팅 및 제작 · 이경호 이연실 ㅣ 관리 · 이중환 문주상 장비연 김선희

출력 · 지에스테크 ㅣ 인쇄 · 만리사 ㅣ 제본 · 쌍용제책

제1판 제1쇄 2007년 10월 25일
제1판 제2쇄 2010년　2월 10일

값 15,000원
ISBN 978-89-356-5853-4 04150
　　　978-89-356-5856-5 (전2권)

이 도서의 국립중앙도서관 출판시도서목록(CIP)은
e-CIP 홈페이지(http://www.nl.go.kr/cip.php)에서 이용하실 수 있습니다.
(CIP제어번호: CIP2007003180)

至聖孔子　名丘字仲尼山東　兗州府曲阜縣人

공자의 전신상

공자는 학자라기보다는 혼탁한 세상을 구하고자 한 현실 정치가였다.

그에게 학덕이란 오로지 인민의 행복을 증진시키는 행위, 즉 정치를 위해

필요한 것이었다. 그가 말한 '군자학'은 바로 '치평학'의 관점에서 이해해야 한다.

협곡(夾谷)회동

공자가 크게 활약한 협곡(夾谷)회동 모습. 당시 공자는 군주가 행하는 의식을
곁에서 돕는 상례(相禮)가 되어 노정공을 수행했다. 이 때의 활약을 계기로
공자는 집정대부인 계씨에게 능력을 인정받고 열국 제후들로부터 주목을 받았다.

사양자(師襄子)에게 거문고를 배우는 공자
공자는 석경과 거문고에 능한 사양자로부터 거문고를 배우면서
곡을 지은 사람의 됨됨이까지 알아내는 수준에 이른다.
비로소 '이순'의 경지에 들어간 것이다. 공자는 제나라 유학생활 중에도
이르는 곳마다 고대의 예악을 구했을 정도로 음악에 조예가 깊었다.

공자의 묘비

공자는 노애공 16년에 세상을 떠났다. 공자 사후 공문의 본산이었던
산동성 곡부의 집과 제자들이 쓰던 내실은 공자묘(孔子廟)로 조성되었다.
공자는 '만세의 사표'로 추앙되어 오늘날까지 큰 영향을 미치고 있다.

"정치란 가까이 있는 자들은 기뻐하게 만들고,
먼 곳에 있는 자들은 가까이 다가오도록 만드는 것이다."

• 공자

불가능한 줄 알면서도 하는 자의 길

• 머리말

유가(儒家)사상은 역사적으로 불교·도교와 더불어 유·불·도 3교의 하나로 간주돼왔다. 방대한 규모의 정치사상 체계가 종교의 일종으로 간주돼온 것은 전례 없는 일이다. 이는 유가의 상제례(喪祭禮)에 나타나는 조상신에 대한 경배(敬拜) 의식을 부처 등에게 복을 비는 신앙 행위와 동일한 것으로 간주한 데서 비롯되었다. 공자가 석가 및 예수 등과 더불어 성인(聖人)으로 호칭되고 있는 것도 이와 관련이 깊다.

그러나 정작 당사자인 공자는 스스로를 종교적 성인으로 생각한 적도, 자신의 사상체계를 종교의 일종으로 파악한 적도 없다. 『논어』를 비롯한 고문헌에 나타나는 성인은 '사물의 이치를 통찰한 뛰어난 인물'을 뜻하는 말이다. 그럼에도 아직까지 성인의 '성'(聖)을 '거룩할 성', 현자의 '현'(賢)을 '어질 현'으로 새긴 조선시대의 잘못된 해석이 횡행하고 있다.

『논어』에서 '성'은 문맥상 '통할 성'으로 새겨야만 한다. 사물의 이치에 통했다는 뜻이다. '현' 역시 유덕(有德)의 의미를 지닌 '어질 성'으로 새겨서는 안 되고 승(勝)의 의미를 지닌 '빼어날 현'으로 새겨야만 한다. 『논어』에서 말하는 군자와 성현은 전적으로 학문을 닦은 사람을 뜻한다. 『순자』「유효」(儒效)편의 다음 구절이 증거이다.

"듣지 않는 것은 듣는 것보다 못하고, 듣기만 하는 것은 보는 것만 못하고, 보기만 하는 것은 아는 것만 못하고, 알기만 하는 것은 행동하는 것만 못하다. 배우는 것이 행동하는 데 이르면 그치는 것이다. 행동하게 되면 통달하여 밝아지고, 밝아지면 성인이 된다."

여기에 제시된 성인에 이르는 길은 '문(聞)-견(見)-지(知)-행(行)'으로 이뤄져 있다. '문견'은 '지', '지'는 '행'의 전단계로 설정돼 있다. 모든 것이 순차적으로 이뤄져 있는 까닭에 중간을 생략한 비약은 존재하지 않는다. 이는 견문이 짧으면 진정한 학문적 지식이 될 수 없고, 학문적 지식 또한 실천적 행동으로 표출되지 않으면 그 취지를 살릴 수 없다는 뜻을 담고 있다.

공자는 이런 자세로 '불가능한 줄 알면서도 하는 자'의 길을 걸었다. 군자를 양산해 현세를 군자들로 가득 찬 세상으로 만들고자 한 신념에서 비롯된 것이었다. 플라톤이 유일무이한 '철인'(哲人)의 출현을 통해 이상세계를 구현코자 한 데 반해 공자는 '군자'의 양산을 통해 이를 구현코자 한 셈이다. 공자는 엘리트주의에 젖어 있던 플라톤과 달리 모든 인간의 이지(理智)에 무한한 신뢰를 보냈다. 그가 다양한 사람들 사이의 조화로운 관계를 뜻하는 인(仁)을 역설한 것은 바로 이 때문이었다. 이를 통해 동양과 서양의 성현 개념이 전혀 다른 차원에서 출발하고 있음을 분명히 확인할 수 있다.

공자는 유일신인 야훼의 아들을 자처한 예수나 알라의 계시를 받은 마호메트, 대각(大覺)을 이뤄 부처가 된 석가모니와 같은 종교적 성인이 아니었다. 그는 생전에 『논어』의 성현은 말할 것도 없고 자신이 이상적인 위정자상으로 제시한 군자를 자처한 적조차 없다. 그렇다면 공자는 과연 어떤 인물이었을까. 다시 『순자』 「유효」편에 이런 구절이 나온다.

"내가 천하면서 귀해지려 하고, 어리석으면서 지혜롭게 되려 하고, 가난하면서 부유해지려 하면 그것이 과연 이뤄질 수 있는 것일까. 그 것을 가능케 하는 것은 오직 학문뿐이다. 배운 것을 행하면 '사'(士)가 되고, 더욱 성실히 애쓰면 '군자'가 되고, 사물의 이치를 통달하면 '성 인'이 된다."

동양 전래의 고전 속에 공자사상의 진수를 이처럼 간단명료하게 풀 이해놓은 구절은 없다. 공자사상의 정맥이 맹자가 아닌 순자로 이어졌 다는 유력한 증거가 아닐 수 없다. 공자가 말한 성인과 군자는 전적으 로 학문을 닦고 이를 실천하는 과정을 통해 이룰 수 있는 것이다. 그럼 에도 오랫동안 이런 사실이 간과되어왔다. 맹자사상을 이어받은 성리 학의 영향 때문이다. 맹자는 학문의 연마 과정을 생략한 채 덕성의 함 양만을 크게 강조했다. 『맹자』 「이루 상」편에 나오는 다음과 같은 언 급이 대표적이다.

"성인은 인륜의 지극한 경지를 이룬 사람들이다. 만일 지극한 군주가 되고자 하면 군도(君道)를 다하고, 지극한 신하가 되고자 하면 신도(臣 道)를 다하면 된다. 군도와 신도 모두 오직 요·순을 닮는 것뿐이다."

맹자는 마치 종교 교설과 같이 요·순을 닮는 노력을 기울이기만 하 면 '군도'와 '신도'를 다하는 성인의 경지에 오를 수 있다고 단언한 것 이다. 그러나 과연 요·순으로부터 무엇을 배울 것인가. 요·순은 전 설속의 인물에 불과할 뿐이다. 학문 연마가 생략된 덕행의 함양은 공 자사상에 대한 일대 왜곡이 아닐 수 없다. 전국시대 말기에 태어나 공 학(孔學)을 집대성한 순자가 맹자를 질타한 이유다.

공자는 생전에 맹자와 같이 전설적인 성왕인 요·순을 닮기만 해도 된다고 말한 적이 결코 없다. 나아가 어떤 책 한 권이나 한 질의 책 속에서 진리의 척도를 발견할 수 있다고 말한 적도 없다. 공자는 사상의 근원을 책에서 구하지도 않았지만 남에게 강요하지도 않았다. 공자에게 학문과 삶은 유기적으로 결합되어 있었다. 유가 후학들이 삶의 실체를 무시한 채 유가경전만을 극도로 존중한 것은 공학의 기본취지와 배치되는 것이었다.

우리는 한때 반동사상으로 몰렸던 공자사상이 21세기의 디지털시대에 들어와 동서고금의 문명을 관통하는 새로운 패러다임으로 부상하고 있는 점에 주목할 필요가 있다. 인간을 우주만물의 중심으로 본 그의 인귀(人貴)사상과 평생 동안 학문을 부단히 연마할 것을 역설한 수학(修學)정신이 높이 평가받고 있다. 이 책 역시 공자사상 속에서 새로운 패러다임의 단서를 찾아내고자 하는 노력의 일환으로 나온 것이다.

이 책은 조선 말기의 다산(茶山) 정약용(丁若鏞) 이후 공자 당시의 고의(古義)를 좇아 공자 및 유가사상을 완전히 새롭게 풀이해놓은 최초의 저서에 해당한다. 제1권은 『사기』 등의 사서와 제자백가서를 두루 참조해 공자의 일생을 역사적 사실에 가깝게 복원해냄으로써 독자들이 공자사상의 형성배경과 요체 등을 자연스럽게 파악할 수 있도록 꾸몄다. 제2권은 유가를 비롯한 제자백가의 사상투쟁 과정을 정밀하게 추적함으로써 제자백가 사상의 연원이 과연 어디에 있고 공학의 정맥이 어디로 흘러갔는지를 확연히 파악할 수 있도록 구성했다. 독자들은 이를 통해 순자가 공자사상의 적자임을 새롭게 확인할 수 있을 것이다.

21세기 동북아시대는 공자사상에 대한 올바른 이해에서 출발할 수밖에 없다. 비약적인 경제발전을 거듭하고 있는 중국에서 『논어』 암송이 열병처럼 퍼져 있고 수뇌부 역시 마르크시즘을 대체할 새로운 통치이념으로 유가사상을 적극 검토하고 있는 사실이 이를 뒷받침한다. 그럼에도 현재 우리나라의 서점가에 나와 있는 수많은 공자전기와 유가경전 해설서는 거의 예외 없이 성리학시대의 주석에서 한 치도 벗어나지 못하고 있다. 공학의 정맥이 순자가 아닌 맹자로 이어졌다는 천편일률적인 해설이 그 실례이다. 21세기를 주도적으로 열어 나가고자 하는 모든 사람들이 공자사상을 올바로 이해하는 데 이 책이 일조할 수만 있다면 필자에게는 더 없는 기쁨이다.

2007년 성하(盛夏) 정릉 학오재(學吾齋)에서
신동준

공자와 그의 제자들 1
공자와 천하를 논하다

머리말 | 불가능한 줄 알면서도 하는 자의 길　　　　　　　　11

서론 | 공자사상의 형성　　　　　　　　　　　　　　　　21
　　치평학을 중심에 둔 새로운 공자사상　　　　　　　22
　　치평, 군자학의 본령　　　　　　　　　　　　　　29
　　유(儒)의 어원적 의미　　　　　　　　　　　　　34
　　중국 합리주의 정신의 맹아, '티엔'　　　　　　　　39

1 천하가 어지러워 하극상이 만연하다　　　　　　　49
　　춘추시대와 전국시대를 잇는 교량, 오월시대　　　55
　　종법제를 토대로 성장한 주왕조의 천명론　　　　60
　　춘추시대 열국의 패권다툼　　　　　　　　　　67
　　공자 탄생 당시의 천하형세　　　　　　　　　　71
　　노나라의 실권세력 3환의 전횡　　　　　　　　77

2 시골 하급무사의 서자로 태어나다　　　　　　　81
　　공자 출생을 둘러싼 허구　　　　　　　　　　85
　　공자 가계의 조작 가능성　　　　　　　　　　90
　　공자의 부친 숙량흘　　　　　　　　　　　　96
　　출생시점을 둘러싼 논란　　　　　　　　　　103

3 6예를 연마하며 천하에 뜻을 두다　　　　　　107
　　'동서남북지인'의 심정　　　　　　　　　　110
　　예·악·사·어·서·수, 6예의 학습　　　　　118
　　'호학'에 대한 자부심　　　　　　　　　　129

4 3환의 전횡에 분노해 유학을 떠나다   137

자산·안영·숙향이 이끈 '현상시대'   141
왕패병용의 묘리   148
노소공의 제나라 망명   155
제나라 유학길에 오른 공자   162
제나라에 머무는 동안   169

5 양호의 집권에 사숙을 열고 때를 보다   179

출사 권유   182
양호와의 출사 약속을 파기하기까지   190
진정한 혁명가 공자   200

6 하대부가 되어 3환의 거세를 추진하다   205

출사 이후의 관력   209
대부의 반열에 오른 '협곡회동'   217
'3도 도괴' 계책   223
여악설·번육설·추방설   231

7 이상국을 세우기 위해 천하를 주유하다   239

선부후교에 입각한 천하유세 여정   244
위나라에서 광 땅으로   250
사마환퇴의 핍박과 조난의 경험   261
공·사 개념을 다룬 섭공과의 문답   276
일민(逸民)과의 만남   285
천하유세의 종료   298

8 고전을 정비하여 유가의 기틀을 만들다   311

치평학 교과목 정립과 손익사관   314
'가상설'의 성행과 설화의 경전화   328
외교관의 필수도구, 『시』   335
질서와 조화의 논리, 『예』·『악』   341
『춘추』와 『역』   351
『논어』의 편찬자   360

9 사숙을 다시 열어 후기제자를 육성하다   371

고전 정비와 제자 육성에 보낸 말년   375
계강자의 자문을 받는 공자   379
백어와 안연의 죽음   388
공자가 중병에 걸린 시점   393
자로의 죽음   401
공자의 죽음   405

10 군자학의 정립으로 만세의 사표가 되다   413

공자의 인 사상   415
인지합일   418
극기복례와 예악사상   424
천·명 사상   430
공자, 인본주의 사상의 정수   436

찾아보기 441

공자와 그의 제자들 2

제자백가, 사상을 논하다

1. 제자들이 공자사상을 사방에 전하다

2. 유가학단이 사상계를 지배하다

3. 다양한 학파가 등장해 적통을 다투다

4. 약육강식의 전국시대가 도래하다

5. 묵가가 처음으로 유가에 도전장을 내밀다

6. 도가가 무위자연을 내세워 유가를 공격하다

7. 법가가 부국강병을 기치로 유가에 도전하다

8. 맹자가 적통을 자처하며 천하를 주유하다

9. 순자가 모든 사상을 하나로 융합하다

10. 순자의 사상통합으로 유가사상이 부활하다

공자의 주요 제자들

이 책에 나오는 주요 학자들

춘추전국시대 연표

참고문헌

찾아보기

공자사상의 형성

• 서론

공자는 평생 봉건정이 무너지고 학덕을 연마한 군자가 다스리는 새 세상이 도래하는 날을 고대했다. 그가 14년에 걸친 천하유세에 나선 이유가 여기에 있다. 그러나 공자는 철환천하(轍環天下)에도 불구하고 아무런 성과도 얻지 못했다. 그는 고향으로 돌아온 뒤 4년 여의 여생을 모두 고전을 정리하고 제자를 육성하는 데 바쳤다. 그가 만세의 사표(師表)가 될 수 있었던 것은 바로 이 때문이었다. 그가 만년에 고국으로 돌아와 제자들을 양성하지 못했다면 단지 자신의 이상을 위해 열심히 애쓰다가 생애를 마친 인물로 끝났을 것이다.

공학의 요체는 애인(愛人)에 있다. 이는 기본적으로 인간의 이지(理智)에 대한 무한한 신뢰에서 비롯된다. 동서고금의 성철(聖哲) 중 공자만큼 인간의 이지에 깊은 신뢰를 보낸 사람은 없었다. 물론 예수와 석가 역시 '애인'을 언급하고 있으나 이는 어디까지나 초월적인 숭신(崇神)과 해탈(解脫)을 전제로 한 것으로 공학의 '애인'과는 차원이 다르다. 공자는 인간을 우주의 중심으로 간주했다. 또한 인간의 합리적인 이성에 기초한 보편적인 인간관계를 압살하는 신분세습의 봉건정을 혐오했다.

치평학을 중심에 둔 새로운 공자사상

동양에서는 오랫동안 통치의 요체를 『대학』에 언급된 '수제치평'(修齊治平)으로 간주했다. 이는 공자의 통치사상을 요약한 것으로 학덕(學德)을 연마한 군자가 다스리는 '군자정'(君子政)을 말한다. 공자가 평생을 두고 정리한 학문 역시 학덕을 연마한 군자가 위정자가 되어 다스리는 '군자학'(君子學)이었다. 이는 세상을 다스리는 이치를 이론과 실천을 통해 터득하는 것을 골자로 삼은 일종의 '치평학'(治平學)이었다. 『대학』이 이를 '수제치평'으로 요약해놓은 것이다. '치평'은 군자가 위정자가 되어 국가와 천하를 다스리는 것을 뜻한다.

'군자학'은 통치의 궁극적인 목적이 통치대상인 일반 백성의 안녕과 복리를 증진하고 자아실현을 돕는 데 있다는 점에서 일종의 '치인학'(治人學) 또는 '위민학'(爲民學)이기도 했다. '수제치평'을 흔히 '수기치인'(修己治人)으로 요약하는 이유다.

그러나 후대의 성리학은 '수제'를 '치평'을 위해 반드시 요구되는 선결요건으로 간주했다. 이는 유학을 '삼강오륜'(三綱五倫)으로 상징되는 강상명교(綱常名敎)의 윤리도덕철학으로 왜소화하는 데 결정적인 원인을 제공했다. 공자가 평생을 두고 정리한 '군자학'이 왜곡된 것은 이 때문이었다.

'군자정'은 '군주정'(君主政)과 개념이 다르다. 이는 군치(君治)와 신치(臣治)를 통칭한 말이다. 현대정치의 용어로 풀이하면 '군치'는 최고 통치권자가 국정운영의 최종 책임을 지는 대통령제에 가깝고 '신치'는 의원내각제에 가깝다. 그런 점에서 '군자정'은 곧 대통령제와 의원내각제를 융합한 개념이라고 할 수 있다. 이는 군자를 군주와 신료의 공칭(共稱)으로 보는 데 따른 것이다. 이를 바람직한 통치를 뜻하는 치도(治道)의 차원에서 군도(君道) 및 신도(臣道)로 부른다.

군자정에 관한 공자의 기본입장은 『논어』에 고스란히 수록돼 있다. 공자는 전래의 고전을 산삭(刪削)해 현존하는 유가경전의 원형을 만들었다. 그의 생애와 사상을 가장 완벽하게 담고 있는 『논어』는 비록 후대 제자들의 손에 의해 편제된 것이기는 하나 공자의 언행을 충실히 반영하고 있다.

이는 서양의 대표적인 사상가인 소크라테스의 사상을 담은 『국가』와 『법률』 등이 모두 제자인 플라톤에 의해 저술된 것에 비유할 수 있다. 서양 사상가들은 플라톤의 저서를 토대로 소크라테스를 연구할 수밖에 없다. 서양철학은 모두 플라톤의 해석에 지나지 않는다는 화이트헤드의 말도 이런 맥락에서 이해할 수 있다.

『논어』는 플라톤의 『국가』와 『법률』에 해당한다. 다만 『논어』는 여러 차례에 걸쳐 편제되었고 저자가 여러 명인데다가 그 이름을 확인할 수 없다는 점이 다를 뿐이다. 그러나 『국가』 및 『법률』과 마찬가지로 공학(孔學)의 원전에 해당한다. 전한제국 초기에 공학이 유일한 관학(官學)으로 선포된 이후 청대 말기의 공양학(公羊學)에 이르기까지 모든 사상은 공학의 변용에 지나지 않는다고 평가하는 것은 이 때문이다. 그런 의미에서 동양의 모든 통치사상은 공자사상의 해석에 지나지 않는 셈이다.

공자사상이 국가적인 차원에서 높은 평가를 받게 된 것은 전한제국 초기인 한문제(漢文帝) 이후의 일이다. 한문제의 뒤를 이은 한무제(漢武帝)가 '독존유술'(獨尊儒術)을 선포한 이래 유학이 유일한 관학이 되기는 했으나 공자의 언행이 불변의 진리로 통용될 정도는 아니었다. 후한제국 초기에 왕충(王充)은 『논형』(論衡) 「문공」(問孔)편에서 『논어』의 문제점을 일일이 적시한 바 있다. 나아가 삼국시대 당시 공자의 후손인 위(魏)나라의 공융(孔融)은 조조를 조소한 죄로 끝내 죽음을 당하고 말았다. 공자의 자손이라고 해서 특별한 존중을 받은 것도 아니다.

공학이 지고의 관학으로 존재한 것도 아니었다. 남북조시대를 풍미한 청담파(淸談派)는 동진(東晉)이 간판으로 내건 유가의 예교주의(禮敎主義)를 인간을 속박하는 굴레로 매도했다. 이는 당시의 공학에 대한 신랄한 비판이었다. 청담파의 우두머리 격인 완적(阮籍) 등은 『세설신어』(世說新語) 「임탄」(任誕)편의 일화에 나와 있듯이 예교주의를 철저하게 비웃었다. 청광(淸狂)을 숭상하며 예교주의를 비판한 청담파가 남북조(南北朝)시대를 풍미한 것은 당시 공학이 최고의 학문으로 통용되지는 않았음을 방증한다. 유학은 전한제국 때 한무제가 '독존유술'을 선언하면서 유일한 관학이 되기는 했으나 송대 이전까지만 하더라도 그 위상이 확고부동한 것은 아니었다.

당제국 때에 들어와 도가와 불가의 도전이 거세지면서 유가는 크게 위축되었다. 그러나 공영달(孔穎達)이 『오경정의』(五經正義)를 편찬하고 유가경전이 과거과목으로 채택되면서 공학이 다시 발흥하기 시작했다. 당시 한유(韓愈)는 도가와 불가를 이단으로 몰아가며 유가의 부흥을 외치고 나섰다. 뒤이어 남송대에 주희(朱熹)에 의해 『논어』와 『맹자』가 경전에 더해지고 『대학』과 『중용』을 포함한 사서(四書)가 오경(五經)보다 중시되면서 유학은 확고한 위치를 차지하게 되었다. 이후 유학은 더 이상의 도전을 받지 않은 채 청대 말까지 유일한 관학으로서의 위치를 굳건히 유지했다.

공자에 대한 추숭(追崇)작업도 활발히 전개되었다. 송대에 들어와 공자는 '대성지성문선왕'(大成至聖文宣王)으로 숭앙되어 사상 처음으로 왕의 반열에 오르게 되었다. 명대 가정(嘉靖) 연간에 '문선왕'의 칭호가 빠지고 대신 '지성선사공자지위'(至聖先師孔子之位)라는 명칭을 얻게 되었다. 송대에 공자의 위격이 왕의 반열로 격상되자 공자의 직제자는 말할 것도 없고 주희와 같은 경전의 주석가까지 공자묘(孔子廟)에 종사(從祀)되었다.

이로 인해 이들의 위계를 정하는 일이 때로 적잖은 파문을 일으키기도 했다. 북송대의 휘종(徽宗)은 왕안석(王安石)을 공자묘에 배향하면서 그의 위패를 파격적으로 제2, 3위를 차지하고 있던 안회와 맹자를 제치고 공자 다음 자리에 배치했다. 선왕인 신종(神宗) 때 변법을 주도한 왕안석을 높이 평가했던 것이다.

이를 계기로 공자묘도 세속적인 권위를 다투는 장소가 되고 말았다. 임진왜란 당시 조선에 온 동지(同知) 심사현(沈思賢)은 성균관 내 문묘에 공자의 제자 72현이 모셔져 있지 않은 것을 지적하면서 호거인(胡居仁)과 진헌장(陳獻章), 왕수인(王守仁), 설선(薛瑄) 등의 4현까지 제사지내야 한다고 주장하기도 했다. 송대에 사대부에 의한 관료지배 체제가 확립되면서 유가의 권위는 부동의 것이 되었다. 명청대에 이르러서는 천자도 문묘의 석전(釋典)에 참석하는 것이 하나의 관행으로 굳어졌다. 이후 유가사상은 유일무이한 체제이론으로 작용하게 되었다.

그러나 유가사상은 19세기 후반에 이르러 서양 제국주의의 침탈을 계기로 비판의 도마 위에 오른 후 근 1백 년 넘게 줄곧 반동사상으로 낙인찍혀 타도대상이 되고 말았다. 공자와 그의 사상에 대한 평가는 19세기 중엽에 터진 '태평천국(太平天國)의 난' 때 큰 전환점을 맞았다. 공자는 이때 사상 처음으로 봉건군주를 옹호한 사람으로 몰려 비판의 도마 위에 오르게 되었다. 이후 지난 20세기 후반 문화대혁명의 시기까지 시종 역사를 후퇴시킨 표상으로 매도되었다. 중국 인민의 절대적인 지지를 받았던 대문호 노신(魯迅)이 '봉건적 누습(陋習)의 근원'으로 비판한 것이 실례이다.

중국현대사의 신기원을 연 운동으로 평가되는 5·4운동이 일어났을 당시에도 공자는 중국의 근대화에 결정적인 걸림돌이 되는 타도대상에 불과했다. 문화대혁명 때에는 봉건노예제 계급의 이익을 대변한 반동으로 몰려 지하에서마저 편히 쉴 수도 없었다. 그러다가 중국이 개혁개방으로 방향을 튼 지난 세기 말 이후 서서히 복권되기 시작해 마침내 21세기에 들어와서는 중국문화의 상징으로 부활했다. 이는 문화대혁명의 광풍이 지나간 뒤 중국이 대대적인 개방정책을 취한 데 따른 것이었다. 이후 이런 움직임에 가속도가 붙어 21세기로 넘어오면서는 유가사상이 종래의 마르크시즘을 대체할 새로운 통치사상으로 각광받기 시작했다.

유학은 역사가 장구한 만큼 서양의 소크라테스 및 플라톤과 달리 숱한 우여곡절을 겪을 수밖에 없었다. 그렇다면 공자는 어떻게 21세기에 들어와 중국문화의 상징으로 극적인 변신을 하게 된 것일까. 중국은 지난 1970년대 말에 '사인방'(四人幇)이 몰락한 뒤 실용주의자들에 의한 개혁개방이 본격화하면서 공자를 조심스럽게 복권시켰다. 공자의 부활은 개혁개방의 시간표와 더불어 서서히 표면화되었다. 중국정부는 시간이 무르익었다고 판단된 지난 2005년을 기점으로 공자탄신일을 국가 차원의 축제일로 만들어 공자의 부활을 공식 선언하고 나섰다. 우리에게는 그 흐름이 제대로 드러나지 않았던 까닭에 공자의 부활이 급작스런 것으로 여겨졌을 뿐이다.

중국정부가 공자 부활을 공식 선언하고 나선 것은 개혁개방 이후 더이상 기존의 공산주의이념만으로는 인민들을 효과적으로 통치할 수 없다는 판단에서였다. 지난 세기 말에 이미 장쩌민(江澤民)체제는 '위대한 중화민족 부흥'이라는 구호 아래 전통문화를 중시하는 운동을 전개한 바 있다. 현재의 후진타오(胡錦濤)체제 역시 유가사상에서 차용한 '사람을 근본으로 하는 통치'를 국정지표로 내세우고 있다. 중국 수뇌부의 이런 행보는 시간이 갈수록 더욱 가속도를 내는 양상이다.

현재 중국의 통치이데올로기는 사실상 유가사상으로 방향전환을 했다는 것이 전문가들의 대체적인 견해이다. 일각에서는 후진타오체제가 조만간 공자사상을 바탕으로 한 '유가민족주의'(儒家民族主義)를 새로운 통치 이데올로기로 채택할 공산이 크다는 전망마저 내놓고 있다. 중국이 21세기에 들어와 시도하고 있는 놀라운 변신의 핵심에 공자가 자리 잡고 있는 셈이다. 이는 21세기 동북아시대가 전개되면서 과거 2백 년 가까이 세계를 제패해온 서양의 자유민주주의와 공산주의와는 차원이 다른 새로운 통치이념이 등장할 가능성을 예고하는 것이기도 하다.

새롭게 각광받는 공자사상은 사변적인 윤리도덕철학에 해당하는 과거의 성리학 등과는 질적으로 다를 수밖에 없다. 공자사상은 구체적으로 무엇을 말하는 것일까. 공자의 생애와 사상을 정확히 파악하기 위해서는 『논어』를 비롯한 유가경전과 『춘추좌전』, 『사기』 등의 관련사서, 『장자』, 『한비자』 등 제자백가서를 모두 참조해 역사적 사실에 부합하는 것만을 취사선택한 뒤 종합적으로 판단할 필요가 있다. 지난한 작업이 아닐 수 없다. 동양정치사상을 전공한 필자는 그간 춘추전국시대의 역사와 사상에 관한 일련의 논문과 책을 꾸준히 펴내왔다. 필자가 감히 공자에 대해 종합적인 분석을 시도할 수 있었던 까닭이다.

과거에도 적잖은 사람들이 공자의 왜곡된 생애 및 사상 등을 시정하기 위해 많은 노력을 기울였다. 이들 중 뛰어난 성과를 거둔 사람도 적지 않다. 대표적인 인물로 우선 청대 말기의 고증학자 최술(崔述)을 들수 있다. 그는 『수사고신록』(洙泗考信錄)에서 『논어』에 삽입된 후대 유가의 위문(僞文)을 대거 찾아내 공자사상의 원형을 복원하는 기본지침을 마련했다. 조선의 대표적인 실학자 정약용은 『논어고금주』(論語古今註)에서 성리학에 입각한 기존의 해석과 달리 방대한 주석을 통해 『논어』의 고의(古義)를 찾아내는 개가를 올렸다.

현대에 들어와 일본의 저명한 정치학자인 기무라 에이이치(木村英一)도 『공자와 논어』에서 과학적인 분석방법을 동원해 『논어』를 상세히 분석함으로써 유가학단의 전개과정 연구에 새로운 이정표를 제시했다. 갑골학(甲骨學)과 금문학(金文學)으로 명성이 높은 시라카와 시즈카(白川靜)도 『공자전』(孔子傳)에서 그간의 성과를 토대로 공자의 성장배경과 사상형성 과정에 대해 독특한 분석을 선보였다. 문학을 전공한 요시카와 고지로(吉川幸次郎)의 『공자』와 『논어』도 공자사상에 대한 종합적인 분석을 시도한 역저이다. 미국의 저명한 동양학자 크릴(H. G. Creel)도 『공자, 인간과 신화』(Confucius: The Man and the Myth)에서 공자사상이 서양의 지성사에 미친 영향을 정밀히 추적해내는 성과를 올렸다.

이들의 저서는 「공자세가」 내지 성리학에 기초한 기존의 관련서와 달리 매우 엄밀한 분석방법을 동원해 공자의 생애와 사상을 치밀하게 추적했다는 점에서 가히 공자 관련서의 압권(壓卷)이라고 할 수 있다.

치평, 군자학의 본령

공자사상은 기본적으로 두 가지 점에서 여타 사상과 커다란 차이를 보인다. 하나는 치평(治平: 치국평천하)을 중시한 점이다. '치평'은 20세기 최고의 지성으로 불리는 한나 아렌트(H. Arendt)의 표현을 빌리면 '비오스 폴리티코스'(bios politikos)에 해당한다. 정치적 삶이 배제된 삶은 진정한 삶이 될 수 없다는 통찰이 번득이는 대목이다. 다른 하나는 학지(學知: 학문과 지식)를 중시한 점이다. 한나 아렌트의 표현으로는 '비오스 테오레티코스'(bios theoretikos)다. 학문적 소양을 기초로 한 사려가 뒷받침되지 않는 한 진정한 의미의 정치적 삶을 추구할 길이 없다는 의미가 담겨있다. 이 때문에 공학이 수천 년에 걸쳐 제왕학(帝王學)의 전범(典範)으로 통용된 것이다.

일본 제왕학의 아버지로 불리는 오규 소라이(荻生徂徠)는 일본 에도 시대의 학자 중 창견(創見)이 가장 많은 인물이었다. 그는 당시 일본에서 가장 권위 있는 주석으로 여겨진 주희의 『논어집주』가 『논어』의 원의를 크게 왜곡시켜놓았다는 판단 아래 『논어징』(論語徵)이라는 새로운 주석서를 펴냈다. 공자 당시의 입장에서 공자사상을 해석하자는 '고문사학'(古文辭學)을 주창한 것이다. 그는 『소라이선생답문서』(徂徠先生答問書)에서 공자와 석가의 차이를 논하면서 이같이 언급했다.

"석가는 걸식을 하면서 살았고, 집도 없고, 처자도 없고, 심지어 국가와 천하도 문제 삼지 않았다. 그 도는 오로지 자기 몸 하나에 관한 것이다. 이것이 성인인 공자의 길과 갈리는 지점이다."

공학의 가장 큰 특징을 비오스 폴리티코스에서 찾은 셈이다. 소라이의 이러한 접근은 이토 진사이(伊藤眞齋)로부터 시작되었다. 진사이는 소라이보다 반세기 가량 앞선 학자였다. 그는 『논어고의』(論語古義)라는 주석서를 펴내 공자 당시의 상황을 징증(徵證)으로 삼아 『논어』를 풀이했다. 일본에서 본래 의미로 돌아가 유가경전을 해석하는 흐름은 진사이에서 시작되었다고 해도 과언이 아닌 것이다. 이로 인해 진사이는 일본의 소위 '고학'(古學)의 비조로 간주되고 있다. 진사이는 『논어』에 나오는 '백성들로 하여금 도리를 좇게 할 수는 있으나 그 도리를 일일이 알게 할 수는 없다'(民可使由之, 不可使知之)라는 구절을 이같이 풀이했다.

"백성에게 편의를 제공해야 하고, 이러한 편의를 제공한 것을 생색내듯 백성에게 그 이유를 떠들어서는 안 된다."

이는 공자가 마치 봉건정을 지지하는 것으로 본 고래의 해석과 정반대되는 것이다. 한때 공자에 비판적이었던 사람들은 이를 근거로 공자가 우민책(愚民策)을 지지했다는 주장을 펴기도 했으나 이는 공자가 말한 취지를 제대로 이해하지 못한 것이다. 소라이는 진사이의 『논어고의』를 보고 큰 감동을 받아 『논어징』을 썼다. 사상적으로 가장 낙후되어 있었던 일본에서 17세기에 들어와 오히려 공학이 크게 개화한 것은 바로 이 때문이었다. 서세동점의 와중에 유독 일본만이 개화에 성공해 서구 열강과 어깨를 나란히 하게 된 것도 이와 무관하지 않다. 이는 '군자학' 또는 '치평학'으로 요약되는 공학의 요체를 통찰한 데 따른 것으로 해석할 수밖에 없다.

공자 이전까지만 해도 군자는 문자 그대로 '군주의 아들'로 군주의 친척을 의미했다. 이는 생산에 종사하는 평민 즉 '소인'과 대비되는 말로 사용되었다. 초기 문헌에는 세습귀족을 지칭하는 의미로 사용되었다. 그러나 공자가 의미를 완전히 바꿔놓았다. 공자가 말한 '군자'

는 학덕을 겸비한 이상적인 위정자를 지칭한다. 후세에는 공자가 말한 의미로 통용되었다.

공자는 제자들에게 끊임없이 '군자유'(君子儒)가 될 것을 강조하면서 현실적으로 위정자가 되지 못할지라도 '정신적인 위정자'로서의 품위를 잃어서는 안 된다고 강조했다. 그는 내심 신분세습에 의해 통치자의 반열에 오른 군주와 경대부들이 자신의 제자들의 '군자' 행보를 보고 '군자학'의 필요성을 절감하기를 기대했는지도 모를 일이다. 시간이 지나 '군자'가 새로운 의미로 통용됨에 따라 유가의 행동규범에 따르지 않은 군주들은 자동적으로 '비군자' 즉 '소인'으로 분류되었다. '군자학'의 세례를 받은 유가는 세습적 군주가 아니라 바로 자신들이 진정한 군자이며 국정운영의 주인공이 되어야 한다고 주장할 수 있었다. 이러한 풍조가 봉건질서를 무너뜨리는 데 결정적인 공헌을 한 것은 말할 것도 없다.

공자가 생전에 강조한 '군자유'의 '유'(儒)는 어떤 의미를 지니고 있는 것일까. 이는 공자가 자신의 학단(學團)을 생전에 '유'로 정의했음을 시사하고 있다. 후대의 사람들이 공문의 학통을 이은 일군의 학자집단을 가리켜 '유가'(儒家)로 통칭한 것도 이와 무관하지 않다. 그러나 당시 공문과 공문 밖의 사람들이 '유'를 동일한 취지로 해석했던 것은 아니다. '대유'(大儒)와 '소유'(小儒)로 구성된 2인조 도굴범에 관한 『장자』「외물」(外物)편의 일화를 보면 쉽게 알 수 있다.

하루는 『시경』이나 『예기』에 의거해 무덤을 파헤치는 2인조 도굴범이 무덤을 파헤치게 되었다. 이때 밖에서 망을 보고 있던 '대유'가 무덤 속에 있는 '소유'에게 큰소리로 말했다.

"곧 동이 틀 것 같다. 일은 잘 되어가고 있는가."

'소유'가 무덤 속에서 대답했다.

"아직 치마와 속옷을 못 벗겼습니다. 입 속에 구슬도 들어 있습니다. 『시경』에 이르기를, '짙푸른 보리는 무덤가에 무성한데 생전에 남에게 베푼 일도 없는 자가 어찌 구슬을 물고 있는가'라고 했습니다."

이윽고 '소유'가 송장의 살쩍을 잡고 턱밑을 누르자 '대유'가 쇠망치로 그 턱을 부수고 천천히 두 볼을 벌려 송장의 입 안에 있는 구슬을 흠집 없이 끄집어냈다.

이 일화는 말할 것도 없이 유가를 비판하기 위해 만들어낸 것이다. 중국에서 도굴은 오랜 역사를 갖고 있다. 후장의 풍속이 남아 있는 한 귀중한 보물이나 장식품이 대거 부장된 귀족이나 호족의 무덤은 도굴을 면할 수 없었다. 삼국시대에 조비(曹丕)의 부인 곽태후(郭太后)는 언니가 죽었을 때 좌우에서 후장(厚葬)을 하려고 하자 적극 만류하며 이같이 말한 바 있다.

"고래로 사방의 분묘가 도굴된 것은 후장에서 비롯된 것이다."

그럼에도 후장은 근대에 이르기까지 끊이지 않았다. 20세기에 들어와 가장 유명한 도굴사건으로는 일명 서태후(西太后)로 불린 자희태후(慈禧太后)의 능묘에 대한 예를 들 수 있다. 비적 출신 군벌인 쑨뎬잉(孫殿英)이 저지른 이 사건은 훗날 청나라 마지막 황제인 푸이(溥儀)로 하여금 일본의 괴뢰국인 만주국 황제의 자리를 수락케 하는 데 커다란 영향을 미쳤다.

도굴꾼이나 비적들만 도굴을 저질렀던 것은 아니다. 전한 말기의 유흠(劉歆)이 지은 『서경잡기』(西京雜記)에 따르면 전한제국 광천왕(廣川王) 거질(去疾)은 도굴을 즐겨 수많은 무뢰배를 모아 자신의 영내에 있는 옛 무덤을 파헤친 뒤 이에 관한 기록을 남겼다고 한다.

능묘는 땅 속 깊은 곳에 만든 까닭에 지상에서는 위치를 알 길이 없다. 게다가 관을 두는 현실(玄室)로 통하는 지하의 연도(羨道)에 길목을 차단하는 장치 등을 두어 도굴범을 막았다. 그런데도 고대의 능묘는 어김없이 도굴을 당했다. 이는 능묘의 내부를 잘 아는 자의 소행으로 보아야 한다. 『장자』에 등장하는 '대유'와 '소유'도 그런 자들일 것이다.

장주(莊周)는 학문이 깊은 인물로 유학에도 남다른 조예가 있었다. 그가 『장자』 「외물」편에서 유가를 도굴범으로 묘사한 것도 당시 속유(俗儒)들의 비루한 행태를 비유적으로 표현한 것으로 볼 수 있다.

『장자』 「외물」편에 나오는 이 일화는 속유들에 대한 단순한 고발 차원을 넘어 유가의 기원과 깊은 관련이 있다. 유가집단을 학단(學團)이 아닌 교단(敎團)으로 간주해 상장(喪葬)을 전담한 무축(巫祝)집단을 유가집단의 원형으로 추정하는 견해와 연결되는 것이다. 이런 추정이 과연 맞는 것일까.

본래 유가경전에는 상례와 장례에 관한 기록이 많다. 한나라 초기에 나온 『예기』 49편 중 절반 이상이 이러한 얘기로 채워져 있다. 『예기』는 『의례』(儀禮)를 토대로 만들어진 것이다. 『예기』 「잡기 하」편에 따르면 『논어』 「양화」편에 나오는 '유비'(儒悲)는 노애공의 명을 받고 공자에게 '사상례'(士喪禮)를 배워 『의례』 「사상례」편을 만든 것으로 알려지고 있다.

'유비'에 대해서는 여러 얘기가 있으나 공자에게 그다지 인정을 받지 못한 제자로 보인다. 『논어』 「양화」편에 나와 있듯이 유비가 찾아왔을 때 공자가 병을 핑계 삼아 만나주지 않았다는 사실을 통해 짐작할 수 있다. 공자는 상례의 기록 등을 일삼는 '유비'를 일종의 '소인유'로 간주했던 것으로 보인다.

예로부터 장례를 후하게 치르고 오랜 상기(喪期)를 강조한 유가의 '후장구상'(厚葬久喪)은 제자백가들에게 많은 비판을 받았다. 선진시대에 가장 통렬한 비판을 가한 학단은 묵가(墨家)였다. 후장과 대비되는 절장(節葬)을 강조했던 묵가는 유가학단을 싸잡아 속유의 무리로 비판했다. 『묵자』의 「절장」과 「절용」(節用)편을 비롯해 「비유」(非儒)와 「비악」(非樂)편 등은 모두 유가의 '후장구상'을 비판하는 내용으로 점철되어 있다.

『맹자』 「등문공 상」편에는 맹자가 등정공(滕定公)이 죽었을 때 세자인 등문공(滕文公)에게 3년상을 적극 권한 일화가 나온다. 전국시대 중엽에 활약한 맹자는 유가의 '후장구상'을 널리 선양하고 나선 것이다. 맹자뿐이 아니다. 전설적인 고대 성왕의 예악을 절대적인 것으로 여기지 않고 현재로부터 가까운 선왕을 모범으로 삼는 '후왕론'(後王論)를 주장한 순자도 『순자』 「예론」편에서 3년상을 주장했다. 3년상은 유가의 전형적인 특징으로 '후장구상'의 상징이었다.

유(儒)의 어원적 의미

공자 생전에 이미 유가는 스스로를 '유'로 칭한 바 있다. 전국시대에 들어가 유가의 학단을 흉내내 우후죽순 격으로 나타난 제자백가 역시 유가집단을 '유'로 지칭했다. 그럼에도 선진시대의 문헌에 '유'가 무엇을 뜻하는지에 대해 구체적으로 언급한 것이 없다. 과연 '유'는 무엇을 뜻하는 것일까.

예로부터 '유'(儒)가 나약(懦弱)의 '나'(懦)와 유사한 점에 주목해 문풍(文風)이 온화한 학단을 지칭한 것으로 해석한 견해가 통용되었다. 그러나 확실한 근거는 없다. 아직까지도 '유'의 뜻은 정확히 밝혀지지 않고 있는 셈이다.

이와 관련해 갑골학과 금문학에 조예가 깊었던 유절(劉節)은 『고사고존』(古史考存) 「변유묵」(辯儒墨)에서 '주유설'(侏儒說)을 주장해 관심을 모은 바 있다. '주유'는 『산해경』 「대황동경」(大荒東經)에 나오는 대인국과 소인국에 관한 기록 중 소인국에 사는 난쟁이를 말한다. 유절은 공자가 대인국인 '이'(夷)의 학문을 지칭하기 위해 '유'라고 한 것을 묵가가 소인국에 사는 주유(侏儒)의 학문으로 비칭(卑稱)한 데서 '유'가 나오게 된 것으로 보았다.

그의 주장에 따르면 중국의 고대문화는 연해지역의 동이(東夷) 계통에서 일어났다. 흔히 '이'(夷)는 '대'(大)와 '궁'(弓)을 합친 글자로 알려져 있으나 후한의 허신(許慎)이 지은 『설문해자』(說文解字)의 해석은 다르다. 이에 따르면 이 글자는 '대'(大)와 '인'(人)이 합쳐진 글자로 풍속이 어질고 수명이 긴 군자불사(君子不死)의 나라를 말한다. 동이 계통인 공자는 인(仁)과 소리가 비슷한 유(儒)를 '군자불사'의 나라인 대인국의 사람으로 생각해 '유'를 사용했으나 묵가는 오히려 소인국의 난쟁이를 뜻하는 모멸적인 호칭으로 '유'를 사용했다는 것이 유절의 주장이다.

시라카와 시즈카는 '유'에 대한 정밀한 파자(破字) 풀이를 통해 원래 무축(巫祝)의 무리를 뜻하는 것으로 보았다. 그는 '이'(夷)와 '인'(仁)은 글자 모양이 다르고, '인'은 갑골문이나 금문에 전혀 보이지 않고, 유가가 자신의 학문을 '인'으로 부른 적이 없고, '인'과 '유'는 소리도 같지 않고, '유'가 비록 '주'(侏)와 연칭(連稱)되어 있으나 난쟁이를 뜻하는 '주'와 같은 뜻으로 단정할 근거가 없다는 점 등을 논거로 들고 있다.

'유'는 기우제에 희생된 무축을 지칭한 말이었으나 후에 무축의 하층부류를 지칭하는 말로 전용되었다. 시라카와는 그 근거로 『순자』「왕제」편에 곱사등이 여무와 절름발이 남무를 뜻하는 '구무파격'(傴巫跛覡)이라는 구절을 제시했다. '주유'를 '구무파격'에 속하는 무리로 본 셈이다. 그는 유가가 성립되기 이전부터 무축의 하층부류를 칭하는 '유'가 이미 존재했고, 『장자』「외물」편에 나오는 '대유'와 '소유'의 도굴꾼은 바로 이러한 패거리였을 공산이 크다고 주장했다.

시라카와의 이런 주장이 맞는 것일까. 원래 '유'는 '수'(需)를 발음부호인 성부(聲部)로 삼고 있다. 『설문해자』의 「우부」(雨部)를 보면 '수'는 '비가 그치기를 기다리다'의 뜻을 지니고 있다. 청대의 고증학자 단옥재(段玉裁)는 『설문해자주』에서 '수'는 '우'(雨)와 '이'(而)가 합쳐진 회의(會意)문자로 여기의 '이'(而)는 '꺼리다'는 뜻을 지니고 있는 까닭에 당초 '비를 꺼리다'의 뜻에서 '비가 그치기를 기다리다'는 뜻으로 전용된 것으로 풀이했다.

이에 대해 시라카와는 '이'(而)는 평두(平頭)를 상징한다고 간주하면서 그 근거로 『설문해자』의 「이부」(而部)에 나오는 '내'(耏)자를 들었다. 이 글자는 머리를 모두 깎는 '곤형'(髡刑)의 아래 단계로 두발을 조금 남겨둔 체형(體刑)을 뜻한다. 이에 근거해 '이'(而)는 곧 '결발'(結髮: 머리를 묶음)을 하여 비녀를 꽂은 일반사내인 '부'(夫)와 달리 산발(散髮)한 무축집단을 뜻하는 것으로 추정한 것이다. 구름의 상승을 뜻하는 금문의 '수'(霚)자를 '수'(需)의 어원으로 간주해 '영'(靈)자가 비를 비는 무녀를 뜻한 것과 같이 '수'(需)자는 결발을 않은 채 비를 비는 남무(男巫)를 형상한 글자에 해당한다고 본 것이다.

그러나 설령 '수'자가 무축집단인 남무를 지칭한다고 할지라도 과연 '유'자 또한 같은 뜻으로 풀이하는 것이 타당할까. 기우는 고대의 농경사회에서 매우 중요한 의례에 속한다. 일찍이 인류학자 제임스 프레이저는 『황금가지』에서 고대 아리안족이 주술적인 의미에서 중시한 떡갈나무의 기생목(寄生木)인 '황금가지'에 주목해 과학은 주술에서 진화한 것이라는 주장을 폈다. 『황금가지』는 미개사회는 물론 중국과 한국 등 동방의 고대 의례에 대해서도 언급해놓고 있다.

『황금가지』에 따르면 양의 동서를 불문하고 고대에는 왕이 일종의 주술사 역할을 수행했다. 그들은 기우를 이유로 인신희생(人身犧牲)으로 제공되기도 했다. 『여씨춘추』「순민」(順民)편에 은왕조의 시조인 탕(湯)이 5년 대한(大旱)에 성소인 상림(桑林)으로 가 머리와 손톱을 자르고 마른 장작 위에 올라가 앉은 채 희생을 자처하자 이에 감응한 하늘이 마침내 비를 내렸다는 전설이 실려 있다. 일부 신화학자는 실제로 탕이 이때 불에 타 죽은 것으로 간주하고 있기도 하다.

당시 보통의 무녀는 기우제의 효험이 없을 경우 대개 타 죽고 말았다. 이를 분무(焚巫)라고 했다. 공자시대에도 은나라의 후예국인 송나라에서는 군주가 무축이 되어 그런 임무를 행했다. 『춘추좌전』에 이를 뒷받침하는 대목이 많다. 「노희공 21년」조에 따르면 노나라가 크게 가물자 노희공(魯釐公)이 무왕(巫尫: 기우제를 전담하는 여자 무당)을 불에 태워 죽이려고 했다. 이때 대신 장문중(臧文仲)이 이같이 만류했다.

"이는 가뭄에 대한 대비책이 아닙니다. 내성과 외성을 수리하고, 음식을 줄이고, 비용을 줄이고, 농사에 힘쓰고, 서로 나누어 먹도록 권하는 것 등을 힘써야 합니다. 무당이 무엇을 할 수 있겠습니까. 하늘이 그녀를 죽이고자 했다면 애초에 태어나게 하지도 않았을 것입니다. 만일 그녀가 한재(旱災)를 내렸다면 그녀를 불에 태워 죽이는 일은 재해를 더욱 키우는 것일 뿐입니다."

결국 노희공은 '분무'를 포기했다. 이를 통해 당시 현자들은 '분무'를 미신적인 것으로 여겨 강력 반대했음을 알 수 있다. 공자가 괴력난신(怪力亂神)을 말하지 않은 것도 '분무' 등을 미신으로 간주하는 전통과 무관하지 않을 것이다.

그렇다면 공자를 비롯한 유가의 기원이 무축에 있다는 시라카와의 주장은 분명 지나치다. 축사는 귀신에게 제사 올리는 것을 본업으로 삼는 자들이다. '괴력난신'을 섬기는 것이나 다름없다. '괴력난신'에 대한 언급을 꺼린 공자가 축사의 전통을 이어받았다는 것은 있을 수 없는 일이다.

시라카와의 주장과 같이 '유'(儒)가 무축과 관련이 깊다고 할지라도 공자가 새롭게 정의를 내린 '유'는 전래의 '유'와 차원이 다른 것이다. 이는 공자가 '군주의 자식'으로 통용되던 '군자'(君子) 개념을 완전히 새롭게 정의한 뒤 사상 최초로 '군자학'을 정립한 사실을 통해 쉽게 짐작할 수 있다. 공자가 '군자'를 새롭게 정의한 이후 이 용어는 그 이전과 전혀 다른 의미를 지니게 되었다.

공자가 말한 '유'는 그가 자하에게 '군자유'(君子儒)가 될 것을 당부한 사실을 통해 알 수 있듯이 '유(儒) = 군자(君子) = 위정자'라는 전제하에서 나온 것이다. '유학'(儒學)은 곧 '군자학'을 의미하는 것이고, 곧 '치국평천하'의 이치를 고구(考究)하는 '치평학'을 말한다. 한무제의 '독존유술'(獨尊儒術) 선언도 바로 '유학 = 군자학 = 치평학'이라는 통념을 수용한 데 따른 것이라고 할 수 있다.

중국 합리주의 정신의 맹아, '티엔'

은왕조에서는 만물의 주재자로 기독교의 '야훼'와 마찬가지로 완벽한 인격신의 성격을 띤 '띠'(帝)를 상정했다. 은왕조에 관한 역사를 가장 많이 전하고 있는 갑골문을 보면 농사와 전쟁 등과 관련해 점을 쳐 '띠'의 뜻을 묻고 도움을 청한 예가 많이 나온다.

은족(殷族)의 조상신인 '띠'는 인격신이었고, 은나라 왕은 곧 '띠'의 적자(嫡子)였다. '적'(嫡)의 오른쪽 부분을 이루고 있는 '적'(啇)자는 '시'(啻)와 같은 뜻으로 '띠'를 제사지내는 자를 지칭한다. '띠'를 제사지내는 자가 곧 '띠'의 적자로 지상의 왕이 된 것이다. '띠'를 최상의 신으로 삼는 신화체계를 가진 동이계통의 은족은 제사권(祭祀權) 위에 왕권을 성립시킨 셈이다. 『서경』「주서·여형(呂刑)」편의 다음 대목이 이를 뒷받침한다.

"묘족(苗族)의 군주는 선을 행하지 않고 다섯 가지 잔학한 형벌을 제정해 이를 법이라고 했다. 사나운 위세에 죽음을 당한 많은 사람들이 '띠'에게 억울함을 고했다. 순(舜)이 이를 불쌍히 여겨 잔학을 위엄으로 갚았다. 이에 묘나라 백성은 멸망하고 끊어져 땅 위에 대를 잇지 못하게 되었다. 중(重)과 여(黎)에게 명하여 땅과 하늘이 서로 통하는 것을 끊자 신(神)이 내려오는 일이 없어졌다."

갑골학의 발달로 「여형」편은 원래 하남성 서남부의 여국(呂國)에 전해져온 신화가 『서경』에 편입된 사실이 밝혀졌다. 「여형」편에 따르면 묘족이 신을 모독하는 행위를 하자 인격신인 '띠'가 노해 신하인 중(重)과 여(黎)에게 명해 천지를 갈라놓고 강족(羌族)의 시조인 백이(伯夷)에게 형전(刑典)을 만들게 했다. 이로써 신과 인간의 직접적인 교섭이 끊어지고 말았다. 인간과 신의 교신을 소재로 한 이 신화는 주왕조가 들어서면서 인격신인 '띠'가 자연의 이치를 뜻하는 이신론(理神論)의 '티엔'(天)으로 변해가는 과정을 보여준다.

동이 계통의 은족과 달리 서이(西夷) 계통의 주족(周族)은 기원전 12세기경에 은나라를 뒤엎고 주왕조를 세웠다. 은주의 교체는 이질적인 문화를 지닌 동서 세력 간의 교체에 해당한다. 은나라를 대신한 주나라에는 은나라와 같은 신화체계가 없었다. 이로 인해 인격신으로서의 '띠'는 포기되고, 비인격적이고 이성적인 '티엔'이 이를 대신하게 되었다. 중국에서 합리주의 정신의 맹아는 바로 '티엔'이 '띠'를 대체한 데서 시작되었다는 것이 정설이다.

주왕조가 세워지자 주족의 수호신인 '티엔'은 은왕조 때의 최고신인 '띠'를 누르고 최고신이 되었다. 주왕조도 은왕조와 마찬가지로 최고신과 조상신을 계보화했다. 주왕실은 은왕조가 부덕해 최고신을 저버린 까닭에 패망하게 되었다고 선전했다. 주왕실은 자신들의 반역을 합리화하기 위해 최고신과 조상신의 뜻이 일치하지 않을 수도 있다고 해석한 것이다.

은왕조의 최고신인 '띠'는 유독 상족만을 보호하는 신이었다. 그러나 주왕조의 '티엔'은 주족만을 보호하는 것이 아니라 종족과 왕조를 초월해 존재하는 최고신이었다. 은왕조의 최고신은 독단적이었던 반면 주왕조의 최고신은 독단적이지만 이성적인 면이 있었다. 이런 변환은 주족이 은왕조에 반기를 들었다는 사실을 정당화하려는 노력에서 나온 것이다.

은왕조 때의 '띠'는 비록 창조자의 개념은 없었으나 자연과 인사를 주재하는 지상신으로서 자연신과 조상신의 성격을 겸했다. 왕 자신을 포함해 '정인'(貞人)에 의해 부단히 행해진 점복은 형식상 '띠'의 의지를 확인하는 것이었으나 실제로는 왕의 행위를 정당화하기 위한 것이었다.

주왕조의 '티엔' 역시 초기에는 일정부분 인격신의 성격을 띠고 있었다. 주나라 초기의 건국원훈인 소공(김公) 석(奭)이 금문에 황천윤대보(皇天尹大保)로 나온 것이 그 증거이다. 이는 천의(天意)를 받드는 자를 천윤(天尹)으로 칭했음을 보여준다. 주왕조 초기인 주경왕(周庚王) 23년(기원전 11세기 중엽)에 만들어진 대우정(大盂鼎)의 금문에도 주나라의 수명(受命)을 '티엔'의 뜻으로 풀이해놓았다.

"왕이 말하기를, '우(盂)여, 크게 밝으신 문왕은 티엔이 지닌 대명(大名)을 받았고, 무왕에 이르러 문왕을 잇는 나라를 이뤘다. 그 악(惡)을 내치고 사방을 개척하고, 백성을 가르쳐 바르게 했다'고 했다."

이로 인해 '티엔'은 스스로 의지를 드러내는 법은 없지만 그의 뜻은 민의(民意)를 매개로 해서 표현된다는 관념이 형성되었다. 『서경』 「주서·태서」에 "하늘은 백성들이 보는 것을 통해 보고, 백성들이 듣는 것을 통해 듣는다"고 한 것이 그 증거이다.

주왕조의 건국자들은 은나라의 멸망을 두고 군신과 백성 모두 주란(酒亂)에 빠졌기 때문이라고 주장했다. 『서경』 「주서·주고(酒誥)」편에도 동일한 내용이 나온다. 술로 인해 나라가 망했다는 것은 은나라가 점복과 제사를 통해 정사를 펼치는 '제정일치'의 나라였음을 반증한다. 서북방의 유목 민족인 주족의 시각에서 볼 때 인간이 술을 매개로 '띠'와 교신하는 은왕조는 '주란'의 나라로밖에 보이지 않았을 것이다. 은나라의 멸망으로 '티엔'이 '띠'를 대신하면서 하늘의 뜻이 민의를 통해 시행된다는 관념이 형성됨에 따라 주왕조의 왕권은 은왕조와 달리 결코 신성한 것이 될 수 없었다.

이는 주왕조의 '티엔'이 은왕조의 '띠'와 달리 조상신의 성격을 벗어난 사실과 밀접한 관련이 있다. '티엔'이 특정 씨족의 조상신과 아무 관련이 없게 되자 이제 어떤 씨족의 후예라는 이유만으로 유덕자(有德者)임을 내세울 수 없게 된 것이다. 이런 상황에서는 필연적으로 다른 방법을 통해 천덕(天德)을 얻어야만 했다. 여기에 바로 주왕조 때 등장한 '천명론'의 특징이 있다. 이는 『국어』 「진어」(晉語)에 나오는 다음 구절에 잘 나타나 있다.

"천도는 특별히 친한 사람이 없고 오직 덕행이 있는 자만을 골라 복을 내린다."

이것이 바로 '천도무친'(天道無親)과 '유덕시수'(唯德是授)의 개념이다. 주왕조의 천명론을 특징짓는 이 두 가지 요소는 이후 다양한 용어로 변용되어 사용되었다. '천도무친'은 '천명무상'(天命無常)과 '황천무친'(皇天無親), '민심무상'(民心無常) 등으로 표현되었다. '유덕시수'는 '유덕시보'(唯德是輔), '유덕시거'(唯德是擧), '유덕시복'(唯德是福) 등으로 변용돼 표현되었다.

구한말 수운(水雲) 최제우가 일으킨 동학이 '사람이 곧 하늘이다'라는 뜻으로 내세운 '인내천'(人乃天)의 구호 역시 주왕조가 내세운 '천도무친'의 변용에 지나지 않는다. 이는 맹자의 역성혁명론(易姓革命論)에 기초한 개념으로 이제 민심이 변했으니 천명도 변할 것이라는 뜻을 내포하고 있었다. 주왕조가 은왕조에 반기를 들며 자신들의 찬탈을 정당화했을 때부터 '천명론'은 이미 모든 반역자들이 자신들의 행위를 합리화하기 위해 남용할 소지를 안고 있었다.

전한제국 말기의 최고 유학자 유흠(劉歆)은 왕망(王莽)이 세운 신

(新)나라를 천명론을 끌어들여 정당화했다. 이는 무력을 배경으로 중원을 제압한 이민족에게도 자신들의 침공을 합리화할 수 있는 최상의 이론적 배경이 되었다. 중국문명권의 모든 왕조가 왕조교체를 이룰 때마다 주왕조가 내세웠던 천명론을 끌어들여 자신들의 반역을 합리화했다.

주왕조가 자신들의 반역행위를 천명론을 내세워 합리화한 이래 덕이 없는 자조차 보위를 차지한 뒤에는 천명을 받은 수명자(受命者)인 양 행동했다. 주왕조 이래 천자가 되기 위해서는 반드시 유덕자(有德者)여야만 한다는 믿음이 널리 공유된 데 따른 것이었다. 천자라도 덕이 없을 때에는 항시 폐위될 수 있었고, 천명을 내세워 정당화된 어떤 왕조도 덕을 잃었을 때에는 덕을 지닌 새 왕조에게 천하를 넘겨주는 것이 옳다고 평가되었다. 이는 주왕조 때 들어와 사람들이 주술적 인격신의 성격을 띤 '띠'를 버리고 이신론의 성격을 띤 '티엔'을 숭상한 흐름과 무관하지 않았다.

주왕조의 천명론은 서주(西周)가 패망할 때 처음으로 그 위력을 발휘했다. 『시경』에는 서주가 멸망에 이르기까지 1백 년 동안 지어진 많은 시편이 수록되어 있다. 여기에는 사회혼란과 정치부패에 대한 격렬한 비판과 더불어 잘못된 세상을 바로잡고자 한 당시 현자들의 사상이 잘 나타나 있다. 이들 시편은 춘추시대의 악사들에 의해 전승되고 연주되었다. 공자도 이를 틀림없이 배웠을 것이다. 서주 후기의 정치상황은 금문에도 그대로 반영되었다. 서주시대 중엽에 만들어진 「모공정」(毛公鼎)에는 천명을 잃지 않기 위해 부단히 노력할 것을 권한 내용이 나온다.

"나는 선왕의 명을 계승해 너희에게 우리나라를 잘 다스리도록 명한다. 크고 작은 모든 정사에 신중하고 나의 재위 동안 잘 돕도록 하라. 상하 제신(諸神)의 선악을 사방에 분명히 밝히고 잘 진정시켜 동요하는 일이 없게 하라. 그래야 내가 길이 왕위에 편히 있을 수 있다. 지혜를 크게 발휘하도록 하라. 나는 모든 것을 아는 체 하지 않을 것이니 너희도 멋대로 안일을 탐해서는 안 된다. 밤낮으로 정치에 힘쓰고, 나에게 은덕을 베풀고, 나라를 위해 크고 작은 계책을 잘 풀어 막히지 않게 하라. 나에게 선왕의 훌륭한 덕을 고하고, 그를 황천에 밝게 밝히고, 천명을 삼가 잇고, 천하 사방을 편히 잘 다스려 우리 선왕에게 근심을 끼치는 일이 없게 하라."

4백자 가까운 장문으로 이뤄진 「모공정」은 실물정치와 관련해 세금을 거둘 때 생활력이 없는 사람의 경우를 고려하고, 관기를 바로 잡아 음주를 삼가게 하고, 모든 일을 선왕의 규범에 따를 것 등을 훈계하고 있다. 같은 시기에 나온 시편에 이와 유사한 대목이 많이 나온다. 『서경』 「주서·문후지명(文侯之命)」도 이와 유사한 내용으로 이뤄져 있다. 「문후지명」은 「모공정」보다 7~80년 이후에 성립된 것이다. 서주시대 말기에 이르러서는 이미 천명이 국가의 흥망과 직결되어 있다는 생각이 널리 퍼져 있었음을 알 수 있다.

춘추전국시대에 이르러 제자백가는 '티엔'에 대해 각기 다양한 해석을 내렸다. 도가는 '티엔' 위에 '따오'(道) 개념을 상정한 뒤 '티엔'을 '따오'의 구체적인 표현으로 해석했다. '따오' 개념의 출현은 이신론적 신의 성격을 띤 '티엔' 개념에서 유신론(有神論)의 색채를 완전히 탈색시킨 완벽한 무신론(無神論)의 세계가 등장했음을 의미했다. 이는 곧 끊임없이 생장소멸을 반복하는 우주만물의 이치를 뜻하는 것이었다.

전국시대에 들어와 법가와 병가 모두 도가의 이 논리를 그대로 도입해 자신들의 이론을 정치하게 다듬어나갔다. 유가 역시 '따오' 개념을 도입해 '티엔'을 새롭게 정의하고 나섰다. 유가에서는 도가와 달리 '따오'를 '티엔'의 상위개념으로 상정하지 않고 같은 수준에 있는 동일한 개념으로 상정했다. '천도'(天道)라는 개념이 등장하게 된 이유가 여기에 있었다. 그러나 결과적으로 보면 유가가 내세운 '천도' 개념 역시 도가와 마찬가지로 '티엔' 개념에서 유신론적 색채를 탈색시키는 결과를 초래했다.

일각에서는 주왕조 때의 제사가 정치의 중요한 일면을 차지했다는 점을 지나치게 강조한 나머지 주왕조 역시 은왕조와 마찬가지로 신권정치를 펼친 것으로 보고 있으나 이는 잘못이다. 주왕조 때의 최고신인 '티엔'은 은왕조 때의 '띠'와 달리 이미 조상신의 색채가 탈색되어 있었다. '티엔'에 대한 제사를 주관하는 주왕 역시 '띠'를 제사 지낸 상왕(商王)과 달리 샤먼의 성격이 완전히 배제되어 있었다. 이 점이 바로 은왕조와 주왕조가 많은 것을 공유하면서도 커다란 차이점을 보이게 된 근원적인 배경이 되었다.

사상사적으로 볼 때 주왕조의 성립을 계기로 만들어진 '티엔'사상의 가장 큰 특징은 합리적 정신을 도입해 정치를 종교에서 분리시킨 데 있다. 이는 16세기에 정치를 종교에서 분리시킨 서양의 마키아벨리에 비유할 수 있다. 동양은 서양보다 2천 년 이전에 이미 정치를 종교에서 분리시키는 작업을 행한 셈이다.

하늘의 뜻이 민의를 매개로 표현된다는 생각은 곧 인간 존재의 근거가 인간의 덕성에 있다는 자각에서 비롯되었다. 인간의 덕성이 인간 존재의 근원으로 간주되었다는 것은 곧 인간 이성에 대한 신뢰가 형성되었음을 말한다. 공자는 바로 이를 체계화한 최초의 사상가였다고 할 수 있다.

시라카와는 축사의 학문에서 출발한 공자는 사상가로서 한계가 있었고, 백성을 매개로 하늘의 뜻을 나타낸다는 정치사상으로서의 '천' 사상을 완성시킨 사람은 맹자였다고 주장했다. 그는 공자가 『논어』 「헌문」편과 「팔일」편, 「술이」편 등에서 덕의 근원이 '천'에 있다고 언급하면서도 이를 체계화된 정치사상으로 표현하지 못했다고 보았다.

그러나 이는 공자가 『논어』에서 말한 '천'과 맹자가 말한 '천명'의 차이를 제대로 파악하지 못한 데서 나온 억견이다. 공자가 말한 '천'은 기본적으로 '외천명'(畏天命)의 대상이었다. 공자는 인격신의 성격을 지닌 '티엔'을 단호히 거부하면서 이를 경원(敬遠)했다. 제사의 대상으로 삼아 경의를 표하는 것은 가하나 이를 인간의 삶을 주재하는 인격신으로 여겨 신앙의 대상으로 삼는 태도에는 반대 의견을 분명히 했다. 이에 대해 맹자는 '티엔'에 잔존해 있던 인격신의 성격을 극대화한 '천명'을 강조했던 것이다. 『맹자』 「만장 하」편에 나오는 그의 언급을 보면 쉽게 알 수 있다.

"옛날에 요가 순을 하늘에 천거하자 '천'이 이를 받아들였고, 백성들에게 드러내 보여주자 백성들이 이를 받아들였다. 그래서 말하기를, '천은 말을 하지 않고 행사로써 보여줄 뿐이다'라고 하는 것이다."

위정자가 '천'의 덕을 닦으면 자연스레 백성의 지지를 얻을 수 있고, 이로 인해 '천'의 뜻이 작동하게 된다는 맹자의 천명 개념은 인격신의 흔적을 지니고 있던 주왕조 초기의 '티엔' 개념을 부활시킨 것이다. 맹자가 활약하는 전국시대 중엽에는 '천' 개념에 잔존해 있던 인격신의 요소는 사실상 사라졌다고 해도 과언이 아니다. 그럼에도 맹자는 '천명'을 들먹이며 주왕조 초기의 '티엔' 개념을 부활시켰다. 맹자의 천명 개념은 그의 형이상학적 해석으로 인해 오히려 퇴영적으로 후퇴한 것으로 보아야 한다.

공자사상과 군자학은 전래의 전통문화를 계승하면서도 그 정수를 축출해 집대성하면서 형성되었다. 그가 많은 고전을 정비해 '군자학'의 기본교과목을 정립하고 이를 토대로 제자들을 육성할 수 있었던 것도 바로 이 때문이라고 할 수 있다. '유학'이 '군자학' 또는 '치평학'의 별칭으로 통용된 사실이 이를 뒷받침한다.

1 천하가 어지러워 하극상이 만연하다

요순시대에는 천하에 불우한 자가 아무도 없었다.
그들 모두가 반드시 지혜가 있었기 때문은 아니었다.
또 걸주 때에는 천하에 뜻을 얻은 자가 아무도 없었다.
그 사람들 모두가 지혜가 없어서 그렇게 된 것은 아니었다.
그들이 만난 시세가 우연히 그랬을 뿐이다.
● 공자

전 세계에서 족보 등을 통해 추적이 가능한 가장 오래된 가문을 들라면 단연 공씨(孔氏)를 들 수 있다. 공씨 가문은 공자의 출생부터 따지면 무려 2천5백여 년에 달한다. 현재 공자의 고향인 곡부(曲阜)를 본관으로 하는 공씨는 3백만 명가량으로 추산되고 있다. 이들 중 약 80퍼센트를 상회하는 약 250만 명이 중국대륙에 살고 있다.

현재 우리나라에는 해외 거주 공씨의 20퍼센트에 해당하는 약 10만 명이 살고 있다. 이는 최대 숫자에 해당한다. 공민왕 즉위년(1351년)에 공자의 54세손인 공소(孔紹)가 한림학사의 자격으로 노국대장공주(魯國大長公主)를 배종(陪從)하여 들어온 것이 우리나라에 공씨가 등장하게 된 계기가 되었다. 공소가 현재의 창원(昌原)을 근거지로 한 회원군(檜原君)에 봉해지면서 공씨의 후손들이 우리나라에 세거(世居)하게 되었다. 이들은 정조 18년(1794)에 일제히 공자의 고향을 좇아 곡부 공씨로 본관을 바꾸었다. 이는 호학군주(好學君主)인 정조의 배려에 의한 것이었다.

최근 중국에 거주하는 공자의 77대손인 '덕'(德) 자 항렬의 적손(嫡孫)들이 구수회의를 열고 수보(修補) 중인 공씨 족보에 사상 처음으로 공씨 여성의 이름을 올리기로 결정해 화제가 된 바 있다. 그간 남성 후예의 이름만 족보에 올리다가 시대의 흐름에 맞춰 여성도 족보에 올리기로 결정한 것이다. 이 소식을 처음으로 전 세계에 타전한 신화통신(新華通信)의 기자는 이런 해설을 덧붙였다.

"오직 여자(女子)와 소인(小人)만은 기르기가 어렵다며 여성을 경시한 공자는 이런 일이 벌어지리라고는 생각지 못했을 것이다."

힐난조의 이 기사는 『논어』 「양화」(陽貨)편의 대목을 인용하고 있는 만큼 특별히 따질 것은 없으나 공자사상이 얼마나 심각하게 왜곡되어 있는지를 상징적으로 보여준다. 이 대목을 글자 그대로 해석할 경우 공자는 꼼짝없이 여성을 극도로 폄하한 성차별주의자라는 혐의를 벗어날 길이 없다. 그러나 유아 때 부친을 잃고 편모슬하에서 생장하다가 소년시절에 모친까지 사별하여 천애고아가 된 공자가 과연 여성을 이처럼 비하할 수 있었을까.『예기』「단궁 상」편에는 그 가능성을 부인하는 공자의 언급이 나온다.

"옛날에는 묘를 쓰고 봉분을 하지 않았다고 하나 지금 나는 동서남북지인(東西南北之人: 사방을 떠도는 사람)이니 봉분을 만들어 표시하지 않을 수 없다."

부친에 이어 모친까지 사별한 뒤의 처참한 심경을 토로한 대목이다. '동서남북지인'이란 표현에 조실부모하여 천하 그 어디에도 마음을 붙일 곳이 없게 된 망극한 심경이 그대로 담겨 있다. 이보다 더 절절한 표현이 있을까. 이를 통해 짐작할 수 있듯이 그가 여성을 폄하했을 가능성은 전무했다고 보인다.

그럼에도 「양화」편의 이 대목은 아직까지 공자가 여인을 비하한 근거로 원용되고 있다. 이는 보통 큰 문제가 아니다. 결론부터 말해 공자는 여인을 비하한 적이 없다. 공자가 효(孝)를 강조하면서 부친에 대한 효만을 언급하지 않았다는 사실이 이를 증명한다.

이 대목의 '여자'는 현재 사용되는 '여인'이나 '여성'의 개념과는 다르다. 노복(奴僕)을 뜻하는 '소인'과 대비시켜 '비첩'(婢妾)의 의미로 사용된 것이다. 곧바로 이어지는 '가까이 하면 불손하고, 멀리 하면 원망하기 때문이다'라는 구절을 보면 쉽게 짐작할 수 있다.

이 대목은 공자가 위정자에게 신첩(臣妾)을 기르는 기본자세를 언급한 것이다. 즉, 위엄과 자애로써 신첩을 기르면 불손과 원망의 두 가지 병폐가 사라진다는 취지를 담고 있다. 본래 '신첩'의 '신'(臣)은 남자 노복을 뜻하고 '첩'(妾)은 여자 노비를 의미한다. 『논어』「양화」편에는 '신첩' 대신 '소인'과 '여자'라는 표현이 등장한 것에 불과하다.

춘추전국시대만 하더라도 글자는 동일하지만 지금과 전혀 다른 의미로 사용된 단어가 많았다. '신첩'이 그 실례이다. '공자'(公子)도 유사한 경우이다. 이는 후대에 들어와 오직 남자만을 지칭하는 용어로 굳어졌으나 애초에는 제후의 모든 남녀 자식을 지칭하는 말이었다. 굳이 여성을 표시하고자 할 때는 '공녀'(公女)로 표현하지 않고 '여공자'(女公子)로 표시했다. 당시까지만 해도 '자'(子)라는 글자 자체에 남녀의 성구별이 존재하지 않았다는 사실을 보여준다.

공씨 가문은 동일한 글자가 과거에는 다른 뜻으로 사용된 사실을 제대로 파악하지 못했던 것이다. 그러나 공씨 가문만을 탓할 수는 없다. 우리나라 역시 수년 전에 친족법이 개정되기 전까지 여성을 문중회의에서 배제하는 일이 항다반(恒茶飯)으로 빚어졌다. 이는 조선 중기 이후 성리학이 보편화하면서 남녀차별을 제도화한 『주자가례』(朱子家禮)가 일상규범으로 작동한 결과였다.

공씨 가문이 상징적으로 보여주고 있는 중국의 '중남경녀'(重男輕女)와 과거 한국의 '남존여비'(男尊女卑) 관행은 공자사상과는 상관없는 후대의 왜곡된 관행에서 비롯되었다. 이는 남송대에 성리학이 출현하면서 성리학자들이 만물을 형이상(形而上)과 형이하(形而下)의 상하관계로 나눈 뒤 음(陰)은 양(陽)보다 못하다는 식의 논리를 전개한 데따른 것이다. 이들은 아무리 뛰어난 여인일지라도 못난 남자만도 못하다는 해괴한 논리를 전개했다.

이는 본질적으로 '양'은 우선(優善)하고 '음'은 열악(劣惡)하다는 기본명제에서 나왔다. 인간의 합리적인 이성에 반하는 이런 논리는 '성'(性)과 '이'(理)라는 절대불변의 개념을 상정하면서 등장했다. 모든 사물을 이분법적으로 접근한 성리학의 근원적인 문제가 여실히 드러난 대목이 아닐 수 없다.

이런 논리는 실천윤리 측면에도 그대로 적용되어 삼강오륜이라는 강상명교(綱常名敎)를 만들어냈다. 여성을 열악한 인간으로 간주해 족보에서 몰아내고 자식을 낳은 형이하의 동물적 존재로 비하하게 만든 주범이 바로 강상명교였던 것이다. 일찍이 명대의 이탁오(李卓吾)는 『분서』(焚書)에서 강상명교의 논리를 이같이 비판했다.

"사람에 남자와 여자의 차이가 있다고 하는 것은 가능하지만 보는 것에 남자와 여자의 차이가 있다고 할 수 있는가. 보는 것에 길고 짧음이 있다고 하는 것은 가능하지만 남자가 보는 것은 모두 길고 여자가 보는 것은 모두 짧다고 한다면 이 어찌 말이나 되는가."

그는 평소 남자도 따라가지 못하는 뛰어난 식견을 자랑하는 무수한 여인들을 보고 강상명교의 폐해를 이처럼 통렬하게 비판한 것이다. 그의 주장은 공자사상의 기본취지를 정확히 반영하고 있다. 공자의 직계 후손인 중국의 곡부 공씨는 조상인 공자가 말한 취지조차 제대로 해석하지 못해 2천여 년 넘게 공씨 여성을 족보에서 제외하는 잘못을 범해 왔던 셈이다.

공자 연구는 장구한 세월에 걸쳐 형체를 알아볼 수 없을 정도로 왜곡된 공자사상의 원형을 복원하는 작업이라고 해도 과언이 아니다. 공씨 가문의 사례가 보여주듯이 공자 및 공자사상에 대한 왜곡이 현재까지 지속되고 있는 상황에서 결코 간단하지 않은 작업임은 말할 것도 없다. 실제로 현대 중국에 대한 관심이 고조되면서 성리학 등에 의해 저질러진 왜곡된 공자상을 확대재생산하는 췌서(贅書)들이 난무하고 있다. 이런 현실을 감안할 때 오히려 이에 대한 정밀한 탐사작업의 필요성은 더욱 크다고 할 수 있다.

춘추시대와 전국시대를 잇는 교량, 오월시대

대개의 인물연구가 그렇듯이 공자연구 역시 당사자가 활약할 당시의 시대상황에 대한 분석부터 시작할 필요가 있다. 공자는 춘추시대 말기의 인물이다. 중국의 전 역사를 통틀어 가장 혼란스러웠던 시기를 고르라면 단연 춘추전국시대를 들 수 있다. 춘추전국시대는 춘추시대와 전국시대를 합친 말이다. '춘추'는 공자가 편수했다고 전해지는 『춘추』라는 연대기에서 나온 말이다. 주왕실의 동천(東遷)이 이뤄지는 기원전 770년부터 진(晉)나라의 세 권신인 조(趙)·위(魏)·한(韓)씨가 진나라를 3분하여 주왕실로부터 정식 제후로 승인받은 기원전 403년 직전까지 약 370년간에 해당한다.

'전국'은 전한제국 말기의 유학자인 유향(劉向)의 저서 『전국책』(戰國策)에서 나온 말이다. 전국시대는 춘추시대와 달리 몇 개의 대국이 바로 패왕을 자처하며 새로운 시대를 이끌어나갔다. 이들을 흔히 '전국칠웅'(戰國七雄)이라고 한다. '전국칠웅'은 진(晉)나라를 3분하여 성립한 조(趙)·위(魏)·한(韓)을 위시해 남방의 강국인 초(楚)와 동방의 패권국인 제(齊), 서방의 강국인 진(秦), 북방의 강국인 연(燕) 등의 7개 나라를 말한다. 전국시대는 바로 이들 7개 나라가 새로운 왕조의 개창을 둘러싸고 치열한 접전을 벌인 시기를 뜻한다. 진(晉)나라를

3분하여 성립한 조·위·한 등을 통틀어 표현하는 '3진'(三晉)이 주왕실로부터 공식 제후로 승인받는 기원전 403년부터 진시황이 천하를 통일하는 221년까지 약 180년간에 해당한다.

전국시대는 후기로 들어가면서 춘추시대와 달리 패자의 의미가 퇴색하고 천하통일을 상징하는 제왕(帝王)의 의미가 강화되기 시작했다. 이는 패자가 주왕실을 대신해 천하의 제후들을 호령하는 패자의 시대에서 주변의 소국을 병탄한 일부 제후들이 스스로 왕호를 참칭(僭稱)하며 새로운 왕조의 개창을 주장하는 패왕(覇王)의 시대로 넘어갔음을 의미했다. 학계에서는 춘추시대와 전국시대를 통칭해 흔히 '선진시대'(先秦時代)로 부르고 있다. 사상 최초의 통일제국인 진(秦)제국 이전의 시기라는 뜻이다.

춘추시대는 주왕실의 권위가 땅에 떨어진 나머지 막강한 무력을 배경으로 한 패자들이 주왕실을 대신해 열국의 제후들을 호령하던 시기였다. 춘추시대 말기는 '춘추5패'(春秋五覇)의 마지막 패자인 오나라의 합려(闔閭)·부차(夫差) 부자와 월나라의 구천(句踐)이 천하의 우이(牛耳)를 놓고 치열한 각축전을 벌였던 시기였다. 당시 오·월 양국은 오랫동안 중원의 패권국으로 군림했던 진(晉)나라와 남방의 전통적인 강국이었던 초(楚)나라를 제압하고 제후들을 호령했다. 이 시기를 흔히 '오월시대'(吳越時代)라고 한다. 공자는 바로 이 시기에 태어났다.

오·월 양국은 오랫동안 중원의 패권국으로 군림했던 진(晉)나라와 남방의 전통적인 강국이었던 초(楚)나라를 제압하고 제후들을 호령하는 시대를 열었다. 춘추시대 후반기를 특징짓는 '오월시대'는 춘추시대 전반기와 몇 가지 점에서 뚜렷한 차이점을 보이고 있다.

당시의 패자인 오왕 합려·부차와 월왕 구천 등은 수단방법을 가리지 않고 패업(霸業)을 추구했다. 이는 춘추시대 전기에 패자로 군림했던 제환공(齊桓公)과 진문공(晉文公), 진목공(秦穆公), 초장왕(楚莊王) 등이 주왕실을 높이면서 이적(夷狄)의 침공을 막아낸다는 '존왕양이'(尊王攘夷)를 기치로 내건 것과 차이가 있다. 이들의 패업은 덕치로 치국평천하를 이루는 왕업(王業)에 가까웠다.

그러나 '오월시대'의 패자는 비록 '존왕양이'를 내세우기는 했으나 수단방법을 가리지 않는 궤계(詭計)를 일삼으며 패업을 추구했다. 바로 이 점에서 '오월시대'는 그 이전의 춘추시대 전기와 큰 차이를 보인다.

당연한 결과로 '오월시대'에 활약한 책사들 모두 철저하게 실리를 추구했다. 대표적인 인물로 오나라의 오자서(伍子胥)와 손무(孫武), 월나라의 문종(文種)과 범리(范蠡) 등을 들 수 있다. 이들은 춘추시대 전기에 활약한 제나라의 관중(管仲)과 진(秦)나라의 백리해(百里奚), 진(晉)나라의 조최(趙衰) 등이 명분을 중시한 것과 달리 허울뿐인 명분을 과감히 내던지고 실리를 취하는 '사명취실'(捨名取實)의 행보를 보였다. 이들의 행보는 궤계가 난무하는 전국시대의 전조(前兆)이기도 했다. 이들이 전국시대에 들어와 본격적으로 등장하는 법가(法家)와 병가(兵家), 종횡가(縱橫家)의 선구자로 불리는 이유가 여기에 있다.

왕도와 패도는 바람직한 통치를 뜻하는 치도의 일종으로 왕도는 인(仁) · 의(義) · 예(禮) 등에 기초한 덕치를 의미하는 데 반해 패도는 강력한 무력을 기초로 한 법치를 뜻한다. 치국평천하를 이루고자 하는 목적론에서는 동일하나 이를 실현하는 방법론에 적잖은 차이가 있었던 것이다. 그러나 왕도라고 해서 이적의 침공을 당하거나 내란이 일어났을 때와 같은 경우의 정당한 무력 사용까지 반대한 것은 아니다.

'존왕양이'의 기치 아래에서는 사실 왕도와 패도를 엄격히 구별하기가 어렵다. 춘추시대 전반기의 패자들이 '존왕양이'를 기치로 내걸고 '왕도에 가까운 패도'를 추구한 이유가 여기에 있었다. 이는 명분과 실리를 동시에 취한 경우에 해당한다.

그러나 춘추시대 말기에 들어와서는 이런 일이 어렵게 되었다. 천하를 남북으로 나눠 제후들을 호령했던 전통적인 패권국인 진(晉)나라와 초(楚)나라가 권신들의 발호로 쇠미해진 틈을 타 신흥강국으로 부상한 오·월 양국이 수단방법을 가리지 않고 패권을 추구했기 때문이다.

물론 '오월시대' 역시 춘추시대 전반기와 마찬가지로 표면상으로는 '존왕양이'를 기치로 내걸었다. '존왕양이'는 이때에도 패업을 이루기 위한 중요한 명분이었다. 그러나 '오월시대'의 패자인 오왕 부차와 월왕 구천은 궤계(詭計)와 휼사(譎詐)를 구사해 마침내 적을 무너뜨리고 패업을 이뤘다. 이는 춘추시대 전반기의 패자들이 추구한 '왕도에 가까운 패도'와는 사뭇 달랐다. 『손자병법』의 저자인 손무(孫武)가 '오월시대'에 활약하게 된 것도 결코 우연이 아니다.

'오월시대'의 특징은 당시에 활약한 인물들의 면면을 통해서도 쉽게 확인할 수 있다. 오나라의 오자서와 손무, 월나라의 문종(文種)과 범리(范蠡) 등은 패도를 추구하는 방략에서 춘추시대 전반기를 화려하게 수놓은 관중과 백리해, 조최 등과 현격한 차이를 보이고 있다.

관중은 『관자』 「목민」편에 나와 있듯이 비록 무력을 동원해 '존왕양이'의 패업을 이루기는 했으나 어디까지나 예(禮)·의(義)·염(廉)·치(恥)로 상징되는 사유(四維)를 이루기 위한 수단에 불과했다. 예·의·염·치는 내용상 유가에서 말하는 인·의·예와 하등의 차이가 없다. 그러나 오자서와 손무 등이 구사한 패업의 방략에서는 예·의·염·

치의 기본정신이 결여돼 있다. 이들은 강력한 무력을 동원해 천하의 패권을 잡음으로써 제후들을 호령하는 패업 자체가 궁극적인 목적이었다.

'오월시대'는 '왕도에 가까운 패도'를 추구했던 패자의 시대인 춘추시대와 강력한 힘을 바탕으로 새로운 왕조의 개창을 추구하는 패왕의 시대인 전국시대를 잇는 교량 역할을 수행한 시기였다. 그러나 이로 인해 '오월시대'는 그 어느 때보다도 혼란스러웠다. 밖으로는 제후국들 간의 교전이 계속되고 안으로는 권신들의 발호로 인한 내란이 빈발해 제후에 대한 시해와 역모가 그 어느 때보다 많았다.

사상사적으로 볼 때 '오월시대'는 왕도와 패도가 뚜렷이 엇갈리는 결정적인 전환점에 해당한다. 제후들은 주왕실에 명목적인 충성만 바치고 있었다. 주왕조는 사실상 붕괴된 것이나 다름없었다. 그러나 정작 제후들 역시 가신의 손아귀에서 놀아나는 일종의 괴뢰(傀儡)에 불과했다. 열국 내의 권력은 '경'(卿)으로 불리는 대신들에게 빼앗기고, 다시 실권은 대신의 가신(家臣)들 수중으로 넘어가고 있었다. 제후들은 이제 자신의 권모술수 이외에는 아무것도 믿을 것이 없었다. 이는 엄격한 신분질서에 기초한 주왕조의 봉건제가 더 이상 존재할 수 없게 되었음을 보여주었다.

고정된 신분질서가 무너지는 상황에서 가장 비참한 처지에 놓인 계층은 말할 것도 없이 서민이었다. 이들은 하극상이 만연하고 전쟁이 접종(接踵)하는 상황에서 일종의 전쟁도구에 불과했다. 과도한 세금과 잇단 출전으로 인해 서민들은 궤산(潰散)을 면하지 못했다. 객관적으로 볼 때 신분세습의 봉건질서에 대한 근원적인 개혁이 절실히 요구되는 상황이 전개되고 있었다.

종법제를 토대로 성장한 주왕조의 천명론

춘추시대에는 왜 이런 신분세습의 봉건제가 유지되었던 것일까. 주왕조는 기원전 12세기에 지금의 섬서성(陝西省)에 근거지를 둔 주족(周族)이 동아시아에서 가장 오래 된 왕조인 은나라를 멸망시킨 뒤 성립했다. 은나라는 현재의 하남성(河南省) 안양현(安養縣)을 거점으로 하여 화북평원을 지배했던 왕조였다. 서쪽 변경인 섬서성에 근거를 두고 은나라를 섬기고 있던 주족은 주문왕(周文王) 때에 이르러 주변의 다른 민족을 복속시켜 급속히 강대한 부족으로 성장했다. 그의 뒤를 이은 주무왕(周武王) 때에 이르러 은나라의 실정(失政)을 틈 타 한꺼번에 수도를 함락시키고 주왕조를 열었다.

이때 주나라는 봉건제를 기반으로 왕조의 기틀을 마련했다. 봉건제는 후대의 군현제(郡縣制)에 대비되는 것으로 각 제후들에게 자유롭게 자신들의 영토를 통치하게 하는 제도를 말한다. 제후들은 사실상 독립된 영토를 다스리는 것이나 다름없었다. 주왕조가 봉건제를 실시한 것은 은나라를 정복하면서 차지한 방대한 영토를 제대로 통치할 여력이 없었기 때문이었다. 주왕실이 마지못해 왕실의 인척과 정복과정에 조력했던 부족장 등에게 대부분의 영토를 나눠준 것이 봉건제 등장의 기본 배경이었다.

주대의 봉건제도는 제후 등이 주왕실로부터 하사받은 책명(策命)을 통해 쉽게 확인할 수 있다. 책명의 내용은 거의 예외 없이 당시에 주조된 청동제기(青銅祭器)의 명문(銘文)으로 남아 있다. 이 청동기 명문을 흔히 '금문'(金文)이라고 한다. 금문은 그 이전 시기의 갑골문과 더불어 중국 고대사를 규명하는 매우 귀중한 사료이다.

서주 후기의 금문에 나오는 '책명'을 살펴보면 제후는 주왕이 새로 즉위하거나 일정한 기간마다 거행되는 회의 때 왕실의 조정회의에 출석해 자신이 다스리는 지방의 특산물을 공물(貢物)로 바치고 충성을 서약하는 조공의 의무를 지고 있었다. 평시에는 왕성 또는 국경수비를 위한 토목사업에 부역할 인부를 차출하고, 전시에는 왕국의 군대가 영내를 통과할 경우 숙식 등의 편의를 제공하는 것은 물론 왕명에 의해 스스로 군사를 이끌고 종군할 의무를 지고 있었다. 제후는 왕실로부터 하사받은 영토를 다시 경·대부·사로 불리는 가신들에게 나눠주고 가신들은 제후가 왕실에 대해 부담한 것과 같은 노역 및 군역을 제공할 의무를 진다.

국왕이 제후에게 베풀거나 제후가 가신에게 베푼 은사(恩賜)에 대해 신하된 쪽이 봉사를 서약하는 '책명'의 의례는 성대하게 치러졌다. 이는 외견상 서양 중세의 봉건제(feudalism)와 별다른 차이가 없다. 그러나 그 이면을 보면 양자 간에는 대단히 큰 차이점이 존재하고 있었다. 가장 큰 차이는 종법제(宗法制)였다. 종법제는 봉건적 관계가 군주와 신하 개인 사이에 성립된 것이 아니라 군주와 가신이 속해 있는 씨족 사이에 성립되는 것을 말한다. 유력한 제후는 대부분 주왕과 동일 씨족인 희성(姬姓)에 속해 있었다. 왕과 동성(同姓)의 제후는 봉건적 주종관계뿐만 아니라 본가(本家)와 분가(分家)의 관계를 맺고 있었던 것이다. 이성(異姓)의 제후 역시 왕실과 인척관계를 맺음으로써 왕실을 종가로 섬겼다.

종족(宗族)은 동일 조상으로부터 갈라져 나온 분가가 공동의 조상을 제사하는 종묘를 소중히 보호하고 제사를 받들고 있는 본가에 여러 도움을 제공하는 제사공동체를 말한다. 제사공동체는 사신(社神)으로 불리는 토지신을 여러 성씨가 함께 모시는 성읍(城邑)국가의 성립을 의미한다. 주왕조의 봉건제는 서양의 봉건제에서는 전혀 찾아볼 수 없는 종법제를 근간으로 삼고 있었던 것이다. 당시 동성의 제후는 제사공동체의 일원으로서 제사에 참여해 공동의 조상신이 내려주는 은총을 입을 권리와 제사에 봉사하고 희생 및 공물을 바칠 의무를 공유했다. 종묘를 수호하는 본가인 왕실은 이 제사의 주재자로서 동족들의 봉사를 받고 이들을 지휘하는 특권을 갖고 있었다. 이들 사이에는 봉건관계보다 종법제의 요소가 훨씬 강하게 작용했다. 이성제후들에게는 상대적으로 종법제보다 봉건제가 강하게 작용했다. 그러나 이들 이성제후도 제사공동체의 일원으로 참여하기는 마찬가지였다.

주왕조는 종법제를 토대로 출발했으나 출범 초기에 커다란 위협에 처했다. 무력으로 주왕조를 세운 주무왕이 사망한 뒤 어린 주성왕(周成王)이 보위에 오른 데 따른 것이었다. 은나라 유민들이 이를 틈타 반란을 일으켜 은나라의 부흥을 기도하자 섭정으로 있던 주공(周公) 단(旦)이 토벌에 나섰다. 그는 대군을 이끌고 가 은나라 유민 및 과거 은나라와 가까운 관계에 있던 동이족들이 일으킨 반란을 토벌했다. 주공은 도망가는 반군을 멀리 산동반도 북쪽 해안까지 쫓아가 완전히 평정한 뒤 은나라의 옛 수도와 주왕실의 본거지 중간에 해당하는 낙양(洛陽)에 정치적 수도를 건설해 중원 통치의 근거지로 삼았다. 여기에는 주족과 은족을 하나로 융해시켜 새로운 문화를 건설하고자 하는 의도가 깔려 있었다.

위대한 사상가이기도 했던 주공 단은 동이족들이 행한 주술 속에서 종교와 도덕, 학문의 싹을 발견해 이를 육성시켰다. 동이족들의 근거지였던 노나라 출신 공자가 주공을 성인으로 생각한 것도 노나라의 이러한 전통과 무관하지 않았다. 주공 단은 장남인 백금(伯禽)을 동이족의 근거지인 산동성 곡부현(曲阜縣)으로 보내 이들을 다스리게 했다. 주공을 문화적 영웅으로 받든 노나라의 건설은 여기서 시작한다.

노공(魯公) 백금은 새로운 영지에 부임하면서 은나라 유민 중 조씨(条氏)·서씨(徐氏)·소씨(蕭氏)·색씨(索氏)·장작씨(長勺氏)·미작씨(尾勺氏) 등 6개 씨족을 이끌고 갔다. 그러나 그곳에는 이미 은족과 유대를 갖고 반란에 참여했던 엄국(奄國)의 원주민이 살고 있었다. 이들 외에도 노나라 판도 안에 서쪽 변경을 반원형을 그리면서 흐르는 제수(濟水) 유역과 동쪽의 동몽산(東蒙山) 아래에 풍성(風姓)을 지닌 이민족이 살고 있었다.

노공 백금은 여타 씨족원의 제사 참여를 절대 허락지 않은 씨족신 신앙을 초월해 모든 씨족원을 제사공동체의 일원으로 참여시킬 수 있는 새로운 신을 찾지 않으면 안 되었다. 그것이 바로 곡부에 새롭게 세워진 토지신과 곡물신인 '사직'(社稷)이었다. 백금은 도성인 곡부성(曲阜城)을 건설하면서 우선 주공을 제사하는 종묘와 함께 '사직'을 축조하고 이를 중심으로 궁전을 건립했다. 여기서 노나라의 역사가 시작되었다. 제정일치의 상황에서 노공은 종묘의 주인이 아니라 사직의 주인으로 불렸다. 이는 노나라에서 종묘보다 사직의 제사가 훨씬 중요한 의미를 지니고 있었음을 시사한다.

노나라뿐만 아니라 화북 평원에 건설된 모든 제후국 역시 동일한 사정하에 있었다. 이들 제후들은 모두 사직의 주인공으로 일컬어졌다. 국가를 보통 '사직'으로 부르게 된 것은 여기서 비롯되었다. 그러나 사직을 기반으로 여러 이민족을 하나로 통합시킨 노나라는 사방 1리 정도의 성벽으로 둘러쳐진 성읍국가에 지나지 않았다.

원래 '국'(國)은 도성의 내부만을 가리키는 것으로 '국인'(國人)은 도성 안에 거주하는 백성만을 지칭했다. 노나라는 주족을 비롯해 은족 및 기타 조상을 달리 하는 여러 씨족이 사직제사를 매개로 하나로 결합된 성읍국가에 해당한다.

일찍이 쿨랑주(N. D. Coulange)는 『고대도시』(La Cité Antique)에서 고대 그리스와 로마의 특징을 성읍국가 성립에서 찾은 바 있다. 모든 문명국은 초기에 혈연적으로 연결된 씨족집단을 하나의 지연집단으로 통합시켜나가는 과정에서 성읍국가의 형태를 취한다는 것이다. 성읍국가의 성립은 곧 혈연집단에서 지연집단으로 옮겨가는 과도기적 단계에 해당하는 셈이다. 많은 학자들이 이를 원용해 주왕조 초기의 국가형태를 성읍국가로 보고 있다.

성읍국가의 실질적인 지배는 군사지휘권인 병권(兵權)에 의해 좌우된 까닭에 제후들은 사직제사 못지않게 병권을 중시했다. 노나라는 군사 및 제사공동체인 향당(鄕黨) 체제로 운영되었다. 도성 근교를 좌우동서 방향에 따라 2개 향(鄕)으로 나눈 뒤 각 향마다 1군씩 구성했다. 이 2군의 대장 및 부장에 임명되는 사람은 동시에 제사공동체의 장으로서 향(饗)이라는 중요 회의를 주재한 까닭에 경사(卿士) 또는 경(卿)으로 불렸다. 이는 군주에 버금가는 최고의 관직이었다.

당시의 전투는 네 필의 말이 이끄는 전차에 갑옷으로 몸을 보호한 무사들이 올라타 활과 화살, 창을 가지고 싸움을 벌이는 전차전으로 이뤄졌다. 전차 한 대를 '승'(乘)이라고 했다. 병력은 사람 수가 아니라 '승'의 수로 판단했다. 전차에 타는 갑사(甲士)는 귀족의 최하위층인 사(士)로 구성되었다. 이들 '사'는 통상 '부'(夫)라고 했다. 백부(百夫)와 천부(千夫)를 지휘하는 사람이 백부장(百夫長) 또는 천부장(千夫

長)이다. 이들 '사'의 우두머리가 바로 '대부'(大夫)이다. 대부는 '경'의 아래에 있으면서 '사'의 위에 서는 계층을 말한다. 대부가 아들의 나이를 질문받았을 때 성인이 되었으면 통상 '전차를 몰 수 있다'고 대답하는 것이 예법이었다. 이는 경·대부·사의 위계로 이뤄진 봉건제하의 특권이 바로 전차를 타고 전투에 참여할 수 있는지 여부에 의해 판별되었음을 의미한다.

서민들은 보병전으로 전환되는 전국시대 이전까지만 해도 전차에 오를 자격이 없었던 까닭에 성읍국가의 제사에 참여하는 것이 금지되었다. 당연히 정치적으로도 성읍국가의 행정에 간여하는 것이 불가능했다. 성읍국가의 제사와 정치는 전시에 무장을 하고 전차에 올라타 종군할 자격을 가진 '사' 이상의 계층에게만 개방되어 있었던 것이다. 궁에서 열리는 조회에 참석해 의견을 나누는 것도 '사' 이상의 계층에 한정되었다. '사' 이상의 계층은 서인과 구별되는 귀족계층이었다.

국가는 씨족 내부의 일을 씨족의 자치에 맡긴 까닭에 통상 씨족을 달리하는 사람들 사이에 발생한 사건만을 다뤘다. 이 경우도 대개 씨족 대표자 간의 교섭에 의해 신분에 따라 정해져 있는 배상금을 주고 해결하는 방식이 선호되었다. 양측이 서로 잘못을 시인하지 않고 세력 또한 비슷해 합의에 도달하지 못할 경우에는 폭력적인 방식이 동원되기도 했다. 당시 경·대부에게 서민에게 적용되는 통상적인 형벌이 적용되지 않은 것은 바로 여기서 기원한 것이다.

그러나 '사' 만큼은 예외적으로 형벌이 적용되었다. 그들은 귀족으로서의 특권을 완벽하게 갖고 있지는 못했던 것이다. '사'는 일단 출사(出仕)하여 하급 실무관원인 유사(有司)가 되면 지배층의 일원으로 말단에 소속된다. 그들의 관직은 반드시 세습되지는 않았으나 임관하여 유사가 될 수 있는 신분만큼은 세습되었다. 나머지 농·공·상의 일반 서민은 어렸을 때부터 부친의 직업을 배워 신분을 세습했다. 이러한 일련의 제도가 거의 주왕조 초기에 정비되었다.

이로 인해 주나라 초기는 중국의 통합과 평화, 정의의 이상이 거의 완벽하게 구현된 시대로 묘사되었다. 그러나 역사적 사실은 이와 정반대이다. 출토된 청동기의 명문에 따르면 당시 주족은 오히려 지배자의 지위를 유지하기 위해 선진적인 은나라 유민들을 회유하지 않으면 안 되었다. 이때 주왕조가 제시한 것이 바로 천명론(天命論)이다. 천명론에 따르면 주나라에 선행했던 하·은 2대는 처음에는 명군이 나와 천명을 받았으나 막판에는 폭군이 출현했다. 이에 최고의 신인 '티엔' (天)으로부터 천명을 받은 주족이 백성들의 지지를 얻어 새 왕조를 세우게 되었다는 것이다.

주왕조는 천명론을 통해 포학한 왕을 타도하는 것은 단순히 권리가 아니라 신성한 의무라고 선전했다. 당연한 결과로 은나라의 마지막 군주인 주(紂)는 황음무도한 군주로 낙인찍혔다. 추방사회(酋邦社會)에 불과했던 하나라도 왕조로 간주되어 역사시대로 편입된 나머지 마지막 군주인 걸(桀) 또한 전무후무한 폭군의 전형으로 규정되었다. 이는 말할 것도 없이 은나라 유민들을 회유하기 위한 허구였다. 주왕조가 천명을 받았다는 사실을 증명할 길도 없고, 은나라가 천명을 잃었다는 사실 또한 확인할 길이 없다.

그러나 주왕조는 천명론을 통해 적잖은 성과를 거두었다. 은나라 유민들의 폭동이 이내 잠잠해진 것은 물론 이후 다시는 은나라 유민에 의한 반기는 일어나지 않았다. 주왕조 이래 수천 년에 걸쳐 왕조교체가 일어날 때마다 천명론에 기초한 '역성혁명론'(易姓革命論)이 원용된 것은 바로 이러한 전통에서 비롯되었다. 당시 중원 주변의 이민족은 중국인과 다른 종족은 아니었다. 단지 중국문화를 따르지 않았다는 차이밖에 없었다. 수세기에 걸쳐 이민족이 동화되는 와중에 정치적 분열로 왕실의 통제력이 현저히 약화되자 기원전 7세기 말에 중원의 국가들을 지도하는 패권국이 출현하기 시작했다.

결과적으로 주왕실의 동천 이후 공자가 출현할 때까지 2세기 동안 모두 5~6명의 패자가 등장했다. 이들은 여러 제후국들로부터 공납을 징수하고 공동 방위를 지휘하는 등 종교적인 기능을 제외한 모든 면에서 주왕을 대신했다. 당시 중원에는 두 개의 강국이 있었다. 바로 진(晉)나라와 제(齊)나라였다.

춘추시대 열국의 패권다툼

춘추시대 최초의 패권국인 제나라는 제환공(齊桓公) 때에 이르러 사상 최초로 천자의 명을 받아 열국의 제후들을 호령하는 선례를 남겼다. 제환공은 관중(管仲)이라는 전대미문의 뛰어난 재상의 도움을 받아 사상 최초로 패자가 된 후 왕이란 칭호와 종교의식을 제외하고는 거의 모든 면에서 주왕을 압도하는 막강한 힘을 과시했다. 그러나 제나라는 여러 차례 원정군을 일으켜 국력이 피폐해진데다가 기원전 643년을 전후로 관중과 제환공이 잇따라 사망하자 후계자다툼으로 인해 약화되고 다시는 최강자가 되지 못했다.

제환공의 뒤를 이어 중원을 호령한 나라는 진나라였다. 제환공 사후 진문공(晉文公)은 19년에 걸친 망명생활을 한 뒤 가까스로 보위에 오르게 되었다. 그는 망명생활을 같이한 조최(趙衰) 등의 뛰어난 신하들의 도움을 얻어 후계자문제로 어지러운 제나라를 대신해 마침내 사상 두 번째로 천하의 패권을 장악하게 되었다. 이후 진나라는 오월시대에 이르기까지 줄곧 중원의 맹주로 군림했다. 『춘추좌전』과 함께 춘추시대의 역사를 다룬 『국어』(國語)가 대부분 진나라의 역사로 꾸며진 것도 이와 무관하지 않다.

그러나 춘추시대 전 기간에 걸쳐 중원의 진나라와 시종 패권을 다툰 나라가 있었다. 바로 남방의 강국 초나라였다. 초나라는 장강 계곡의 거의 전부를 차지한 방대한 영토를 바탕으로 막강한 무력을 자랑했다. 그러나 초나라는 무서운 잠재력에도 불구하고 귀족간의 빈번한 내분으로 진가를 발휘하지 못했다. 공자가 활약한 오월시대는 전통적인 강대국인 진·초 양국이 패권을 다투는 와중에 신흥국인 오·월 양국이 혜성처럼 등장해 진·초 양국을 제압하고 새로운 패자로 등장하던 시기였다.

당시 주왕은 명목상의 천자에 불과했다. 중원의 소국들 역시 나름대로 중립을 지키려고 애썼으나 대국의 힘이 충돌할 때마다 전쟁터로 변할 수밖에 없었다. 이 와중에서 가장 큰 피해를 입은 나라가 정(鄭)나라와 송(宋)나라였다. 대국은 이들 중원 국가들의 어정쩡한 태도에 분노해 수시로 군사를 이끌고 가 조상신인 귀신의 재앙을 담보로 맹서를 강요했다. 이러한 맹서는 상황에 따라 수시로 파기될 수밖에 없었다. 정나라는 군사적인 압력으로 맹서를 가장 많이 번복했다. 정도의 차이는 있으나 송나라를 비롯한 다른 중원의 소국들도 상황은 비슷했다.

그러나 맹서가 파기되었는데도 불구하고 끝내 재앙은 나타나지 않았다. 이로 인해 귀신의 권능은 말할 것도 없고 그 존재마저 의심받게 되자 열국 간의 신의는 물론 개인윤리마저 근본적으로 동요했다. 춘추시대 후기에 들어와 오직 힘만이 정의처럼 보이게 된 것도 무리가 아니었다. 이는 하극상을 자극했다. 권력이 유력한 대신에게 넘어간 데 이어 이 또한 능력 있는 가신에 의해 잠식당하기 시작했다. 국제관계도 윤리의식의 결여로 인해 우호사절로 파견된 사자가 살해되고 친선차 방문한 군주가 억류되어 처형되는 지경에까지 이르렀다.

종법제(宗法制)에 기초한 봉건적 신분질서는 춘추시대 말기에 이르러 급속히 토붕와해(土崩瓦解)되고 말았다. 종법제의 붕괴로 왕실의 권위가 땅에 떨어진 것은 물론 열국의 일부 제후들조차 권신들의 손아귀에서 놀아나는 괴뢰로 추락하고 말았다. 시간이 지나면서 대부분의 나라에서 공실(公室)의 권력은 점차 경대부(卿大夫)로 불리는 '국'(國)의 대신들에게 넘어갔고, 실권은 다시 대신의 가신들 수중으로 넘어갔다. '오월시대'에 들어와 하극상의 시군(弑君)이 빈발한 이유가 바로 여기에 있었다.

이는 기본적으로 봉건질서의 모순에서 비롯되었다. 천자(天子)와 제후(諸侯), 경대부(卿大夫), 사(士)로 구성된 주왕조의 봉건질서는 종법제에 기초한 제후들의 자발적인 충성의 토대 위에 서 있었다. 그러나 춘추시대에 들어와 제후들의 주왕실에 대한 충성이 약화되고 심지어 천자와 제후가 접전하는 사태가 야기되면서 봉건적 신분질서가 붕괴되기 시작했다. 신분질서의 붕괴 현상은 비단 천자와 제후들 사이에 국한된 것이 아니었다. 경대부와 가신들 사이에서도 이런 현상이 동일하게 나타났다.

이런 현상은 안팎의 전쟁과 내란으로 인해 시간이 흐를수록 속도를 더했다. 열국의 제후와 경대부 모두 자연스레 권모술수에 매달리게 되었다. 종법제에 기초한 주왕조의 봉건질서가 내포하고 있던 모순이 일거에 폭발한 데 따른 후과로 볼 수 있다.

이런 상황에서도 중국 전래의 전통을 잘 보존한 몇몇 나라들이 있었다. 은나라의 유민들이 주축이 되어 세운 송(宋)나라와 공자의 고국인 노(魯)나라가 그 실례이다. 송나라는 은나라 말기의 현자인 미자(微子) 계(啓)의 봉국(封國)으로 은나라의 개국조인 탕왕(湯王)에 대한 제사를 모셨던 까닭에 주왕실로부터 손님의 대우를 받았다.

노나라 역시 주왕조 건립의 공헌자인 주공(周公)의 봉국으로 전래 문화의 보고(寶庫)로 여겨진 까닭에 주왕실과 열국 제후들로부터 특별한 대우를 받았다. 노나라가 약소국이었음에도 불구하고 전국시대 말기까지 주변 강국에 의해 병탄되지 않은 것도 이와 무관하지 않다고 보아야 한다. 실제로 『춘추좌전』을 보면 『춘추좌전』이 다루고 있는 기원전 722~481년의 240년 사이에 노나라가 침략받은 횟수는 불과 21회에 지나지 않는다. 노나라를 제외한 거의 모든 나라가 매해 평균 한 번꼴로 다른 나라와 전쟁을 치른 사실과 비교할 때 노나라는 거의 전쟁을 치르지 않은 것이나 다름없다.

그렇다고 노나라가 마냥 태평하게 지낸 것은 아니다. 노나라의 동북쪽에 경계를 접하고 있는 동방의 강국 제나라와 시종 숱한 마찰을 빚었다. 그때마다 제나라는 끊임없이 노나라의 영토를 잠식했다. 노나라는 그것을 되찾기 위해 부단히 노력했으나 거의 성공을 거두지 못했다.

노나라는 진(晉)·초(楚)와 같은 강국의 지원을 받지 않으면 이웃 강국인 제나라에 저항할 수조차 없었다. 노나라가 수시로 진·초 등의 입김을 강하게 받을 수밖에 없었던 이유이다. 이는 결과적으로 노나라의 쇠락을 재촉하는 결과를 낳았다. 그러나 노나라 역시 자국보다 약소한 나라들에 대해서는 늘 군림하는 자세로 임했다. 기회가 있을 때

마다 이웃 약소국을 침공했고 때에 따라서는 진(晉)나라 등의 반대에
도 불구하고 자국에 병탄하기도 했다.

공자 탄생 당시의 천하형세

공자는 바로 이런 시기에 노나라에서 태어났다. 당시 노나라의 정
국은 매우 어수선했다. 공자가 태어나기 20여 년 전인 주간왕 13년
(기원전 573)에 노성공(魯成公)이 죽고 공자 오(午)가 노양공(魯襄公)
으로 즉위했다. 『사기』「노주공세가」는 당시 노양공의 나이가 겨우 3
살밖에 안 되었다고 기록해놓았다. 그러나 노양공이 재위 3년에 진
나라를 빙문했다는 『춘추좌전』의 기록에 비춰 이는 사실과 동떨어진
것으로 보인다.

천하형세는 북쪽의 진(晉)나라와 남쪽의 초(楚)나라가 각기 천하를
반분하여 쟁패(爭覇)하는 구도로 이뤄져 있었다. 진·초 두 나라는 직
접적인 접전을 피한 채 자신들을 따르는 제후국을 조종해 상대편의 제
후국을 치는 식으로 대립했다. 이로 인해 진·초 두 나라 사이에 낀 약
소국들은 큰 피해를 입었다. 정나라의 피해는 극심했다.

정·송 두 나라는 천하를 남북으로 반분하여 호령한 진·초 두 나라
사이를 오가며 반복무상(反覆無常)을 일삼았다. 그러나 이는 임시방편
에 불과했다. 반복무상이 거듭되자 오히려 진·초 두 나라로부터 더
큰 보복을 받게 되었다. 마침내 정나라는 초나라 편에 서고, 송나라는
진나라 편에 가담하는 양상이 나타났다. 약소국인 두 나라는 동병상련
(同病相憐)의 입장에도 불구하고 진·초 두 나라를 대신해 원하지 않
는 전쟁을 벌이게 된 것이다.

춘추시대 중기까지만 해도 열국 모두 강약대소(强弱大小)의 차이는 있을지언정 예양(禮讓)의 측면에서는 차이가 없었다. 그러던 것이 춘추시대 말기에 와서는 강대국과 약소국 사이에 일종의 주종관계가 형성되어 약소국이 강대국을 대신해 대리전을 치르는 양상이 나타났다. 이는 주왕실의 권위가 땅에 떨어지고 국력의 강약에 따라 대국과 소국을 구별하는 풍조가 만연한 데 따른 것이었다.

동방의 강국 제나라는 천하를 반분하고 있는 진·초와 일정한 거리를 둔 채 동쪽 일대에서 노나라를 비롯한 주변의 약소국들을 제압하며 강대국의 면모를 유지하고 있었다. 제나라는 비록 춘추시대 후기로 들어오면서 진·초에 비해 크게 약화되기는 했으나 춘추시대 최초의 패업을 이룬 제환공의 후광으로 춘추시대 말기까지도 진·초에 버금하는 대우를 받았다. 약소국 노나라는 정나라 및 송나라와 달리 진·초보다 제나라가 두려웠다. 제나라와 국경을 맞대고 있었기 때문이다.

노나라는 제나라를 견제하기 위해 진나라를 가까이 했다. 대표적인 예로 노양공이 재위 3년(기원전 570)에 진나라를 빙문(聘問)해 진나라 도성의 교외인 장저(長樗) 땅에서 진도공(晉悼公)과 회맹한 사실을 들 수 있다. 노나라는 같은 제후국임에도 불구하고 사실상 진나라를 상국(上國)의 예로 대했다. 말할 것도 없이 제나라를 견제하기 위해서였다.

당시 진나라의 정사는 매우 볼 만했다. 대표적인 예로 후대에 공평한 인사의 전형으로 거론된 중군위(中軍尉) 기해(祁奚)를 들 수 있다. 『춘추좌전』의 기록에 따르면 기해가 나이가 들어 치사(致仕)하려고 했을 때 진도공이 후임자를 묻자 기해는 자신과 사적인 원한관계가 있는 대부 해호(解狐)를 천거했다. 그러나 공교롭게도 해호는 진도공이 기해의 후임자로 삼으려고 할 때 죽고 말았다. 이에 진도공이 다시 기해에게 다른 후임자를 천거할 것을 청하자 기해는 아무런 거리낌 없이 자신의 아들을 천거했다. 얼마 후 중군부위(中軍副尉)를 지낸 양설직(羊舌職)이 죽자 진도공이 다시 기해에게 물었다.

"누가 양설직의 후임으로 좋겠소."

"양설적(羊舌赤)이 좋습니다."

기해는 양설직의 후임으로 그의 아들인 양설적을 천거한 것이다. 『춘추좌전』은 이같이 평가했다.

"기해는 능히 좋은 사람을 천거할 줄 알았다. 그는 자신의 원수를 칭찬했다. 이는 아첨하기 위한 것이 아니었다. 그는 또 자신의 아들을 내세웠다. 이는 두둔하기 위한 것이 아니었다. 『서경』「주서 · 홍범(洪範)」에 이르기를, '무편무당(無偏無黨: 편향되지도 않고 무리를 만들지도 않음) · 왕도탕탕(王道蕩蕩: 왕도가 공평무사함)'이라고 했다. 이는 기해와 같이 '무편무당'한 사람을 칭송한 말이다. 하나의 관직을 논의하면서 해호가 천거되고, 기오가 고위직에 오르고, 양설적이 관직을 얻는 3가지 일이 일시에 이뤄졌다. 이는 그가 가히 현능한 인재를 천거할 수 있는 인물임을 보여준 것이다. 무릇 현명한 사람만이 능히 자신과 같은 선인(善人)을 천거할 수 있다. 『시경』「소아 · 상상자화(裳裳者華)」에 이르기를, '갖춰져 있는지라 모든 것이 완벽하네'라고 했다. 기해는 바로 이 시에 나온 바와 같이 뛰어난 덕을 갖춘 인물이다."

『춘추좌전』의 이런 극찬은 거현(擧賢: 유능한 인물의 천거)의 요체가 친소(親疎)를 가리지 않는 데 있음을 보여준다. 이를 통상 '유재시거'(惟才是擧)라고 한다. 고래로 국가 흥망의 단초는 유능한 인재의 천거 여부에 있다. 후대인들이 기해를 '유재시거'의 전범으로 삼아 인재를 천거할 때마다 기해의 사례를 빠짐없이 인용한 이유가 여기에 있다.

'유재시거'는 난세에 인재를 천거하는 기본원칙에 해당한다. 난세에 천하를 놓고 다투는 '축록전'(逐鹿戰)이 전개될 때에는 '유재시거'의 인사원칙이 관철되어야만 한다. 춘추시대 말기는 천자의 권위가 땅에 떨어진 상황에서 제후들이 각축전을 전개하는 '군웅축록'(群雄逐鹿)의 난세였다. 초나라와 한 치의 양보도 없이 치열한 각축전을 전개했던 진나라의 입장에서 볼 때 유능한 인재의 발탁은 곧 초나라와의 쟁패를 결정짓는 관건이었다고 해도 과언이 아니다.

'축록전'에서 승리하기 위해서는 인물의 청탁(淸濁)을 불문하고 재능 있는 자를 과감히 발탁하는 '유재시거'의 용인술이 필요하다. '군웅축록'의 난세에 '유재시거'의 용인술을 절묘하게 구사한 대표적인 인물로 조조(曹操)를 들 수 있다. 그는 형수를 취하고 뇌물을 받은 '도수수금'(盜嫂收金)의 인물일지라도 재능만 있다면 과감히 발탁했다. 조조는 쟁천하(爭天下)의 요체가 '유재시거'에 있다는 사실을 통찰하고 있었던 것이다.

'도수수금'을 처음으로 언급한 것은 『사기』 「진승상세가」(陳丞相世家)이다. 이에 따르면 한고조(漢高祖) 유방(劉邦)은 항우(項羽)를 치러 갔다가 대패하여 정신없이 도주하던 중 흩어진 군사를 간신히 수습해 형양(滎陽) 땅에서 진평(陳平)을 아장(亞將)으로 삼아 한왕(韓王) 한신(韓信) 밑에 예속시킨 바 있다. 이때 휘하 장수인 주발(周勃)과 관영(灌嬰)이 진평을 헐뜯고 나섰다.

"진평은 집에 있을 때는 형수와 사통했고, 위(魏)나라를 섬겼으나 받아들여지지 않자 도망하여 초나라에 귀순했고, 초나라에 귀순하여 뜻대로 되지 않자 다시 도망하여 우리 한나라에 귀순한 자입니다. 그는 여러 장수들로부터 금품을 받으면서 금품을 많이 준 자는 후대하고, 금품을 적게 준 자는 박대했습니다. 진평은 반복무상한 역신(逆臣)일 뿐입니다."

유방은 이 말을 듣고 크게 놀라 진평을 천거한 위무지(魏無知)를 불러 질책했다. 그러자 위무지가 유방에게 대꾸했다.

"신이 응답한 것은 그의 능력이고, 대왕이 물은 것은 그의 행동입니다. 지금 만일 그에게 미생(尾生) 및 효기(孝己)와 같은 행실이 있다 할지라도 승부를 다투는 데에는 아무런 도움이 되지 않습니다. 지금 바야흐로 초나라와 한나라가 서로 대항하고 있는 까닭에 신은 기모지사(奇謀之士: 기이한 계책을 내는 뛰어난 책사)를 천거한 것입니다. 그러니 그의 계책이 나라에 이로운지만을 살펴야 할 것입니다. 어찌 '도수수금'이 문제가 될 수 있겠습니까."

'미생'은 홍수로 물이 불어나는데도 연인과의 약속을 지키기 위해 만남의 장소인 다리 밑에서 한없이 기다리다 물에 빠져 죽은 전설적인 인물이다. '효기'는 뛰어난 효성으로 이름이 높았던 은(殷)나라의 중흥군주인 고종(高宗)의 아들이다. 위무지는 잘못된 천거를 나무라는 유방에게 아무리 효성과 신의가 뛰어난 인물일지라도 난세를 타개할 지략(智略)이 없으면 아무 쓸모가 없다고 일갈한 것이다. 그러나 유방은 위무지에게 이런 얘기를 듣고도 못내 안심이 안 되어 당사자인 진평을 불러 반복무상한 행보를 하게 된 연유를 물었다. 그러자 진평이 이같이 대답했다.

"당초 신은 위왕(魏王)을 섬겼으나 위왕은 신의 말을 채택하지 않았습니다. 그래서 위왕을 떠나 항우를 섬긴 것입니다. 그러나 항우는 다른 사람을 믿지 못하면서 오직 항씨 일가와 처남들만을 총신(寵信)했습니다. 설령 뛰어난 책사가 있다 한들 중용될 여지가 없기에 초나라를 떠났던 것입니다. 도중에 대왕이 사람을 잘 가려 쓴다는 얘기를 듣고 대왕에게 귀의하게 되었습니다. 신은 빈손으로 온 까닭에 여러 장군들이 보내준 황금을 받지 않고서는 쓸 돈이 없었습니다. 만일 신의 계책 중 쓸 만한 것이 있으면 저를 채용하고, 그렇지 않다고 판단되면 황금이 아직 그대로 있으니 잘 봉하여 관청으로 보내고 저를 사직시키십시오."

이에 유방이 진평에게 사과하고 후한 상을 내린 뒤 호군중위(護軍中尉)에 임명해 제장들을 지휘하게 했다. 그러자 제장들이 더 이상 진평을 헐뜯지 못했다. 유방이 항우를 제압하고 천하통일의 대업을 이룬 데에는 '유재시거'의 대원칙에 입각해 진평을 과감히 기용한 사실과 무관하지 않았다.

삼국시대의 조조가 동탁(董卓)과 이각(李催), 장수(張繡) 등에게 차례로 몸을 의탁하며 반복무상한 행보를 보인 책사 가후(賈詡)를 자신의 군사(軍師)로 과감히 발탁한 것은 유방의 '유재시거' 행보를 흉내낸 것이다. 조조의 선택은 전적으로 옳았다. 북방의 맹주 자리를 놓고 원소(袁紹)와 건곤일척(乾坤一擲)의 결전을 벌인 관도대전(官渡大戰)에서 가후의 계책이 결정적인 승인(勝因)으로 작용한 사실이 그 증거이다.

난세에 '유재시거'의 대원칙이 관철되기 위해서는 반드시 친소와 청탁을 불문하고 유능하기만 하면 과감히 발탁하는 과단성이 필요하다. 그러기 위해서는 사람을 보는 안목이 있어야 한다.

춘추시대에 진나라의 기해가 자신의 아들을 천거한 것도 같은 맥락에서 이해할 수 있다. 당시 진나라가 중원의 패권국으로 군림할 수 있었던 데에는 바로 기해와 같은 원로가 인재를 제대로 천거한 때문이라고 보아야 한다.

노나라의 실권세력 3환의 전횡

진나라의 패권구도 속에서 노나라를 비롯한 중원의 열국은 진나라에 바치는 공물(貢物)로 인해 적잖은 어려움을 겪어야만 했다. 노양공이 재위 8년(기원전 565) 봄에 진나라로 가서 진도공을 조현하면서 진나라로부터 조빙(朝聘)에 따르는 예물의 수량에 대한 지시를 받은 것이 그 실례이다.

당시 노나라의 실권은 3환(三桓)이 쥐고 있었다. 기원전 8세기 말에 재위했던 노환공(魯桓公)의 아들인 경보(慶父)와 숙아(叔牙), 계우(季友)의 후예인 3환세력이 춘추시대 중엽 이래 노나라의 공실의 권한을 잠식한 결과였다. 노나라는 공자가 태어나기 전에 이미 1세기 반 동안 3환의 과두정(寡頭政)으로 유지되고 있었던 것이다. 3환세력은 삼형제의 자를 따서 각각 중손(仲孫)·숙손(叔孫)·계손(季孫)으로 성씨를 삼았다. 첩의 소생인 중손씨는 훗날 맹손(孟孫)씨로 성씨를 바꿔 장자 가문임을 분명히 했다.

그러나 3환 중 가장 성공한 쪽은 막내 계손씨였다. 계손씨의 선조인 계우(季友)가 노나라의 재상이 된 이후 공자의 시대에 이르기까지 계손씨의 종주(宗主)가 줄곧 재상의 자리를 맡았다. 노나라는 공자가 태어나기 몇 해 전인 노양공 11년(기원전 562) 봄에 이미 3환에 의해 사실상 분할된 것이나 다름없었다. 이를 '3분공실'(三分公室)이라고 한다.

3환은 부족한 병력을 보충하기 위해 원래의 사병(私兵)편제를 해체했다. 계손씨는 자신의 사병을 공실의 군대로 편입시키면서 병력을 제공한 읍에 대해서는 세금을 면제해주고 그렇지 않은 읍에 대해서는 2

배의 세금을 물렸다. 맹손씨는 식읍 출신의 병사 중 절반을 자신의 가병(家兵)으로 삼으면서 이들을 모두 젊은 자제로 충원했다. 숙손씨는 식읍 출신의 병사를 모두 가병으로 삼고 식읍 출신이 아닌 자들은 자신이 관할하는 공실의 군대에 편입시키지 않았다.

공자의 청년시절인 기원전 537년에는 노나라 공실 소속의 중군(中軍)이 폐지되면서 계손씨가 그중의 4분의 2를 차지하고, 숙손씨와 맹손씨가 각각 4분의 1씩 차지하는 일이 빚어졌다. 이를 '4분공실'(四分公室)이라고 한다. 이로써 노나라 군주에게는 형식상의 대권밖에 남지 않게 되었다. 이후 노나라 군주는 3환이 내는 희사금 등의 수입에 의존해 명맥을 유지하는 비참한 상황에 처하게 되었다.

노나라 군주들이 이런 비참한 상황에서 벗어나려고 노력하지 않은 것은 아니다. 공자가 34세 되던 해에 노소공(魯昭公)은 계손씨의 종주를 죽이고자 했으나 간발의 차이로 그를 놓치고 말았다. 이 와중에 숙손씨가 계손씨를 돕고 나서자 대세가 완전히 기울고 말았다. 이에 노소공은 이웃 제나라로 망명했다. 노소공에게 원한을 품은 계손씨는 노소공과 그 추종자들에게 정기적으로 말과 의복 등을 보내면서도 노나라로의 귀국은 결코 허용하지 않았다. 결국 노소공은 제나라에서 객사하고 말았다. 노나라 군주가 군권(君權)을 회복하기 위해 행한 수많은 시도 중 가장 극적인 사건이었다.

춘추시대 이후 군주가 신민(臣民)의 반대로 국외로 추방된 최초의 사건이기도 했다. 이로써 노나라에는 14년 동안 군주의 자리가 비어 있는 '공위시대'(空位時代)가 연출되었다. 서주(西周)시대 중엽 주여왕(周厲王)이 백성들의 봉기로 쫓겨난 이후 두 번째 사례에 해당한다. 선진시대를 통틀어도 주여왕 이외에 노소공이 유일했다.

3환은 서로 다투기도 했으나 상호 협력하지 않으면 공멸을 초래할 수밖에 없다는 사실을 숙지하고 있었다. 최고의 권력자인 계손씨는 도성인 곡부(曲阜)에서 동남쪽으로 75킬로미터 지점에 있는 비(費) 땅을 근거지로 삼고 있었다. 숙손씨는 곡부성 서북쪽 60킬로미터 지점에 있는 후(郈) 땅을 근거지로 삼았고, 맹손씨는 곡부성 서북쪽 22킬로미터 지점에 있는 성(郕) 땅을 근거지로 삼았다. 이들 세 개 성읍은 모두 견고한 성벽에 둘러싸여 있었다. 3환의 가병(家兵)은 몰락한 귀족의 자손 및 사족을 비롯해 농촌 출신자들로 구성되어 있었다.

이들은 관습에 따라 충성을 나타내는 꿩을 3환에게 예물로 바치고 주종관계를 맺었다. 노나라 군주를 주군으로 받드는 신하가 '공신'(公臣)으로 불린 데 반해 이들은 제후 휘하의 경대부를 주군으로 삼은 까닭에 흔히 '사신'(私臣)으로 불렸다. 3환의 권력이 강화되고 영지가 확대됨에 따라 자연히 '사신'의 숫자도 늘어났다. 공자가 활약할 당시 노나라에서는 3환의 전횡으로 인해 이미 '공권력의 사권화' 현상이 급속도로 진행되고 있었던 것이다. '공권력의 사권화'는 국가패망의 전조가 아닐 수 없다.

3환이 이들 '사신'들과 맺은 관계는 기본적으로 씨족을 떠난 개인들 간의 계약이었다. 3환은 이들에게 부역 등의 공적 부담을 면제시켜주고 토지분급을 포함한 여러 은전을 베풀었다. 3환과 '사신'은 완전히 개인 차원의 보호와 충성이라는 주종 간의 쌍무관계로 결합되어 있었던 것이다. 이 점만을 보면 서양 중세의 봉건관계와 매우 흡사하다. 이런 현상은 다른 나라에서도 비슷했다.

오월시대에 들어와 호족들이 점차 열국의 제후를 대신해 실질적인 군주로 행세하는 양상이 나타나게 된 것은 바로 이 때문이었다. 공자의 고국인 노나라도 3환세력이 전 영토를 셋으로 나눠 다스린 것이나 다름없었다. 그러나 노나라는 춘추시대 말기에 권신인 조(趙)·위(魏)·한(韓) 등 세 가문에 의해 전 영토가 삼분되어 해체된 진(晉)나라와 달리 전국시대 말기까지 명목상의 군주가 다스리는 단일한 나라로 유지되었다. 이는 난신적자(亂臣賊子)를 성토한 공자의 출현과 무관하지 않았다.

공자가 활약할 당시 공자의 존재는 시종 노나라의 실권자인 3환세력에게 커다란 위협이었다. 공자가 3환타도를 꾀하다가 실패한 뒤 14년에 걸쳐 비록 '주유천하'(周遊天下)를 표방하기는 했으나 사실상 망명에 가까운 생활을 영위한 사실이 이를 뒷받침한다. 그러나 공자가 말년에 이르러 귀국할 당시에는 3환세력의 경계심이 크게 완화되어 있었다. 실권자인 계강자(季康子)가 공자를 국로(國老)로 우대하며 자주 국정에 관한 자문을 구했을 정도다.

3환세력은 공자가 현실정치에 참여하고자 했던 당초의 꿈을 접고 문하에 수많은 제자들을 육성하는 모습을 보이자 오히려 공자의 존재를 노나라의 긍지로 여겼다. 공자에 대한 평가가 완전히 달라진 것이다. 공자가 만세의 사표가 될 수 있는 여건이 비로소 만들어졌다고 해도 과언이 아니다. 공자는 군신(君臣) 간의 분의(分義)가 무너지는 난세의 세월 속에서 신분세습의 봉건정을 무너뜨리고 군자가 다스리는 이상국가를 세워 구세제민(救世濟民)하고자 했던 것이다.

2 시골 하급무사의 서자로 태어나다

장차 모든 일에 통달한 사람이 나오리니
그 이름은 공구(孔丘)일 것이다.
● 맹희자

예로부터 공자의 생애와 사상에 관한 책은 한우충동(汗牛充棟)이라고 할 만큼 많았으나 대부분 온갖 설화로 꾸며진 『사기』「공자세가」나 공자를 윤리도덕의 관점에서 해석한 성리학을 토대로 하고 있다. 인간 공자를 '군자'가 아닌 초월적인 '성인'으로 미화시킨 후대의 모든 왜곡은 「공자세가」에서 시작되었다고 해도 과언이 아니다. 공자의 모습과 사상은 『논어』를 통해 확인하는 것이 가장 정확하다. 그러나 『논어』 또한 오랫동안 잘못 읽혀왔다.

공자사상은 역사적으로 볼 때 전국시대의 맹자(孟子)와 전한제국 초기의 동중서(董仲舒), 남송대의 주희(朱熹)에 의해 결정적으로 왜곡되었다. 맹자는 '치평학'에서 출발한 공학을 '치평'과 동떨어진 형이상의 수양이론으로 해석하는 단초를 열었고, 동중서는 미신적인 음양설을 유가경전에 삽입시키는 결정적인 계기를 제공했고, 주희는 맹자의 뒤를 이어 공학을 극히 사변적인 윤리철학으로 변질시키는 역할을 수행했다.

공자는 우리가 상상하는 것과 달리 농담을 즐겼던 것으로 추정되고 있다. 『논어』「양화」편에 나오는 다음과 같은 일화가 뒷받침한다. 하루는 공자가 제자인 자유가 읍재로 있는 무성(武城)으로 갔다가 현악(弦樂: 거문고와 비파 연주)에 맞춰 부르는 노래를 듣게 되었다. 공자가 빙그레 웃으며 말했다.

"무성은 작은 고을인데 큰 도로 다스리니 닭을 잡는 데 어찌 소 잡는 칼을 쓴단 말인가."

이에 자유가 반박했다.

"전에 제가 부자(夫子)에게 듣기로는, '군자가 도를 배우면 사람을 사랑하게 되고, 소인이 도를 배우면 부리기가 쉽게 된다'고 했습니다. 무성이 비록 작은 고을일지라도 어찌 예악을 가르치지 않을 수 있겠습니까."

그러자 공자가 정색을 하며 제자들에게 말했다.

"얘들아, 언(偃)의 말이 옳다. 방금 전에 내가 한 말은 농으로 한 것이다."

『논어』에서 공자가 자신의 입으로 '내가 한 말은 농으로 한 것이다'라고 밝힌 구절로는 이것이 유일하다. 그러나 이 대목은 문맥의 전후관계로 보아 공자가 농으로 한 것은 물론 『논어』 전체의 문맥에서 볼지라도 당시 공자가 해학을 즐겼음을 시사하고 있다. 그럼에도 청대말기의 고증학자인 최술(崔述)을 포함해 역대 주석가들은 공자가 분명히 농담이라고 밝힌 이 대목조차 액면 그대로 풀이하는 것을 거부했다. 이는 공자를 지나치게 신성시한 사실과 무관하지 않았다. 그러나 공자는 결코 성인도 아니었고 완전무결한 사람도 아니었다. 「양화」편의 다음 대목을 보자.

"유비(孺悲)가 공자를 만나려 했으나 공자가 칭병하여 사절했다. 장명자(將命者: 분부를 받은 자)가 방문을 나가자 공자는 만나기 싫어 고의로 사절한 뜻을 장명자가 유비에게 암시토록 일러주기 위해 비파를 당겨 놓고 노래를 부르며 장명자로 하여금 이를 듣게 했다."

'선의의 거짓말'을 동원해 자신과의 회견을 요청한 '유비'를 교묘히 따돌린 셈이다. '유비'는 노애공의 명으로 공자에게서 사상례(士喪禮: 선비의 상례)를 배운 자로 알려진 인물이다. 그의 언행 일부가 『예기』 「잡기 하」편에 실려 있다. 이 일화는 당시 공자가 얼마나 인간적인 모습을 하고 있었는지 여실히 보여준다.

공자의 자제력은 범인들보다 훨씬 높은 수준이었으나 결코 초인적인 것은 아니었다. 그 또한 군자는 감정을 자제해야 한다고 믿었지만 총애하던 제자 안회가 죽었을 때 지나치게 비통해하는 모습을 보였다. 주변사람들이 볼 때 공자의 이런 모습은 슬픔을 억제하지 못하는 범인과 다를 바가 없었다. 나아가 공자는 자신의 화난 모습을 그대로 드러내기도 했다. 「헌문」편의 다음 대목을 보면 공자의 인간적인 면모를 쉽게 확인할 수 있다.

"하루는 고향친구인 원양(原壤)이 거만하게 걸터앉아 공자를 기다렸다. 그러자 공자가 원양을 질책하기를, '어려서는 공손하지 못하고, 자라서는 덕행을 쌓지 못하고, 늙어서도 죽지 않으니 이는 바로 사람을 해하는 자이다'라고 하면서 지팡이로 그의 정강이를 두드렸다."

공자는 무례한 고향친구에게 너무 화가 나 이같이 행동한 것이다. 성인이라기보다는 범인에 가까운 모습이다. 공자도 통상적인 사람들과 마찬가지로 희노애락을 거침없이 드러냈다. 그러나 역설적으로 보면 공자의 위대한 면모는 바로 이러한 인간적 약점을 그대로 드러낸 데 있다고 해도 과언이 아니다.

공자 출생을 둘러싼 허구

후대인들은 『논어』에 나오는 공자의 모습을 액면 그대로 해석하기를 거부했다. 시간이 지나면서 공자에 관한 무수한 전설이 만들어진 것은 이 때문이었다. 한 전설에 따르면 공자는 고귀한 가문의 출신으로 왕가의 후예로 태어났다. 하늘의 용과 천제(天帝)의 사자들이 그의 하생(下生)을 축하하기 위해 하늘을 배회한 것으로 그려져 있다. 그러나 공자는 결코 이처럼 고귀한 출신이 아니었다. 전적으로 후대인들이 만들어낸 허구일 뿐이다.

이런 전설들은 공자의 출생에 관한 정설이 존재하지 않았기 때문에 나왔다고 볼 수 있다. 아직까지도 정설이 없는 실정이다. 어찌 보면 인간 공자에 대한 왜곡은 그의 출생과정부터 시작되고 있다. 물론 이는 기본적으로 사료부족에서 비롯되었다. 그러나 공자의 출생과 생장 배경을 둘러싼 얘기는 역사적 사실과의 부합 여부를 떠나 확실히 예수나 석가에 비해 빈약하기 짝이 없다. 장년 이후의 얘기 또한 별반 차이가 없다. 겨우 만년의 얘기가 그나마 알려져 있는 실정이다. 이는 일면 공자가 젊은 시절만 하더라도 그다지 크게 주목받지 못했음을 반증한다.

가장 오래된 역사서 중 하나인 『춘추좌전』은 대부(大夫) 이상의 인물이 아닐 경우 그 이름을 기록해놓지 않았다. 공자의 생장과 관련한 얘기가 희소한 것은 그가 출생에 의해 신분이 결정되는 춘추시대 후기에 태어난 사실과 무관하지 않았다. 당시의 기준에서 볼 때 공자는 시골에 사는 하급무사의 후예에 불과했다. 『춘추좌전』 등의 사서에는 오직 공자의 만년 모습만이 비교적 소상히 기술되어 있을 뿐이다. 공자의 생애에 관한 정보는 전체적으로 부실하기 짝이 없다. 이는 그가 하급 무사의 후예였던 사실과 결코 무관할 수 없다.

공자에 관한 전기(傳記)로 현존하는 것 중 가장 오래된 『사기』 「공자세가」 역시 예외가 아니다. 후대에 나온 모든 전기는 현재에 이르기까지 거의 대부분 기원전 1백 년 경에 저술된 사마천의 『사기』에 근거하고 있으나 적잖은 문제가 있다. 후대의 사가들은 궁형(宮刑)을 당하고도 『사기』를 저술한 사마천의 의기를 높이 산 나머지 공자와 사마천 사이에는 4백 년의 공백이 있다는 사실을 간과한 채 「공자세가」를 사실(史實)에 부합한 것으로 보았다.

그러나 19세기 초에 고증학자 최술이 『수사고신록』을 통해 '「공자세가」의 7~8할은 중상모략이다'라고 비판한 바 있듯이 「공자세가」는 사실과 동떨어진 내용으로 구성돼 있다. 항간에 나돌던 공자에 관한 전설이 마구 뒤섞여 수록돼 있는데다가 사서의 기술에 극히 중요한 연대기(年代記) 또한 신뢰성이 크게 떨어진다. 사료비판도 가하지 않은 채 「공자세가」의 내용을 그대로 인용하는 것은 위험한 일이다. 20세기 초의 저명한 역사학자 전목(錢穆)이 『선진제자계년』(先秦諸子繫年)에서 '「공자세가」는 너무 심하게 혼란되어 있고 앞뒤가 맞지 않아 사마천이 그것을 현재의 형태로 저술했을 리 없다'고 언급한 것도 이와 무관하지 않을 것이다.

사마천은 왜 공자의 전기를 「열전」이 아닌 「세가」에 수록한 것일까. 『사기』와 같은 기전체 사서는 일종의 정통관(正統觀)에 입각해 가장 중요한 나라의 역사를 「본기」(本紀)에 싣고 그 다음의 나라를 「세가」, 나머지를 「열전」에 싣는다. 『사기』는 주왕실과 천하를 통일한 진(秦)나라를 본기에 넣고, 나머지 열국을 「세가」에 편제한 뒤 조선(朝鮮)과 같은 이민족의 역사를 「열전」에 끼워 넣었다. 사마천이 공자의 전기를 「열전」이 아닌 「세가」에 끼워 넣은 것은 분명 이례적인 일이다. 춘추전국시대에 등장한 제자백가 중 「열전」이 아닌 「세가」에 편입된 사람으로는 공자가 유일하다.

이를 두고 많은 사람들이 오랫동안 사마천이 공자를 극히 존중해 그렇게 편제했다고 생각했다. 그러나 20세기 중엽에 크릴(H. G. Creel)이 이에 대해 강력한 이의를 제기했다. 그는 『공자, 인간과 신화』에서 사마천이 특별히 공자에 감복했기 때문이 아니라는 분석을 내놓았다.

일본의 금문학자(金文學者) 시라카와 시즈카도 『공자전』에서 크릴과 유사한 주장을 펼쳤다. 현재는 이들의 주장이 설득력을 얻고 있다.

사마천이 『사기』를 저술할 당시 전한제국에서는 이미 오경박사(五經博士)와 박사제자원(博士弟子員) 등이 설치되었을 정도로 유학만이 유일한 관학으로 군림하고 있었다. 사마천이 공자의 전기를 「세가」로 편제해 공자를 사실상 제후의 반열에 올려놓은 것은 국가 차원의 요청에 따른 것일 가능성이 높다. 사마천이 결코 공자를 존숭해 공자의 전기를 「세가」에 편입시킨 게 아니라는 유력한 증거가 아닐 수 없다. 「공자세가」의 문체에 「유협열전」(遊俠列傳) 등에 보이는 사마천의 감개(感慨)가 전혀 나타나지 않고 있는 것도 이런 의심을 사기에 충분하다. 실제로 사마천은 황로학(黃老學: 도가사상)을 좋아한 부친 사마담(司馬談)과 마찬가지로 유가보다는 도가에 훨씬 큰 매력을 느꼈다.

「공자세가」는 비록 공자를 제후의 반열로 올려놓고 그에 관한 전기를 집성해놓았지만 잡다한 내용이 체계도 없이 나열된 무성의한 편제로 꾸며졌다는 비판을 면하기 어렵다. 촌철살인의 절제된 표현으로 명성이 높은 사마천의 사필(史筆)에 어울리지 않는 「공자세가」의 문체는 과연 그가 공자의 전기를 체계적으로 정리하고자 하는 생각을 갖고 있었는지 의심하게 만든다. 「공자세가」를 인용할 때 신중을 기해야 하는 이유이다.

그렇다면 공자의 전기와 관련해 역사적 사실에 가장 가까운 사료는 무엇일까. 사료적인 측면에서 볼 때 「공자세가」에 비할 수 없을 정도로 중요한 것이 바로 『논어』이다. 『논어』는 비록 2, 3대 제자들이 공문(孔門) 내에서 전승된 내용을 토대로 후대에 편찬한 것이기는 하나 직제자(直弟子)들의 전승 내용을 충실히 수록했다는 점에서 단연 최고의 사료로 꼽을 수 있다.

『논어』 다음으로 들 수 있는 것이 『맹자』이다. 『맹자』는 시간적으로나 지리적으로 공자와 가장 밀접한 관련을 맺고 있는 기록이라는 점에서 다른 사료에 비해 비교적 높은 신뢰를 얻고 있다. 그러나 『맹자』의 내용 중에는 공자의 입을 빌리기는 했으나 맹자 자신의 말로 의심되는 대목이 적지 않아 선택에 신중을 요한다. 기무라 에이이치가 『공자와 논어』에서 상세히 분석한 바와 같이 『논어』에도 이런 구절이 적지 않다. 『논어』도 수백 년에 걸쳐 속집(續輯) 등의 보완작업을 통해 완성된 까닭에 공자 당시의 얘기와 동떨어진 내용이 다수 삽입되어 있다. 편제과정 상의 우여곡절을 감안할 때 『논어』와 『맹자』의 기록은 반드시 당시의 역사적 상황을 정밀하게 기록해놓은 『춘추좌전』의 관련 내용과 비교해 진위를 판별해야만 한다.

그러나 『논어』와 『맹자』, 『춘추좌전』 등에 남아 있는 공자의 전기를 모을지라도 양이 매우 적다. 공자의 생애를 추적하는 데 근원적인 어려움이 있는 것이다. 전국시대에서 전한제국 초기 사이에 나온 『묵자』와 『장자』, 『순자』, 『열자』, 『한비자』 등 제자백가서를 비롯해 『공자가어』(孔子家語)와 『염철론』(鹽鐵論), 『백호통의』(白虎通義), 『신서』(新書), 『논형』(論衡) 등의 군서(群書)를 모두 참고해야만 하는 이유가 여기에 있다. 이들 군서에 나오는 관련 내용 중 가장 사실(史實)에 가까운 것을 취사선택해 종합적으로 판단하지 않으면 공자의 생애를 정확히 고찰할 길이 없는 것이다.

이런 전제하에서 공자의 생애를 정밀하게 추적한 대표적인 학자로는 크릴과 기무라 에이이치, 시라카와 시즈카 등을 들 수 있다. 뛰어난 중국학자인 크릴은 청대 말기의 고증학자인 최술의 『수사고신록』에 크게 의지하고 있기는 하나 그 나름대로 엄밀한 잣대를 적용해 기존에 나온 공자전기의 허구를 탁월하게 파헤쳤다. 제자백가 사상을 깊이 연구한 기무라 에이이치는 『논어』에 대한 과학적인 분석을 통해 공자의 언행을 정밀하게 분석함으로써 공자의 실상을 복원하는 데 결정적인 공헌을 하였다. 시라카와 시즈카는 문헌학(文獻學)을 근거로 한 기존의 접근방법과 달리 갑골학과 금문학을 토대로 한 새로운 접근방법을 제시함으로써 공자연구의 새로운 장을 열었다.

공자 가계의 조작 가능성

이들의 학설을 중심으로 『논어』를 비롯한 제자백가서의 관련대목을 종합적으로 검토해 공자의 생애를 사실에 가깝게 복원해볼 필요가 있다. 예로부터 공자의 출생에 관해서는 많은 논란이 있었다. 이는 「공자세가」의 기이한 표현에서 비롯되었다. 「공자세가」는 공자의 출생에 대해 다음과 같이 기록해놓았다.

"숙량흘(叔梁紇)이 안씨(顔氏)와 야합(野合)해 공자를 낳았다. 공자가 태어난 뒤 숙량흘이 세상을 떠났다. 이에 그를 방산(防山)에 장사지냈다."

출생과 성장과정을 압축한 이 기록의 핵심어는 '야합'이다. 사마천은 왜 '야합'이라는 표현을 사용한 것일까. 비열한 방법을 지칭하는 '야합'의 원래 뜻은 무엇일까. 예로부터 이 기록을 두고 수많은 논쟁이 전개되었으나 아직까지 정설이 없는 실정이다.

기록에 비춰 '야합'은 숙량흘과 부인 안씨의 만남과 관련 있는 것으로 보인다. 공자의 부친 숙량흘과 모친 안씨는 어떤 인물이었을까.

'야합' 문제를 논하기 전에 이 문제부터 검토해보기로 하자. 「공자세가」는 공자의 가계(家系)를 이같이 기록해놓았다.

"공자는 노나라 창평향(昌平鄕: 산동성 곡부시 동남쪽) 추읍(陬邑: 곡부시 동남쪽 추성)에서 태어났다. 그의 선조는 송나라 사람으로 공방숙(孔防叔)이다. 방숙은 백하(伯夏)를 낳고, 백하는 숙량흘을 낳았다."

이 기록에 따르면 공자의 증조부인 공방숙(孔防叔)은 송나라 사람인 셈이다. 이 기록이 사실일까. 원래 송나라는 주공 단이 주나라 건국 초기에 은나라 마지막 군주인 주(紂)의 서형(庶兄)인 미자(微子) 계(啓)를 봉한 나라이다. 이로 인해 송나라는 개국 초부터 은나라 개국조인 탕왕(湯王)을 비롯해 은나라 역대 군주의 제사를 받들었다. 은나라 마지막 군주인 주가 주나라 무왕에게 패망한 것은 기원전 12세기 중엽으로 공자가 태어나기 6백 년 전에 해당한다.

은나라는 서쪽 변방에 치우쳐 있었던 야만적인 주(周)나라와는 비교할 수 없을 정도로 찬란한 청동기문화를 이룬 동아시아 최초의 문명국이었다. 주나라는 비록 전쟁에서 승리해 그 영토와 백성을 손에 넣기는 했으나 은나라가 이뤄놓은 문명의 토대 위에서 다스릴 수밖에 없었다. 당시 은나라 유민 중 특수한 지능을 지닌 지식인과 기술자는 모두 노비가 되어 일했다. 그들 중 일부는 귀족과 제후에게 하사되었다.

이들 은나라 유민은 천문(天文)과 역법(曆法), 복서(卜筮), 토목(土木), 공예(工藝) 등에서 뛰어난 기술을 보유하고 있었다. 이들은 노비 신분임에도 불구하고 고도의 기술을 요하는 여러 전문 직종에 종사했다. 이들은 시간이 지나면서 더욱 중시되었다. 일부는 특수한 관직을 수행하는 가문을 형성해 자연스럽게 주왕조의 일반 사족(士族)과 뒤섞이게 되었다.

당초 송나라의 건국은 은나라 찬탈을 호도하고 주나라 건국의 취약한 정당성을 확보하기 위한 고육지책의 산물이었다. 이로 인해 송나라는 빈궁한 가운데 옛 전통을 지키는 특수지역으로 인식되고 송나라 백성 또한 고루한 사람이라는 모멸과 차별대우를 받게 되었다. 서주시대 금문에는 은나라 유민이 매매의 대상이 된 일이 기록되어 있다. 6세기 중엽에 북위(北魏)의 양현지(楊衒之)가 쓴 『낙양가람기』(洛陽伽藍記)에는 '서은'(庶殷)으로 호칭된 은나라 유민이 당시까지도 여전히 외부와의 접촉을 기피한 채 폐쇄적인 생활을 한 사실이 기술되어 있다.

이에 비춰 춘추시대 당시 송나라 사람은 다른 나라 사람에게 위화감을 주는 사람들로 보였을 공산이 크다. 실제로 송나라 사람들이 주로 상업에 종사하게 되자 은나라의 원래 명칭인 상(商)나라 사람이라는 뜻을 지닌 상인(商人)은 사·농·공·상의 사민(四民) 중 최하위층인 장사꾼을 지칭하는 말로 전용되었다. 이는 마치 과거 서양의 유대인들이 세인들의 모멸 속에 유대인 구역에 몰려 살면서 상업에 종사한 것과 유사하다.

이런 사실을 종합해볼 때 공자의 선조가 은나라 유민들로 구성된 송나라에서 노나라로 흘러들어온 이주민인 것만은 거의 확실하다. 그의 조상은 주왕조 초기에 전문적인 기술을 지닌 집단에 속해 있었을 것이다. 그러나 후대인들은 공자의 조상이 마치 송나라의 명족인 양 조작해놓았다. 만세의 사표인 공자가 '상인'의 후예라는 사실을 꺼렸기 때문으로 짐작된다.

그렇다면 공자의 조상이 송나라의 명족이었다는 전설은 언제 만들어진 것일까. 『춘추좌전』 「노소공 7년」조에 그 해답이 있다. 여기에는 노나라의 3환 중 하나인 맹손씨의 종주인 맹희자(孟僖子)가 죽기 직전에 자신의 두 아들인 남궁경숙(南宮敬叔) 열(說)과 맹의자(孟懿子) 하기(何忌)에게 당부하는 다음과 같은 유촉(遺囑)이 실려 있다.

"나는 '장차 달자(達者: 모든 일에 통달한 사람)가 나오리니 그 이름은 공구(孔丘)일 것이다'라는 얘기를 들은 적이 있다. 그는 성인의 후손으로 그의 가문은 송나라에서 패망했다. 그의 조상 불보하(弗父何)는 보위를 송여공(宋厲公)에게 넘겨주었다. 불보하의 증손인 정고보(正考父)는 송대공(宋戴公)과 송무공(宋武公), 송선공(宋宣公)을 보좌하면서 상경이 되었으나 그의 자세는 날로 더욱 공경스러웠다. 일찍이 노나라 대부 장손흘(臧孫紇)은 성인은 명덕(明德)을 고루 갖추고 있으니 만일 군주가 되지 못하면 그 후손 중에 반드시 달인(達人)이 나올 것이라고 말한 바 있다. 지금 보건대 장차 공구(孔丘)에게 이런 일이 있지 않겠는가. 만일 내가 죽게 되면 반드시 그분을 스승으로 모시도록 하라."

공자의 조상으로 거론된 불보하는 기원전 7세기 초에 송민공(宋湣公)의 아들로 태어나 보위를 송여공 부사(鮒祀)에게 넘겨주어 칭송을 받은 인물이다. 정고보는 『시경』 「상송」(商頌) 12편을 편찬한 인물로 알려져 있다. 과연 이들이 공자의 조상일까. 믿기 어려운 얘기이다.

나아가 맹희자가 두 아들에게 공자를 스승으로 삼을 것을 유촉한 것이 사실일까. 당시 공자는 천한 일에 종사하는 무명의 청년으로 겨우 17세에 불과했다. 이런 공자가 당대의 권신인 맹희자의 두 아들을 제자로 두었다는 것은 있을 수 없는 일이다. 다만 맹희자의 두 아들이 훗날 공자 밑에서 예를 배웠을 가능성은 배제할 수 없다.

후대인들이 공자의 가계를 조작하기 위해 불보하와 정고보는 물론 『춘추좌전』 등에 나오는 송나라의 명신들을 공자의 조상으로 끼워 넣었을 공산이 크다. 『공자가어』 「본성해」(本姓解)편과 『세본』(世本)이 이를 뒷받침한다. 「본성해」와 『세본』의 내용이 거의 일치하고 있는 점에 비춰 어느 한쪽이 다른 쪽을 그대로 전재했을 가능성이 높다.

『세본』은 대부분 전국시대 말기의 전승을 담고 있는 까닭에 아무리 빠를지라도 전한제국 초기에 나온 것으로 짐작되고 있다. 『공자가어』역시 아무리 빨라도 전한제국 때 나온 것으로 간주된다. 후대인의 조작가능성을 시사하는 대목이다. 「본성해」와 『세본』에 나오는 공자의 가계를 정리하면 다음과 같다.

송민공―불보하―송보주(宋父周)―세자 승(勝)―정고보―공보가 (孔父嘉)―목금보(木金父: 무명의 선비로 몰락해 노나라로 이주)― 기보(祈父)―공방숙―백하―숙량흘―공구

정밀한 가계이기는 하나 곳곳에 조작의 흔적이 역력히 나타나고 있다. 먼저 주목할 인물은 송나라의 사마(司馬)로 있던 공보가이다. 그는 공자가 태어나기 160년 전, 송대공(宋戴公)의 손자이자 태재인 화보독 (華父督)의 독수에 걸려 멸문지화를 당하고 아내를 빼앗긴 인물이다.

「본성해」편과 『세본』에 나오는 공자의 가계를 보면 우선 공보가의 자식으로 기록된 목금보는 조작된 인물임을 쉽게 알 수 있다. 전국시대 중기부터 중국에서는 목·화·토·금·수의 5원소가 순환해 우주계와 인간계를 지배한다는 '음양오행설'이 크게 유행했다. 목금보는 '음양오행설'이 설득력을 지니게 된 공자 사후에 유가 후학이 상상해 만들어낸 이름이다. 화보독에 의해 몰살된 공보가의 혈육인 목금보가 어떻게 노나라로 망명했는지 『춘추좌전』은 아무런 정보도 전해주지

않는다. 목금보라는 가공인물을 통해 앞뒤의 두 가계가 부자연스럽게 연결되었음을 짐작케 해주는 대목이다.

공자의 세계는 전국시대 말기에서 전한제국 초기 사이에 정립된 것으로 추정된다. 노나라의 공씨 가문에 전해져오는 공방숙에서 공자까지의 계보와 세상에 널리 알려진 송나라 명족인 공씨의 계보를 가공의 인물들을 중간에 끼워 넣어 억지로 연결시켰을 가능성이 높다.

나아가 공자의 조상으로 거론된 불보하와 정고보 등의 행적도 의심스럽다. 이들이 공자의 조상이라는 사실을 입증할 만한 기록이 전혀 존재하지 않는다. 그럼에도 사마천은 「공자세가」에서 『춘추좌전』의 기록을 근거로 정고보를 기린 청동기의 명문 내용을 마치 사실처럼 기록해놓았다.

"대부가 되어서는 등을 굽히고, 하경(下卿)이 되어서는 몸을 굽히고, 상경(上卿)이 되어 고개를 숙이니 담장 옆을 갈 때 빨리 걸으면 누구도 감히 나를 업신여기지 못하리라. 진한 죽도 여기에 끓이고, 묽은 죽도 여기에 끓여 입에 풀칠하듯 죽을 먹고 살아가리라."

알려진 바에 따르면 지금까지 출토된 수천 점에 달하는 청동기 명문 중 이런 내용의 명문은 존재하지 않는다. 정고보가 송대공(宋戴公)과 송무공(宋武公), 송선공(宋宣公)의 3대에 걸쳐 벼슬을 했다는 사실 자체가 의문시되고 있는 것이다. 정고보가 교정했다는 『시경』 「상송」 12편도 기원전 7세기 중엽에 활약한 송양공(宋襄公)을 칭송한 것으로 송양공은 송무공과 송선공보다 훨씬 후대의 인물이다. 한마디로 공자를 송나라 귀족의 후예로 둔갑시킨 『춘추좌전』과 「공자세가」, 「본성해」 등의 기록은 전혀 믿을 만한 것이 못된다. 이 때문에 최술도 『수사고신록』에서 「공자세가」 등에 나온 공자의 가계를 전면 부인했던 것이다.

공자의 조상이 송나라 사람인 것만은 거의 확실하나 그의 직계 조상이 송나라의 명족으로 연결된 가계는 후대인의 위작으로 보인다. 후세의 유가들이 공자에 대한 존경심이 지나친 나머지 이런 조작을 감행한 것이 거의 확실하다. 결국 공자의 직계조상으로 확인할 수 있는 사람은 증조부인 공방숙 이하의 3대 조상에 불과하다.

공자의 부친 숙량흘

공자의 조부와 증조부는 이름만 알려져 있을 뿐, 구체적인 행적에 관해서는 전혀 알 길이 없다. 그러나 이들의 이름이 모든 사서에 예외 없이 기록되어 있는 만큼 공자의 직계 조상인 것은 사실로 보인다. 행적에 대한 언급이 없는 이유는 이들이 당시의 기준에서 볼 때 크게 언급할 가치도 없는 하급 사족에 불과했기 때문이었을 것이다.

공방숙 이하의 공자 조상들은 노나라 도성 곡부에서 동쪽으로 약 9킬로미터 떨어져 있는 방(防) 땅에 거주했을 것으로 짐작된다. 이는 공자의 부친 숙량흘의 묘가 그의 거주지였던 추읍이 아니라 방 땅이었던 사실이 뒷받침한다. 당시의 사족들은 모두 선조의 묘가 있는 읍을 본거지로 삼고 있었다. 공방숙의 이름에 '방' 자가 있는 것도 이와 관련이 있을 것이다. 공자의 부친 숙량흘은 추읍의 토착민이 아니라 방 땅에서 추읍으로 옮겨온 이주민일 공산이 크다. 공자는 부친이 죽은 뒤 젊었을 때 추읍에서 다시 노나라 도성 부근으로 거처를 옮긴 것으로 짐작된다.

공자의 부친인 숙량흘은 『춘추좌전』에 모두 두 차례에 걸쳐 언급돼 있다. 「노양공 10년」조에 숙량흘에 관한 얘기가 처음으로 등장한다.

뛰어난 용력을 자랑한 숙량흘은 핍양성(偪陽城) 전투 당시 무서운 힘으로 현문(懸門)을 받쳐 들었고, 이에 적의 계략에 말려 성 안으로 들어갔다가 몰살 위기에 빠진 연합군 병사들을 무사히 탈출시킬 수 있었다. 그는 핍양성 전투가 끝난 지 7년 뒤인 노양공 17년(기원전 556) 가을에 다시 한 번 뛰어난 용력을 발휘함으로써 세인들의 칭송을 받았다. 그럼에도 불구하고 그는 은나라 유민의 후손으로 알려져 다소 경멸의 대상으로 취급되었던 듯하다.

이는 숙량흘이 부인 안씨와 '야합'을 통해 공자를 낳았다는 「공자세가」의 기록과 관련 있어 보인다. '야합'은 공식적인 관례를 벗어나 사적으로 이뤄진 일체의 행위를 지칭하는 말이다. 이는 숙량흘과 부인 안씨가 정식 혼례를 치르지 않고 사적으로 부부의 인연을 맺었음을 시사한다. 만일 숙량흘이 뛰어난 용력에 상응하는 대우를 받았다면 안씨를 정식으로 맞이했을 것이다.

그렇다면 안씨는 과연 어떤 사람이었을까. 「공자세가」와 『예기』 「단궁 상」편에는 그녀의 이름이 '징재'(徵在)였다고 나와 있다. 여인의 이름을 기록해놓은 것은 이례적이어서 이것만으로는 사실로 단정하기가 어렵다. 사마천이 『사기』를 쓸 당시 공자 모친의 이름이 '징재'라는 얘기가 널리 퍼져 있었을지도 모른다. 유사한 얘기가 공씨 집안의 족보에 남아 전송되었을 가능성도 배제할 수 없다. 현재로서는 이를 반박할 증거가 없는 까닭에 일단 그대로 받아들일 수밖에 없다.

이보다 안씨가 숙량흘의 정부인이 아니었다는 사실이 더 중요하다. 사서의 기록에 비춰 볼 때 공자는 부친 숙량흘의 아들이 분명한 까닭에 사생아라고 할 수는 없으나 적자(嫡子)는 아니었다. 이는 『공자가어』 「본성해」편에 나오는 다음 일화를 보면 대략 짐작할 수 있다.

"숙량흘은 딸만 9명 있었고 아들이라곤 없었다. 다만 첩의 몸에서 아들 맹피(孟皮)를 낳았는데 그의 자는 백니(伯尼)였다. 그러나 그는 족병(足病)이 있었다. 숙량흘은 다시 안씨(顏氏)에게 구혼을 청했다. 안씨에게는 3명의 딸이 있었다. 막내 딸의 이름은 징재(徵在)였다. 안씨가 세 딸에게 묻기를, '추읍의 대부는 비록 부조(父祖)가 하급 사족이나 원래 그 선조는 성왕(聖王)의 후예였다. 지금 숙량흘로 말하면 키가 10자나 되고 무력(武力)이 절륜해 당할 사람이 없다. 나는 이 사람을 몹시 탐내고 있으나 다만 나이가 조금 많은 것이 흠이다. 그러나 성품이 심히 엄숙하니 달리 의심할 것이 없다. 너희들 중 누가 이 사람에게 시집을 가겠는가'라고 했다. 두 딸이 아무 말도 하지 않자 막내 징재가 앞으로 나서 대답하기를, '부명(父命)을 좇을 뿐인데 무엇을 물을 게 있겠습니까'라고 했다. 이에 안씨가 말하기를, '네가 시집을 가면 되겠다'라고 했다. 이에 마침내 징재를 숙량흘의 아내로 보내게 되었다."

이는 불경스런 '야합'을 합리화하기 위해 유가 후학이 만들어낸 것으로 보인다. 당시 안씨가 「본성해」편의 기록과 같이 과연 사족의 딸이었는지를 가늠하기 쉽지 않다. 그러나 당시 절륜한 무력을 자랑하는 숙량흘이 제대로 된 후사를 얻기 위해 새 여인을 얻어 공자를 낳았을 가능성은 매우 크다. 「공자세가」에 나오는 공자의 출생 기록을 통해서도 짐작할 수 있는 부분이다.

"안씨가 니구산에서 기도를 해 공자를 얻었다. 자(字)는 중니(仲尼)이고 성은 공씨(孔氏)이다."

공자의 자인 '중니'(仲尼)의 '중'(仲)은 맹(孟)·중(仲)·숙(叔)·계(季)로 표현되는 형제간의 서열 중 두 번째를 의미한다. 『공자가어』

「본성해」편은 공자의 이복형인 맹피의 자를 '백니'(伯尼)로 기록해놓았다. '백니'의 '백'(伯)은 맹·중·숙·계의 '맹'에 해당한다. 그러나 맹피의 생모까지 '니구산'에 빌어 아들의 자를 '백니'로 한 것은 전후 맥락에 비춰 자연스럽지 못하다. 후대인의 가필로 보인다. 그럼에도 이 기록은 맹피가 성하지 못한 몸으로 인해 조사(早死)했을 가능성을 시사하고 있다. 숙량흘이 후취인 안씨를 얻어 공자를 얻은 것도 이와 무관하지 않을 것이다.

숙량흘은 안씨가 니구산에 기도를 하여 자신의 두 번째 아들인 공자를 얻은 까닭에 '중니'로 자를 지었을 공산이 크다. 중국에서는 고대부터 사람의 이름에 주술적인 의미가 있다고 간주해 이름을 직접 부르는 것을 극히 꺼렸다. 일찍부터 '자'(字) 또는 '호'(號) 등 별도의 이름을 지은 이유가 여기에 있다. '중니'도 이런 주술적인 의미에서 나온 것으로 짐작된다.

공자의 자가 '중니'인 것은 당시 숙량흘에게 안씨 소생인 공자 이외에도 정확한 이름은 확인할 길이 없으나 이미 다른 여인으로부터 얻은 아들이 있었을 가능성을 시사한다. 그렇다면 안씨는 숙량흘에게 첫 번째 부인이 아닌 셈이 된다. 유가 후학은 이 불경스런 전설을 없애려고 크게 고심했다. 그중 가장 그럴듯한 변명으로는 다음과 같은 것을 들 수 있다.

"예로부터 성인은 처녀가 천제의 정기를 받아 태어난다는 전설이 있다. 니구산(尼丘山)에 기도하여 공자를 잉태했던 것은 바로 이 하늘의 정기를 받은 것이다. 사마천은 이를 '야합'이라고 표현한 것이다."

'처녀잉태설'에 가까운 이 얘기는 말할 것도 없이 공자를 신비스런 인물로 미화하고자 하는 의도에서 나왔다. 사마천은 『사기』를 저술하면서 터무니없는 '처녀잉태설'을 과감히 내버리고 '야합설'을 채택한 것으로 짐작된다. 그러나 '야합설'에 대한 반발도 만만치 않았다. 예로부터 공자를 사생아 또는 서자로 여기는 얘기가 끊임없이 이어져온 사실이 이를 뒷받침한다.

이상의 내용을 종합하면 공자는 뛰어난 용력에도 불구하고 출신성분의 한계로 인해 다소 차별적인 대우를 받은 하급 무사 숙량흘이 후취와의 사이에서 낳은 자식으로 보인다. 『여씨춘추』「신대」(愼大)편에는 '공자는 도읍 성문의 빗장을 들어 올릴 정도로 힘이 세지만 굳이 힘센 것으로 이름을 드러내지 않았다'는 기록이 나온다. 이는 숙량흘에 관한 얘기가 와전된 것이 확실하나 동시에 공자가 숙량흘의 자식임을 뒷받침하는 유력한 증거이기도 하다.

크릴과 기무라 모두 공자를 송나라에서 이주해온 노나라의 하급 사족인 숙량흘의 자식으로 보는 데 일치하고 있다. 그러나 일각에서는 강력한 이의를 제기하면서 공자를 무녀(巫女)의 사생아로 보고 있다. 『춘추좌전』에 나오는 숙량흘과 「공자세가」의 숙량흘을 다른 인물로 간주해야 하고, 공자의 부친으로 거론된 「공자세가」의 숙량흘은 남자 무당일 공산이 크다는 것이다. 충격적인 내용이 아닐 수 없다.

원래 『춘추좌전』에는 '숙량흘'이라는 이름이 나오지 않는다. '흘'(紇) 내지 '숙흘'(叔紇)로 기술되어 있다. 그러나 '흘'과 '숙흘'을 「공자세가」에 나오는 '숙량흘'과 별개의 인물로 보는 것은 잘못이다. 고대 중국에서 사람을 지칭하는 방법은 매우 다양했다. 이는 귀족만이 성(姓)과 씨(氏)를 갖고 서민은 '성'과 '씨'가 없고 오직 명(名)만 갖고 있었던 데서 비롯되었다. '씨'는 귀천을 밝히고, '성'은 혼인을 구별하는 데 이용되었다. '성'과 '씨'가 하나로 통합된 것은 전국시대 이후의 일이다. 전한제국 때에 들어와 모든 사람의 '성'과 '씨'를 '성'으로 통일해 부르게 되면서 비로소 천자에서 서인에 이르기까지 성을 갖게 되었다.

'숙량흘'의 '숙'(叔)은 형제간의 항렬을 나타낸 것으로 통상 '자'(字)로 많이 활용되었다. 숙량흘에게는 위로 형이 있었을 것이다. '량'(梁)은 '숙'과 더불어 복수의 '자'(字)로 사용된 것으로 짐작된다. 그렇다면 '흘'이 본래의 이름이 된다. 당시의 관행에 비춰 볼 때 숙량흘을 지칭하는 방법은 이름과 자를 섞어 크게 '흘'과 '숙흘', '숙량흘' 등 세 가지가 있었을 것이다. 『춘추좌전』에 나오는 '흘'과 '숙흘'을 「공자세가」의 '숙량흘'과 별개의 인물로 보는 것은 전제부터 잘못된 것이다.

그럼에도 『공자가어』는 숙량흘이 시씨(施氏) 딸에게 장가들어 딸 9명을 낳고 첩에게서 아들 맹피(孟皮)를 얻었으나 맹피가 몸이 성하지 못해 다시 안씨 집안에 청혼했다고 기록해놓았다.

이에 주목해 「공자세가」에 나오는 '야합'은 노령의 숙량흘이 젊은 소녀와 결혼했다는 뜻이고, 니구산에 빌어 공자를 낳은 것은 니구산에 무사(巫祠)가 있었기 때문이고, 징재로 불린 여성은 그 사당의 무녀였을 가능성이 높다는 주장이 나온 것이다. 당시 노나라에서는 아들을 낳기 위해 교외에서 제사를 올리는 '교매'(郊禖)를 지냈는데도 특이하게 징재가 니구산에 빌었다면 이는 징재가 니구산에 있는 안씨 집안의 무아(巫兒)였을 가능성을 시사한다는 것이다.

'무아'는 집안의 제사를 모시기 위해 평생 집안에 남아 있는 한 집안의 맏딸이나 막내딸을 말한다. 『시경』에는 '무아'가 된 막내딸을 노래한 시가 다수 실려 있다. 「소남·채빈(采蘋)」에 조상신을 섬기는 계녀(季女: 막내딸)를 칭송하고, 「소남·야유사균(野有死麕)」에 무녀와

축관(祝官) 사이의 도리에 어긋나는 사랑을 그린 내용이 나온다. 공자를 사생아로 간주하는 견해는 이런 내용 등을 토대로 안씨 집안의 '무야'인 안징재가 신을 섬기는 여자에게 금지된 남녀 간의 애정으로 사생아인 공자를 낳은 것으로 보는 것이다.

그러나 이런 주장은 몇 가지 점에서 근원적인 문제가 있다. 우선 비천하게 생장한 사람만이 인간에 대한 깊은 통찰을 할 수 있다는 선입견이 작용하고 있다는 지적을 면하기 어렵다. 이는 공자사상을 기독교 사상과 비교해 예수와 같이 말구유간에서 태어나는 천출(賤出)만이 위대한 사상가가 될 수 있다는 생각에서 나온 것이다. 사실 예수는 명목상 요셉의 아들로 되어 있으나 부친의 이름이 알려지지 않은 사생아였을지도 모를 일이다. 공자를 이름 없는 무녀의 사생아로 태어나 어릴 때 고아가 되어 혈혈단신으로 생장한 인물로 간주할 경우 예수의 생장과정과 매우 흡사해진다.

그러나 이름 없는 무녀의 사생아와 같이 극단적인 출생배경을 지닌 사람만이 인간에 대한 깊은 통찰을 할 수 있다고 보는 것은 지나친 생각이다. 부유하게 생장한 사람보다 비천하게 생장한 사람이 인간에 대해 깊은 통찰을 할 수 있다는 주장은 수긍할 수 있으나 굳이 공자를 이름 없는 무녀의 사생아로 한정지어 생각할 필요는 없는 것이다.

송나라에서 흘러들어온 재인(才人) 집단의 후손인 하급 사족이 뒤늦게 후취를 통해 얻은 늦둥이 자식으로 어렸을 때 조실부모하여 빈천한 삶 속에서 생장한 상황만으로도 얼마든지 인간을 깊이 통찰할 수 있다. 무녀의 사생아로 간주할 경우 신분세습의 봉건질서가 잉존한 당시의 상황에서 공자가 젊었을 때 6예(六藝)를 습득한 사실을 설명하기가 어렵다. 6예는 당시 하급 사족이 닦아야 하는 기본소양이었기 때문이다.

나아가 안씨가 '니구산'에 기도를 올린 것을 두고 당시 '니구산'에 반드시 무사(巫祠)가 있었다고 주장한 것도 무리이다. '교매'의 '매'(禖)는 천자가 득남(得男)을 위해 비는 제사인 '고매'(高禖)에서 나온 말이다. 천자의 '기자'(祈子) 행위를 노나라의 일반 서민들이 흉내내 교외에서 제사를 올리는 '교매'를 지냈다는 주장은 설득력이 떨어진다. 공자의 모친 안씨를 비롯한 대부분의 서민들은 통상적으로 인근 산천으로 가 득남을 빌었을 것이다.

후대에 나온 설화로 꾸며진 『공자가어』의 안징재에 관한 기록을 역사적 사실로 전제한 뒤 「소남·채빈」의 시 등을 근거로 안징재가 안씨 집안의 '무아'였다고 추정하는 것도 무리이다. 기본적으로 안씨에 관한 기록 자체가 의문시될 뿐만 아니라 안씨보다 더욱 중요한 공자의 부인 이름조차 전혀 알려지지 않은 상황에서 『공자가어』의 기록을 토대로 유독 안씨에 대해 과도한 추론을 전개한 것은 지나친 생각이다. 일리는 있으나 지나친 상상이 가미됐다는 지적을 면하기 어렵다. 크릴과 기무라의 주장을 좇아 공자를 하급 무사 숙량흘의 자식으로 보는 것이 타당할 것이다.

출생시점을 둘러싼 논란

이상과 같은 추론을 토대로 공자의 출생시점을 추적해보기로 하자. 예로부터 공자의 출생시점과 관련해 두 가지 설이 날카롭게 대립해왔다. 지금까지도 이 문제는 전혀 합의점을 찾지 못하고 있다.

하나는 '노양공 21년(기원전 552)설'이다. 이는 『춘추곡량전』(春秋穀梁傳)과 『춘추공양전』(春秋公羊傳)의 기록을 근거로 한다. 『춘추공양전」은 「노양공 21년」조의 경문(經文)에 '11월 경자(庚子), 공자가 태어났다'고 기록해놓았고, 『춘추곡량전』은 같은 해의 경문에 구체적인 달을 표시하지 않은 채 '겨울 경자, 공자가 태어났다'고 기록해놓았다.

다른 하나는 '노양공 22년(기원전 551)설'이다. 「공자세가」의 기록을 근거로 한 것이다. 「공자세가」는 '노양공 22년에 공자가 태어났다'고 기록해놓았다. '노양공 22년설'은 주희(朱熹) 등이 지지했다. 이는 청대의 고증학자인 전대흔(錢大昕)과 최술 등이 '노양공 21년설'을 지지한 것과 대비된다.

「공자세가」에는 『춘추좌전』에서 사료를 구한 기록이 많다. 『춘추좌전』은 공자가 찬수했다고 일컬어진 노나라의 연대기인 『춘추』에 주석을 단 것으로 『춘추공양전』 및 『춘추곡량전』과 함께 '춘추3전'으로 불리는 역사서이다. '춘추3전'에는 공자와 관련된 여러 설화 이외에도 학식과 품행이 뛰어난 직제자들에 관한 기사가 다수 삽입되어 있다.

그러나 공자의 생년월일을 덧붙여 이례적이라고 볼 수밖에 없다. 왕공들의 나이조차 분명히 기록되지 않은 상황에서 이름도 없는 하급 사족의 후예인 공자의 출생일자가 '춘추3전'에 기록된 사실 자체가 있을 수 없는 일이다. 유가 후학이 끼워 넣은 것이 거의 확실하다.

이와 관련해 시라카와는 『춘추곡량전』과 『춘추공양전』을 좇아 '노양공 21년설'이 타당하다고 주장했다. 그는 공자가 태어난 구체적인 날짜와 관련해 노양공 21년의 10월 초하루인 갑진일(甲辰日)은 일식이 있었고, 기록에 나오는 '10월 경자일'은 그 달의 21일에 해당한다고 보았다. 공자가 태어난 날에 대해서는 단언하기가 어려우나 출생한 해만큼은 시라카와의 주장을 좇아 '노양공 21년설'을 취하는 것이 타당할 듯하다.

물론 이에 대한 정설이 아직 없는 만큼 주희 등과 같이 '노양공 22년설'을 취한다고 해서 잘못된 것은 아니다. 그럴 경우 공자의 나이는 '노양공 21년설'을 취할 때보다 한 살씩 줄여서 판단할 수밖에 없다. 기무라는 구체적인 판정을 피한 채 공자와 관련된 모든 연대기에 두 가지 설을 모두 취하는 입장을 보였다. 공자의 출생 시기에 관한 논란이 사실(史實)을 중시하는 학자들에게 얼마나 큰 부담을 주고 있는지를 여실히 보여주는 대목이다.

그러나 공자의 사망 시기에 관해서는 예로부터 별다른 이견이 없다. 당시 공자의 명망이 높았던데다가 직제자들이 스승의 서거 연월일을 상세히 기록해놓았기 때문이다. 『춘추좌전』은 '노애공 16년(기원전 479) 여름 4월 기축일(己丑日)에 공자가 사망했'고 기록해놓았다. 「공자세가」도 이를 좇아 공자의 사망 일자를 '4월 기축일'로 기록해놓았다.

다만 '기축일'이 정확히 언제를 말하는 것인지에 대해서는 이설이 분분하다. 대개 11일로 보고 있으나 청대의 고증학자 양옥승(梁玉繩)은 『사기지의』(史記志疑)에서 11일은 무신일(戊申日)이고 이해 4월에는 기축일이 없는 까닭에 '기축일'은 4월 18일에 해당하는 '을축일'(乙丑日)의 오기로 보아야 한다고 주장했다. 이밖에도 5월 12일로 보아야 한다는 주장과 당시의 음력을 현재의 음력으로 수정해 계산할 경우 2월 11일에 해당한다는 주장 등 수많은 이설이 제기되었다. 아직까지 정설이 없는 실정이다. 다만 구체적인 날짜에 대한 이견에도 불구하고 공자가 기원전 479년에 서거한 것만은 확실하다. 이상의 검토를 토대로 공자의 생몰을 연대기적으로 간략히 정리하면 다음과 같다.

"공자는 노양공 21년(기원전 552) 10월 21일에 숙량흘이라는 용사와 안씨라는 후취 사이에서 태어난 하급 사족 출신으로 노나라에서 대부로 활동하던 중 14년에 걸쳐 천하를 순회하고 돌아온 뒤 후학들을 가르치며 여생을 보내다가 노애공 16년(기원전 479) 여름 4월 11일에 향년 74세를 일기로 타계했다."

『논어』에도 70세 이후의 일과 관련한 공자의 술회(述懷)가 나오는 만큼 공자가 70세 이상의 천수를 누린 것만은 의심할 여지가 없다. 그렇다면 결국 공자는 '노양공 21년설'을 취할 경우 74세에 세상을 떠난 셈이 된다. 공자의 출생배경과 생몰 등에 관한 분석을 토대로 공자의 여타 기록을 검토하면 그 진위가 보다 명확히 드러날 것이다.

3 6예를 연마하며 천하에 뜻을 두다

무슨 직업을 가질까. 말 모는 일을 할까.
아니면 활 쏘는 일을 할까.
나는 말 모는 일이나 할까보다.
• 공자

사마천이 「공자세가」를 저술할 때 이용한 귀중한 자료 중 하나로 공자의 고향인 노나라 땅에 퍼져 있던 전설을 들 수 있다. 사마천은 중국을 두루 돌아다니는 와중에 노나라에 들러 곡부성 안의 공자묘를 참배했다. 그는 이르는 곳마다 그 지방의 구전자료, 전설을 채집했다. 「공자세가」 중 출전이 불명확한 기사는 곡부 일대 사람들로부터 들은 전설일 공산이 크다. 공자의 이름도 마찬가지다. 「공자세가」는 공자의 이름이 '구'(丘)인 이유를 이같이 설명해놓았다.

"공자가 태어났을 때 머리 중간이 움푹 패어 있었기 때문에 '구'(丘)라고 이름지었다."

'구'는 작은 언덕이나 구릉을 말한다. 경북에 소재한 대구(大邱)광역시의 원래 명칭은 '대구'(大丘)였다. 조선 시대에 '대구'의 '구'가 공자의 이름과 같아 불경스럽다는 이유로 '구'(邱)로 바뀌었다. 공자의 이름 '구'는 맹자의 이름 '가'(軻)와 더불어 입에 올리는 것 차체가 불경스러운 기휘(忌諱)의 대상이 되었던 것이다.

「공자세가」의 문맥에 비춰 '구'는 공자의 부친인 숙량흘이 지어준 이름일 것이나 공자 자신이 스스로 칭한 이름이라는 주장도 있다. 숙량흘은 공자가 유아였을 때 죽은 것으로 추정되는 만큼 두 설 모두 일리가 있다. 「공자세가」는 공자가 태어났을 때 머리 중간이 움푹 패어 있었기 때문에 '구'라는 이름을 얻게 되었다고 기록해놓았으나 확실한 근거는 없다. 안씨가 기도를 올린 니구산(尼丘山)에서 유래한 후대의 전설로 짐작된다.

'동서남북지인'의 심정

그렇다면 공자의 부친 숙량흘은 언제 죽은 것일까. 사서는 공자가 어렸을 때 부친 숙량흘과 사별한 것으로만 기록해놓았다. 『공자가어』는 공자가 세 살 때 숙량흘이 죽은 것으로 추정했다. 정확한 시점을 단정하기는 어려우나 공자는 아주 어렸을 때 부친과 사별했다. 공자는 어린 나이에 공씨 가문의 후사가 되었던 셈이다. 『논어』 「자한」편에 나오는 공자의 소회가 이를 뒷받침한다.

"나는 젊었을 때 미천했기 때문에 비천한 일에 능한 게 많다."

공자가 스스로 '젊었을 때 미천했다'고 말한 것은 그가 이미 어린 나이에 부친을 잃고 가장이 되어 모친 등을 봉양하며 어렵게 생활했음을 시사한다. 그렇다면 공자는 젊었을 때 조카딸을 부양하는 책임도 떠안았을 가능성이 높다. 이는 『논어』의 「공야장」편과 「선진」편에 분명히 나와 있는 만큼 거의 의심의 여지가 없다.

「공야장」편 등에 나오는 조카사위의 이름은 '남용'(南容)이다. '남용'은 노나라의 권신인 맹희자의 큰아들로 맹손씨 집안의 종주(宗主)가 된 맹의자(孟懿子)의 형이다. '남용'을 「공자세가」는 남궁괄(南宮适), 『공자가어』는 남궁도(南宮韜)로 기록해놓았다. 『논어』의 기록 등을 종합해보면 공자는 먼저 죽은 형을 대신해 조카딸까지 돌보다가 조카딸이 혼기에 차자 제자인 남용에게 출가시킨 것으로 짐작된다.

이밖에도 『논어』 「계씨」편에 아들 백어(伯魚)에 관한 얘기가 나온 점으로 보아 공자는 시기는 확실치 않지만 누군가와 결혼해 아들 백어를 낳았음에 틀림없다. 백어의 원래 이름은 급(伋)이다. 『공자가어』 「본성해」편에는 공자가 19세 때 송나라의 견관씨(幵官氏)에게 장가를 들어 아들 백어를 낳았다고 되어 있으나 이를 그대로 믿기는 어렵다. 유사한 기록을 다른 문헌에서는 전혀 찾아볼 수 없기 때문이다. 그가 부인을 얻어 아들 백어를 낳은 것은 사실이나 부인이 과연 누구였는지 는 도무지 알 길이 없다. 이로써 보면 젊은 시절의 공자에게는 최소한 형과 조카딸, 부인과 아들이 각각 한 명씩 있었던 셈이다.

젊은 시절의 공자에게는 집안을 부양해야 하는 부담도 컸겠지만 '야합'으로 인해 일족인 공씨 가문은 물론 세간으로부터 적잖은 멸시 를 받았을 것이다. 부친의 이른 죽음은 이러한 정황을 더욱 악화시켜 공씨 가문 전체를 빈궁한 상황으로 몰아갔을지도 모른다. 「공자세가」 에 다음과 같은 기록이 남아 있다.

"방산(防山)은 노나라의 동부에 있다. 공자는 부친의 묘소가 어디에 있는지 몰라 의심했으나 모친은 이를 숨겼다."

집안이 유족했다면 아들이 부친 묘소의 소재조차 모르는 일은 빚어 지지 않았을 것이다. 물론 다른 이유가 있을 수도 있다. 공자의 모친은 왜 생전에 남편 숙량흘의 묘소를 어린 아들 공자에게 가르쳐주지 않았 을까. 더욱이 공자는 어린 나이에 이미 '중니'라는 자를 갖고 있었던 데서 알 수 있듯이 하급이기는 하나 당당한 사족(士族)의 후예였다. 그 런데도 '사족'에게 가장 중시되는 제례(祭禮)와 직결된 부친 묘소의 소재조차 몰랐던 것은 납득하기 힘들다.

이와 관련해 예로부터 여러 얘기가 나왔으나 아직까지 뚜렷한 해답 을 찾지 못하고 있는 실정이다. 정처가 아닌 공자의 모친은 남편이 죽 었을 때 장례식과 제사에 참여할 권리가 없었던 까닭에 어린 공자에게 아무것도 말하지 않은 것으로 짐작된다. 사서의 기록에 비춰 당시 공 자의 모친은 죽을 때까지 이에 대해 함구했던 것으로 보인다. 「공자세가」의 다음 기록을 보자.

"공자는 모친이 죽자 곧 오보지구(五父之衢: 거리 이름으로 곡부현 동남쪽 5리 지점에 위치)에 빈소를 차렸다. 이는 신중을 기하기 위해서였다. 이때 추읍 사람 만보(輓父)의 모친이 공자 부친의 묘소를 알려주었다. 이에 비로소 방산에 합장할 수 있었다."

여타 사서의 기록을 종합해볼 때 공자의 모친 역시 공자가 10대였을 때 죽었을 것으로 짐작된다. 훗날 공자가 스스로 15세에 학문에 뜻을 두었다고 밝힌 점을 볼 때 공자의 모친은 그 이전에 죽었을 것이다. 선진시대에 나온 초기 문헌에 공자의 부모가 거론되지 않은 것을 보아도 공자는 어린 나이에 부친에 이어 모친까지 잃고 혈혈단신의 고아가 되었을 가능성이 높다.

공자가 모친의 빈소를 꾸몄다는 '오보지구'는 지명도가 높은 장소였다. 『춘추좌전』에는 '오보지구'에 관한 기사가 모두 4번 나온다. 「노양공 11년」조에 나오는 다음 기록이 '오보지구'의 특징을 잘 설명해주고 있다.

"노나라 대부 계무자(季武子)와 숙손목자(叔孫穆子)가 '오보지구'로 가 신령에게 제사를 올리며 배맹자(背盟者)에게 저주가 내릴 것을 맹서했다."

이 기록은 '오보지구'가 신령에게 제사를 지낸 곳이었음을 뒷받침하고 있다. 지명에 사거리를 뜻하는 '구'(衢)가 나오는 것으로 보아 노나라 성 밖에 있는 교통요지였음에 틀림없다. 공개적인 맹서가 행해지는 장소와 왕래하는 빈객이 머무는 객관 등이 있었던 것으로 짐작된다. 훗날 계손씨의 가신인 양호(陽虎)가 노나라 군주의 보옥(寶玉)과 대궁(大弓)을 훔쳐 한때 몸을 숨겼던 곳이기도 하다.

가매장을 위한 시신 안치소와 공동묘지 등도 있었을 것으로 추정되고 있다. 공자가 모친의 시신을 한동안 이곳에 두었다는 것은 당시 공씨 가문이 매우 영락한 상황에 처해 있었음을 시사한다. 공자의 모친상과 관련해 『예기』 「단궁 상」편에도 유사한 대목이 나온다.

"공자는 어려서 고아가 되어 부친의 묘소를 몰랐다. 오보지구에 빈소를 마련하니 보는 자들은 모두 장사지낸 것이라고 했다. 추읍 사람 만보(曼父)의 모친에게 물은 뒤 방(防) 땅에 합장할 수 있었다."

방(防) 땅은 「공자세가」의 '방산'과 동일한 지역일 것이다. '만보'(曼父) 역시 「공자세가」의 '만보'(輓父)와 같은 사람임에 틀림없다. 만보의 모친은 장례식장에서 일하던 여인으로 짐작된다.

그렇다면 공자의 부모는 왜 합장된 것일까. 공자가 모친의 시신을 '오보지구'에 빈(殯)한 뒤 만보(輓父)의 모친으로부터 부친 묘소의 소재를 전해 듣고 비로소 부친의 묘에 합장했다는 것은 당시 합장의 풍속이 있었음을 시사하고 있다. 공자의 부모가 합장되었을 가능성이 높다는 것이 현재의 통설이다.

공자의 부친 숙량흘이 묻힌 방산은 현재 산동성 곡부시 동쪽 20리 지점에 위치하고 있다. 후대인들은 이곳을 '지성림'(至聖林)으로 높여 불렀다. 이곳에 공자의 부모가 합장되어 있었다고 확신했기 때문이다. 현재 이곳에는 공자와 그 자손들이 묻힌 약 2만 기의 무덤이 있다. 담장둘레만 7킬로미터가 넘어 세계최대의 씨족묘지라고 할 수 있다. 무덤은 수많은 묘비가 숲을 이루고 있는 공림(孔林) 속에 밀집해 있다. 공자의 묘 옆에는 그의 아들 백어의 무덤이 있고 그 앞쪽에는 공학의 적통을 계승한 것으로 간주된 손자 자사(子思)의 묘가 위치해 있다.

그러나 삼국시대의 하안(何晏)과 왕숙(王肅) 등은 공자의 부모가 합장되었다는 주장에 커다란 의문을 표시했다. 당시 합장의 풍습이 과연 있었는지를 확인할 길이 없다는 이유에서였다. 청대의 고증학자 양옥승(梁玉繩)은 '합장'을 조상의 선영에 묻은 것으로 풀이하면서 「공자세가」의 기록도 잘못이고 그런 일이 없었다는 주장도 잘못이라고 했다. 양옥승의 견해가 가장 그럴듯하다.

　모친상을 맞았을 때 공자는 비록 공씨 가문의 주인이 되어 있었지만 부친이 죽었을 때만 해도 매우 어렸다. 조실부모한 그의 심경은 일반인들이 헤아리기 어려울 정도로 심란했을 것이다. 그가 모친상을 당한 뒤 부친 묘에 합장을 하면서 자신의 망극한 심경을 '동서남북지인'(東西南北之人)으로 표현한 사실이 있다.

　그렇다면 모친상을 당했을 때 스스로를 '동서남북지인'으로 표현한 공자는 과연 어떤 삶을 산 것일까. 공자가 모친상을 당한 것은 그가 어느 정도 성장한 뒤의 일이 확실하나 그 전에 결혼을 했는지 여부는 추정하기가 쉽지 않다. 만일 결혼을 했다면 스스로를 '동서남북지인'으로 표현했을 가능성은 상대적으로 적다. 사서의 기록에 따르면 공자는 매우 어린 나이에 아들 백어를 얻었다. 공자가 모친상을 당하기 전에 이미 결혼을 했다면 처자를 둔 가장의 신분으로 자신을 '동서남북지인'으로 표현하는 것은 일면 무책임한 것이기도 하다. 결혼은 모친상을 맞은 시점에서 그리 멀지 않은 시기에 한 것으로 짐작된다. 그렇다면 모친상을 맞이하기 이전의 공자의 어린 시절은 과연 어떠했을까. 이를 짐작케 해주는 기록은 거의 없다. 「공자세가」의 다음 기록이 거의 유일하다.

　"공자는 어려서 소꿉놀이를 할 때 늘 조두(俎豆: 제기)를 펼쳐놓고 예를 올렸다."

이를 두고 후세의 유가들은 공자가 어렸을 때부터 예를 열심히 습득했다고 풀이했다. 임어당(林語堂)은 공자를 송나라 귀족을 조상으로 둔 명가의 후예로 간주한 까닭에 오히려 공자가 귀족적인 환경 속에서 어린 시절을 보낸 것으로 추정했다. 그는 실제로 공자의 일대기를 쓰면서 공자를 매우 세련된 취미와 섬세한 감정을 지닌 귀족으로 묘사해 놓았다. 그러나 이러한 상상은 공자의 어린 시절과 한참 동떨어진 문학적 상상력에 지나지 않는다.

이에 대해 시라카와는 공자가 무축(巫祝)의 집단 속에서 생활한 까닭에 '조두'를 펼쳐놓고 예를 올리는 소꿉놀이를 하며 성장했을 가능성이 크다고 보았다. 갑골학과 금문학에 밝은 그의 주장은 설득력을 지니고 있다. 그러나 '조두'를 펼쳐놓고 예를 올리는 소꿉놀이를 한 것을 두고 공자가 무축 집단에서 생활했다고 추정하기에는 적잖은 무리가 있다.

무축은 '무'(巫)와 '축'(祝)을 총칭하는 말이다. 『설문해자』「무부」(巫部)에 따르면 '무'는 양 소매로 추는 강신(降神) 춤을 형상한 것이다. 이에 대해 시라카와는 신을 강림케 하는 주술 도구를 뜻하는 '공'(工)을 가로세로로 짜 맞춘 것으로 보았다. 어느 경우든 '무'가 신령과 교신하는 특이한 존재였던 것만은 확실하다.

이는 『산해경』「대황서경」(大荒西經)에 나오는 10개의 태양에 관한 설화를 통해 알 수 있다. 여기에는 10개의 태양을 섬기는 신무(神巫) 중 무함(巫咸)과 무팽(巫彭)의 이름이 나온다. 『여씨춘추』「물궁」(勿躬)편에 무팽(巫彭)이 무의(巫醫)를 만들고, 무함(巫咸)이 점칠 때 사용하는 댓가지인 서(筮)를 만들었다는 기록이 나온다. 『서경』「주서·군석(君奭)」편에도 무함을 비롯해 무현(巫賢) 등의 이름이 나온다. 무함은 훗날 무당의 조상신으로 섬겨졌다.

'축'(祝)은 '무'와 더불어 귀신과 관련된 주술을 전업으로 하는 존재였다. 다만 이들은 '무'와 달리 축사(祝辭)를 토대로 귀신에게 제사를 올리는 일을 주로 했다. 후대에 들어와 축사(祝辭)는 길경사(吉慶事)에 사용되는 경하(慶賀)의 글로 통용되었으나 원래는 제문(祭文)을 의미했다. '축'이 주술적인 뜻을 떠나 일반적으로 '경하'의 의미를 지니게 된 것은 이들 '축'이 점차 활동 폭을 넓혀 '무' 또는 '사'(史)와 연결되면서 '무축'(巫祝)과 '축사'(祝史)로 분화한 사실과 무관하지 않다.

'무축'으로 연결된 '축'은 계속 주술을 전업으로 하는 집단으로 퇴락해갔으나 '축사'로 연결된 '축'은 신분이 크게 상승해 당대의 지식인으로 대접받는 상황이 연출되었다. '축사'의 신분상승은 '축'과 연칭된 '사'(史)와 밀접한 관련이 있다. 원래 '사'는 옛 이야기의 전승자를 말한다. 이들은 고대 사회에서 의례의 중요한 부분을 차지하고 있는 제사 등에 관한 일을 전담했다.

'축'이 크게 서민을 상대로 하는 '무축'과 왕·공·경·대부 등의 상류층을 상대로 하는 '축사'로 분화된 것은 귀신을 섬기는 주술이 시대가 흐르면서 천시되었음을 시사한다. '축사'는 본래 왕실 내부의 조상제사를 담당하는 직책으로 당대의 지식인이었다. 『춘추좌전』에 고대의 '축사'로 알려진 사일(史佚)의 말이 모두 6차례에 걸쳐 인용되고 있는 사실을 통해 쉽게 알 수 있다. 이후 왕실의 권위가 추락하면서 점차 공·경·대부도 집에 '축사'를 두어 조상제사를 전담하게 했다.

『춘추좌전』에는 제관(祭官)의 역할을 수행한 이들 '축사'에 관한 얘기가 무수히 나온다. 이들은 '무축'과 달리 식자층에 속한 까닭에 상대적으로 고전에 밝았다. 춘추시대에 들어와 '축사'는 다시 북을 두드리며 옛 이야기를 들려주는 고사(瞽史)와 왕실 및 공·경·대부의 집에 머물며 사당제사를 전담하는 통상적인 '축사', 천문(天文)에 관한 지식을 토대로 역사를 기술하는 사관(史官) 등으로 세분화되었다.

'춘추외전'(春秋外傳)으로 알려진 『국어』(國語)에는 '고사'에 관한 얘기가 제법 많이 나온다. 『사기』 「태사공자서」(太史公自序)는 『국어』의 편수과정을 두고 '좌구(左丘)가 실명한 뒤 『국어』를 지었다'고 기록해놓았다. 『논어』 「공야장」편에도 『사기』의 '좌구'와 동일인으로 추정되는 좌구명(左丘明)에 관한 얘기가 나온다. 공자의 선배였을 것으로 추정되는 좌구명은 전국시대 중기 이후에 성립된 것으로 보이는 『춘추좌전』과 『국어』의 편저자로 단정할 수는 없으나 이들 사서의 편찬에 적잖은 도움을 주었을 것으로 짐작된다.

『논어』를 비롯한 선진시대 문헌에 언급되어 있는 공자의 모습을 보면 공자는 장례 등의 예식(禮式)에 대한 지식이 해박했다. 이를 근거로 시라카와는 하층부류인 무축집단 속에서 생활한 공자가 장성해서는 상례 행사에 고용되어 장축(葬祝)의 일을 맡았을 것으로 추정했다. 말할 것도 없이 공자를 무녀의 사생아로 본 데 따른 것이다.

공자가 예에 밝았던 것은 어릴 때부터 '조두'를 펼쳐놓고 소꿉놀이를 한 결과로 볼 수도 있다. 그러나 이를 근거로 공자가 무축의 집단에서 생장했다고 추정하기에는 무리가 있다. 씨족사회의 전통을 유지한 당시는 조상신 숭배를 당연시한 까닭에 상례(喪禮)와 제례(祭禮)를 가장 성대한 예식으로 치렀다. 어린아이들도 자연스럽게 성대한 예식을 흉내내며 소꿉놀이를 했다. 더구나 상제례(喪祭禮)가 원래 은나라 유민의 전문 영역인데다가 공자의 조상이 은나라 유민으로 구성된 송나라 출신인 점을 감안하면 공자가 어렸을 때부터 '조두'를 펼쳐놓고 소꿉놀이한 것을 이상하게 생각할 필요는 없다. 공자는 상제례에 밝은 주변 사람들의 영향을 크게 받았을 것이다. 공자에게 부친의 묘소를 가르쳐준 만보의 모친도 그런 사람들 중 한 사람이었을 것이다. 이런 점 등을 종합해볼 때 공자가 무축의 집단에서 생장한 까닭에 상장례 등에 밝았다고 추정하는 것은 무리이다.

사실 이 일화는 공자의 어릴 때 얘기를 그대로 전하는 것인지 자체가 의심스럽다. 예식을 중시하는 유가 후학들이 만들어낸 전설일 가능성도 배제할 수 없다. 설령 이것이 사실이라고 할지라도 공자가 무축 집단에서 생장한 까닭에 예식에 밝았다고 볼 필요는 없는 것이다.

'조두'를 펼쳐놓고 소꿉놀이를 한 일화를 제외하고는 공자의 어린시절과 관련된 일화는 존재하지 않는다. 공자는 모친상을 당할 때까지 여느 하급 사족의 자식들과 마찬가지로 편모의 세심한 배려하에 별 탈 없이 성장했을 것으로 짐작된다. 중국에서 나온 수많은 공자전기는 이 공백을 메우기 위해 모친 안씨가 어려운 살림에 학비를 조달해 공자에게 시서(詩書)와 탄금(彈琴) 등을 가리킨 것으로 묘사해놓았으나 믿을 바가 못 된다.

예·악·사·어·서·수, 6예의 학습

공자의 부친 숙량흘은 비록 뛰어난 용사로서의 명성과 지위를 얻기는 했으나 신분세습의 봉건질서하의 한계를 절감해야 했던 시골의 하급 사족에 지나지 않았다. 당시 대부 이상의 귀족은 영지에서 나오는 수익으로 생활하면서 도성 근교에 별장을 짓고 평소 거기에 거주하며 살았다. 그들은 성 안의 '국'(國)에 거주하는 이른바 '국인'(國人)이었다. 이에 반해 통상 소인으로 불린 서민은 성 밖의 '야'(野)에 거주하며 농경에 종사하는 '야인'(野人)이었다. 숙량흘 역시 사족이기는 했으나 '국인'은 아니었다. 『논어』「팔일」편의 다음 기록이 이를 잘 보여준다.

"하루는 공자가 처음으로 관원이 되어 종묘 제사에 참여하면서 매사를 물었다. 그러자 어떤 사람이 힐난하기를, '누가 추인(鄹人: 숙량흘을 지칭)의 아들이 예를 안다고 말했는가. 그는 태묘(太廟: 종묘)에 들어가 매사를 묻는다'고 했다. 공자가 이 말을 듣고 대꾸하기를, '매사를 물어 공경을 다하는 것이 바로 예이다'라고 했다."

'태묘'(大廟)는 주공 단(旦)의 사당을 말한다. 공자는 처음 벼슬할 때 '태묘'에 들어가 제사를 도운 듯하다. '추'(鄹)는 『춘추좌전』에 나오는 '추'(郰: 산동성 곡부현 동남쪽)로 공자의 부친 숙량흘이 읍재(邑宰)로 있던 곳이다. 공자가 매사를 묻는 모습을 보고 혹자가 젊어서부터 예를 잘 안다고 소문이 난 공자를 비아냥거리자 공자는 '그것이 바로 예이다'라고 응수한 것이다.

이 일화의 핵심은 공자가 매사를 묻는 모습을 보고 이상하게 생각한 사람이 젊어서부터 예를 잘 안다고 소문난 공자를 신랄하게 공박한 데 있다. 공자의 재치 있는 대꾸에도 불구하고 당시 도성인 곡부성에 거주하는 귀족들이 시골에 사는 하급 사족의 아들인 공자를 얼마나 업신여겼는지를 시사하는 대목이 아닐 수 없다.

아무리 숙량흘이 뛰어난 무공으로 명성을 떨치고 상당한 위치에 올라섰다고 할지라도 귀족들이 볼 때 그는 어디까지나 시골의 하급 무사에 불과했다. 그의 생활태도 역시 조야하기 그지없어 '국'에 사는 귀족들의 비웃음을 샀을 것이다. 「공자세가」의 기록이 이를 뒷받침한다.

"공자가 아직 상복을 입고 있을 때 계씨(季氏)가 명사들에게 연회를 베풀었다. 이에 공자도 참석차 갔다. 그러자 계씨의 가신 양호(陽虎)가 가로막고 말하기를, '계씨는 명사들에게 연회를 베풀려고 한 것이지 당신에게 베풀려고 한 것이 아니다'라고 했다. 이에 공자가 물러나고 말았다."

계씨는 계평자(季平子)인 계손의여(季孫意如)를 말한다. 양호는 훗날 계평자의 아들 계환자(季桓子) 계손사(季孫斯)를 협박해 양관(陽關: 산동성 태안 남쪽)에 머물며 국정을 독점한 인물이다. 「공자세가」에 따르면 공자는 모친 상중인 17세 때 계평자의 초청을 받고 연회에 참석했다가 처음으로 양호를 만나 면박을 당하고 황망히 자리를 빠져나간 셈이 된다.

「공자세가」의 이 일화는 출처를 전혀 알 길이 없으나 양호를 높이기 위해 만들어진 후대의 전설로 보인다. 한미한 하급 사족 출신인 어린 고아 공자가 당대의 권신인 계평자가 명사들을 대상으로 연 연회에 초청되었다는 것은 있을 수 없는 일이다. 모친의 상중에 연회에 참석한 공자의 행보도 선뜻 납득이 가지 않는 대목이다. 그럼에도 이 일화는 당시 공자가 국인들로부터 어떤 대우를 받았는지를 시사하고 있다.

공자의 부모는 정식으로 혼인식을 올리지 못하고 '야합'으로 맺어진 사이였다. 게다가 공자는 부친과 사별한 뒤 얼마 안 돼 다시 모친과도 사별해 의지할 곳 없는 고아가 된 까닭에 유복한 삶과는 거리가 멀었다. 임어당은 공자가 어렸을 때 귀족적인 삶을 산 것으로 묘사해놓았으나 이는 공자의 선조를 송나라 명족으로 묘사한 『공자가어』와 「공자세가」 등의 기록을 맹신한 데서 비롯된 것이다.

공자는 일찍부터 일족의 생계를 책임져야 했기 때문에 밥벌이를 위한 전문기예를 열심히 습득했을 것이다. 물론 공자도 속된 일에 재주가 많은 것은 군자와 거리가 멀다고 생각했으나 이는 공자가 입지(立志)한 이후의 일이다. 젊은 시절만 하더라도 가난하고 미천한 신분으로 태어난 까닭에 부득이 밥벌이를 위한 전문기예를 습득하는 데 힘을 쏟지 않을 수 없었다고 보는 것이 합리적이다. 젊은 시절의 공자가 습득한 전문기예를 추정할 만한 공자의 언급이 「자한」편에 나온다.

"무슨 직업을 가질까. 말 모는 일을 할까. 아니면 활 쏘는 일을 할까. 나는 말 모는 일이나 할까 보다."

이는 예(禮)·악(樂)·사(射)·어(御)·서(書)·수(數)로 약칭되는 6예(六藝)의 기예 중 '사'(射)와 '어'(御)를 언급한 것이다. 공자는 하급 사족의 전문영역인 6예를 열심히 습득했다. 그러나 어투로 보아 무예에는 그다지 관심이 없었던 것으로 보인다. 공자는 위풍당당한 체구와 이에 어울리는 완력을 지니고 있었다. 「공자세가」에 다음 기록이 있다.

"공자는 키가 9척(尺) 6촌(寸)이어서 사람들이 모두 '장인'(長人: 껑다리)이라고 부르며 기이하게 생각했다."

당시의 1척은 지금의 6촌 2푼(分)에 해당한다. 9척 6촌이면 190센티미터가량 된다. 당시 사람들의 신장은 보통 7척이었다고 한다. 9척 6촌은 거의 거인에 가까운 것이다. 「공자세가」의 이 기록은 노나라 지방에 남아 있던 전승을 그대로 수록해놓은 것으로 보인다. 『순자』「비상」(非相)편에도 공자의 거구와 관련된 구절이 나온다.

"중니는 키가 컸다. 그의 얼굴은 몽기(蒙倛)와 같았다."

'몽기'는 방상씨(方相氏)가 역병을 물리치거나 장례를 치를 때 쓰는 귀신 쫓는 커다란 탈을 말한다. 공자의 얼굴을 '몽기'에 비유한 것은 공자의 얼굴이 컸음을 시사한다. 순자는 비록 정수리 한가운데가 움푹 들어가 있다고 말하지는 않았으나 '몽기'는 머리 한가운데가 움푹 들어간 모습과 닮아 있다. 그러나 순자가 이를 의식해 '몽기'를 언급했다기보다는 단지 공자의 장대한 체구를 비유하기 위해 '몽기'를 언급했다고 보는 것이 옳다. 공자의 장대한 기골은 부친 숙량흘의 유전이었을 것이다.

공자가 위풍당당한 체구를 지니고 있음에도 「자한」편에 나오듯이 활 쏘는 일보다 말 모는 일을 선호한 것은 부친과 같이 전문적인 무사로 성공하고자 하는 생각이 아예 없었음을 시사한다. 공자가 어려서부터 추구한 것은 학문의 길이었다. 「위정」편에 나오는 공자의 다음 술회를 보자.

"나는 15세에 학문에 뜻을 두었고, 30세에 자립했고, 40세에 의혹되지 않았고, 50세에 천명을 알았고, 60세에 만사가 귀에 거슬리지 않게 되었고, 70세에 마음이 좇는 바대로 행할지라도 법도를 넘지 않게 되었다."

공자는 불우한 환경에도 불구하고 15세에 이미 학문에 뜻을 두었다. 공자는 왜 자신이 물려받은 자질이나 친숙한 환경과 거리가 먼 학문의 길을 선택한 것일까. 그가 생각한 학문의 길이 무엇이었는지 짐작케 해주는 기록이 「헌문」편에 나온다.

"옛날의 학자는 치도(治道)를 밝힐 생각으로 자신을 위해 학문을 했으나, 지금의 학자는 치술(治術)을 이용할 생각으로 남을 위해 학문을 한다."

이를 통해 짐작할 수 있듯이 공자는 학문의 길을 선택했다기보다는 자연스레 학자의 길에 들어섰다고 말하는 것이 적절하다. 그의 뛰어난 경륜과 식견은 끊임없는 역경과 거듭된 좌절 속에서 얻어진 것이다.

그는 특정한 사람을 선생으로 모시고 학문을 연마하지는 않았다. 『논어』 「자장」편에 나오는 자공의 언급이 이를 뒷받침한다.

"부자(夫子)가 어디선들 '문무지도'(文武之道: 문왕과 무왕의 치도)를 배우지 못했을 리 있겠소. 또한 어찌 일정한 스승을 두고 배웠을 리 있겠소."

당시 귀족의 자제는 가정교사와 같은 선생을 두고 배우는 것이 관례였다. 그러나 자공의 말에 따르면 공자는 스스로 부단히 탐구해 철인의 경지에 도달한 셈이다. 공자는 어떻게 이런 경지에 오르게 되었을까. 해답은 바로 배우기를 좋아하는 그의 호학(好學) 기질에 있었다. 그는 「학이」편에서 이같이 말했다.

"군자는 음식을 먹으며 배부름을 구하지 않고, 거처하며 편안함을 구하지 않고, 일을 민첩하게 행하며 말을 삼가고, 도가 있는 곳으로 나아가며 행실을 바로 잡아야 한다. 그리 하면 가히 호학(好學)이라고 이를 만하다."

공자의 주장에 따르면 '호학'하는 사람은 일상생활을 간소하게 하고, 말은 조심스럽게 하되 실천은 과감하게 하고, 덕망 있는 사람을 찾아가 비판을 청하며 행실을 바로 잡는 사람을 말한다. '호학'이 단순히 글을 읽는 것만을 좋아하는 사람을 지칭하는 것이 아니다. 이론과 실천을 겸비한 것이 진정한 '호학'이다. 이는 공자가 이상적인 위정자로 상정한 '군자'(君子)의 표상이기도 하다. 공자에게 일정한 스승이 없었다는 자공의 말은 이런 의미였다. 빈한한 하급 사족의 후예인 공자가 고명한 학자를 스승으로 삼아 학문을 전수받았을 리 없다. 공자의 이러한 지론은 그가 온갖 역경 속에서 수많은 좌절을 겪으며 심득(心得)한 것이기도 했다. 이를 두고 공자의 직제자 자하(子夏)는 「자장」편에서 이같이 말했다.

"출사(出仕)하여 여력이 있으면 학문을 닦고, 학문을 닦으면서 여력이 있으면 출사한다."

자하는 '호학'이 아닌 사람은 '위정자'의 자격이 없다고 간단명료하게 정리한 셈이다. 그렇다면 보다 구체적으로 공자는 어떻게 하여 이런 경지에 이르게 된 것일까.

공자는 어린 시절에 향당(鄕黨)의 어른들을 모시면서 향당의 성원이 되기 위해 필요한 기본소양을 익혔다. 당시에는 5가(家)가 모여 1비(比), 5비가 모여 1려(閭), 4려가 모여 1족(族), 5족이 1당(黨), 5당이 모여 1주(州), 5주가 모여 1향(鄕)의 마을단위를 이루고 있었다. 이를 총칭해 흔히 '향당'이라고 했다. 1호에 4인 가족이 있었다고 간주하면 1만 명가량이 1개 향에 살았던 셈이다.

향당은 일정한 지역을 단위로 하는 제사 및 군사공동체였다. 각 공동체는 학식 높고 덕망 있는 노인을 교사로 하여 공동체의 청년에게 일정 기간 교육을 시켰다. 각 당에 설치된 학교를 서(序)라고 했다. 공자가 15세에 공부에 뜻을 두었다는 것은 이 향의 '서'에 입학한 것을 의미한다. 향당의 교육은 장로(長老)로 불리는 노인을 스승으로 삼아 제례(祭禮)를 비롯한 공동체 연례행사에 필요한 여러 예식을 익히는 것이었다. 이는 양로(養老)의 의식을 익히고 노인으로부터 마을의 고사를 전수받아 향당의 성원이 되는 자격을 얻는 데 그 목적이 있었다. 공자는 틀림없이 여기서 6예의 기초를 닦았을 것이다.

주왕조의 봉건제하에서 사·농·공·상의 4민(四民) 중 사족은 농·공·상과 달리 공직에 취임할 자격이 있었다. 그러나 무조건 취임할 수 있는 것은 아니었다. 최소한 관인(官人)에게 필요한 일정한 수준의 교양을 습득해야만 했다. 그것이 바로 6예였다. 6예의 학습은 국가의 하급관원에 봉직하기 위한 최소한의 자격요건이었다. 임시고용직일지라도 반드시 학습해야 했다. 공자도 여느 하급사족의 자제들과 마찬가지로 소년시절에 향당의 '서'(序)에서 6예를 배운 것이 확실하다.

6예는 사족의 자제가 받은 기초적인 필수과목으로 이것이 가능하면 하급의 직책에 채용될 수 있었다. 6예 중 '예'(禮)를 습득하면 제사와 장례, 혼례 등에 응해 임시로 일할 수 있다. '악'(樂)을 습득하면 여러 의식과 연회 때 불려가 임시로 일할 수 있다. '사'(射)를 습득하면 활을 다루는 의식에 참여해 밥벌이 구실로 삼을 수 있다. '어'(御)를 습득하면 신분 있는 사람의 마차를 몰 수 있다. '서'(書)를 습득하면 서기로 취직할 수 있다. '수'(數)를 습득하면 회계분야에서 일할 수 있다. 6예를 습득하면 설령 관직에 임용되지 않을지라도 그 기술을 얼마든지 호구지책(糊口之策)으로 삼을 수 있었다.

공자의 부친 숙량흘은 용력이 절륜했던 만큼 6예 중 특히 사(射)와 어(御)에 뛰어났을 것이다. 그러나 그가 나머지 예(禮)·악(樂)·서(書)·수(數)를 어느 정도까지 습득했는지 짐작하기는 쉽지 않다. 공자의 모친 안씨 역시 기본 소양을 갖추고 있었다고 할지라도 첩의 신분에 머물러 있었던 까닭에 운신의 여지가 별로 없었을 것이다. 안씨는 아들 공자에게 모든 희망을 걸고 공자가 속히 6예의 교양을 철저히 익혀 장차 공씨 가문을 일으키기를 염원했던 것으로 보인다. 공자 또한 모친의 이러한 기대를 저버리지 않기 위해 열심히 노력했을 것이다. 「술이」편에 공자의 맹렬한 학습과정을 짐작케 해주는 공자의 언급이 나온다.

"세 사람이 길을 갈지라도 거기에는 반드시 나의 스승이 있다. 그

선한 것을 가려서 따르고, 그 불선(不善)한 것을 가려서 고친다."

공자가 어렸을 때부터 '조두'를 펼쳐놓고 소꿉놀이를 즐겼다는 「공자세가」의 기록 등을 감안할 때 그는 6예 중 '예'에 해당하는 각종 예식에 남다른 관심을 기울였을 것이다. 마침내 그 능력을 인정받아 점차 귀족 자제의 교사로서의 예를 가르쳤을지도 모른다. 그러나 그가 하급 사족의 집에서 태어나 고아로 생장한 점 등을 감안할 때 가족의 생계를 위한 호구지책에서 비롯된 것으로 보아야 한다. 구체적으로 어떻게 6예를 호구지책으로 삼았는지에 대한 단서가 「공자세가」에 나온다.

"공자는 가난하고 천했다. 커서는 계씨의 사(史: 창고지기)가 되었다. 일을 공평히 하여 사직리(司職吏: 목장지기)가 되어 가축을 크게 번식시켰다."

젊은 시절의 공자가 계씨 밑에서 하급 관리직으로 일했는지 여부는 단언하기가 어렵다. 다만 그가 가계를 돕기 위해 닥치는 대로 일한 것만큼은 확실하다고 보아야 한다. 훗날 맹자가 군자도 때에 따라서는 가난 때문에 여러 일을 할 때가 있다며 공자를 적극 변호하고 나서기도 했다. 『맹자』「만장 하」편에 실린 맹자의 주장을 보자.

"벼슬은 가난 때문에 하는 것이 아니지만 때로는 가난한 까닭에 하는 경우가 있다. 취처(娶妻)는 부모 봉양 때문에 하는 것이 아니지만 때로는 부모를 봉양하기 위해 하는 경우가 있다. 가난 때문에 벼슬하는 사람은 높은 벼슬은 사양하고 낮은 벼슬로 나아가거나 후한 녹은 사양하고 박한 녹을 받아야 한다. 그렇다면 어찌 하는 것이 좋겠는가. 문지기나 야경꾼이 그럴듯하다. 공자는 일찍이 위리(委吏: 창고지기)가 되었을 때 이르기를, '회계는 정확하면 그뿐이다'라고 했다. 또 한

때 승전(乘田: 목장지기)으로 있으면서 이르기를, '회계는 정확하면 그뿐이다'라고 했다. 지위가 낮으면서 국가대사를 함부로 논하는 것은 죄이고, 고관이 되어 조정에 출사하면서 치도를 행하지 않는 것 또한 수치스러운 일이다."

'위리'는 회계를 담당하는 하급관원으로 『사기』에 나오는 계씨 가문의 '사'(史)와 같고, '승전'은 『사기』에 나오는 '사직리'(司職吏)와 동일한 직책으로 일종의 총무과에 속하는 하급관원을 말한다. 맹자의 주장대로 청년시절의 공자는 하급의 직원 내지 노무원으로 있었을 공산이 크다. 다만 공자가 언제 '위리' 및 '승전'이 되었는지는 알 길이 없다. 그가 정식으로 채용된 것인지 여부도 불투명하다. 「공자세가」의 기술에 따르면 대략 20세 전후에 '위리' 및 '승전'이 된 것으로 보인다.

공자가 하루 빨리 다른 사람에 앞서 6예를 배우려 노력했던 것만은 여러 정황에 비춰 거의 의심할 여지가 없다. 공자가 '위리'와 '승전'으로 일하게 된 배경에는 실무와 관련된 6예에 밝았던 사실이 작용했을 것이다. 「자한」편의 다음 대목이 그 증거이다.

"하루는 오나라의 태재(大宰)가 자공에게 묻기를, '공자는 성인이오. 어찌 그리 재주가 많은 것이오'라고 했다. 그러자 자공이 대답하기를, '본래 하늘이 내신 큰 성인이니 또한 재능이 많은 것이오'라고 했다. 공자가 이 말을 듣고 말하기를, '태재가 나를 아는구나. 나는 젊었을 때 미천했기 때문에 비천한 일에 능한 것이 많다. 군자는 능한 것이 많은가. 아마 많지 않을 것이다'라고 했다. 후에 이를 두고 자장(子張)이 말하기를, '선생님은 자신이 세상에 등용되지 못했기에 재주가 많은 것이라고 말했다'고 했다."

자장이 인용한 공자의 언급은 정식관원으로 채용된 적이 없었기에 여러 기술을 습득했다는 뜻으로 풀이할 수 있을 것이다. 빈한한 가정에서 생장한 공자는 어릴 때부터 가계를 도우려는 생각을 갖고 있었을 것이다. 사서의 기록에 나와 있듯이 공자는 생계를 위해 어떤 비천한 직책에 나아갔을 때에도 성실히 직무를 수행했음에 틀림없다. 공자가 젊었을 때 여러 기술을 배워 재주가 많았다고 한 것은 6예의 기예를 고학으로 습득했음을 시사한다.

소년시대에 비록 6예를 습득했으나 이것만으로는 정식으로 공직에 취임하기가 쉽지 않았다. 신분세습에 의해 고위관직에 나아가는 귀족 자제는 6예 이외에 다시 제사(祭祀)와 외교사령(外交辭令) 등의 의례를 습득해야만 했다. 이들을 위한 『예』·『악』의 중등교육이 있었고, 다시 그 위에 『시』·『서』·『예』·『악』 등이 고등교과목으로 부과되어 있었다.

공자가 소년시대에 독학으로 배운 6예는 초등교육의 수준에 불과했다. 공자는 불행히도 빈한한 가운데 생장하여 고등교육은 말할 것도 없고 다른 사람과 같이 정상적인 초등교육을 받는 일도 사실상 불가능했다. 통상적인 경우라면 6예의 학습단계에서도 다른 사람에 뒤질 수밖에 없는 상황이었다. 그러나 그는 성실한 노력과 타고난 체력을 바탕으로 이를 극복했다. 「공야장」편에 나오는 공자의 술회를 보자.

"십실지읍(十室之邑: 작은 성읍)에도 반드시 나처럼 충신(忠信)한 사람이 있는 법이다. 그러나 그들은 내가 배우기를 좋아하는 것만 못할 것이다."

'호학'에 대한 자부심

공자가 어렸을 때부터 자신의 '호학'에 대해 커다란 자부심을 갖고 있었음을 쉽게 알 수 있다. 그의 자신감은 힘겨운 고학과정을 통해 얻어졌을 것이다. 그가 15세에 학문에 뜻을 두었다고 말한 것은 6예의 학습을 뛰어넘는 의미는 아니었다. 그가 소년시절에 배운 6예는 기본적으로 가계를 돕기 위한 일시적인 밥벌이 수단에 불과했다.

공자는 밥벌이 수단으로 6예를 습득하기는 했으나 여기에 머물 생각은 추호도 없었다. 비록 하급 사족 출신이기는 하나 6예나 배워 말단 사족으로 평생을 보낼 생각은 없었던 것이다. 그의 꿈은 원대했다. 그는 군주를 비롯해 경대부들이 추구하는 높은 수준의 교양을 익혀 그 진수를 터득하고자 하는 열망을 갖고 있었다.

당시 노나라는 안팎으로 커다란 위기에 처해 있었다. 3환의 전횡으로 공실이 약화되어 국세가 쇠미해지는 가운데 국제관계도 날로 험악해졌다. 이로 인해 노나라 전래의 문화양식도 크게 변했다. 공자의 소년시대까지만 하더라도 노나라는 다른 열국에 비해 옛 문화를 비교적 잘 보존하고 있었다. 『춘추좌전』「노양공 29년」조에 따르면 공자가 9세일 때 오나라 사자 계찰(季札)이 노나라를 빙문(聘問)했다. 오나라의 왕족 출신인 계찰은 흔히 봉지의 이름을 따 연릉계자(延陵季子)로 불린 인물로 오나라 최고의 교양인이었다. 그는 노나라에 전해지는 주왕실의 고전음악을 듣고 날카로운 비평을 가해 노나라 대부들을 경악하게 만들었다.

계찰은 이후 제나라로 가 현대부 안평중(晏平仲: 안영)과 만난 뒤 다시 정나라로 가 현대부 자산(子産)과 만나 대화를 나누었다. 이후 다시 위나라로 가 현대부 거백옥(蘧伯玉)과 사어(史魚)와 만나고, 다시 진 (晉)나라로 가서는 현대부 숙향(叔向) 등과도 만났다. 이들 모두 당대 의 현자들이었다. 이때 계찰은 열국의 앞날을 정확히 예측하면서 적절 한 조언과 비평을 가해 칭송을 받았다.

『춘추좌전』에 나오는 이 기록만을 놓고 보면 계찰은 당대 최고의 현 자였음에 틀림없다. 그러나 여기서 주목할 것은 계찰의 문명비평이 공 자 이후에 완성된 유가의 문화사관과 흡사하다는 점이다. 계찰을 열국 의 현자들 중 가장 뛰어난 인물로 묘사한 것은 아무리 보아도 이상하 다. 유가 후학이 유학을 널리 선전하기 위해 계찰을 크게 미화시켜놓 았을 것이다. 이는 『사기』「중니제자열전」에 나오는 다음 대목을 보면 쉽게 짐작할 수 있다.

"공자가 엄히 섬긴 사람은 주나라의 노자(老子), 위나라의 거백옥, 제나라의 안평중, 초나라의 노래자(老萊子), 정나라의 자산, 노나라의 맹공작(孟公綽) 등이다."

여기서 노자와 노래자가 별개의 인물로 나타나고 있어 후대인들에 게 노자의 정체를 파악하는 데 적잖은 혼란을 주고 있으나 거백옥과 안평중, 자산, 맹공작 모두 『논어』의 각 편에서 공자의 칭송을 받은 현 자들이다. 특히 '치평'과 관련해 공자는 『논어』「헌문」편에서 맹공작 에 대해 특이한 평가를 해놓아 눈길을 끌고 있다.

"공자가 말하기를, '맹공작(孟公綽: 노나라의 현대부)은 조씨(趙氏) 와 위씨(魏氏)의 가로(家老: 가신의 우두머리)가 되면 그 기량을 능히 발휘할 수 있다. 그러나 등(滕)·설(薛)과 같은 소국의 대부가 되면 오 히려 제 기량을 발휘할 수 없다."

이를 두고 주희는 풀이하기를, '조씨와 위씨의 세력은 중하나 그 가로는 명망만 높고 관직을 맡은 책임이 없다. 설과 등은 비록 소국이기는 하나 정치가 번거롭고 대부의 지위가 높은데다 책임이 중하다. 맹공작은 청렴하고 욕심이 적으나 재능이 부족한 자인 듯하다'고 분석해놓았다. 이는 공자가 말한 취의를 제대로 이해하지 못하고 거꾸로 해석해놓은 것이다.

공자는 이 장에서 맹공작과 같이 그릇이 큰 사람은 대국의 국정을 맡아야지 소국의 국정을 맡게 되면 오히려 제 능력을 발휘할 수 없다고 지적하고 있다. 그릇의 크기에 따라 활동무대가 다를 수밖에 없고 이것이 제대로 연결되지 못하면 오히려 정반대의 부작용을 나을 수밖에 없다고 지적한 것이다. 사람의 그릇에 따라 용인(用人)해야 한다는 공자의 기본입장이 잘 드러난 대목이다.

맹공작을 비롯한 당시의 현대부에 대한 공자의 평가가 엄정하게 이뤄졌음을 짐작할 수 있다. 그러나 문제는 『사기』「중니제자열전」에 계찰의 이름은 전혀 언급되어 있지 않다는 점에 있다. 계찰에 관한 설화가 공자 이후의 유가 후학들에 의해 삽입되었을 가능성이 높다. 계찰에 관한 『춘추좌전』의 기록은 말할 것도 없고 『사기』「중니제자열전」의 기록 역시 『논어』의 기록을 토대로 만들어진 후대의 설화가 수록된 것으로 보인다.

다만 오나라의 계찰이 노나라를 빙문하고 당시 계찰이 뛰어난 교양인으로 널리 알려진 것은 역사적 사실에 부합한다. 나아가 당시 노나라에 주왕실의 고전음악과 고전무용 등이 고스란히 남아 있었던 것도 사실이다. 자산과 안평중, 거백옥 등 전래의 전통과 교양을 체현한 현자들이 존재한 것도 의심할 여지가 없는 사실이다. 감수성이 예민했던 청년기의 공자가 이들로부터 많은 영향을 받았을 것은 분명하다.

그러나 공자가 이들을 사숙(私淑)하며 전통문화와 교양 등을 습득할 당시 노나라 등에 잔존해 있던 전통문화는 급속히 붕괴해가고 있었다. 공자는 이를 커다란 위기로 생각했다. 「위령공」편에 나오는 공자의 언급이 이를 뒷받침한다.

"나는 오히려 사관들이 확실하지 않은 일에 대해서는 기록하지 않고 이를 잘 아는 사람이 나타나기를 기다리고, 말을 소유한 자가 제대로 조련할 수 없어 남에게 이를 타게 하여 길들이는 것을 본 적이 있다. 그러나 지금은 그것도 없어졌다."

전통문화의 붕괴를 애석히 여기는 공자의 안타까운 심경이 그대로 드러나고 있다. 당시 공자는 전통문화의 정수를 보존해 새로운 시대를 여는 것을 자신의 사명으로 여긴 듯하다. 그렇다고 공자가 단순한 복고주의자는 아니었다. 그는 전통문화를 현실에 맞게 취사선택하면서 그 정신을 이어받아 새로운 것을 만들어내고자 했다. 「양화」편의 다음 대목이 그 증거이다.

"예(禮) 운운하지만 이게 어찌 옥백(玉帛) 등의 예물만을 말하는 것이겠는가. 악(樂) 운운하지만 이게 어찌 종고(鐘鼓) 등의 악기만을 말하는 것이겠는가."

예는 형식보다 그 안에 담긴 정신이 훨씬 중요하다는 사실을 상기시키는 대목이다. 공자는 전통문화의 본질을 인간의 신실(信實)에서 찾고자 한 구도자였던 것이다. 이는 「술이」편에 나오는 다음 대목에서 더욱 극명하게 나타나고 있다.

"술이부작(述而不作)하면서 신실한 자세로 호고(好古: 옛 것을 좋게 여김)하는 것을 나는 사적으로 우리의 노팽(老彭)에 견준다."

공자의 전통문화에 대한 기본입장을 이보다 잘 나타낸 대목도 없을 것이다. '술이부작'은 전통문화를 기술은 하되 창작하지는 않는다는 뜻이다. '술이부작'의 '술'(述)은 옛것에 대한 전술(傳述)을 뜻하고, '작'(作)은 창작을 의미한다.

'노팽'에 대해서는 예로부터 여러 해석이 나왔으나 아직 정설이 없다. 7백 세의 장수를 누렸다는 전설적인 팽조(彭祖)를 가리킨다는 설과 공자가 사사했던 노자를 가리킨다는 주장 등이 있다. 『대대례기』(大戴禮記)에는 은나라의 전설적인 현자인 팽조에 관한 얘기가 나온다. 후대의 유가는 거의 모두 이를 좇았다.

공자가 무축(巫祝)의 일원으로 활약했다고 추정한 시라카와는 '노팽'을 팽씨의 무격(巫覡)으로 보고 있다. '술이부작'은 원래 무축 집단의 전통에 해당한다는 판단하에 무축의 일원으로 활약한 공자가 전설적인 무격인 팽씨의 무격을 '술이부작'의 비유에 인용한 것으로 추정한 것이다. 기본적으로 노자를 공자는 물론 장자보다 훨씬 후대의 인물로 간주한 그는 공자가 7백 세까지 장수하기를 원했다고 볼 수 없고, 나아가 '노팽'을 노자로 볼 수도 없는 만큼 이같이 해석하는 것이 문의(文意)에 부합한다는 것이다.

그러나 굳이 '술이부작'을 무축만의 전통이라고 고집할 필요는 없다. 이는 공자를 무축의 일원으로 간주한 데 따른 억견(臆見)이다. '술이부작'은 전통문화에 대한 당시의 통상적인 입장으로 보는 것이 타당하다. '술이부작'과 '호고'를 병칭한 데서 알 수 있듯이 공자가 '술이부작'의 입장을 취한 것은 바로 신실한 자세로 '호고'했기 때문이었다. '술이부작'은 '호고'와 동의어인 셈이다. 공자가 강조한 '호고'는 단순히 옛 것을 추종하는 것이 아니라 선대의 예제에 담긴 정신을 의미한다. 『논어』「팔일」편의 다음 일화를 보자.

"하루는 자공이 고삭(告朔: 초하룻날 사당에 고하는 제사)에 쓰는 희양(餼羊)을 아까워하여 이 예식을 제거하려고 했다. 그러자 공자가 말하기를, '사(賜)야, 너는 그 양을 아까워하느냐. 나는 오히려 그 예식이 없어지는 것을 아까워한다'고 했다."

'희양'은 희생양(犧牲羊)과 같은 뜻이다. 후한 말기의 정현(鄭玄)은 "산 희생을 '희'(餼)라고 한다. 군주가 매월 사당에 고삭하고 제사를 드리는 것을 '조향'(朝享)이라고 한다. 노나라는 노문공 때부터 '시삭'(視朔)하지 않았다. 자공이 그 예가 폐하였음을 보고 그 양을 없애고자 한 것이다"라고 풀이했다. 주희도 대략 이를 좇았다. 그러나 다산 정약용은 이런 해석에 강한 의문을 표시했다.

다산에 따르면 시삭례(視朔禮)에는 세 가지가 있다. 첫째는 '고삭'으로 천자가 반포한 고삭을 조고(祖考: 조부의 신령)에게 고하며 백관에게 반포하는 것이고, 둘째는 '조향'으로 고삭이 끝난 뒤 소뢰(小牢)를 올려 조녜(祖禰: 부친의 신령)에 제사지내는 것이고, 셋째는 '시삭'으로 조향이 끝나고 국군이 피변(皮弁: 일종의 관[冠])을 쓰고 태묘 안에서 삭사(朔事)를 듣는 것이다. 이중 고삭은 폐할 수 있으나 조향과 시삭은 폐할 수 없다. 조향을 폐하면 조고에게 월제(月祭)를 올릴 수 없고, 시삭을 폐하면 백관이 품명(稟命)할 길이 없기 때문이다. 만일 정현의 해석과 같이 노나라가 노문공 때부터 시삭을 하지 않았다면 노애공에 이르기까지 130년 동안 무사할 수 없다는 것이 다산의 지적이다.

다산은 또 '희'는 희생이 아니라 음식으로 손님에게 예로써 대접하는 것을 의미한다고 보았다. 그는 "옛날에는 곡식인지 고기인지 묻지 않고 모두 익히지 않은 물건을 손님에게 보내는 것을 '희'라고 했다. 오랜 세월이 지나 모든 공급품을 '희'라고 칭하게 되었다"고 주장했다. 다산의 주장에 따르면 '희양'은 곧 '손님을 예로써 대접할 때 쓰는 양'을 의미하게 된다.

다산은 이 장을 종합적으로 풀이하기를, "주왕실의 태사(大史)가 자공의 시대에 이르러 열국에 고삭을 반포하지도 않는데 유사(有司)가 태사를 접대하기 위한 '희양'을 사육하며 꼴을 허비하자 자공이 그 '희양'을 없애고자 했다. 그러나 만일 '희양'을 없애면 왕업의 자취가 영원히 종식되므로 공자가 이를 탄식했던 것이다"라고 했다. 다산의 해석이 문의에 부합한다.

공자는 비록 '호고'를 주장했으나 결코 형식적인 예제를 추종하지는 않았다. 그렇다면 '호고'는 구체적으로 무엇을 말하는 것일까. 「이인」편의 다음 대목이 그 해답을 제시하고 있다.

"예전에 말을 함부로 내지 않은 것은 몸소 실천하는 데 미치지 못할까 부끄러워했기 때문이다."

'호고'의 요체가 '궁행'(躬行)과 직결되어 있는 셈이다. 공자가 말한 '호고'는 단순히 옛날을 추구하는 것이 아니라 사물의 원리를 깨달아 지극한 통치를 실현시키기 위해 학덕을 연마하고 실천한다는 뜻을 담고 있는 것이다. 여기서 공자사상의 가장 큰 특징 중 하나인 이론과 실천의 유기적 결합을 의미하는 '지행합일'(知行合一) 사상을 읽을 수 있다. 청년 공자는 노나라에서마저 전통문화가 급속히 붕괴되는 조짐이 나타나자 이를 발전적으로 계승하고자 하는 강한 사명의식을 느꼈음에 틀림없다.

4 3환의 전횡에 분노해 유학을 떠나다

'선행(善行)으로 백성들의 원성을 막는다'라는 말은
들어보았으나 '위세(威勢)로 백성들의 원성을 막는다'는 말은
들어보지 못했소.
• 자산

공자는 훗날 자신의 30대를 '이립'(而立)의 시기로 술회했다. 이는 무엇을 뜻하는 것일까. 당시 사족의 자제에게 6예를 가르치는 교사는 해당 분야의 전문가였다. 이들은 왕실과 제후, 경대부 집에서 봉사하며 대대로 그 기술을 가업으로 전수했다. 이로 인해 왕·후·경·대부의 휘하에는 6예에 관한 고도의 전문지식과 기술을 지닌 명인들이 늘 존재했다.

그러나 춘추시대 말기에 들어와 세상이 점차 혼란해지고 제후와 귀족의 흥망성쇠가 어지러울 정도로 계속되자 명인들이 주군의 패망과 더불어 낭인이 되어 떠돌아다니게 되었다. 그들은 민간의 사장(師匠)이 되거나 가전(家傳)의 기술을 파는 식으로 끼니를 해결했다. 그중에는 시골의 하급 사족과 결탁해 호구지책을 도모한 경우도 있었을 것이다. 공자 집안의 지인과 이웃 중에도 이러한 사람들이 제법 많았을 것으로 짐작된다. 이러한 추정이 맞다면 공자는 이들로부터 호구지책과 관련한 많은 기술을 전수받았을 것이다.

평소 '호학'의 자질을 지니고 사려가 깊었던 공자는 명인들과의 접촉을 통해 학문과 문화 일반에 대한 폭넓은 시야를 갖게 되었을 것으로 짐작된다. 이는 궁극적으로 인간의 삶에 대한 통찰로 나아갈 수밖에 없다. 하급 사족의 기본교양인 6예를 철저히 연마한 위에 명인들과의 접촉을 통해 문화 일반에 대해 깊은 통찰을 하게 된 젊은 공자의 눈에 당시의 봉건질서는 자연의 이치를 거스른 혁파의 대상으로 비춰졌을 가능성이 높다. 당시 천자를 비롯한 공후와 경대부 등의 위정자들은 공자가 이상적인 위정자의 표상으로 간주한 '군자'와는 거리가 멀었다.

공자가 볼 때 군자의 표상인 위정자들은 국사를 다루는 만큼 마땅히 전문기술을 지닌 명인들과는 차원이 다른 높은 수준의 학덕과 경륜을 지니고 있어야만 했다. 안천하(安天下)를 책임진 천자는 응당 전 인류로 하여금 각기 머물 곳을 얻게 하는 성인이어야만 했다. 공자가 볼 때 그러한 성인의 표상에 가장 잘 어울리는 인물이 바로 주나라 건국의 기틀을 마련한 주공 단(旦)이었다. 이러한 생각이 젊은 공자로 하여금 6예의 전문기술을 뛰어넘어 치국평천하의 문제를 깊이 탐구하게 하는 동인으로 작용했다.

실제로 공자의 삶을 개관해보면 그는 '치평'(治平)의 문제를 탐구하는 데 평생을 바쳤다고 해도 과언이 아니다. 이는 주공 단을 성인의 표상으로 간주한 사실과 밀접한 관련이 있다. 「술이」편에는 만년의 공자가 주공 단에 대한 소회를 밝힌 대목이 나온다.

"심하구나, 나의 노쇠함이. 오래 되었구나, 내가 다시 주공을 꿈에 보지 못한 일이."

'치평'에 관한 비상한 탐구열이 주공 단에 대한 숭앙심과 얼마나 밀접한 관련이 있었는지를 보여주는 대목이다. 만년의 공자가 스스로 '이립'(而立)의 시점이 30세였다고 술회한 것은 바로 이때에 이르러 '치평'에 관해 나름대로 주견이 확고히 섰음을 뜻하는 것이다. 공자가 30세를 이립의 시점으로 술회한 데에는 당시의 시대상과 밀접한 관련이 있었다.

공자가 '지학'(志學)의 시점으로 밝힌 15세 때부터 '이립'을 이루는 30세까지의 기간은 중국의 정치사상사에서 특이한 시기에 속한다. 이 시기에는 '박학군자'(博學君子)로 명성을 떨친 정나라의 자산(子産)을 비롯해 『안자춘추』(晏子春秋)를 저술한 제나라의 안영(晏嬰)이 재상으로 활약하고 있었다. 또 중원의 패자인 진(晉)나라에서는 현자로 알려진 숙향(叔向)이 정치고문으로 활약하고 있었다. 여러 현상(賢相)들이 공교롭게도 비슷한 시기에 일시에 등장해 열국의 국정을 이끄는 희귀한 상황이 빚어진 것이다. 이로 인해 춘추전국시대를 통틀어 보기 드문 일대 장관이 펼쳐졌다. 이 시기를 '현상시대'(賢相時代)라고 한다.

자산·안영·숙향이 이끈 '현상시대'

공자가 '지학'에서 '이립'에 이르는 시기는 '현상시기'와 겹치고 있다. 공자가 현상들로부터 커다란 영향을 받았음을 짐작케 해주는 대목이다. 이들에 대한 공자의 인물평이 실려 있는 『논어』를 통해서도 쉽게 짐작할 수 있다. 공자는 비록 현상들과 직접 대면하지는 않았으나 내심 깊이 존경하며 사숙(私淑)했을 것이다. 그러나 기원전 522년에 당대 최고의 현상인 정나라의 자산(子産)이 세상을 떠나는 것을 계기로 '현상시대'는 종언을 고하고 말았다. 『춘추좌전』 「노양공 32년」조에 나오는 자산에 대한 공자의 평을 보면 그가 자산을 얼마나 존경했는지 쉽게 알 수 있다.

"어떤 사람이 자산을 두고 불인(不仁)하다고 말할지라도 나는 결코 믿지 않을 것이다."

자산의 죽음은 공자의 사상적 수업시대가 끝났음을 알리는 상징적인 사건이었다. 자산의 사망 시점은 공자가 31세가 되어 막 자신이 무엇을 해야 할지 명백히 깨달았던 때와 일치한다. 즉, 자산이 정나라의 집정대부가 되어 눈부신 활약을 보인 시기와 정확히 맞아떨어지고 있는 것이다. 공자가 30세에 '이립'을 선언하게 된 배경이 여기에 있었던 것으로 짐작된다.

정나라의 자산을 위시해 제나라의 안영과 진나라의 숙향 등은 모두 세족의 일원이기는 했으나 비교적 세력이 미약한 씨족 출신이라는 공통점을 갖고 있다. 자산의 조국인 정나라는 춘추시대 초기 이래 줄곧 군위의 계승문제를 놓고 내란이 빈발한 까닭에 일찍이 국가의 실권이 세족의 수중에 떨어지고 말았다. 자산이 태어날 당시 정나라의 실권은 '칠목(七穆)'으로 불리는 정목공의 자손들이 틀어쥐고 있었다. 공자가 태어날 당시 노나라의 실권을 3환이 장악하고 있었던 상황과 비슷했다.

자산은 정경(正卿)을 배출한 적이 한 번도 없는 쇠미한 가문 출신이었다. 자산의 가문은 대대로 정경을 낸 사씨(駟氏)나 양씨(良氏) 등과는 비교가 되지 않았다. 이러한 양상은 안영의 조국인 제나라에서도 별반 다르지 않았다. 당시 제나라에서 재상을 배출하면서 번영을 누리고 있던 집안은 최씨(崔氏)와 경씨(慶氏)였다. 이 두 집안 사이에 끼어 은밀히 실력을 키운 세력은 진(陳)나라에서 망명한 진씨(陳氏)세력이었다. 진씨 세력은 훗날 모든 세족을 제압한 뒤 마침내 공실을 뒤엎고 강씨(姜氏)의 제나라를 찬탈함으로써 전국시대의 개막을 알린 세력이었다. 안영이 등장할 당시 제나라의 안씨는 산동성 동부의 해변에 거주하는 이민족에서 나온 한미한 가문에 불과했다.

숙향의 조국인 진(晉)나라도 예외는 아니었다. 당시 진나라에서는 한(韓)·위(魏)·조(趙)·범(范)·중항(中行)·지(知)의 6대 가문이 '6경'으로 불리는 대신의 자리를 독점하고 있었다. 숙향은 진나라 군주에서 갈려 나온 양설씨(羊舌氏) 가문 출신이었다. 숙향이 태어날 당시 진나라 공족들은 이미 이들 6대 가문의 위세에 눌려 쇠락의 길을 걷고 있었다.

이처럼 쇠미한 가문출신인 자산과 안영, 숙향이 각기 정·제·진 3국의 국정을 좌우하는 요직에 오르게 된 배경은 무엇일까. 우선 세족 간의 상호 견제를 들 수 있다. 춘추시대 중기 이후 세족들 간의 실력경쟁이 시작되어 내란이 빈발하는 와중에 다수의 세족이 내란에 휩쓸려 흔적도 없이 사라졌다. 살아남은 소수의 세족들은 일시 백성들의 동요를 막고 나라를 유지하기 위해 세력이 그다지 크지 않은 가문 출신 중 정치적 수완과 박식함을 겸비한 인물을 재상에 앉히는 방안을 고려하게 되었다. 쇠미한 가문 출신인 자산과 안영, 숙향 등이 고관에 추대된 데에는 바로 세족들의 상호 견제가 적잖은 영향을 미쳤다.

　그러나 자산과 안영, 숙향 등이 일시에 등장해 '현상시대'를 열게 된 데에는 보다 근원적인 배경이 있다. 바로 '안천하'(安天下)에 대한 일반 사족들의 뜨거운 열망이다. 춘추시대는 첫 패자인 제환공이 출현할 때부터 뛰어난 현상들이 끊임없이 출현했다. 제나라의 관중(管仲)을 위시해 진(秦)나라의 백리해(百里奚), 초나라의 투자문(鬪子文) 등은 현상들이 출현하기 이전에 '존왕양이'를 기치로 내걸고 '안천하'를 이룬 바 있다.

　현상들은 나라 안팎의 기대 속에서 재상자리에 올라 국정은 물론 국제관계에서도 대단한 영향력을 발휘했다. 숙향은 오랫동안 중원의 패자로 군림한 진나라의 정치고문이고, 안영은 춘추시대 초기에 천하를 호령했던 제나라의 대신이었으나 정나라의 자산은 소국인 정나라의 재상에 불과했다. 그러나 국제적으로 가장 큰 영향력을 발휘한 사람은 정나라의 자산이었다.

　당시의 천하정세는 북방의 진나라와 남방의 초나라가 각기 맹주를 자처하며 주변의 제후국들과 합세해 한 치의 양보도 없이 치열하게 다투는 형국이었다. 이 와중에 두 세력의 대치상황을 적극 활용해 일시적이나마 평화의 계기를 만들어내는 데 결정적인 공헌을 한 나라는 두 세력의 접촉지점에 해당하는 중원의 송·정·진(陳) 등의 소국이었다.

이를 가장 먼저 주도한 사람은 송나라의 명재상 상술(向戌)이었다. 그의 중재로 진·초 양국을 포함해 모두 14개국이 참여하는 국제회의가 열려 일시적인 정전협정이 성립되었다. 이 협정은 불행히도 10년도 못 가 깨지고 말았다. 이때 남북균형 상태를 교묘히 이용해 국제외교의 주역이 된 사람이 자산이었던 것이다.

자산이 정나라 국정에 참여하기 시작한 것은 공자가 태어나기 두 해 전인 기원전 554년부터였다. 당시 정나라는 계속된 내란과 진·초 두 나라를 맹주로 한 연맹군의 잇단 침공으로 완전히 피폐해져 있었다. 강화를 할 때마다 양쪽에 바치는 공물의 수량도 기하급수적으로 늘어났다. 이때 자산은 양국에 사자로 가 뛰어난 언변으로 이를 최소화하는 데 성공했다. 그러나 두 나라에 바치기로 최종 합의한 공물의 부담은 여전히 컸다.

자산은 먼저 생산력의 극대화를 꾀하기 위해 과감한 농지구획정리 작업을 실시하고 백성들의 소비를 획기적으로 줄이는 방안을 강구했다. 그는 이러한 경제부흥 정책을 효과적으로 추진하기 위해 강력한 법치를 실시했다. 조상의 제사에 사용되는 청동기에 법조문을 주조해 넣었다고 해서 이를 '형정'(刑鼎)이라고 부른다. 중국 역사상 최초로 만들어진 성문법이었다.

당시까지만 하더라도 씨족 내의 범죄는 씨족의 자치에 맡겨져 있었다. 씨족 간의 분쟁은 사건이 있을 때마다 씨족 간의 합의에 의해 처리

되었다. 이로 인해 열국 모두 전 백성에게 두루 적용할 수 있는 성문법을 갖고 있지 못했다. 후대의 유자들은 이를 덕치(德治)의 결과로 미화하면서 자산이 '형정'을 주조한 사실을 비난했으나 내우외환에 시달리던 정나라의 상황을 감안하지 못한 관념적인 접근에 불과하다.

자산이 '형정'을 만든 것은 일반 백성들에게 법령을 짧은 시간에 널리 전달하려는 목적에서였다. 정나라의 당시 상황에 비춰 볼 때 '형정'과 같은 가시적인 법령포고를 통하지 않고는 나라를 다스리기가 쉽지 않았다. 이는 난세의 심도가 더욱 깊어졌음을 뜻했다. 자산의 '형정' 주조를 비난했던 진나라에서조차 얼마 후 자산을 본받아 '형정'을 주조한 사실이 이를 뒷받침한다. 그러나 초기만 하더라도 '형정' 주조에 대한 안팎의 비판은 매우 거셌다. 대표적인 인물로 진나라의 숙향을 들 수 있다. 『춘추좌전』 「노소공 6년」조에는 숙향이 자산에게 보낸 비난서신이 실려 있다.

"나는 그대에게 희망을 가졌으나 이제는 끝났소. 옛날 선왕들은 일의 경중을 따져 죄를 다스렸을 뿐 형법을 정하지 않았소. 백성들이 법을 이용해 다투려는 마음을 일으킬까 두려워했기 때문이오. 무릇 백성들이 쟁단(爭端: 쟁송의 근거)을 알게 되면 장차 예를 버리고 법조문을 끌어들일 것이오. 그리 되면 송곳 끝같이 작은 일조차 모두 법조문을 끌어대 다툴 것이오. 결국 범법 행위가 날로 극심해지고 뇌물이 성행하게 되어 그대가 살아 있는 동안 정나라는 극히 쇠미해지고 말 것이오. 내가 듣건대 '나라가 장차 망하려 하면 반드시 법령이 많아진다'고 했소. 이는 지금의 정나라를 두고 한 말일 것이오."

통렬한 지적이 아닐 수 없다. 그러나 자산의 생각은 달랐다. 강대국 사이에 낀 정나라와 북방의 강대국 진나라는 주어진 상황이 전혀 달랐다. 숙향의 주장은 원론적으로 타당한 것이기는 하나 정나라 실정에는 맞지 않았다. 자산이 이를 모를 리 없었다. 그는 숙향의 서신을 받자마자 곧 '이미 일이 진행되어 그대의 명을 받들 수는 없게 된 것이 유감이나 어찌 감히 그대의 가르침을 잊을 수 있겠소'라는 내용의 답서를 보냈다.

당대의 두 '현상'이 주고받은 이 교신은 사상사적으로 볼 때 매우 특기할 만한 것이었다. 숙향의 주장은 기본적으로 법치에 대한 공자의 입장과 맥을 같이한다. 공자는 「위정」편에서 이같이 갈파했다.

"형정(刑政)으로 다스리면 백성들은 빠져나올 생각만 하고 수치심을 모르게 된다. 덕으로 이끌고 예로써 다스려야만 백성들이 수치심도 알고 올바로 된다."

법치의 한계를 통찰한 명언이다. 이러한 언급이 결코 법치의 효용을 부인한 것은 아니다. 당시 정나라는 덕정을 시행할 수 있는 상황이 아니었다. 이웃해 있는 강대국과의 평화관계를 유지하려면 공물(貢物)을 제때 공급할 필요가 있었고, 이를 위해서는 반드시 생산을 증대시킴으로써 세수를 충분히 확보해야만 했다. 이는 일반 백성에게까지 통치력을 침투시키지 않으면 불가능한 일이었다. 씨족자치의 관습을 깨고 '형정'으로 상징되는 성문법을 공포할 수밖에 없었던 것이다.

덕정은 이상적이기는 하나 어디까지나 존망의 위기를 크게 염려하지 않아도 되는 경우에나 통용될 수 있다. 약소국인 정나라로서는 정나라의 실정에 맞는 나름대로의 대책을 강구하지 않을 수 없었다. 두 '현상'이 난세에 대한 해법에서 차이를 보인 이유는 기본적으로 두 사람의 조국이 처해 있는 상황이 달랐기 때문이다. 자산이 안팎에서 쏟아지는 비난을 무릅쓰고 '형정'을 만들면서 강력한 부국강병책을 구사한 것은 국가생존을 위한 불가피한 선택이었다.

하지만 자산이 성문법을 통해 추진한 농지정비 등을 골자로 한 일련의 개혁방안은 파격적이었다. 정나라의 귀족들뿐만 아니라 백성들의 불만 또한 클 수밖에 없었다. 그러나 3년이 지나 개혁의 효과가 나타나 생산이 증대하자 그에게 쏟아지던 비난이 일거에 뜨거운 칭송으로 변했다. 정나라 백성들은 모두 입을 모아 자산을 칭송했다.

"우리의 자제를 자산이 잘 가르쳐주고, 우리의 농토를 자산이 증식시켜주었으니 장차 자산이 죽게 되면 과연 그 누가 뒤를 이을 것인가."

자산은 신분세습제에 기초한 전래의 봉건질서에 비판적인 입장이었다. 그는 정치적으로 진보주의자였다. 그러나 어디까지나 합리적인 입장에서 불합리한 전통을 비판한 합리주의적 진보주의자였다는 점에 주목할 필요가 있다. '형정'으로 상징되는 성문법의 제정은 '불가지'(不可知)로 치부된 미신적인 '천도'(天道)로부터 실물정치를 분리시킨 것이나 다름없다. 이는 정치와 종교의 분리를 의미한다. 자산은 정치를 종교로부터 떼어내 학문과 결합시킨 선구자였다. 중국문명의 가장 큰 특징인 이성에 기초한 합리주의 정신이 무엇인지를 몸으로 보여준 셈이다.

공자가 평생을 두고 탐구한 '치평'의 기본정신은 자산이 보여준 합리주의 정신이었다. 자산이 공자사상의 초석이 되었음을 극명하게 보여주는 대목이다. 공자사상은 인간의 이성에 기초한 합리주의 정신이 그 바탕이 되었다고 해도 과언이 아니다.

왕패병용의 묘리

자산의 죽음은 공자의 외유(外遊)와 밀접한 관련이 있다. 공자는 36세 때 제나라로 망명에 가까운 유학을 떠났다. 이는 공자의 첫 국외여행에 해당한다. '이립'의 선언을 계기로 자산 등을 통한 사상적 수업을 마무리 짓고 독자적인 입장에서 '치평'에 관한 탐구를 시작한 공자의 사상가로서의 행보가 구체화되기 시작한 시점이기도 하다.

공자는 생전에 자산과 한 번도 직접 만날 기회가 없었다. 자산과 나눈 사상적 교감은 전적으로 사숙(私淑)에 의한 것이었다. 한 번도 친견(親見)한 적이 없는 자산을 사숙한 것은 말할 것도 없이 자산에 대한 존경심에서 비롯되었다. 『논어』「공야장」편에 나오는 평은 자산에 대한 공자의 기본입장을 잘 보여주고 있다.

"자산에게는 군자의 도가 네 가지 있었다. 몸소 행하면서 공손했고, 윗사람을 섬기면서 공경스러웠고, 백성을 양육하면서 은혜로웠고, 백성을 부리면서 의로웠다."

공자가 상정한 통치자의 이념형은 '군자'이다. 이 대목에 나타난 자산의 덕목은 곧 공자가 상정한 '군자'의 전형적인 덕목이다. 이를 통해 당시 공자가 자산을 '군자'의 이상적인 인물로 상정했음을 확인할 수 있다. 공자는 자산의 통치행태에 대해서도 극찬을 아끼지 않았다. 「공야장」편에 공자의 평이 실려 있다.

"정나라에서 사령(辭令: 외교문서)을 만들 때 비심(裨諶)이 초안을 만들고, 세숙(世叔)이 그 내용을 검토하고, 행인(行人: 사자)인 자우(子羽)가 다듬고, 동리(東里)에 사는 자산(子産)이 윤색을 하여 완성시켰다."

자산이 집정했을 당시 정나라의 정령은 통상 '비심'이라는 대부가 입안하고 '세숙' 즉 유길(游吉)이라는 대부가 이를 축조적으로 심의했다. 이어 외교관인 자우 즉 공손 휘(揮)가 이를 수식하고 마지막으로 정나라 도성내의 동리에 사는 자산이 최종 손질을 가하여 완성시켰다. 비심과 유길, 공손 휘 모두 세족의 일원이었으나 자산의 수족이 되어 정나라를 이끈 뛰어난 인물들이었다. 당대의 '박물군자'인 자산은 타의 추종을 불허하는 탁월한 치국방략을 지니고 있었음에도 불구하고 결코 독단하지 않았던 것이다. 비심과 유길 등의 역할 분담을 통해 짐작할 수 있듯이 자산이 취한 인사의 요체는 인재의 적재적소 배치에 있었다.

　민심을 수렴하기 위한 자산의 노력 또한 놀라웠다. 그는 집정이 되기 이전은 말할 것도 없고 그 이후에도 백성들의 목소리를 듣기 위해 부단히 노력했다. 하루는 정나라 백성들이 향교(鄕校: 공공장소를 지칭)에 모여 집정대부 자산이 취한 일련의 조치를 놓고 득실을 논한 적이 있었다. 그러자 이를 못마땅하게 생각한 대부 연명(然明)이 자산에게 건의했다.

　"향교를 헐어버리면 어떻겠습니까."

　자산은 일언지하에 일축했다.

　"사람들이 조석으로 일을 마친 뒤 모여 놀면서 집정의 정사가 잘되었는지를 논하게 되면 그들이 좋아하는 것은 실행하고 싫어하는 것은 개혁하면 되오. 그들의 논평이 곧 나의 스승인 셈인데 어찌 향교를 헐어버린단 말이오. 나는 '선행(善行)으로 백성들의 원성을 막는다'라는 말은 들어보았으나 '위세(威勢)로 백성들의 원성을 막는다'는 말은 들어보지 못했소. 위세로 백성들의 원성을 틀어막는 것은 마치 개울물의 흐름을 막는 것과 같소. 그러다가 방죽이 터지면 많은 사람이 상하게 되오. 향교를 허는 것은 내가 그들의 논평을 받아들여 약으로 삼느니만 못하오.”

자산은 춘추전국시대를 통틀어 통치술의 요체인 '왕패병용'(王覇竝用)의 묘리를 터득한 몇 안 되는 인물 중 한 사람이었다. '왕패병용'은 상황에 따라 덕치인 왕도(王道)와 법치인 패도(覇道)를 적절히 혼용해 사용하는 것을 말한다. 이는 상황에 따라 정병(正兵)과 기병(奇兵)을 섞어 자유자재로 대형을 변환시키는 '병무상세'(兵無常勢)의 병략(兵略)과 닮았다. 바로 '임기응변'의 치국방략이 '왕패병용'의 묘리이다. 공자도 '왕패병용'에 대한 기본입장은 자산과 같았다. 『논어』「자한」편의 다음 대목을 보자.

“더불어 배울 수는 있어도 더불어 도로 나아갈 수는 없다. 더불어 도로 나아갈 수는 있어도 더불어 설 수는 없다. 더불어 설 수는 있어도 더불어 권도(權道: 상황에 따른 적의한 대책)를 행할 수는 없다.”

이를 두고 삼국시대 위나라의 하안(何晏)은 풀이하기를, “비록 능히 설지라도 반드시 경중의 극치를 저울질할 수는 없다”고 했다. 주희는 '권'(權)을 저울추로 물건을 달아 경중을 헤아리는 것으로 간주해 풀이하기를, “능히 경중을 저울질하여 의에 합당하게 하는 것을 말한다”고 했다. 이에 다산은 '권'을 저울질로 중용을 얻는 것으로 간주해 풀이하기를, “중용은 도의 극치이므로 함께 설 수는 있어도 함께 권도를 행할 수는 없다”고 했다.

흔히 상황에 따른 임기응변을 뜻하는 '권도'는 원칙론에 해당하는 '경도'(經道)와 대립되는 말로 사용되고 있다. 한유(韓愈)는 『주역』「계사전」을 해석하면서 '권도'는 '경도'에 대립하며 도에 합치하는 것으로 풀이했다. 이후 그의 견해가 주류를 형성했다. 이를 '반경합도설'(反經合道說)이라고 한다. '반경합도설'은 '권도'의 의미를 극소화하고자 한 데서 나온 것이다. 그러나 다산은 '권'과 '경'의 관계를 새롭게 해석함으로써 한유의 '반경합도설'을 정면으로 반박하고 나섰다.

"무릇 '권'이 기약하는 것은 중용에 있다. 성인이 중용을 택한다고 한 것은 바로 저울을 다는 사람이 눈금을 통해 저울추를 맞게 하는 것을 말한다. 후세에 도를 논하는 자들은 중용을 '경'으로 삼고, 반중용(反中庸)을 '권'으로 삼아 천하의 패란(悖亂)과 부정이 모두 '권'에 의한 것으로 생각했다."

다산은 '반경합도설'에 반대해 '권' 자체를 바로 '경'이라고 보았다. '경'을 '유정지권'(有定之權), '권'을 '무정지경'(無定之經)으로 파악했던 것이다. 다산의 탁견이 여실히 드러난 대목이다. 도학자들은 이러한 이치를 파악하지 못하고 양자를 대립개념으로 이해한 나머지 매사에 '경도'를 쓰되 부득이한 경우에 한해 '반경합도'의 취지에 부합하는 '권도'를 써야 한다고 제한적으로 해석했다.

그러나 이는 잘못이다. 난세의 상황에서는 '경도'보다 '권도'를 써야 할 경우가 훨씬 많을 수밖에 없다. 매사에 '경도'만을 고집할 경우 시의에 맞지 않아 국론분열 등의 커다란 혼란을 초래할 소지가 크다. 저울은 물건의 경중에 따라 저울추의 눈금을 옮겨주어야만 균형을 유지할 수 있다. 전설적인 성군인 우(禹)가 종아리에 털이 다 빠지도록 황하의 물을 다스리기 위해 노력한 것이나 안회가 문을 닫고 가만히 있었던 것은 모두 각자의 처지에서 중용을 얻은 것이다.

물이 불어나는데도 연인과의 약속을 지키기 위해 다리 아래에서 교각을 붙들고 있다가 익사한 미생(尾生)은 중용을 잃은 것이다. 『춘추좌전』에서 비판받았듯이 송나라의 백희(白姬)가 무릇 부인은 시종이 없으면 움직이지 않는다는 이유로 고집스럽게 불이 난 집에 머물고 있다가 타 죽은 것도 같은 맥락에서 이해할 수 있다. 실로 '권도'의 묘용(妙用)을 모르면 '경도'의 이치도 알 수 없다. 공자가 이 장에서 설파하고자 한 것이 '권도'의 묘용인 것이다.

삼국시대에 활약한 인물 가운데 '권도'의 묘리를 잘 터득한 인물이 바로 조조(曹操)였다. 그는 현재에 이르기까지 『손자병법』에 가장 탁월한 주석을 가한 인물이다. 그는 주석서의 서문에 '병무상세'의 이치를 이같이 풀이한 바 있다.

"내가 수많은 병서와 전략을 두루 살펴보았으나 손무(孫武)가 지은 『손자병법』이 가장 심오하다. 그는 오왕 합려(闔閭)를 위해 병서 13편을 지은 뒤 실제로 궁녀들을 이끌고 시범을 보였다. 마침내 오나라 장수가 되어 서쪽으로는 강국 초나라를 격파해 도성인 영(郢)까지 쳐들어갔고, 북쪽으로는 제(齊)·진(晉) 두 진나라를 벌벌 떨게 만들었다. 시무자(恃武者: 칼의 힘에만 의지하는 자)도 망하고, 시문자(恃文者: 붓의 힘에만 의지하는 자)도 망하는 법이다. 오왕 부차(夫差)와 서언왕(徐偃王)이 바로 그런 자들이다. 성인(聖人)의 용병은 집과시동(戢戈時動: 평소 무기를 거두었다가 필요한 때에만 움직임)에 그 요체가 있다. 그들은 부득이한 상황에서만 용병했던 것이다."

조조가 이 글에서 언급한 오왕 부차는 춘추오패의 한 사람이었으나 끝내 무력에만 의지하고 오자서(伍子胥)의 간언을 무시하다가 월나라 구천에게 패망한 인물이다. 오왕 부차는 지나치게 잦은 용병과 지나친 자신감으로 패망한 '시무자'의 전형이었다. 오왕 부차와 달리 '시문자'의 전형으로 지목된 서언왕은 주목왕(周穆王) 때 인정(仁政)을 펼쳐 명성을 날린 인물이다. 그는 관후(寬厚)한 인정을 베풀어 장강과 회수 사이에 있던 36국으로 하여금 자신을 추종하게 만들었다. 그러나 그는 주목왕이 초나라를 시켜서 토벌케 했을 때 백성들을 너무나 사랑한 나머지 접전을 피하다가 마침내 목숨을 잃고 나라마저 패망시키고 말았다. 이로 인해 서언왕은 관인한 인정을 베풀었음에도 불구하고 어리석은 군주로 낙인찍히고 말았다.

조조가 오왕 부차와 서언왕을 거론한 것은 '집과시동'으로 요약되는 '병도'(兵道)를 얘기하기 위해서이다. '집과시동'에 입각한 용병은 곧 '병무상세'(兵無常勢)에 입각한 '임기응변'의 병략(兵略)을 의미한다. 조조는 '병도'가 '치도'의 일환임을 깊이 통찰하고 있었던 것이다. 조조가『손자병법』을 숙독하면서 탁월한 주석을 가한 것도 '병도'의 요체를 정확히 파악하고 있었기 때문에 가능했다.

이를 통해 알 수 있듯이 자산이 시행한 일련의 개혁조치는 정나라가 처한 상황에 부응하는 '왕패병용'의 치국방략에서 비롯되었다. 그가 숙향 등의 비난에도 불구하고 강력한 개혁을 추진한 이유가 여기에 있었다. 결국 그는 일련의 개혁조치로 정치안정과 부국강병을 이룩하는 데 성공했다. 공자가 자산을 극찬한 것도 이 때문이었다.

공자는 '현상시대'의 영웅인 자산을 진심으로 존경했다. 자산을 군자의 표상으로 칭송했을 정도였다. 공자가 상정한 군자는 교양을 갖춘 위정자의 전형이다. 공자는 자산이라는 실존 인물을 통해 구체적인 모습을 그려냈던 것이다.

자산의 시대와 공자의 시대는 약간의 차이가 있다. 자산이 활약할 때에는 국정이 완전히 소수의 세족에게 장악되어 군주는 한낱 허수아비에 지나지 않았다. 그러나 불과 1세대 뒤인 공자의 시대로 넘어오면 세족이 장악한 실권이 다시 세족을 주군으로 삼고 있는 가신들의 손으로 넘어가고 있었다. 가신이 실권을 장악한 시대에 살았던 공자는 한 세대 이전의 현상들로부터 자신이 추구하고자 하는 군자의 구체적인 모습을 찾아냈다. 그 모델이 된 인물이 자산이었던 것이다. 공자가 '이립'을 선언하며 완전히 새로운 면모를 보이게 된 것은 자산을 비롯한 이들 현상들의 영향이 지대했음을 시사한다.

공자가 '치평' 연구에 헌신하게 된 것은 기본적으로 온갖 역경을 딛고 일어 선 경험과 타고난 재능, 호학하는 기질, 쉬지 않고 노력하는 성실한 자세 등이 바탕이 되었다. 공자의 제나라 유학 시절에 이에 관한 기본 가닥이 드러나고 있다. 「공자세가」는 공자의 나이 30~40세 때 일어난 수많은 사건을 열거해놓았으나 이는 대부분 후대에 만들어진 전설과 일화를 그대로 수집해놓은 것이다.

대표적인 사례로 공자가 31세 때 제경공과 만나 정치를 논한 일화를 들 수 있다. 이는 물론 허구이나 제나라 유학 당시 공자가 보여준 다양한 행보의 일면을 보여주는 것이기도 하다. 「공자세가」는 공자와 제경공이 나눈 문답을 이같이 기술해놓았다.

"제경공이 공자에게 묻기를, '옛날 진목공(秦穆公)은 나라가 작고 벽지에 있었는데도 어찌하여 패자가 된 것이오'라고 했다. 이에 공자가 대답하기를, '진나라는 비록 나라는 작아도 그 뜻이 원대했고, 비록 벽지에 있었으나 정치를 베푸는 것이 매우 정당했습니다. 진목공은 백리해(百里奚)를 몸소 등용해 대부의 벼슬을 내리고 감옥에서 석방시켜 더불어 3일 동안 대화를 나눈 뒤 그에게 정사를 맡겼습니다. 이로써 천하를 다스렸으면 왕도 될 수 있었으니 패자가 된 것은 오히려 대단하지 않은 것입니다'라고 했다. 제경공이 이 말을 듣고 크게 기뻐했다."

과연 이런 일이 있었던 것일까. 『사기』 「노주공세가」와 「제태공세가」에도 유사한 내용이 수록돼 있기는 하나 제경공과 안영이 수렵을 나왔다가 노나라 경내로 들어온 내용만 있을 뿐 공자와 대면한 내용은 없다. 『춘추좌전』 「노소공 20년」조에도 공자의 세평(世評)만 언급돼 있을 뿐 공자가 제경공과 안영과 만났다는 대목은 전혀 없다. 유독 「공자세가」에만 제경공과 공자가 만난 일화가 실려 있는 것이다. 이 일화는 유가 후학이 만들어낸 허구로 보아야 한다.

노소공의 제나라 망명

공자의 제나라 망명과 관련한 일화는 역사적 사실에 부합한다. 『춘추좌전』과 『사기』 「노주공세가」에도 동일한 내용이 기록되어 있다. 노소공 25년(기원전 517)에 노소공은 3환의 전횡을 보다 못해 마침내 집정대부 계평자를 공격했다가 오히려 3환의 반격을 받고 제나라로 망명하게 되었다. 이후 노소공은 끝내 귀국하지 못하고 7년 뒤인 노소공 32년(기원전 510)에 제나라의 간후(乾侯) 땅에서 객사하고 말았다.

노소공은 암군이었다. 19세에 즉위한 그는 보위에 오른 뒤에도 여전히 어린아이처럼 순진한 모습을 보여주었다. 노소공의 선군인 노양공이 죽은 해는 기원전 542년으로 당시 공자의 나이는 11세였다. 『춘추좌전』의 기록에 따르면 노양공은 이해 6월에 초나라 양식을 본떠 신축한 '초궁'(楚宮)에서 세상을 떠났다. 태자인 자야(子野)는 첩으로 있는 호녀(胡女) 경귀(敬歸)의 자식으로 부친의 죽음을 지나치게 슬퍼한 나머지 몇 달 뒤 이내 죽고 만다. 이에 경귀의 여동생인 제귀(齊歸)의 아들인 공자 주(裯)가 보위에 오르게 되었다. 그가 바로 노소공이다. 당시 노소공의 나이는 19세였다.

노소공은 부친의 상례를 치르면서 상복을 3번이나 갈아입어 비난을 받았으나 실력자인 계평자의 후원으로 마침내 즉위한다. 계평자는 내심 암군을 보위에 올려놓는 것이 자신의 권력행사에 도움이 된다고 판단했음에 틀림없다. 결국 노소공은 3환에 휘둘리는 허수아비가 되어 즉위 5년 만에 휘하의 중군(中軍)을 3환에게 분속시키는 일을 허락하고 말았다. 그의 암군 행보는 복잡하게 전개되고 있는 대외관계에서 더욱 부각되어 노나라의 위신을 형편없이 실추시켰다. 실제로 그는 즉위 후 줄곧 초나라와 진(晉)나라에 조공을 바치는 등 굴욕외교를 계속함으로써 나라 안팎으로 멸시를 당했다.

공자가 출사하기에는 매우 어려운 상황이었다. '이립'을 선언한 이후 40대에 이르기까지 고난에 찬 길을 걸어야만 했던 것도 이와 무관하지 않았다. 만일 이때 노소공이 공자를 발탁했다면 노나라의 역사는 전혀 다른 방향으로 전개되었을지도 모를 일이다.

계평자가 '8일무'(八佾舞)를 시연하기 13년쯤 전인 기원전 530년에 계평자가 계씨의 본거지인 비읍의 읍재(邑宰) 남괴(南蒯)를 소홀히 대한 나머지 커다란 곤경에 처한 일이 있었다. 불만을 품은 남괴가 계평자를 내쫓고 계씨의 영지와 재산을 몰수해 노나라에 돌려주려고 했으나 도중에 누설되는 바람에 실패로 끝나고 말았다. 비읍을 제나라에 복속시켜 제나라의 도움을 이끌어내려고 했던 남괴는 일이 실패로 돌아가자 제나라로 망명했다. 이때에 이르러서는 권력이 세족들의 손을 떠나 휘하에 있는 가신들 수중으로 넘어가고 있었던 것이다.

남괴의 사건 이후에도 노나라에서는 계평자의 전횡을 보다 못한 사람들 사이에서 그를 제거하고자 하는 움직임이 은밀히 진행되었다. 당시 노나라 도성 곡부에서는 계평자가 이웃에 사는 후씨(郈氏)와 투계(鬪鷄)를 계기로 사이가 좋지 않았다. 또한 일찍이 현자로 칭송된 장문중(臧文仲)과 장무중(臧武仲)을 배출한 장씨 역시 계씨와 반목했다. 계씨는 원래 대대로 장씨와 가까웠으나 장씨 집안싸움의 와중에 도주한 장증(臧曾)을 숨겨준 것이 원인이 되어 장씨와 반목하게 된 것이다.

증조부 계문자(季文子)와 조부인 계무자(季武子) 2대를 이어 명재상을 내고 중원의 패권국인 진나라의 대신들과 긴밀한 관계를 유지하고 있던 계평자는 마침내 가묘에 참람하기 그지없는 '8일무'를 봉헌했다. 이러한 횡포는 뜻있는 사람들의 눈살을 찌푸리게 만들었다. 비록 실력 면에서 3환에게 뒤질지라도 자타가 공인하는 노나라의 명족인 장씨 등이 불만을 표시했다. 이는 계씨에게 불만을 품고 있던 공실의 자제들에게 계씨 타도의 결행을 촉구하는 빌미로 작용했다.

이때 노소공의 아들 공위(公爲)가 다른 공자들과 함께 계평자를 제거할 것을 모의한 뒤 이를 노소공에게 고했다. 노소공은 완강히 반대했으나 이들의 건의가 계속되자 마침내 장씨에게 성사 가능성을 타진했다. 장씨 측이 회의적인 반응을 보이자 다시 후씨에게 이를 문의했다. 후씨가 즉시 거사할 것을 권하자 기원전 517년 9월에 재상 숙손소자(叔孫昭子)가 시골에 간 틈을 노려 불만에 찬 공실과 후씨가 서로 제휴해 군사를 이끌고 계씨를 쳤다. 불의의 공격을 받은 계평자가 급히 집 안에 있는 대(臺) 위로 올라가 용서를 구했다.

"청컨대 신으로 하여금 기수(沂水: 산동성 어대현 서남쪽) 강변에서 군주가 신의 죄를 조사할 때까지 기다리게 해주기 바랍니다."

그러나 노소공이 응답하지 않았다. 계평자가 다시 봉지인 비읍(費

邑)에 수금(囚禁)해줄 것을 청했으나 이 또한 거절했다. 다시 수레 5승으로 망명하게 해줄 것을 청했으나 노소공은 이 또한 허락지 않았다. 이때 대부 자가자(子家子)가 노소공에게 간했다.

"저들의 청을 들어주기 바랍니다. 정령(政令)이 저들에게서 나온 지 이미 오래되었습니다. 많은 곤궁한 백성들이 저들에게 기대어 취식(取食)하고 있습니다. 해가 떨어진 뒤 간악한 자가 나타날지도 모르는 일입니다. 백성들의 분노가 쌓이면 안 됩니다. 그리 되면 다스릴 수 없게 되고 이에 분노는 더욱 더 쌓이게 됩니다. 분노가 쌓이고 쌓이면 백성들은 반심(叛心)을 품게 되고 결국 뜻을 같이하는 자들이 규합하게 됩니다. 이러한 상황이 되면 군주는 반드시 후회하게 될 것입니다."

그러나 노소공은 듣지 않았다. 이때 후씨가 건의했다.

"그들을 반드시 죽여야만 합니다."

이에 고무된 노소공이 후씨를 시켜 맹손씨의 종주인 맹의자(孟懿子)를 맞이하게 했다. 맹의자가 노소공에 동조할 경우 계씨는 완전히 몰락할 수밖에 없었다. 이때 마침 숙손씨의 가신 종려(鬷戾)가 부하들에게 물었다.

"이 일을 어찌해야 좋겠소."

아무도 대답을 하지 않았다. 이들은 내심 자신들은 노소공의 신하가 아니라 숙손씨의 가신이라고 생각했다. 이들에게는 나라 일보다 숙손씨 집안 일이 중요했다. 종려가 다시 물었다.

"나는 가신에 불과해 국가대사를 감히 언급할 수 없소. 그러나 계씨가 있는 것과 없는 것 중 어느 쪽이 우리 숙손씨에게 유리하겠소."

그러자 숙손씨의 가병들이 모두 입을 모아 말했다.

"계씨가 없으면 숙손씨도 없게 됩니다."

"그렇다면 가서 그들을 구하도록 합시다."

숙손씨가 가신 종려(鬷戾)의 건의를 받고 계평자를 돕기 위해 계씨의 집으로 갔다. 이들은 계씨 집의 서북쪽 일각을 허문 뒤 집 안으로 들어갔다. 노소공의 친병들은 갑옷을 벗고 화살통을 손에 든 채 쭈그리고 앉아 있었다. 종려는 곧바로 이들을 밖으로 몰아냈다.

마침 사태를 관망하던 맹의자가 즉시 후씨를 체포해 도성의 남문 밖에서 죽인 뒤 사병들을 이끌고 가 노소공의 군사를 쳤다. 이때 자가자가 노소공에게 이같이 진언했다.

"일단 모든 대부가 군주를 겁지(劫持)해 이번 일을 일으킨 것처럼 가장한 뒤 벌을 피하기 위해 출국하는 모습을 보이면 사태를 해결할 수 있습니다. 군주는 여기에 남아 있도록 하십시오. 그리 하면 장차 계씨도 군주를 섬기면서 감히 그 태도를 고치지 않을 수 없을 것입니다."

그러나 노소공이 난색을 표시했다.

"나는 차마 그리 할 수는 없소."

그리고는 장씨의 종주인 장손(臧孫)과 함께 조상의 무덤이 있는 곳으로 가 신령에게 사별(辭別)한 뒤 제나라로 망명했다. 한때 성공하는 것처럼 보였던 노소공의 계책은 상황을 무시한 무리한 공격으로 끝내 하루도 버티지 못한 채 실패로 돌아가고 말았다. 노소공이 겨우 목숨만 건져 도성을 빠져나와 제나라로 망명하자 제경공이 제나라의 야정(野井) 땅에서 노소공을 만나 이같이 말했다.

"거(莒)나라 국경에서 서쪽에 걸쳐 있는 1천 사(社: 1사는 25호)를 드린 뒤 곧 군사를 이끌고 가 군명(君命)을 받들도록 하겠소. 군주의 근심은 곧 과인의 근심이기도 하오."

이에 노소공이 크게 기뻐했다. 그러자 자가자가 말했다.

"노나라를 잃고 1천 사(社)를 얻어 제나라의 신하가 되면 누가 군주를 복위시키려 하겠습니까. 게다가 제나라 군주는 신의가 없으니 속히 진(晉)나라로 가느니만 못합니다."

노소공이 이를 듣지 않자 장소백이 노소공의 수종들을 이끌고 결맹하려고 했다. 그 맹세문에는 이같이 씌어 있었다.

"육력일심(戮力壹心: 온힘을 다하고 마음을 하나로 합침)하여 호오(好惡)를 같이하고, 죄의 유무를 명확히 하고, 견권(繾綣: 원래는 단단히 묶는다는 뜻이나 여기서는 '견결히'라는 뜻임)히 군주를 따르며 국내와 내통하는 일이 없을 것이다."

장소백이 군명을 내세워 자가자에게 그 맹약문을 보여주자 자가자가 이같이 말했다.

"만일 이와 같다면 나는 결맹에 참여할 수 없소. 나는 사람이 못나 여러분과 함께 행동하지 못하면서 오히려 우리 모두에게 죄가 있다고 여기고 있소. 군주를 위난에 빠뜨렸으니 그 어떤 죄가 이보다 더 클 수 있겠소. 안팎이 통하고 우리가 군주 곁을 떠나면 군주는 장차 조속히 귀국할 터인데 안팎을 통하지 않게 하고 어찌하겠다는 것이오. 또한 장차 어디에서 군주를 사수하겠다는 것이오."

그리고는 결맹에 참여하지 않았다. 이때 계평자가 숙손씨의 종주인 숙손소자(叔孫昭子)를 만나 대책을 묻자 숙손소자가 즉시 노소공의 귀환을 서두를 것을 주장했다.

"누구인들 죽지 않을 수 있겠소. 그대는 군주를 쫓아냈다는 이름을 얻었으니 자손들이 장차 이를 잊지 못할 것이오. 이 어찌 가슴 아픈 일이 아니겠소."

계평자가 이를 받아들이자 숙손소자가 제나라로 가 노소공을 배견

하면서 이같이 다짐했다.

"백성을 안정시킨 뒤 꼭 군주를 모시도록 하겠습니다."

노소공도 곧 귀환할 생각을 가졌다. 그러나 노소공의 친병들은 숙손소자를 죽일 생각으로 그가 돌아가는 길가에 매복하고 있었다. 이 사실을 안 노소공이 숙손소자에게 다른 길로 귀국할 것을 권했다. 이를 계기로 계평자는 노소공을 끝내 맞아들이지 않으려는 생각을 품게 되었다.

이해 10월에 노소공이 귀국하려고 하자 그의 친병들이 그를 강력 저지했다. 이로써 노소공은 오도 가도 못한 채 제나라에 머물다가 망명한 지 7년 만에 제나라의 간후 땅에서 객사하고 만 것이다. 당시 노나라에서는 3환의 횡포가 심하다는 평판은 있었으나 공실이 정권에서 유리되어 3환의 지배를 감수했던 까닭에 다른 나라에서 보듯 후위계승에 따른 유혈전은 없었다. 그러나 군주가 백성들의 반발로 국외로 추방된 일도 이것이 처음이었다. 노나라 개국 이래 전례 없는 불상사가 난 것이다.

이로써 노나라에서는 14년에 걸쳐 군주의 자리가 비어 있는 '공위시대'(空位時代)가 연출되었다. 노소공을 끝까지 수행한 사람은 대부 자가자였다. 3환의 지족(支族)인 중손씨(仲孫氏) 집안 출신인 그는 당대의 현자였다. 『춘추좌전』이 「노소공 5년」조에서 노소공이 실정을 하게 된 원인 중 하나가 바로 자가자를 등용하지 않은 데 있다고 평해놓은 사실이 이를 뒷받침한다.

노소공이 제나라로 망명했을 당시 노나라는 군주가 부재한 상황에서 3환의 실력자인 계씨가 노소공을 대신해 섭정의 자격으로 나라를 다스리는 비정상적인 상황에 처해 있었다. 공자는 36세였다. 당시 공자는 이 정변으로 자신의 거취를 결정해야 할 만큼 유력한 인물도 아니었다. 그런데도 공자는 노소공의 뒤를 이어 제나라로 갔다. 무명의 청년에 불과했던 공자는 왜 제나라로 간 것일까.

당시는 누대에 걸쳐 벼슬을 한 세신(世臣)조차도 군주를 위해 순절(殉節)하지 않던 때였다. 벼슬을 한 일도 없을 뿐만 아니라 노소공의 망명사건에 연루된 일도 없는 공자로서는 노소공의 뒤를 따라 망명할 까닭이 없다. 제나라 망명은 어디까지나 공자 자신의 결정에 따른 것으로 보아야 한다. 공자는 잠시 노나라를 떠나 제나라에서 사태를 정관하면서 견문을 넓힐 생각으로 일종의 망명을 선택한 것으로 짐작된다. 보다 정확히 말하면 공자는 자발적 망명의 성격을 띤 유학의 길을 떠났다고 하는 편이 역사적 사실에 부합할 것이다.

제나라 유학길에 오른 공자

공자는 제나라로 유학을 떠나 무엇을 한 것일까. 『춘추좌전』을 비롯한 선진시대의 문헌은 이에 관해 아무런 언급도 해놓지 않고 있다. 다만 「공자세가」만이 노소공이 망명한 지 얼마 안 돼 공자가 이내 제나라로 가 제경공과 만났다고 기록해놓았다. 과연 이런 일이 있었던 것일까. 먼저 「공자세가」의 내용부터 검토해보기로 하자.

"노소공이 제나라로 달아나자 제나라는 노소공을 간후(乾侯) 땅에 머물게 했다. 이후 얼마 안 돼 노나라가 어지러워졌다. 공자가 제나라로 가 대부 고소자(高昭子: 고장[高張])의 가신이 되어 제경공과 만나려고 했다. 공자가 이내 제나라로 가 제나라 태사(太師: 악관)와 음악을 토론했다. 소(韶) 음악을 듣고 그것을 배워 3달 동안 고기 맛을 잊을 정도로 심취하자 제나라 사람들이 공자를 칭송했다. 이때 제경공이 공자에게 정치에 관해 묻자 공자가 대답하기를, '군주는 군주답고, 신하는 신하답고, 아비는 아비답고, 자식은 자식다워야 합니다'라고 했다. 제경공이 응답하기를, '옳은 말이오. 만일 군주가 군주답지 못하고, 자식이 자식답지 못하면 비록 곡식이 있은들 내 어찌 그것을 먹을 수 있겠소'라고 했다. 다른 날 제경공이 다시 공자에게 정치를 묻자 공자가 답하기를, '정치의 요체는 재물을 절약하는 데 있습니다'라고 했다. 제경공이 기뻐하며 장차 그를 니계(尼谿)의 땅에 봉하려고 했다. 그러자 안영이 이를 만류했다. 이후 제경공은 공자를 공손히 대접했으나 다시는 예를 묻지 않았다. 훗날 제경공이 공자에게 말하기를, '내가 그대를 계씨와 똑같은 지위로 대우하는 것은 할 수가 없소'라고 하며 공자를 계씨와 맹씨의 중간 지위로 대우했다. 제나라 대부들이 공자를 해치려고 하자 공자도 이 소문을 듣게 되었다. 제경공이 공자에게 말하기를, '나는 늙었소. 그대를 등용할 수가 없소'라고 했다. 이에 공자는 드디어 그곳을 떠나 노나라로 돌아왔다."

「공자세가」의 이 기록은 『논어』를 비롯해 『묵자』와 『안자춘추』 등에 나오는 여러 일화를 한데 뭉뚱그려놓은 것이다. 그럼에도 많은 사람들이 『논어』 「미자」편에 공자가 제경공과 나눈 문답이 실려 있고 당시 공자가 제나라에서 벼슬자리를 구했을 가능성도 높다는 점 등에 주목해 이를 역사적 사실에 부합하는 것으로 보고 있다. 이는 『논어』 「미자」편의 다음 대목과 무관하지 않다.

"제경공이 공자를 접대하면서 말하기를, '내가 계씨와 같은 수준으로 대접할 수는 없으나 계씨와 맹씨의 중간 정도로는 대접하겠소'라고 했다. 얼마 후 다시 공자에게 말하기를, '내가 늙어서 등용할 수가 없소'라고 했다. 공자가 그곳을 떠났다."

역대 주석가들은 이 대목을 역사적 사실로 간주했다. 이들은 제경공이 공자를 쓸 수 없다고 한 것은 제나라 신하들의 반대가 있었기 때문이고, 공자는 벼슬에 목적이 있었던 것이 아니었기 때문에 그곳을 떠날 수 있었다고 해석했다.

그러나 크릴은 이를 후세에 만들어진 설화로 간주했다. 그는 공자가 천하유세 중 제나라를 방문했다는 명백한 증거도 없고, 제경공은 이미 기원전 490년에 사망했으며 공자가 3환과 동렬에 오른 적도 없다는 사실 등을 근거로 내세웠다. 「미자」편의 이 장 역시 다른 장과 마찬가지로 후대 문인이 공자에 관한 설화를 삽입시켜 만든 위문에 불과하다는 것이다.

공자는 노소공이 3환의 역습을 받고 기원전 517년에 제나라로 망명한 지 얼마 안 돼 제나라로 망명 성격의 유학을 떠났다. 당시 공자는 그다지 명망이 높지 않았다. 공자는 35세였고 제경공은 60세가량이었다. 계손씨는 상경이고 맹손씨는 하경이었다. 그가 제경공으로부터 계씨 및 맹씨의 중간 수준에 달하는 예우를 제의받았을 리 없다. 이 장은 공자가 천하유세에 나설 당시의 배경과 관련해 항간에 유포된 설화를 수록한 것으로 보인다.

공자는 아직 30대의 하급 사족의 후예에 불과했다. 제경공이 무명의 공자에게 정치를 자문했을 가능성은 거의 없었다고 보는 것이 합리적이다. 어린 나이에 즉위해 50여 년 이상을 재위한 제경공은 공자보다 10여 세 이상 손위였다. 공자가 제소공의 망명에 뒤이어 곧바로 제나라로 갔다면 이때는 제경공 31년(기원전 517)에 해당한다. 당시 공자의 나이는 36세, 제경공은 50세가 채 되지 않은 나이였다. 이 무렵 제나라의 현상(賢相) 안영도 건재했다. 안영은 제경공 48년(기원전 500)에 죽었다. 공자가 제경공을 만났을 가능성은 거의 전무했다.

「공자세가」의 기록 중 제경공이 공자에 대한 대우를 언급한 뒷부분 역시 『논어』「미자」편에 수록돼 있으나 이 또한 신빙성이 떨어진다. 당시 천하의 패자(覇者)를 자처한 제경공이 무명의 젊은 망명자인 공자를 우대하면서 3환의 계씨와 맹씨의 중간 수준의 대우를 운위했을 리 만무하다. 당시 제경공 또한 자신이 너무 늙어 공자를 등용할 수 없다고 말할 나이도 아니었다.

일본의 이토 진사이는 『논어고의』(論語古義)에서 제경공의 말로 나오는 '왈(曰), 오로의(吾老矣), 불능용야(不能用也)' 구절을 제경공의 말이 아니라 공자의 말로 풀이했다. 모처럼 불러주었지만 자신도 이제 나이를 먹어 사환(仕宦)할 수 없다는 뜻을 밝히고 떠났다고 본 것이다. 전래의 해석을 완전히 뒤엎은 진사이의 해석은 탁월하기는 하나 당시의 정황에 부합하지는 않는다. 이는 공자가 제경공을 만난 것을 역사적 사실로 간주한 데 따른 견강부회이다.

『안자춘추』와 『묵자』에도 제경공이 니계의 영지를 주고 공자를 등용하려고 했을 때 재상 안영이 이를 막았다는 일화가 실려 있으나 이 또한 믿기 힘들다. 『안자춘추』에는 공자에 대한 일화가 모두 20개 대목에 이르고, 이 가운데 공자와 안영에 관련된 일화는 모두 6번에 걸쳐 나온다. 『안자춘추』에는 공자의 제나라 망명이 안영의 책략에 따른 것으로 기술되어 있다. 이에 따르면 공자가 노나라 재상이 되자 제경공은 노나라가 강성해질 것을 크게 두려워했다. 이에 안영은 노나라 군신(君臣)을 이간할 생각으로 비밀리에 공자에게 많은 액수의 녹봉을 약속하고 제나라로 초빙하는 몸짓을 보인다. 이를 사실로 믿은 공자는 은근히 기대를 품고 망명하지만 제경공이 이를 거절하자 할 수 없이 발길을 돌리던 중 국경에서 곤란을 겪게 된다. 이 또한 후대의 위문이다.

『안자춘추』는 안영을 숭상하는 제나라 사람이 만들었기 때문에 제나라의 적국인 노나라의 성인 공자를 안영에 미치지 못하는 존재로 묘사하고 있다. 전한제국 말기에 유향(劉向)은 제자백가서를 교수(校讎)하면서 『안자춘추』에도 크게 손을 댔다. 『안자춘추』에 나오는 모든 일화는 아무리 빨라도 맹자 이후에 나온 전문(傳聞)을 토대로 한 것으로 신빙성이 떨어진다.

『묵자』「비유」편에도 유사한 일화가 실려 있으나 특이한 내용이 덧붙여져 있다. 이에 따르면 공자는 제나라에서 등용되지 못한 것에 분개한 나머지 제나라의 실력자인 전상(田常)의 집 문에다 치이자피(鴟夷子皮)를 세워놓고 떠난다. '치이자피'는 판결에서 패한 쪽이 바친 양(羊)을 유죄가 확정된 자와 함께 집어넣어 흐르는 물에 띄워 보내기 위한 가죽부대를 말한다. 이는 신을 모독한 죄, 즉 독신죄(瀆神罪)를 물어 추방한다는 뜻을 지니고 있다. 공자가 전상의 집 문에다 '치이자피'를 세워놓고 떠난 것은 전상의 기망(欺罔)을 일종의 '독신죄'에 비유했음을 뜻한다.

『오월춘추』에는 공자가 죽고 6년 후에 월왕 구천을 패자로 만드는 데 결정적인 공헌을 한 범리(范蠡)가 구천의 곁을 떠나 이름을 '치이자피'로 바꾼 뒤 거만의 돈을 모아 도주공(陶朱公)으로 활약한 내용이 나온다. 이후 '치이자피'는 망명자로서 자기 자신을 버린다는 뜻으로 전용되었다. 그러나 「비유」편에 나오는 공자의 '치이자피'와 관련한 일화 역시 후대에 만들어진 위문에 불과하다.

묵가는 '반유'(反儒)를 기초로 하여 나타난 학파이다. 그들은 유가를 비난할 수 있는 재료는 역사적 사실과 상관없이 모조리 끌어다가 자신들의 학설을 뒷받침하기 위해 사용했다. 『묵자』 「비유」편은 '유묵(儒墨)논쟁'이 전개된 맹자시대 이후에 편제된 것으로 유자들의 행위와 유가학설을 비난하는 내용으로 점철되어 있다. 『묵자』 「비유」편에 나오는 '치이자피'와 관련된 일화 역시 『안자춘추』와 마찬가지로 역사적 사실 여부에 대한 고려가 전혀 없어 믿을 바가 못 된다.

무명의 공자가 일세를 풍미한 당대의 현상인 안영을 만났을 가능성도 희박하다. 공자가 안영을 만난 것은 훨씬 후대의 일이다. 『춘추좌전』 「노정공 10년」조에 상세히 실려 있듯이 훗날 공자는 노나라로 귀국해 노정공(魯定公) 밑에서 관직을 맡은 뒤 노정공과 제경공 간의 '협곡(夾谷)회동'이 이뤄졌을 당시 안자와 만나 대화를 나눴을 가능성이 크다. 공자가 무력으로 노나라를 굴복시키고자 하는 제나라의 음모를 간파하고 제경공과 안자를 꾸짖는 내용으로 구성된 「노정공 10년」조의 일화는 다소 과장된 느낌은 있으나 사실에 가깝다. 공자와 제경공이 군신(君臣) 및 부자(父子)에 관해 나눈 얘기도 협곡회동 당시 이뤄졌다고 보는 것이 타당하다.

공자가 제나라로 망명 성격을 띤 유학을 떠났을 당시의 얘기가 이처럼 훗날의 얘기와 뒤섞여 뒤죽박죽인 상태로 남게 된 것은 사마천이 「공자세가」를 지으면서 항설(巷說)을 무비판적으로 수록한 데서 비롯되었다. 공자의 제나라 유학 당시의 활동에 대해서는 상식적인 수준에서 판단하는 것이 타당하다.

공자의 제나라행을 망명으로 간주하면서 그 시점을 대폭 늦춰 잡는 견해도 있다. 『안자춘추』와 「공자세가」 등이 공자의 제나라 망명시점

을 공자가 노나라에 등용된 이후의 일로 기술한 점 등에 주목한 결과
이다. 공자의 제나라 망명이 노소공의 망명과는 무관하게 이뤄진 만큼
반드시 그 시점을 노소공의 망명에 뒤이은 시점으로 상정할 필요가 없
다는 것이다.

이들은 계씨의 가재인 양호(陽虎)가 득세한 시점을 공자의 망명시기
로 추정했다. 양호가 실권을 장악한 노정공 5년(기원전 505)에서 양호
가 축출되는 노정공 8년(기원전 502) 사이의 어느 시점에 제나라로 망
명했다고 본 것이다. 노소공의 뒤를 이어 공자가 제나라로 망명한 노
소공 25년(기원전 517)보다 무려 12년이나 늦춰 잡은 셈이다. 당시 공
자의 나이는 48~51세에 해당한다. 제경공의 나이도 대략 60세 전후
였을 것이다.

만일 이런 주장을 좇게 되면 앞서 나온 「공자세가」는 역사적 사실에
매우 근접한 기록이 된다. 당시 공자는 이미 명성이 높아진 까닭에 제
나라로 망명한 이후에 제경공과 만나 정치를 논하고 계씨와 맹씨의 중
간 수준에 해당하는 우대를 받을지라도 이를 크게 의심할 이유가 없
다. 이런 주장은 공자를 양호와 라이벌 관계로 상정해 공자가 양호의
탄압을 우려한 나머지 제나라로 망명했을 것이라는 전제를 깔고 있다.

그러나 크릴과 기무라는 모두 이 주장에 반대하고 있다. 공자가 노
나라에서 처음으로 관직을 맡게 된 것은 50세에 들어간 뒤였다. 그것
도 하위 관직에 불과했다. 나아가 양호는 3환과도 질적으로 달랐다.
양호는 공자와 마찬가지로 신분세습의 봉건질서를 무너뜨리고자 하
는 생각을 갖고 있었다. 단지 두 사람은 방법론상의 이견으로 서로 경
원(敬遠)했을 뿐이다. 공자가 양호의 권력 장악을 사갈시(蛇蝎視)할 이
유도 없었고, 양호 역시 기본취지를 같이하는 공자에게 방법론상의 이

견을 구실로 탄압을 가할 생각은 없었다. 공자가 양호의 권력 장악으로 인해 제나라로 망명할 이유가 전혀 없었던 것이다.

물론 사마천도 「공자세가」에서 구체적인 시기를 언급하지는 않았으나 공자의 제나라 망명시기를 노소공의 제나라 망명 이후 한참 뒤인 것으로 기술했다. 공자가 양호의 득세를 피해 제나라로 망명했다고 보기는 힘들다.

크릴과 기무라의 주장을 좇아 공자는 3환의 전횡을 혐오한 나머지 노소공의 제나라 망명을 계기로 자발적 망명의 성격을 띤 제나라 유학길에 올랐다고 보는 것이 타당하다. 이것이 학계의 통설이기도 하다. 이 경우 공자는 노소공의 제나라 망명으로부터 그리 멀지 않은 어떤 시점에 자발적인 망명의 성격을 띤 유학을 간 셈이 된다.

제나라에 머무는 동안

「공자세가」의 내용 중 공자가 제경공과 안영을 만난 일화를 제외한 나머지 일화는 당시 공자의 제나라 유학생활의 편린을 보여주고 있다. 유사한 일화가 『논어』를 비롯한 여러 문헌에 고루 실려 있다는 점을 감안할 때 역사적 사실에 부합하는 내용일 가능성이 높다.

음악에 조예가 깊었던 공자는 제나라 유학생활 중 고대의 예악을 찾아 이르는 곳마다 이를 널리 구했던 것으로 보인다. 당시 제나라 수도 임치는 중원에서 1, 2위를 다투는 대도시였다. 임치에서의 경험은 36세의 공자에게 깊은 인상을 남겼을 것이다. 공자는 스스로 금(琴)을 연주할 정도로 음악을 좋아했다. 『논어』에 나오듯이 그는 시를 현악기의 연주에 맞춰 부르곤 했다. 제나라 태사(太師)를 만나 음악을 토론하고 비전(秘傳)의 고대 음악인 소(韶)를 듣고 감격한 나머지 3달 동안 고기 맛을 잊을 정도로 심취했다는 「공자세가」의 일화는 역사적 사실에 가깝다. 『논어』 「술이」편에 유사한 일화가 있다.

"공자는 제나라에 머물 때 소(韶)를 듣고 심취한 나머지 3달 동안 고기 맛을 몰랐다. 이에 말하기를, '음악을 즐기는 것으로 인해 이 지경에 이르게 될 줄은 생각지도 못했다'고 했다."

이 기간에 공자가 왕실에서 연주되던 '소'(韶) 등의 비곡을 듣고 음악에 크게 눈을 뜨게 된 것은 주목할 만한 일이다. 이는 공자사상의 한 축을 이루고 있는 예악관(禮樂觀)에 결정적인 영향을 미쳤다. '소'는 전설상의 군주인 순(舜) 때 제정한 음악으로 가장 유서 깊은 고전음악의 절품으로 전해져오고 있었다. 이는 본래 천하에 군림하는 주왕실 내에만 전해 내려온 비곡(秘曲)이다. 그런데 공자가 이를 제나라에서 듣게 된 것이다. 이에 감격한 공자는 고기맛을 잊을 정도로 침식을 전폐하며 이의 연구에 몰두했다. 그는 세상에 이같이 뛰어난 음악이 있다는 사실을 상상하지도 못했다고 술회한 것이다. 「팔일」편에도 유사한 내용이 나온다.

"공자가 소(韶)를 두고 평하기를, '지극히 아름답고 또한 지극히 선하다'고 했다. 이어 무(武)를 두고 평하기를, '지극히 아름답다. 그러나 지극히 선하지는 못하다'고 했다."

'무'(武) 역시 '소'와 마찬가지로 주무왕 때 제정된 음악으로 알려진 비곡이다. 공자는 '무'와 '소'를 비교하면서 '소'는 '무'보다 한 단계 차원이 높은 지상 최고의 음악으로 평가한 셈이다. 일찍부터 고전음악을 애호했던 공자는 나이를 먹으면서 더욱 조예가 깊어졌던 것으로 짐작된다. 오랜 기간에 걸쳐 음악에 관한 조예를 쌓는 과정에서 최상의 절품을 감상한 제나라 때의 경험은 이후 공자의 예악관을 형성하는 데 결정적인 기초가 되었을 것이다.

당시 제나라는 어떻게 '소' 및 '무'와 같은 천고의 비곡을 보유할 수 있었을까. 그 해답의 실마리가 「미자」편에 나온다.

"태사(太師) 지(摯)는 제나라, 아반(亞飯) 간(干)은 초나라, 삼반(三飯) 요(繚)는 채나라, 사반(四飯: '아반'과 '삼반', '사반' 모두 풍류로써 음식을 권하는 관원) 결(缺)은 진(秦)나라, 고(鼓: 큰 북)를 치던 방숙(方叔)은 하내(河內), 도(鼗: 소고)를 흔들던 무(武)는 한중(漢中), 소사(少師) 양(陽)과 경(磬: 경쇠)을 치던 양(襄)은 바다의 섬으로 각기 들어갔다."

이 기사는 누가 한 말인지 알 길이 없다. 공자의 문도(門徒) 사이에 전해진 전문(傳聞)을 모두 수록한다는 취지에서 『논어』에 실린 것으로 짐작된다. 태사는 궁정음악을 관장하는 최고의 장관이고 소사는 차관에 해당한다. 여기의 아반(亞飯)과 삼반(三飯), 사반(四飯) 등은 각각 주식(晝食)과 포식(餔食), 모식(暮食)의 경우에 주악을 하는 관원을 말한다. 사반까지 등장하는 것으로 보아 이들은 본래 천자의 악관이었을 가능성이 높다. 「미자」편의 이 대목은 어떤 정치적 사정으로 인해 궁정의 음악단이 분산하여 악인들이 사방으로 도주한 사실을 시사하고 있다. 태사 지가 제나라로 도주한 사실이 이를 뒷받침한다.

공자가 악관들이 연주하는 '소'를 들었다는 것은 이들이 전에 주왕실의 악관들이었음을 시사한다. 그렇다면 태사 지를 비롯한 주왕실의 악관들은 언제 제나라로 가게 된 것일까. 공자가 33세 때인 노소공 22년(기원전 520)에 주왕실 내부에서 주경왕(周景王)의 사망을 계기로 왕자 조(朝)의 난이 일어났다. 이 난은 4년 뒤인 노소공 26년(기원전

516)에 진정되었다.

주왕실의 궁정악단은 왕자 조의 난이 일어난 노소공 22년에서 노소공 26년 사이에 제나라로 도주했던 것으로 보인다. 또한 공자의 제나라 망명 시점이 노소공 25년이고 갓 망명한 공자가 비슷한 시기에 망명한 이들 궁정악단의 연주를 듣기는 쉽지 않았으리라는 점을 감안할 때 이들은 노소공 22년~25년 사이에 망명했을 가능성이 높다.

공자가 30대 후반에서 40대 초반에 걸쳐 수년 동안 제나라에 머물며 견문을 넓히는 와중에 뛰어난 명곡들을 접하면서 자신의 예악관을 닦았다는 것은 특기할 만한 일이다. 공자는 제나라에 유학하면서 제나라 사람들로부터 당시의 현상 안영을 비롯해 제환공 때의 명재상 관중 등에 관해 많은 얘기를 들었을 것이다. 특히 제나라 사람들이 자랑스러워한 관중의 얘기를 듣고 많은 것을 느꼈던 것으로 짐작된다. 이는 「헌문」편에 나오는 공자의 관중에 대한 평이 뒷받침한다.

"관중이 제환공을 도와 제후들을 호령하고 일거에 천하를 바로잡아 백성들이 지금까지 그 혜택을 받고 있다. 관중이 없었다면 우리는 머리를 풀고 옷깃을 왼편으로 하는 오랑캐가 되었을 것이다. 어찌 그가 소절(小節)을 위해 스스로 도랑에서 목을 매고 죽어 알아주는 사람조차 없는 필부필부(匹夫匹婦)의 경우와 같을 수 있겠는가."

공자는 관중이 중원문화를 유지시키고 백성들을 편안하게 만든 점을 높이 평가했다. 그러나 이와 관련해 제환공 소백과 공자 규의 형제 사이의 서열을 놓고 예로부터 적잖은 논란이 있었다. 이는 주희가 『논어집주』에서 제환공 소백을 공자 규의 형으로 규정한 데서 비롯되었다.

『춘추좌전』은 두 사람의 서열을 밝히지 않은 채 '제나라의 소백이 제나라로 들어갔다'고만 표현했다. 그러나 『춘추공양전』은 제환공이 공자 규를 죽인 것을 놓고 '찬'(篡)이라고 기록해놓았고, 『춘추곡량전』은 '불양'(不讓)이라는 표현을 썼다. 이는 모두 제환공이 동생이고 공자 규가 형인 것을 시사한다. 『순자』는 이를 보다 명확히 하여 '제환공이 형을 죽이고 제나라로 돌아왔다'고 기록해놓았다. 그럼에도 주희는 정이천의 말을 인용해 이 장을 이같이 해석해놓았다.

"정자(程子: 정이천)가 말하기를, '제환공이 형이고 공자 규가 동생이다. 관중은 자신이 섬기던 자에게 사사로이 하여 그를 도와 나라를 다퉜으니 이는 의가 아니다. 제환공이 동생인 공자 규를 죽인 것은 비록 지나친 일이기는 하나 공자 규의 죽음은 실로 마땅했다. 관중은 처음에 공자 규와 함께 모의했으니 공자 규와 함께 죽는 것도 가했고, 동생인 공자 규를 도와 나라를 다툰 것이 의가 아님을 알고 스스로 죽음을 면한 뒤 후일의 공을 도모하는 것도 가했다. 그래서 성인은 관중이 후자를 택해 죽지 않은 것을 나무라지 않고 후일 그가 세운 공을 칭찬한 것이다. 그러나 만일 제환공이 아우이고 공자 규가 형이어서 관중이 형인 공자 규를 도운 것이 정당한 상황에서 제환공이 형의 나라를 빼앗고 형을 죽였다면 관중과 제환공은 한 세상에 같이 살 수 없는 원수가 될 수밖에 없다. 그런데도 만일 공자가 관중이 세울 그 후일의 공을 계산해 제환공을 섬긴 일을 수긍했다면 이 장에 나오는 성인의 이 말씀은 심히 의를 해쳐 만세의 반복불충(反覆不忠)하는 난의 단서를 여는 것이 아니겠는가. 당나라의 왕규(王珪)와 위징(魏徵)도 건성지란(建成之亂: 당고조의 태자 건성이 동생 이세민을 제거하려다가 오히려 죽임을 당한 사건) 때 형인 건성을 따라 죽지 않고 동생인 당태종(唐太宗: 이세민)을 따랐다. 이는 가히 의를 해친 것이라고 이를 만하다. 이들이 비록 후일에 공을 세웠다고는 하나 어찌 이로써 자신들이 저지른 죄를 속죄할 수 있겠는가'라고 했다."

주희는 정이천의 말을 인용해 제환공이 형이었기 때문에 공자가 관중의 배반을 수긍하고 후일에 세운 공을 평가한 것이라고 주장했다. 정이천과 주희 모두 공자가 관중을 평가한 근본이유를 관중이 세운 공업에서 찾지 않고 제환공과 공자 규의 서열에서 찾은 셈이다. 이들은 자신들의 주장을 뒷받침하기 위해 당제국 때의 왕규와 위징까지 끌어들였다.

당태종이 보위에 오른 뒤 '정관지치'(貞觀之治)의 성세를 이룩하고 위징 등이 성세의 도래에 결정적인 공헌을 한 점 등을 높이 평가했다면 당태종이 동생이었다는 사실 등은 소소한 문제에 불과하다. 그럼에도 정이천과 주희는 이를 인정할 수 없다는 입장을 견지했다. 명분론에 얽매인 정이천과 주희의 협량(狹量)이 여실히 드러난 대목이다.

정이천과 주희는 무엇을 근거로 제환공이 형이었다는 주장을 폈을까. 전거가 전혀 없지는 않았다. 전한제국 당시 박소(薄召)가 회남왕(淮南王)에게 올린 글 중에 제환공이 동생인 공자 규를 죽였다는 말이 나온다. 그러나 사료를 토대로 한 기록이 아니어서 증거로 삼기에는 무리가 있다. 정이천과 주희가 『춘추공양전』 등을 보지 못했을 리 없다. 그런데도 불구하고 주희는 왜 제환공을 형이라고 강변하고 나선 것일까.

두 사람은 명분론의 입장에서 『논어』의 이 장을 액면 그대로 평가하기가 곤혹스러워 억지 주장을 펼쳤을 가능성이 크다. 관중을 당제국 때의 위징과 같은 인물로 비판하려면 먼저 관중을 '인인'(仁人)이라고 평가한 공자의 말부터 부인하고 들어가야만 한다. 이는 아무리 정이천과 주희일지라도 감히 행할 수 있는 일이 아니다. 결국 두 사람은 고육지책으로 제환공을 형으로 둔갑시키는 일을 감행했을 것이다. 역사적 사실조차 자신들의 취향에 따라 멋대로 왜곡하는 도학자들의 반역사적인 작태가 적나라하게 드러난 대목이라 할 수 있다.

공자는 『논어』 전편을 통해 관중을 가장 높이 평가했다. 그러나 관중의 개인적인 행실에 대해서는 비례(非禮)로 비판했다. 「팔일」편에 나오는 공자의 평이다.

"관중의 그릇이 작구나. 그가 예를 안다면 누가 예를 알지 못한다고 하겠는가."

이는 익명의 인물이 관중에 대한 평을 요구하자 공자가 한 대답이다. 질문한 사람 이름이 익명으로 나오고 있는 점에 비춰 제자와의 대화는 아닌 것으로 보인다. 이 대목에서는 '수제' 차원에서 관중을 비판했지만 '치평'의 차원에서는 관중을 높이 평가하기도 했다. 훗날 주희 등은 '수제' 차원의 비판을 근거로 관중을 폄하했으나 이는 공자의 진의를 왜곡한 것이다. 『논어』 「헌문」편은 공자가 어떤 이유로 관중의 패업을 높이 평가하게 되었는지를 짐작케 해준다.

"하루는 자로가 말하기를, '제환공 소백(小白)이 공자 규(糾)를 죽이자 신하 소홀(召忽)은 그를 위해 죽었고, 관중은 죽지 않았습니다. 그러니 관중을 인(仁)하지 않다고 할 것입니다'라고 했다. 그러자 공자가 반박하기를, '제환공이 제후들을 규합하며 병거(兵車: 전쟁)를 동원하지 않은 것은 모두 관중의 공이다. 그 누가 그의 인만 하겠는가, 그 누가 그의 인만 하겠는가'라고 했다."

자로는 관중이 주군인 공자 규가 죽을 때 소홀과 함께 죽지 않은 것을 두고 인하지 못하다고 비난했으나 공자는 관중의 패업을 예로 들어

오히려 '누가 감히 그의 인만 하겠는가'라고 반박하고 나선 것이다. 관중은 훗날 자신이 소홀과 함께 죽지 않은 것은 소의(小義)와 소절(小節)에 얽매이지 않고 나라를 위해 공업을 세우고자 하는 대의(大義)와 대절(大節)에 뜻을 두었기 때문이라고 술회한 바 있다. 공자는 바로 관중의 이런 취지를 그대로 받아들였던 것이다.

『논어』를 보면 관중의 '비례'에 대한 공자의 비판은 제나라 문화 전반에 대한 비평으로 연결되고 있음을 확인할 수 있다. 「옹야」편에 나오는 공자의 언급이 그 실례이다.

"주례(周禮)가 무너진 제나라는 일변(一變)해야 노나라의 수준에 이르고, 주례를 보존하고 있는 노나라는 일변하면 가히 도에 이를 수 있다."

외견상 화려해 보이는 제나라의 문화는 사실 노나라보다 한 수 아래에 있다는 지적이다. 공자는 제나라 문화를 열심히 섭렵한 뒤 점차 노나라 문화를 되돌아보고 그 가치를 재인식했던 것으로 보인다. 노나라의 문화는 비교적 전통문화의 정수를 잘 보전하고 있는 까닭에 조금만 보완하면 주공 당시의 도에 가까운 문화를 복원시킬 수 있다. 제나라도 아직 전통문화의 기본정신을 완전히 상실한 것은 아닌 까닭에 일변하면 현재의 노나라 수준에 이를 수 있고 다시 한 번 변전하면 도에 가까운 문화를 복원해낼 수 있다. 이것이 공자가 제나라로 유학을 가 제·노 두 나라 문화를 세밀히 비교한 뒤 내린 결론이었다. 공자는 임치의 화려한 이면에 있는 진면목을 보고 곧 제·노 두 나라 문화에 대한 날카로운 비평을 가한 것이다.

그러나 공자가 제나라 문화를 노나라보다 낮게 평가한 이면에는 더 큰 이유가 있었다. 그는 3환의 전횡에 절망한 나머지 제나라로 자발적 망명의 성격을 띤 유학을 왔다. 그러나 와서 보니 제나라의 국내 정세는 노나라와 별반 차이가 없을 정도로 혼란스러웠다. 고국에 대한 향수와 더불어 노나라 문화의 긍정적인 면을 간취하게 된 공자는 제나라 유학을 통해 당시의 시대상에 대해 새로운 시각을 갖게 된 것이다.

제나라는 공자가 태어날 즈음 최씨(崔氏)와 경씨(慶氏), 진씨(陳氏) 등의 세 가문이 사실상의 실권을 쥐고 있었다. 그러던 중 공자가 3세 때인 기원전 548년에 최저(崔杼)가 자신의 아내와 밀통한 군주 제장공(齊莊公)을 시해하는 사건이 일어났다. 이후 최저는 경봉(慶封)과 함께 전횡을 하다가 경봉의 암수에 말려 멸문지화를 당하고 말았다. 다시 경씨가 전횡하면서 음주와 수렵에 빠져 있는 와중에 경씨 내부에 분란이 일어나자 진씨를 주축으로 하는 제나라 귀족들이 힘을 합쳐 경씨를 공격했다. 경씨는 멀리 남방의 오나라로 도주했다. 이로써 제나라는 진씨의 세상이 되고 말았다.

제나라의 실권자인 진씨는 민심을 수습하기 위해 백성들로부터 신망을 받고 있는 안영을 재상으로 추대했다. 3환의 횡포를 참다못해 제나라로 도피성 유학을 간 공자는 3환보다 훨씬 강력한 진씨의 전횡을 보고 하극상이 만연한 시대적 위기를 절감했을 것이다. 그렇다면 속히 고국으로 돌아가 자신이 발견한 노나라의 가능성을 극대화하느니만 못하다. 귀국을 결심한 이상 단지 그 시기만이 문제였을 뿐이었다.

5 양호의 집권에 사숙을 열고 때를 보다

해와 달이 흘러가듯 세월은 한 번 가면
다시 오지 않는 법이오. 세월이 자신을 위해
기다려주지 않는데 그대는 지금 벼슬하지 않고
어느 때를 기다리려 하는 것이오.
•양호

공자가 43세 때인 기원전 510년 12월, 제나라에 망명중인 노소공이 국경 근처에 있는 간후(乾侯) 땅에서 실의 속에 객사하고 말았다. 이에 노나라에서는 계씨의 옹립으로 노소공의 이복동생인 주(綢)가 노정공(魯定公)으로 즉위했다. 이는 공자로 하여금 귀국을 서두르도록 만들었다. 이미 제나라에 실망한 공자가 더 이상 귀국을 미룰 이유는 없었다. 제나라로 유학 온 지도 벌써 7년이 지났다. 공자는 내심 속히 돌아가 벼슬길로 나아가 그간 자신이 갈고 닦아온 경륜을 펼쳐 노나라를 새롭게 만들고 싶었을 것이다.

공자는 이미 제나라 유학을 통해 시야를 크게 넓히고 자신이 무엇을 해야 할 것인지를 보다 명확히 인식하고 있었다. 확고한 주견과 자신감을 갖게 된 공자가 이러한 전환점을 맞아 노나라로 귀국해 자신의 이상을 펼치고자 한 것은 자연스런 일이기도 했다. 공자는 노소공이 객사한 이듬해인 노정공 즉위 원년 (기원전 509) 초에 귀국했다. 앞서 살펴보았듯이 공자가 서둘러 노나라로 돌아온 것은 노나라의 정국상황이 일변했기 때문이었다. 『맹자』「만장 하」편에는 훗날 당시의 상황을 묻는 제자의 질문에 대한 맹자의 답변이 나온다.

"서두를 만하면 서두르고, 오래 머물 만하면 오래 머물고, 거처할 만하면 거처하고, 벼슬할 만하면 벼슬한 분이 공자이다."

『맹자』「진심 하」편에도 유사한 대목이 나온다. 당시 공자는 제나라에 큰 미련이 없었음을 짐작할 수 있다. 공자는 제나라에서 귀국한 44세부터 노정공에게 발탁되어 임관하는 50세까지 7년 동안 혼란스런 현실정치에 발을 담그는 것을 극력 피한 채 제자육성에 열중했다. 공자가 오직 제자육성에만 열성을 기울인 이유는 무엇일까.

노나라는 군주를 비롯해 계손씨와 숙손씨의 종주가 바뀌었음에도 불구하고 3환의 전횡은 전혀 바뀌지 않았다. 오히려 노소공을 국외에서 객사케 하고 그의 동생 노정공을 멋대로 세운 3환의 세력은 더욱 강성해졌다. 공자가 볼 때 상황이 더욱 악화된 셈이다.

공자는 내심 아직 출사(出仕)할 때가 아니라고 판단했음에 틀림없다. 공자가 출사를 거부한 채 계속 학문을 연구하면서 제자를 가르치는 생활을 영위한 것은 현명한 선택이었다. 공자의 천하유세 때 그를 수행한 이른바 '초기제자'들이 입문하기 시작한 것도 바로 이때였다.

출사 권유

공자가 정치참여 자체를 아예 단념했던 것은 아니다. 그는 늘 안팎의 정세를 예의 주시하며 기회를 보아 출사하고자 하는 마음을 지니고 있었다. 이는 '치평'의 문제를 평생의 연구과제로 삼은 공자의 기본입장이기도 했다. 「위정」편에는 당시 공자의 심경을 알 수 있는 일화가 있다. 하루는 어떤 사람이 공자에게 물었다.

"그대는 어찌하여 정치를 하지 않는 것입니까."

공자가 대답했다.

"『서』에 이르기를, '효로다, 오직 효성스러울 뿐이다. 형제간에 우애하여 정치에 덕을 베푼다'고 했소. 이 또한 정치를 하는 것이오. 어찌하여 벼슬하여 정치하는 것만이 정치일 수 있겠소."

공자는 반드시 현실정치에 참여하는 것만이 군자가 해야 할 일이라고 보지는 않은 것이다. 궁극적인 '치평'을 이루기 위해서는 먼저 현실정치에 참여해 위정자가 되어야만 한다. 다만 상황이 여의치 못할 때는 현실정치에서 한 발 빼고 수신에 전념할 수도 있다. 마찬가지로 아무리 산림(山林: 재야)에 있을지라도 묘당(廟堂: 조정)에 대한 관심을 차단해서는 안 된다. '치평'을 이루고자 하는 자는 산림에 있을지라도 때가 오면 곧바로 묘당에 들어가 일할 수 있도록 부단히 연마해야만 하는 것이다.

당시 공자는 여러 방면에서 출사를 권유받았으나 끝내 이를 거절했다. '군자의 치평'을 필생의 과업으로 삼은 공자의 입장에서 볼 때 이런 상황에서 출사하는 것은 애초부터 불가능한 일이었다. 공자는 착잡한 심경으로 어지럽기 짝이 없는 정국상황을 지켜보면서 사숙(私塾)에서 오직 고전을 연구하며 제자를 가르치는 데 열중했다. 「공자세가」에는 당시의 상황이 잘 묘사되어 있다.

"양호가 더욱 계씨를 가볍게 여겼음에도 불구하고 계씨 역시 분수를 모르고 공실(公室)을 뛰어넘는 참람한 행동을 함부로 했다. 이에 배신(陪臣: 제후의 대부)이 국정을 잡는 양상이 빚어지자 노나라에서는 대부 이하 모두 정도에서 벗어난 행동을 하기 시작했다. 공자는 관직에 나아가지 않고 물러나 『시』・『서』・『예』・『악』을 편찬했다. 이때 제자들이 더욱 늘어났다. 먼 곳에서까지 찾아와 글을 배우지 않은 자가 없었다."

당시 공자가 제자에게 가르친 교과목은 『시』・『서』・『예』・『악』으로 요약되는 '치평학'(君子學)이었다. 『시』・『서』・『예』・『악』은 고위관원만이 학습한 고등 교과목이었다. 그러나 당시는 구제도와 전통문화가 급격히 붕괴하면서 고위관원일지라도 이를 제대로 습득한 사람이 많지 않았다. 공자는 바로 이러한 때 전통문화의 정수를 집대성한 '치평학'의 정비와 교육에 혼신의 노력을 기울였던 것이다.

그러나 공자가 제나라에서 귀국해 제자들을 가르칠 당시만 하더라도 '치평학'의 교과목은 아직 제대로 정비되어 있지 못했다. 공자가 정비된 교과목으로 교육에 전념한 것은 훗날 14년에 걸친 천하유세를 끝내고 노나라로 돌아온 뒤의 일이다. 그의 초기제자들은 아직 완비된 교과목으로 수업을 받지 못했다. 「선진」편의 다음 대목이 이를 뒷받침한다.

"선진(先進: 선배)은 예악을 행하는 것이 야인(野人)과 같고, 후진(後進: 후배)은 예악을 행하는 것이 군자(君子)와 같다. 만일 예악을 쓰기로 한다면 나는 선진을 따르겠다."

'야인'은 형식적인 교양미는 없으나 소박한 사람을 지칭하고, '군자'는 형식적인 교양미만 갖추고 군자인 체 하는 사람을 지칭한다. 공자가 제자들에게 '치평학'을 가르치는 데 진력한 기간은 제나라에서 귀국해 출사하기 전까지인 43~50세의 7년간과 천하유세에서 돌아와 죽기 전까지인 69~74세의 5년간뿐이다. 제나라에서 노나라로 귀국한 후 출사할 때까지의 7년간은 공자가 독자적인 학문적 식견을 바탕으로 사숙을 열어 제자들을 받아들인 시기이다. 이 시기는 교양인문학으로서의 '치평학'의 기틀을 마련한 시기로 볼 수 있다. 여기의 '선진'이바로 공자가 제나라에서 돌아와 처음으로 사숙을 열었을 때 입문한 제자들을 말한다.

공자가 귀국한 뒤 현실정치에 일정한 거리를 두고 '치평학' 연마와 제자육성에 힘을 기울이고 있을 때 노나라의 정국구도에 커다란 변화가 일어났다. 계씨의 가신인 양호가 주군인 계씨의 종주를 제압하고 실권을 장악했던 것이다.

공자가 제나라에서 돌아온 지 5년 뒤인 노정공 5년(기원전 505)에 실권자인 계평자(季平子)가 죽고, 1달 뒤에는 집정대부 숙손불감(叔孫不敢)마저도 죽었다. 3환의 가문 중 두 가문의 종주가 바뀌었다. 이때 계평자의 뒤를 이은 계환자(季桓子)가 가신인 양호와 대립하면서 두 사람 간의 갈등이 표면화하기 시작했다. 「공자세가」는 당시의 상황을 이같이 기록해놓았다.

"계환자가 총애하는 가신 중에 중량회(仲梁懷)라는 사람이 있었다. 그는 양호와 사이가 좋지 않았다. 양호가 중량회를 내쫓으려고 했으나 공산불뉴(公山不狃)가 이를 말렸다. 노정공 5년 가을, 중량회가 더욱 교만해지자 양호가 그를 체포했다. 계환자가 노하자 양호는 계환자마저 가두었다가 함께 맹서를 한 뒤에야 풀어주었다."

이 기록은 당시 노나라의 하극상이 극에 달했음을 잘 보여주고 있다. 양호가 계환자를 억류하는 상황에 이르자 노나라의 정국상황은 더욱 어지러워졌다. 공산불뉴는 『논어』 「양화」편에 나오는 공산불요(公山弗擾)와 동일 인물이다. 모든 상황이 공자의 생각과는 정반대로 흘러가고 있었다. 『춘추좌전』 「노정공 5년」조는 당시의 상황을 더욱 세밀하게 묘사해놓았다.

"9월 28일, 계손씨의 가신 양호가 계환자 및 대부 공보문백(公父文伯)을 가두고 중량회를 축출했다. 겨울 10월 10일, 양호가 대부 공하막(公何藐)을 죽였다. 10월 12일, 양호가 계환자와 직문(稷門: 노나라 도성의 남문) 안에서 맹서했다. 10월 13일, 양호가 사람들을 모아놓고 귀신에게 제사를 지내면서 누군가에 재앙을 내리도록 크게 저주한 뒤 공보문백과 대부 진천(秦遄)을 축출했다. 그러자 이들은 제나라로 달아났다."

계평자가 죽었을 때 계씨의 가신 양호는 계평자가 7년 동안 노나라의 섭정으로 있으면서 패용(佩用)하던 노나라의 보물 옥경식(玉頸飾)을 관에 넣어 장사지내려고 했다. 이 불손한 제안에 대해 옥경식을 보관하고 있던 가신의 한 사람인 중량회가 극구 만류하고 나섰다. 그러나 양호가 반대하자 계씨 문중은 양호 일파와 반대파로 갈려 다투게 되었다.

양호는 자신의 말을 받아들이지 않는 계환자를 비롯한 계씨 일족을 체포해 노나라의 남문 앞 광장으로 끌어낸 뒤 반대파의 중진이자 일족 중의 명망가인 공보문백(公父文伯) 등을 국외로 추방할 것을 서약하게 만들었다. 이로써 노나라에서는 사상 처음으로 최고의 권세를 자랑했던 계씨 일문이 일개 가신에게 무릎을 꿇는 일이 빚어졌다. 이를 계기로 양호는 계환자를 대신해 스스로 노나라 정치를 요리하기 시작했다.

양호가 계씨를 대신해 노나라의 실권을 장악했을 당시 공자의 나이는 48세였다. 이미 그는 사숙(私塾)에서 길러낸 적잖은 제자를 거느리고 있었다. 그의 정치비판은 상당한 영향력이 있었던 까닭에 3환도 이를 무시할 수 없었다. 양호가 공자를 자기편으로 끌어들이고자 한 것은 자연스러운 일이었다. 『논어』 「양화」편의 첫머리에 공자와 양호의 회동이 극적으로 묘사되어 있다.

양호는 모시던 주군인 계환자에게 강제로 맹서를 시켜 노나라의 실권을 장악한 뒤 공자를 자기편으로 끌어들이고자 했으나 공자가 이를 거절했다. 양호는 공자가 만나주지 않자 삶은 돼지를 예물로 보냈다. 예법에 따라 사례하지 않을 수 없게 된 공자가 자신을 찾아오면 자연스럽게 만나고자 한 것이다.

이에 공자는 양호가 없는 틈을 노려 그의 집으로 가 사례하고자 했다. 그러나 양호의 집으로 가 사례하고 돌아오던 중 불행하게도 길에서 양호를 만나게 되었다. 양호가 공자의 속셈을 읽고 짐짓 길에서 기다리다가 우연히 만난 것처럼 가장했을지도 모를 일이다. 양호는 공자를 보자마자 가까이 오라고 청했다.

"이리 오시오. 내가 그대와 말하고 싶은 것이 있소."

공자가 다가가자 양호가 대뜸 이같이 물었다.

"훌륭한 보(寶: 보배)를 품고서 방(邦: 나라)을 어지럽게 내버려두는 것을 가히 인(仁)이라고 말할 수 있겠소."

공자가 대답했다.

"인이라고 말할 수 없소."

양호가 또 물었다.

"평소 천하를 구할 생각으로 사(事: 일하기)를 좋아하면서 자주 시(時: 때)를 놓치는 것을 가히 지(知)라고 말할 수 있겠소."

공자가 대답했다.

"지라고 말할 수 없소."

그러자 양호가 목소리를 높여 이같이 물었다.

"해와 달이 흘러가듯 세월은 한 번 가면 다시 오지 않는 법이오. 세월이 자신을 위해 기다려주지 않는데 그대는 지금 벼슬하지 않고 어느 때를 기다리려 하는 것이오."

공자가 대답했다.

"과연 그렇소. 내가 장차 출사(出仕)하도록 하겠소."

이 대목만을 보면 양호는 공자에 비해 훨씬 수완이 뛰어난 인물이었음에 틀림없다. 실제로 그는 상당한 수준의 교양도 갖추고 있었다. 공자에게 건넨 말이 모두 보(寶)와 방(邦), 사(事)와 시(時)와 같이 운(韻)을 맞추고 있는 사실만 봐도 쉽게 짐작할 수 있다. 해와 달 등의 인용

구절도 심상치 않은 표현이다. 『맹자』 「등문공 상」편을 보면 맹자가 등문공(滕文公)과 치국문제를 논의하는 자리에서 양호의 말을 인용한 구절이 나온다.

"일찍이 양호가 말하기를, '부유하고자 하면 불인(不仁)하게 되고, 인(仁)하고자 하면 부유하지 못하게 된다'고 했습니다."

공자의 적통을 자처한 맹자까지 양호의 말을 인용한 사실을 통해 그의 명성이 전국시대 말기까지 널리 구전되었음을 짐작할 수 있다. 『한비자』 「외저설 좌하」편에서도 양호의 말을 격언처럼 인용해놓았다.

"양호가 말하기를, '군주가 현명하면 마음을 다해 그를 섬기나, 군주가 어리석으면 나쁜 마음으로 겉만 꾸미고는 군주의 의향을 떠보게 된다'고 했다."

이를 통해 짐작할 수 있듯이 양호는 결코 단순한 '난신적자'(亂臣賊子)가 아니었다. 그는 공자 못지않게 새 세상의 도래를 고대하는 뜨거운 열정을 지니고 있었다. 나아가 이상을 실현시키기 위한 현실적인 방략과 그에 상응하는 지략을 갖추고 있었다. 단지 명분과 현실의 조화를 추구한 공자와 달리 현실을 중시해 지나치게 힘에 의존한 점 등이 달랐을 뿐이다.

이 점에 주목해 당시 양호가 공자와 마찬가지로 자신을 추종하는 사람들로 구성된 '양호학단'을 이끈 것으로 간주하는 견해가 있다. 그러나 이는 양호를 지나치게 높이 평가한 견해로 사실과 동떨어져 있다. 물론 양호가 『춘추좌전』 「노애공 9년」조에 나오듯이 『주역』을 이용해 전쟁의 길흉을 점치는 등 점복술에 정통했고 계환자를 비롯한 3환 세력을 제압하는 과정에서 적잖은 동조자를 확보한 것만은 분명하다. 그러나 점복술에 정통한 것이 곧 '학단'을 이끌 수 있는 기본요건이 될 수는 없다. 나아가 3환 세력을 제압하는 과정에 참여한 동조자들을 '양호학단'의 제자로 간주한 것은 지나친 비약이다.

다만 양호를 지지한 자들이 스스로 양호의 문도(門徒)를 자처했을 가능성은 배제할 수 없다. '양호학단'과 관련된 대부분의 자료가 훗날 유학의 융성으로 인해 멸실되었을 가능성도 있기 때문이다. 그러나 『논어』에 「양화」편이 편제되어 있는 점 등에 비춰 후대의 유가가 '양호학단'과 관련된 자료를 의도적으로 훼손했다고 보는 것은 무리이다. 『춘추좌전』이 양호의 행적을 소상히 기록해놓은 점 등을 감안할 때 제자백가서에 '양호학단'에 관한 얘기가 전혀 나오지 않는 점도 의문이다.

나아가 공자가 제나라로 망명한 시점을 양호가 실권을 장악한 시기로 간주해 통설보다 12년 이상 늦춰 잡은 것도 역사적 사실과 동떨어진 것이다. 실체가 분명하지 않은 '양호학단'을 '공문'과 유사한 학단으로 상정한 데 따른 무리한 추정이 아닐 수 없다.

크릴과 기무라는 노소공이 제나라로 망명한 직후에 공자가 자발적인 망명의 성격을 띤 유학을 떠난 것으로 파악했다. 『논어』와 『춘추좌전』의 관련기록 등을 종합할 때 이들의 견해가 사실에 가깝다. 공자는 노소공이 제나라로 망명할 당시 뒤이어 유학을 갔다가 7년 만에 귀국한 뒤 사숙을 열어 제자를 육성하며 출사의 기회를 엿보던 중 양호의 출사제의를 받게 되었다고 보는 것이 타당하다.

양호는 공자보다 약간 손위였던 것으로 짐작된다. 그는 일찍부터 계씨 밑에서 가신으로 있었으나 내심 3환의 전횡에 강한 불만을 품고 있었음에 틀림없다. 『논어』와 『춘추좌전』에 나오는 그의 행적을 보면 쉽게 알 수 있다. 『논어』에 양호의 이름을 딴 「양화」편이 따로 편제되어 있는 것도 결코 우연이라고 볼 수만은 없다.

「양화」편의 일화에서는 양호가 뜻만 높고 구체적인 실천을 유보하고 있는 공자를 힐난조로 질책하고 있다. 공자는 여전히 사환(仕宦)의 길로 나아가지 못하고 있었던 것이다. 공자가 출사(出仕)하기로 약속한 것은 기본적으로 양호의 말에 동조했기 때문이라고 볼 수밖에 없다. 공자는 양호에게 몸을 굽혀 그를 위해 일할 것을 승낙한 셈이다.

후대의 유자들은 이 대목을 접하면서 적잖이 당혹해했다. 이들이 「양화」편이 『논어』 중에서 가장 나중에 편찬된 점 등에 주목해 양호가 공자에게 거리낌없이 벼슬을 약속했다는 얘기는 후대의 위작에 불과하다거나, 『논어』의 양화와 『춘추좌전』의 양호는 별개의 사람이라고 강변한 것도 무리가 아니었다. 그러나 양화의 '화'(貨)는 양호의 '호'(虎)가 잘못 발음된 것으로 보인다. 「양화」편에 나오는 양호의 어투는 매우 위압적이다. 공자와 동시대에 공교롭게도 공자에게 위압적인 어투를 구사한 노나라의 정치가로 양호와 양화 두 사람이 존재했다고 보는 것은 무리이다.

양호와의 출사 약속을 파기하기까지

당시 공자는 왜 양호에게 출사를 약속한 것일까. 공자가 비록 강요에 못 이겨 장차 출사하겠다고 약속했다고는 하나 자신의 언약을 저버리며 끝내 출사하지 않은 것도 석연치 않다. 신의를 중시하는 평소의 공자 행보와 동떨어진 것이다. 일각에서는 공자가 자신의 언약을 지키기 위해 양호 밑으로 갔을 것이라는 해석마저 나오게 되었다.

그러나 이는 사실과 다르다. 크릴은 『맹자』에 공자의 출사에 관한 언급이 없고, 『논어』에도 단지 공자가 장차 출사하겠다는 말만 한 것으로 나와 있을 뿐 실제 출사했다는 언급은 없는 점 등을 들어 공자가 스스로 자신의 언약을 파기한 것으로 추정했다. 크릴의 추정이 논리적이다.

『춘추좌전』의 내용 등을 종합해볼 때 공자는 장차 출사하겠다고 언약했음에도 불구하고 끝내 양호에게 나아가지 않은 것이 확실하다. 주희는 『논어집주』에서 그 이유를 다음과 같이 풀이했다.

"당시 양호는 풍자적인 비유를 통해 공자로 하여금 속히 벼슬케 하려고 했다. 공자는 일찍이 벼슬하고자 하지 않은 것도 아니었다. 다만 양호에게 벼슬하지 않았을 뿐이다. 공자는 이치대로만 대답하고 다시 그와 변론하지 않았다. 공자는 짐짓 양호의 뜻을 알지 못한 것처럼 행동한 것이다."

주희 나름대로 공자를 변호하기 위해 애썼으나 논리가 정연하지 못하다. 공자의 출사약속을 이치에 따른 대답으로 해석한 것은 이해할 수 있으나 공자가 출사약속을 어긴 배경에 대한 해명이 부자연스럽다. 이후 양호와 이 문제를 놓고 다시 얘기하지 않았다고 해서 공자가 짐짓 양호의 취지를 파악하지 못한 것처럼 행동했다고 풀이한 것은 억지 해석이다.

공자와 양호 모두 신분세습의 봉건질서를 대신해 능력 위주로 통치가 이뤄지는 새로운 세상이 와야 한다는 데 공명하고 있었음에 틀림없다. 공자도 양호가 말한 취지를 정확히 알고 있었을 것이다. 그러나 명분을 바로세우는 '정명'(正名)을 강조한 공자가 명분도 없이 힘과 궤계(詭計)로 문제를 해결하고자 하는 양호의 접근방식을 수용할 수는 없는 노릇이다. 공자가 출사약속을 어긴 이유는 여기에 있다고 보아야 한다. 『논어』「자로」편에는 '정명'에 관한 공자의 기본 **입장**이 잘 나타나 있다.

"하루는 자로가 공자에게 묻기를, '위군(衛君: 위령공을 지칭)이 선생님을 맞이해 정치를 하려고 합니다. 선생님은 장차 무엇을 먼저 하려는 것입니까'라고 하자 공자가 대답하기를, '반드시 먼저 정명(正名: 이름을 바로 잡는 것으로 곧 명분의 확립을 의미)부터 하겠다'고 했다. 자로가 다시 묻기를, '세상 사람들이 선생님을 절실하지 못하고 우원(迂遠)하다고 하더니 정말 그렇습니다. 무슨 명분을 바르게 한다는 것입니까'라고 했다. 그러자 공자가 대답하기를, '정말 거칠구나, 유(由)야. 군자는 자신이 알지 못하는 것에 대해서는 대체로 가만히 있는 것이다. 이름이 바르지 못하면 말이 순조롭지 못하고, 말이 순조롭지 못하면 일이 이뤄지지 못하고, 일이 이뤄지지 못하면 예악이 일어나지 못하고, 예악이 일어나지 못하면 형벌이 형평을 잃고, 형벌이 형평을 잃으면 백성들이 몸을 의탁할 곳이 없게 된다. 그래서 군자는 이름을 붙일 때는 반드시 말하고, 말을 한 때에는 반드시 실행하는 것이다. 그래서 군자는 하는 말에 구차한 것이 없다'라고 했다."

주희는 '위군'(衛君)을 위출공(衛出公) 첩(輒)으로 간주해 이 일을 천하유세에 나섰던 공자가 귀국하기 직전인 노애공 10년 때의 일로 분석했다. 공자가 말한 '정명'에 지나치게 비중을 두어 이같이 해석한 듯하다. 그러나 이런 분석은 역사적 사실과 거리가 멀다.

공자가 가까이 지낸 '위군'은 위령공(衛靈公) 원(元)이었다. 공자가 천하유세를 끝마칠 즈음에 즉위한 위출공 첩은 공자에게 정치를 맡기려고 한 적이 없었다. 공자 역시 그의 밑에서 일할 생각이 추호도 없었다. 춘추시대 역사에 대한 주희의 지식이 깊지 못했음을 보여주는 대목이다.

공자의 '정명'은 기본적으로 예악의 피폐로 인해 도탄에 빠진 백성들을 구하고자 하는 취지에서 나왔다. 단순히 명분을 중시한다는 취지에서 나온 것이 아니다.

만일 공자가 주희의 해석대로 양호의 취지를 파악하지 못한 것처럼 행동했다면 양호는 재차 사람을 보내 언약을 이행하라고 재촉했을 것이다. 그러나 양호는 그렇게 하지 않았다. 양호도 공자의 속마음을 정확히 읽고 이를 양해했을 것이다.

공자가 단순히 궁지를 벗어나기 위해 출사약속을 했다는 풀이도 옳지 않다. 공자도 사람인 이상 비록 일시적이기는 하나 새 세상의 도래를 위해 양호와 함께 일해도 괜찮지 않을까 하는 생각을 했을 가능성이 높다. 공자가 천하유세를 마치고 노나라로 돌아와 제자양성에 전념할 때까지, 주군을 몰아낸 가신들의 초청을 받을 때마다 심각하게 고민하는 모습을 보인 사실이 이를 뒷받침한다. 당시 공자는 새로운 세상의 도래를 열망하고 있었다.

그러나 결국 공자는 이런 유혹을 떨치고 자신의 언약을 파기하는 쪽을 선택했다. 만일 공자가 양호에게 협력했다면 그 또한 자신의 생각과는 상관없이 과격한 혁명론자로 낙인찍혀 양호와 유사한 말로를 걸어갔을 것이다. 그러나 공자는 현명한 선택을 하여 만세의 사표로 남을 수 있게 되었다. 이후 유사한 일이 몇 차례 거듭되었으나 공자는 이때의 일을 감계(鑑戒)로 삼아 현명한 선택을 이어갔다.

그럼에도 당시 공자의 심경은 매우 복잡했을 것으로 짐작된다. 양호를 비롯한 반란자들로부터 제의를 받을 때마다 심각한 심적 갈등을 겪었던 것이다. 공자의 출사약속을 단순히 궁지를 벗어나기 위해서라고 풀이할 수 없는 이유가 여기에 있다. 양호의 득세는 무려 3년 동안 지속되었다. 양호의 득세는 공자를 비롯한 공문(孔門)에 적잖은 충격을 주었을 것이다. 공자가 심적 갈등을 겪은 만큼 제자들 또한 흔들리는 선생의 모습에서 당혹감을 느끼지 않을 수 없었다.

3환세력이 가신출신인 양호에게 무릎을 꿇는 처지가 되자 양호도 내심 새로운 세상을 만들기 위해 여러 방안을 다각도로 검토했을 것이다. 그러나 그가 취한 방안은 의외로 조잡했다. 머리가 비상했던 것으로 추정되는 양호가 이런 조잡한 방안을 취하게 된 것은 자신의 성취에 지나치게 자만했기 때문으로 짐작된다.

양호가 취한 방안은 계손씨와 숙손씨 일족과 가신 중 불평분자들을 꾀어 마음에 들지 않는 3환의 종주들을 모조리 살해한 뒤 자신의 일파를 그 자리에 앉히는 것이었다. 이는 일견 그럴듯해 보이나 1세기 반 넘게 사실상 노나라를 요리해온 3환세력을 제거하는 방법치고는 매우 조잡했다. 이는 노소공이 취한 방안이기도 했다. 양호는 결국 노소공의 전철을 밟고 말았다. 3환세력을 제거하려면 보다 정교하면서도 은밀한 책략이 필요했다. 이는 후술하는 바와 같이 공자가 취한 방안이기도 했다.

그러나 일거에 3환세력을 제압해 의기양양해진 양호는 오랜 시간이 걸리는 방안을 선택할 필요를 느끼지 못했다. 쾌도난마(快刀亂麻)의 해결책이 그에게 훨씬 매력적으로 보였을 것이다. 이러한 방안도 극도의 보안 속에 주도면밀하게 추진되기만 했다면 결코 잘못된 것만도 아니다. 그러나 양호는 추진과정에서 허술한 면을 그대로 노출하고 말았다. 『춘추좌전』 「노정공 8년」조에 관련 기록이 있다.

노정공 8년(기원전 502) 10월에 이르러 공산불뉴(公山不狃)를 비롯한 양호 일당은 노나라의 선군들에게 제사를 올리는 기회를 틈타 3환을 일거에 제거하고자 했다. 양호는 노희공(魯僖公)의 사당에서 제사를 올린 다음날 포포(蒲圃)에서 연회를 베풀어 계환자를 죽일 생각이었다. 이에 도성 안의 전차 부대에 다음과 같이 하령했다.

"내일 모두 이곳에 집결토록 하라."

성(成) 땅의 가재 공렴처보(公斂處父)가 이 소식을 듣고 맹손씨에게 물었다.

"계손씨가 도성 안의 전차부대에 하령했다 하니 이는 무슨 까닭입니까."

"나는 금시초문이오."

"만일 그러한 얘기가 사실이라면 이는 난을 일으키려는 것입니다. 난이 일어나면 그 화가 반드시 그대에게 미칠 것이니 미리 대비하기 바랍니다."

이에 공렴처보가 맹손씨에게 이날을 기점으로 병사들을 동원해 구원해줄 것을 약속했다. 이때 양호가 전구(前驅), 대부 임초(林楚)가 계환자의 어자가 되었다. 호위군관들이 무기를 든 채 계환자를 가운데에 끼고 나아갔고 양호의 종제(從弟)인 양월(陽越)이 그 뒤를 따랐다. 이들이 포포를 향해 나아가려 할 때 계환자가 문득 임초에게 간청했다.

"그대의 선인들은 모두 우리 계씨의 충량(忠良)이었소. 그러니 이제 그대도 선인들의 뒤를 잇기 바라오."

임초가 사양했다.

"신이 그 명을 받기에는 이미 때가 늦었습니다. 양호가 집정하자 노나라 백성들이 모두 그에게 복종하고 있습니다. 그의 뜻을 어기면 죽음을 부르게 됩니다. 제가 죽게 되면 주인에게 아무런 도움이 안 될 것입니다."

"어찌하여 늦었다는 것이오. 그대가 능히 나를 맹손씨가 있는 곳으로 데려갈 수 있겠소."

"저는 죽는 것을 감히 애석히 여기지 않습니다만 오직 주인이 화를 면하지 못할까 두렵습니다."

"그렇다면 갑시다."

이에 급히 방향을 바꿔 맹손씨의 집으로 달려갔다. 양월은 곧 맹손씨에 의해 살해되고 맹손과 양호의 군대 사이에 격렬한 시가전이 전개되었다. 그러나 잠시 후 맹씨의 본거지에서 상경한 군사가 가세하자 싸움은 곧바로 결판나고 말았다. 양호는 공궁으로 들어가 갑옷을 벗고 평복으로 갈아입은 뒤 신기(神器)로 알려진 보옥(寶玉)과 대궁(大弓)을 탈취해 유유히 궁 밖으로 빠져나갔다. 신기에 '군권'(君權)이 있다고 생각했던 것으로 보인다. 그는 마침내 '오보지구'(五父之衢)에서 하루를 묵은 뒤 다음날 아침 국경의 관소를 통과해 유유히 제나라로 도주했다. 「공자세가」는 양호가 실패하기 전후의 상황을 다음과 같이 개술(槪述)해놓았다.

"노정공 8년(기원전 502), 공산불뉴가 계씨에게 뜻을 얻지 못하자 양호에게 의탁하여 함께 반란을 일으켜 3환의 적장자를 폐하고 평소 양호와 사이가 좋은 서자를 세우고자 했다. 이에 마침내 계환자를 체포하게 되었다. 계환자는 그를 속여 도망칠 수 있었다. 노정공 9년(기원전 501), 양호는 계획이 실패하자 제나라로 도망갔다. 공산불뉴는 계씨의 비읍(費邑)에서 계씨에게 반기를 들고 사람을 시켜 공자를 불렀다. 공자는 도를 추구한 지 오래되었고 시험해볼 곳이 없는 것을 답답해했으나 아무도 그를 등용하려고 하지 않았다. 공자가 이내 그

곳으로 가려고 하자 자로가 언짢은 기색으로 공자를 말렸다. 공자는 결국 가지 않았다."

「공자세가」의 이 대목 역시 많은 일화를 하나로 뭉뚱그려놓은 것이다. 유사한 내용이 『논어』와 『춘추좌전』 등을 비롯한 선진시대의 여러 문헌에 산견되고 있다. 『논어』 「양화」편에는 공산불뉴가 공산불요(公山弗擾)로 되어 있다. 『춘추좌전』 「노정공 5년」조를 보면 공산불뉴는 양호의 반란 때 이미 이 사건에 깊이 개입해 있었음을 알 수 있다. 기록을 보면 그는 양호처럼 성급한 행동주의자는 아니었던 것 같다.

양호와 망명할 당시 함께 반기를 들었던 공손불뉴는 양호와 행보를 달리했다. 『춘추좌전』에 따르면 그는 양호가 제나라로 망명한 지 3년 뒤인 노정공 12년(기원전 498)에 자로를 앞세운 공자의 3환 타도 계책에 반발하다가 노정공의 반격을 받고 비로소 제나라로 도주했다.

공산불뉴가 양호의 반란이 실패했을 때 즉시 노나라를 떠나지 않은 것은 주군인 계씨에게 신임을 얻고 있었기 때문으로 짐작된다. 그러나 결국 그 또한 양호가 제나라로 망명한 지 3년 뒤에 자신이 관할하고 있는 비읍을 거점으로 주군인 계씨에게 반기를 들었다. 그러나 이는 무모한 일이었다. 공산불뉴는 왜 무모하게 반기를 들고 나선 것일까.

혹여 그는 노나라 군주의 군권회복을 기치로 내걸고 계씨 타도를 외쳤던 것은 아닐까. 정황상 그럴 가능성을 배제할 수 없다. 그가 명망 높은 공자에게 사람을 보내 자신에게 합류할 것을 요청한 사실이 그 증거이다. 명분을 중시한 공자가 그의 초청에 크게 흔들린 것도 이런 추론을 뒷받침하고 있다.

오랫동안 유가 후학들은 공자가 공산불뉴의 초청에 마음이 흔들린 것을 두고 크게 곤혹스러워했다. 그러나 청대 말기의 강유위(康有爲)

는 오히려 이 대목을 크게 중시했다. 중국혁명의 아버지인 손문(孫文) 및 장병린(章炳麟)과 함께 혁명의 연원으로 불린 강유위는 공자를 혁명가로 파악했다. 당시의 정치체제에 염증을 느껴 새로운 체제를 구상해 이를 실천하려 했다고 주장한 것이다.

『공자개제고』(孔子改制考)를 쓰기도 한 강유위는 『논어』에 나오는 '공산불요가 비읍을 근거로 반기를 든 뒤 공자에게 예물을 보내며 부르자 공자가 이내 가려고 했다'는 구절을 중시했다. 그가 공자를 혁명가로 파악한 근거가 여기에 있었다.

당시 공자는 더 늙기 전에 자신의 이상을 펼치고 싶은 마음이 간절했을 것이다. 공자는 원칙적으로 폭력혁명을 반대했다. 그러나 계씨가 노소공을 추방하고 오랫동안 노나라를 무력으로 지배하고 있는 왜곡된 상황을 시정하기 위해서라면 부득이 무력을 사용할 수밖에 없다는 생각을 했을지도 모른다. 그러나 결국 공자는 가지 않았다. 그는 이런 결단을 내리는 과정에서 심적 갈등을 느꼈을 것이다. 『논어』 「양화」편을 보자.

"계씨의 가신 공산불요가 비읍을 근거로 반기를 든 뒤 공자에게 예물을 보내며 부르자 공자가 이내 가려고 했다. 그러자 자로가 언짢은 표정으로 만류하기를, '도가 행해지지 않으니 갈 곳이 없으면 그만둘 일이지 어찌하여 하필이면 공산씨에게 가려는 것입니까'라고 했다. 이에 공자가 대꾸하기를, '나를 부르는 것이 어찌 공연히 그러는 것이겠는가. 나를 써주는 자가 있으면 나는 동쪽에 주나라 못지않은 새로운 문물제도를 일으킬 것이다'라고 했다."

공자의 흔들리는 모습이 적나라하게 나타나 있다. 오랫동안 유자들은 이 사건을 충격으로 받아들였다. 이들은 이 일이 역사적 사실과 부합하지 않는 것임을 입증하려고 노력했다. 청대의 고증학자 최술(崔述)이 대표적인 인물이다. 그는 당시 공자는 관직에 있었기 때문에 정부에 반기를 든 공산불뉴의 부름에 응할 입장이 아니었다고 주장했다. 그러나 이는 역사적 사실과 다르다. 공자는 공산불뉴의 초청을 받은 이듬해에 처음으로 출사했다.

풍우란(馮友蘭)은 『중국철학사』에서 이를 실제 있었던 사건으로 보았다. 전목(錢穆) 역시 『선진제자계년』(先秦諸子繫年)에서 노정공 8년(기원전 502)과 이듬해 사이에 실제로 이 사건이 일어난 것으로 간주했다. 『논어』를 비롯한 사서에 기록이 나오고 있는 만큼 액면 그대로 믿는 것이 옳을 것이다.

마지막 구절의 '동주'(東周)를 주희는 '동방에 주나라의 치도(治道)를 흥하게 한다'라고 풀이했다. 그러나 공자의 통치사상을 개관할 때 주희와 같이 공자가 단순히 복고적인 의미에서 이같이 말했다고 풀이하는 것은 문제가 있다. 크릴은 공자가 주왕조를 대체할 만한 새로운 중앙권력을 세울 생각으로 이같이 말했다고 해석했다. 크릴은 기본적으로 공자를 일종의 혁명가로 보았던 것이다. 크릴의 해석이 타당하다.

공자는 시종 어떤 나라일지라도 진정으로 선정을 베풀면 다른 나라의 백성들이 남부여대하여 모두 그 나라를 우러러보며 지배를 받고자 할 것으로 생각했다. 이는 곧 새로운 왕조의 탄생을 의미하는 것이다. 그러나 공자는 말을 신중히 했다. '동주'는 '주나라 못지않은 새로운 문물제도를 일으킬 것이다'로 풀이하는 것이 공자가 말한 취의에 부합한다.

진정한 혁명가 공자

사서의 내용을 종합해볼 때 공자는 공산불뉴의 음모를 제대로 모르고 있던 상황에서 그의 부름을 받았을 가능성이 높다. 충직한 자로는 스승인 공자가 비 땅의 가재에 불가한 공산불뉴 밑에서 일하는 것을 상상할 수도 없었을 것이다. 그러나 공자의 생각은 약간 달랐다. 주나라가 낙읍으로 동천하여 동주를 세웠듯이 자신도 비 땅을 근거로 하여 노나라에 올바른 치도를 펼칠 수 있다고 생각했을 가능성이 높다. 그러나 결국 공자는 가지 않았다. 자로의 만류도 있었지만 공자 스스로 공산불뉴에게 큰 기대를 걸 것이 없다고 판단한 듯하다.

양호가 3환의 협공을 받고 제나라로 도주하자 3년에 걸친 양호의 전횡은 종언을 고했다. 그러나 망명지에서 양호의 위세는 여전했다. 그는 제나라에서 되돌려 받은 운(鄆)과 양관(陽關) 땅을 영지로 차지했다. 그러나 이후 공자가 뛰어난 외교협상을 전개한 협곡회동으로 노나라와 제나라의 관계가 개선되자 노나라로 압송될 것을 두려워한 나머지 궤계(詭計)를 써 송나라로 갔다. 이후 다시 진(晉)나라로 망명해 실권자인 조간자(趙簡子)에게 몸을 의탁한 뒤 죽을 때까지 그를 위해 헌신했다.

혁명적인 기질의 열혈한(熱血漢) 양호가 죽을 때까지 조간자를 위해 헌신한 것은 기본적으로 조간자의 탁월한 용인술에서 비롯되었다. 이는 『한비자』 「외저설 좌하」편에 나오는 일화로 쉽게 알 수 있다.

이에 따르면 양호가 조간자에게 몸을 의탁하고자 할 때 조간자의 좌우는 이를 위험시해 '양호는 남의 나라의 정권을 잘 **빼앗**는데 어째서 재상으로 삼고자 하는 것입니까'라며 극구 만류했다. 그러자 조간자가 대답했다.

"양호는 애써 정권을 빼앗으려고 하나 나는 애써 정권을 지키려고 한다."

탁월한 용인술이 아닐 수 없다. 『한비자』는 조간자가 술책을 써 양호를 다스리자 양호는 감히 나쁜 일을 하지 못하고 성실하게 섬겨 마침내 조간자를 거의 패자와 대등한 수준까지 이르게 만들었다고 기록해놓았다. 조간자의 뛰어난 제신술(制臣術)을 극구 칭찬해놓은 『한비자』의 이 대목은 사실을 과장한 것이기는 하나 역사적 사실에 부합한다. 양호가 조나라로 망명한 뒤에 보여준 뛰어난 활약상을 자세히 소개해놓은 『춘추좌전』의 관련 기사가 그 증거이다.

양호는 공자와 더불어 춘추시대 말기를 화려하게 수놓은 뛰어난 인물이었다. 그는 신분세습의 봉건질서에 얽매이지 않는 자유분방한 모습을 보였다. 그가 3환을 제압해 노나라의 국정을 명실상부하게 틀어쥐고자 한 것도 이와 무관하지 않을 것이다. 비록 궤계(詭計)를 사용하는 등 방법론상의 문제는 있었으나 기존의 봉건질서를 혁파하고자 한 그의 혁명정신은 높이 살 만했다.

공자가 3환을 타도하기 위해 구사한 은밀한 계책도 기본 취지에서는 양호와 크게 다를 바가 없다. 자로에게 계책을 주어 그들의 무장해제를 꾀한 것도 일종의 궤계에 해당했다. 공자가 3환 타도 계책의 실패로 천하유세에 나서게 된 것도 양호가 3환의 협공에 패해 망명의 길에 나선 것과 큰 차이가 없다. 외견상 공자도 양호와 같은 길을 걸은 셈이다. 양호는 비록 공자처럼 고매한 이상주의를 내세우지는 않았으나 구질서를 타파하고 새로운 질서를 만들고자 한 점에서는 동일했다.

공자는 시종 폭력 등을 동원한 과격한 방법은 일절 배제했다. 그는 3환을 타도하는 과정에서 비록 궤계에 가까운 계책을 구사하기는 했으나 이 또한 3환에 대한 설득을 전제로 한 합리적이면서도 자연스런 계책이었다. 이에 반해 양호는 시종 수단방법을 가리지 않고 자신의 의지를 관철하고자 하는 전투적인 모습으로 일관했다. 그는 명분을 사상(捨象)한 가운데 오직 실리만을 추구하는 모습을 보인 것이다. 결국 3환 타도의 계책이 실패한 뒤 두 사람 모두 앞뒤로 망명길에 나섰으나 그 결과는 하늘과 땅만큼의 차이가 있었다.

공자는 14년에 걸친 천하유세 후 이내 귀국해 제자들을 가르치고 고전을 정리함으로써 '만세의 사표'가 되었다. 이에 반해 양호는 비록 자신을 알아주는 조간자의 휘하에서 지략을 발휘해 뛰어난 모신(謀臣)으로 이름을 떨치기는 했으나 주군에 대한 모반을 일삼은 전과로 인해 후대에 반복무상(反覆無常)한 '난신적자'로 폄하되었다.

그러나 양호를 '난신적자'로 폄하한 유가 후학들의 평가는 지나치다. 만일 양호가 애초부터 조간자와 같은 인물을 만났다면 후대인들에게 뛰어난 양신(良臣)으로 평가받았을지도 모를 일이다. 공자와 양호 두 사람은 구질서를 혁파하고 새로운 세상을 만들고자 한 점에서는 동일했으나 방법론상의 차이로 인해 서로 다른 결과를 낳게 되었다고 할 수 있다.

현실적으로 볼 때 '만세의 사표' 공자는 시종 실패한 삶을 살았다. 이에 반해 '난신적자의 표상'으로 매도된 양호는 비록 짧은 기간이기는 했으나 일국의 실권을 손아귀에 틀어쥐는 성공적인 삶을 살았다. 이러한 차이는 이상과 현실 간의 간극 탓으로 돌릴 수 있다. 현실 속에 나타난 두 사람의 상이한 삶의 궤적은 이상주의자인 공자와 현실주의

자인 양호의 행로가 빚어낸 필연적인 결과로 볼 수 있다.

당시 공자가 추구한 혁명방식은 제한적인 것이었다. 오랜 시간을 두고 상대방을 설득하고 교화해 점진적이면서도 합리적인 방식으로 새 질서를 만들고자 하는 사람은 혁명가로는 실격이다. 신분세습에 기초한 봉건질서의 혁파를 꾀한 공자의 꿈이 2백여 년 뒤에 진시황의 천하통일에 의해 비로소 완성된 사실이 이를 증명한다.

그러나 긴 안목으로 볼 때 과연 누가 진정한 혁명가였을까. 말할 것도 없이 공자였다. 설령 양호가 죽을 때까지 노나라의 권력을 장악했을지라도 이는 바뀔 수 없는 진리이다. 힘에 의한 혁명은 즉각 반작용을 낳게 마련이다. 혁명이 일어날 때마다 반드시 반혁명이 접속하는 것만 봐도 알 수 있다. 개혁이든 혁명이든 시간을 서두르면 서두를수록 그에 따른 반작용의 강도 또한 거세질 수밖에 없다. 공자의 혁명방식이 비록 오랜 시간과 수많은 시행착오를 수반했음에도 불구하고 일단 완성되자 수천 년 동안 면면히 이어지게 된 이유가 여기에 있다.

6 하대부가 되어 3환의 거세를 추진하다

정치는 바로잡는 것이오.
그대가 바르게 이끌면
누가 감히 바르지 않을 리 있겠소.
● 공자

공자는 양호와 공산불뉴의 난이 접종(接踵)하는 와중에 꾸준히 사숙을 열어 고전을 정비하고 제자를 육성하는 작업을 병행했다. 그러면서도 늘 자신의 뜻을 펼치기 위한 출사의 희망을 버리지 않았다. 그러나 이러한 기회는 50세에 달할 때까지 결코 오지 않았다. 공자는 내심 커다란 곤혹감을 느꼈을 것이다.

그러나 공자는 흔들리지 않았다. 훗날 이 시기를 '불혹'(不惑)의 시기로 술회한 것도 이와 무관하지 않다. 이는 불요불굴(不撓不屈)의 자세로 평생 과업인 '치평학'을 다듬기 위해 용맹정진(勇猛精進)해 나아가겠다는 선언이라고 풀이할 수 있다. 그러나 50세에 달할 때까지 출사의 시기는 끝내 도래하지 않았다.

공자가 출사한 시기는 『춘추좌전』 등의 기록에 비춰 양호가 3환과의 싸움에서 패해 제나라로 망명한 노정공 9년(기원전 501)의 일로 추정되고 있다. 당시 공자는 원칙에 충실할 것을 강조하면서 폭력보다 설득을 통한 개혁을 설교했다. 양호의 모반이 실패한 후 공자의 제자들이 대거 관직으로 나아가게 된 것도 이와 관련이 있다.

공자의 제자들은 유능했다. 그들 모두 공자로부터 '군자학'과 함께 어느 정도의 기술을 배웠기 때문에 실무에 유용한 기술을 갖고 있었다. 당시 공문(孔門) 이외에는 별다른 고등교육기관이 없었다. 그들은 다른 사람에 비해 훨씬 유리한 조건을 가졌음에 틀림없다. 제자들의 남다른 소양은 스승인 공자 및 동료들과의 대화나 토론을 통해 연마되었다.

열국의 군주들이 공자의 제자들을 등용한 것은 공자의 덕을 사랑했기 때문이 아니다. 공자 제자들의 박학과 재능이 여러모로 쓸모가 많았기 때문이다. 물론 제자들의 취직에 공자 개인의 인격과 권위 등이 적잖이 작용했을 것이다. 공자가 타의 추종을 불허할 정도로 현명한 사람인 까닭에 권력자들이 자문을 구하기 위해 그를 초빙한 것으로 그려놓은 설화도 있다. 설화는 과장된 것이기는 하나 당시 열국에서 공자의 의견이 크게 존중되었음을 시사하고 있다.

실제로 공자가 천하유세를 벌이던 와중인 노애공 3년(기원전 492) 당시 계씨의 종주가 된 계강자(季康子)는 공문의 중요한 후원자로 활약했다. 계강자는 현실적인 인물이었다. 그는 침략전쟁을 통해 노나라를 보위하는 동시에 노나라 군주가 강대해지지 않도록 세심한 주의를 기울이며 공실을 후대했다. 그는 공자에게도 커다란 호감을 표시했다. 실제로 그는 공자의 제자들을 대거 등용했다. 공자의 제자들을 제외하면 『논어』에 가장 많이 언급된 인물이라는 사실도 이와 무관하지 않을 것이다.

계강자가 공자를 구체적으로 알게 된 것은 계씨의 종주가 되기 훨씬 전인 노정공 12년(기원전 498) 이전의 일로 보인다. 당시 계강자가 공자에게 자로를 등용할 수 있는지를 물었다. 이 일을 계기로 자로는 계씨의 가재가 되었다. 당시 공자의 나이는 55세였다. 계강자가 공자에게 자로의 등용여부를 문의한 노정공 12년은 공문에 관한 기록 중 사상 최초로 믿을 만한 연대이기도 하다. 공자는 이때를 계기로 세상에서 크게 인정받기 시작한 것으로 짐작된다.

계강자는 공자에게 단순히 질문만 한 것이 아니라 때로는 공자의 제자들과 함께 토론에 참여하기도 했다. 그러나 공자는 계강자가 질문할 때마다 거의 훈계 섞인 비난으로 일관했다. 이는 「안연」편에 나오는 다음과 같은 대목에 잘 나타나 있다.

"계강자가 공자에게 정치에 관해 묻자 공자가 대답하기를, '정치는 바로 잡는 것이오. 그대가 바르게 이끌면 누가 감히 바르지 않을 리 있겠소'라고 했다."

공자의 대답이 신랄하기 짝이 없다. 그러나 계강자는 이러한 답변에 불쾌감을 표시하기는커녕 오히려 정반대의 모습을 보였다. 공자가 자신보다 관직은 훨씬 낮았지만 스승을 대하듯이 매우 높게 평가했던 것으로 보인다. 사서의 기록에 비춰 보면 공자가 노나라에 처음으로 출사한 것은 51세 때인 노정공 8년(기원전 502)이었다. 이 해는 양호가 3환에게 패한 해이기도 하다. 양호는 이듬해에 제나라로 망명했다.

시라카와는 양호가 득세하기 시작한 노정공 5년(505) 직후에 공자가 제나라로 망명했을 것으로 추정한 바 있다. 그는 노정공 9년(기원전 501)에 양호가 제나라로 망명하자 마침내 공자가 양호를 피해 노나라로 귀국해 처음으로 출사하게 된 것으로 보았다. 통설보다 약 1년 정도 늦춰 잡은 셈이다. 그러나 이러한 견해는 양호를 독립변수로 간주하고 공자를 종속변수로 간주하는 오류를 범했다는 지적을 면하기 어렵다.

출사 이후의 관력

공자가 출사한 이후의 활약과 관련해 「공자세가」는 여러 일화를 수록해놓았다. 그러나 이들 일화는 후대에 나온 설화를 그대로 수록한 것으로 역사적 사실과 상당한 차이가 있다. 대표적인 예로 공자가 노정공에게 발탁되어 대신으로 활약하면서 간적(奸賊)들을 제거한 일화 등을 들 수 있다. 신분세습의 봉건질서가 엄존한 상황에서 하급 사족의 후예인 공자가 상대부(上大夫)의 위에 있는 경(卿)의 지위까지 올라 갔다는 것은 있을 수 없는 일이다. 「공자세가」에 나오는 공자의 관력(官歷)은 액면 그대로 믿을 수가 없는 것이다. 「공자세가」는 공자의 관력을 다음과 같이 개술해놓았다.

"노정공이 공자를 중도(中都)의 읍재(邑宰: 읍의 장관)로 삼았다. 1년 내 사방이 모두 법을 지켰다. 공자는 중도재 이후 사공(司空)이 되었다. 사공 이후에 대사구(大司寇)가 되었다. 노정공 10년(기원전 500), 노나라가 제나라와 협곡에서 화친을 맺게 되었다."

사공은 토목공사를 관장하는 최고책임자를 말한다. 대사구는 형옥(刑獄)을 담당하는 최고책임자이다. '중도'는 산동성 문상현 서쪽에 위치한 곳으로 당시 노나라 군주의 직할령이었다. 중도의 읍재는 노나라 군주의 사유지인 중도 땅을 관리하는 관원을 지칭한다. 공자는 여기서 치적을 인정받아 중도 땅을 관할하는 사공과 대사구로 거듭 영전된 것으로 보인다.

공자가 맡은 사공과 대사구의 직책은 계씨가 이끄는 조정의 관직이 아닌 점에 주의할 필요가 있다. 그러나 「공자세가」는 협곡회동이 이뤄지는 노정공 10년 이전에 공자가 중도의 읍재를 시작으로 차례로 조정의 고위관직인 사공과 대사구의 자리로 승진한 것으로 간주함으로써 커다란 혼란을 야기했다. 후대의 모든 공자전기에서 공자가 마치 조정의 고위직에 있었던 것으로 그려진 것도 「공자세가」의 이 기록을 맹신한 데 따른 것이다.

특히 공자가 대사구가 되었을 당시의 일화는 「공자세가」 이외의 여러 문헌이 두루 언급한 까닭에 이런 혼란을 더욱 부추겼다. 이 일화는 「춘추좌전」 「노정공 원년」조와 「맹자」 「고자 하」편, 「묵자」 「비유」편,

『순자』「유좌」편, 『여씨춘추』「우합」(遇合)편 등에 대동소이한 내용으로 소개되어 있다. 다만 이들 모두 '대사구' 대신 '사구'(司寇)라고 표현해놓은 점이 특이하다.

최술은 『수사고신록』에서 이에 대한 정밀한 분석을 시도했으나 본래 '사구'와 '대사구'는 역할과 권한 등에서 아무런 차이가 없다. 동일한 직책을 두고 시대에 따라 각각 다르게 지칭했을 뿐이다. 공자가 사공을 지냈다는 관력은 오직 「공자세가」에만 나온다. 「공자세가」에 나오는 공자의 관력에 대해 의구심을 낳게 하는 대목이다.

여기서 공자의 관력을 정밀하게 추적해볼 필요가 있다. 선진시대 문헌의 기록만으로는 공자가 언제 중도의 읍재가 되었는지 판단할 길이 없다. 전후사정에 비춰 양호가 3환에게 패한 노정공 8년(기원전 502)에서 양호가 제나라로 망명한 노정공 9년(기원전 501) 사이일 것이다. 공자가 1년 동안 중도의 읍재로 있었다는 「공자세가」의 기록에 주목할 경우 공자는 대략 2~3년의 기간을 두고 중도의 읍재에서 시작해 사공과 대사구 등으로 거듭 승진한 것으로 보인다. 시기적으로 양호의 모반이 실패로 돌아간 노정공 8년에 처음으로 출사해 중도의 읍재가 되었다고 보는 것이 타당하다.

그렇다면 공자는 50세가 넘은 나이에 왜 갑자기 출사하게 된 것일까. 공자가 공산불뉴의 부름에 응하지 않은 것을 높이 평가한 데 따른 것으로 보인다. 이후 공자는 3환 타도의 계책이 실패로 돌아가 사직하고 천하유세에 나서는 노정공 13년(기원전 497)까지 대략 5~6년 동안 노나라의 관원이 되어 국정에 적극 참여했을 것으로 짐작된다.

그러나 당시 공자가 보여준 구체적인 활약상을 보여주는 기록은 그리 많지 않다. 「공자세가」는 당시의 상황을 짐작케 해주는 일화를 실어놓았다.

"공자가 대사구로서 재상의 일을 맡게 되자 얼굴에 희색이 돌았다. 이때 제자가 묻기를, '제가 듣기에 군자는 화가 닥쳐도 두려워하지 않고, 복이 찾아와도 기뻐하지 않는다고 했습니다'라고 했다. 이에 공자가 대답하기를, '그런 말이 있다. 그러나 귀한 신분으로 신분이 낮은 사람을 공손하게 대하는 데에는 낙이 있다고 하지 않았는가'라고 했다. 얼마 후 공자는 노나라의 정사를 문란케 한 소정묘(少正卯)를 주살했다. 공자가 정사를 행한 지 3달이 지나자 양과 돼지를 파는 사람들이 값을 속이지 않았다. 남녀가 길을 갈 때 따로 걸었고, 길에 떨어진 물건을 주워가는 사람도 없어졌다. 사방에서 찾아오는 여행자도 관리에게 허가를 받을 필요가 없었다. 이들 모두 잘 대접해서 만족해하며 돌아가게 했다."

공자가 대사구가 되어 재상의 일을 겸하면서 소정묘를 주살한 내용이 대서특필되어 있는 점에 주목할 필요가 있다. 이 기록이 맞다면 공자는 출사하자마자 중도의 읍재에서 중앙조정의 고위관원으로 발탁되어 일거에 노나라를 태평하게 만든 셈이다.

소정묘 주살에 관한 일화는 『순자』 「유좌」(宥坐)편에 처음 나타난 뒤 진한(秦漢)시대 이후의 거의 모든 책에 빠짐없이 등장하는 유명한 일화이다. 비슷한 시기에 이 일화를 다룬 문헌으로는 『윤문자』(尹文子) 「대도(大道) 하」편을 들 수 있다. 그러나 편제시기와 내용으로 보아 『순자』 「유좌」편의 내용을 옮겼을 공산이 크다. 이후에 나온 『여씨춘추』와 『설원』 『공자가어』 『사기』 등은 모두 이를 옮긴 것에 불과하다. 『순자』 「유좌」편에 따르면 당시 소정묘는 무뢰배들을 그러모아 백성을 미혹시킨 소인배의 우두머리이다. 「유좌」편은 공자의 소정묘 주살 일화에 구체성을 부여하기 위해 이같이 덧붙여놓았다.

"공자가 노나라의 섭상(攝相: 재상의 보좌로 대사구를 지칭)이 되어 조정에 나간 지 7일 만에 소정묘를 처형했다."

소정묘가 실존인물인지 여부조차 분명하지 않다. 소정묘의 성이 '소'인지 '소정'인지도 알 길이 없다. '소정'(少正)이라는 명칭은 '올바른 행동이 드물다'는 뜻이다. '묘'(卯)는 '무성하다'는 의미로, '소정묘'라는 이름 자체가 '하는 일마다 올바른 행동이 극히 드물다'는 뜻을 지니고 있다. 후대인이 만들어낸 허구의 인물일 가능성이 높다.

그가 실존 인물일 경우 양호와 마찬가지로 공자와 가장 날카롭게 대립한 인물로 보는 것이 타당하다. 그러나 설령 그렇다 할지라도 「공자세가」의 소정묘 주살 기사는 『순자』 「유좌」편에 나오는 일화를 대서특필하기 위해 공자의 벼슬을 더욱 높이는 등 임의로 사실(史實)을 왜곡했다는 지적을 면하기 어렵다. 사마천은 「위세가」(衛世家)에서 노정공 13년에 천하유세에 나선 공자가 위나라에 있는 것으로 기록해놓고도 「공자세가」에서는 노정공 14년에 소정묘를 주살했다고 썼다. 그는 소정묘 주살 기사를 대서특필하기 위해 「공자세가」에서 임의로 공자의 망명시기를 1년이나 늦춰놓은 셈이다.

소정묘 주살 기사의 원전인 『순자』 「유좌」편은 『순자』의 여러 편 중에서도 성립시기가 늦다. 역사적 사실과 거리가 먼 항간의 설화일 공산이 큰 것이다. 양계초(梁啓超)는 이 대목을 전한제국 때 첨가된 위문(偽文)으로 단정했다. 『논어』 「위정」편과 「안연」편 등에 산견되고 있는 형정(刑政)에 관한 공자의 언급 또한 모두 원론적인 것으로 소정묘를 주살했다는 식의 혹형(酷刑)과는 거리가 멀다.

예로부터 소정묘 주살 일화는 진위를 둘러싸고 이견이 분분했다. 이 문제는 금나라의 왕약허(王若虛)가 『오경변혹』(五經辨惑)에서 최초로 강한 의문을 표시했다. 이후 청대의 염약거(閻若璩)는 『사서석지』(四書釋地)에서 위문일 가능성을 정식으로 제기했다. 최술과 양옥승 등은 각각 『수사고신록』과 『사기지의』(史記志疑)에서 공자가 결코 소정묘를 죽인 적이 없다고 단정했다. 이들의 주장이 타당하다.

『춘추좌전』에는 공자가 대사구의 자리에 있었다는 기록이 전혀 나오지 않는다. 만일 공자가 정말 노나라의 대사구로 있었다면 그의 활동이 조금이라도 기술되지 않았을 리 없다. 「공자세가」의 관련 기록을 의심케 하는 대목이다.

그럼에도 유가 후학들은 공자를 미화하기 위해 당시의 상황과 관련한 숱한 얘기를 만들어냈다. 대표적인 예로 『공자가어』 「시주」(始誅)편 및 「형정」(刑政)편에 나오는 일화를 들 수 있다. 이 일화들은 공자가 '이상한 의복을 만든 죄'와 같은 기묘한 범죄에 대해 사형을 규정했다는 등의 맹랑한 얘기로 꾸며져 있다. 이 또한 소정묘 주살 일화와 마찬가지로 후대의 위문으로 보아야 한다.

중앙조정의 사구라는 직책은 유력한 세족의 종주(宗主)만이 취임할 수 있는 중요한 자리이다. 노나라의 사구는 오랫동안 공실의 인척인 장씨(臧氏)의 종주가 맡았다. 공자가 출사했을 당시도 사구의 자리는 장씨 집안의 종주가 계속 맡고 있었던 것으로 보인다. 이는 『논어』 「향당」편에 나오는 다음 대목이 뒷받침한다.

"공자는 조정에서 하대부(下大夫)와 얘기할 때에는 화락하게 하고, 상대부(上大夫)와 얘기할 때는 공정하게 했다. 군주가 있을 때에는 조심하며 공손하고 근엄했다."

일각에서는 이를 두고 군자의 태도를 언급한 것에 불과할 뿐 공자 자신의 태도를 언급한 것은 아니라고 주장하고 있으나 이는 잘못이다. 「향당」편은 공자가 출사했을 당시의 행동을 수록해놓은 것이다. 당시 공자가 상대부들을 대할 때 절도와 격식을 갖춘 태도를 취한 것은 그가 상대부의 일원이 아니었기 때문이다. 공자는 「선진」과 「헌문」편에서도 '대부의 뒤를 따른다'고 거듭 언급하고 있다. 이는 그가 대부의 말단인 하대부에 속해 있었음을 시사한다.

당시 조정회의에는 최소한 하대부 이상의 관원만이 참석했다. 「향당」편에 나와 있듯이 공자는 하대부의 자격으로 조정회의에 참석해 상관인 상대부에게는 절도와 격식을 갖춰 말했지만 동료인 하대부에게는 격의 없이 자연스럽게 대했다. 공자가 대부들의 형살(刑殺)을 관장하는 중앙조정의 고위관직인 사공과 대사구 등의 벼슬을 지냈다는 기존의 해석은 수정되어야만 한다.

그렇다면 공자는 어떻게 하여 사인(士人)의 신분에서 비록 맨 하층이기는 하나 조정회의에 참석할 수 있는 대부의 반열에 오르게 된 것일까. 유가 후학들은 공자가 노정공의 최고 정치고문으로 있었던 까닭에 이런 자리에 올랐다고 주장했으나 이는 『논어』의 기록과 동떨어진 것이다. 『논어』에는 공자가 천하유세를 떠나기 전에 노정공과 나눈 얘기를 전하는 기록이 겨우 두 대목밖에 없다. 「팔일」편에 다음과 같은 대목이 나온다.

"노정공이 공자에게 묻기를, '군주가 신하를 대하고, 신하가 군주를 섬기는 데에는 어찌 하는 것이 좋소'라고 하자 공자가 대답하기를, '군주는 예로써 신하를 대하고, 신하는 충성으로써 군주를 섬기면 됩니다'라고 했다."

이는 원론적인 문답에 불과하다. 공자를 노정공의 최고 정치고문으로 판정하기에는 크게 미흡한 자료이다. 공자가 천하유세에서 돌아온 이후에도 공자의 위치는 크게 변하지 않았다. 공자가 노애공과 나눈 대화를 전하는 기록도 단 두 대목에 불과하다. 내용도 군주가 친근한 대신과 나눈 대화가 아니라 현자로 명망이 높은 사람과 의례적으로 나눈 대화에 불과할 뿐이다. 중앙조정의 사공과 대사구의 벼슬을 지냈다는 「공자세가」의 기록이 무색해지는 대목이다. 이는 공자가 맡은 사공과 대사구의 벼슬 자체가 조정의 최고위직에 해당하는 자리가 아니었음을 말한다.

그렇다면 공자가 역임한 사공과 대사구 등은 구체적으로 어떤 직책을 말하는 것일까. 기무라 에이이치(木村英一)는 『공자와 논어』에서 그럴듯한 해석을 내놓았다. 당시 공자가 맡은 사공의 직책은 노나라 군주가 직할하는 지역의 치수를 담당한 일종의 토목과장 수준에 불과하다는 주장이다. 대사구 역시 도성인 곡부 내지 직할지의 경찰과 옥송을 담당하는 지방장관 수준에 불과하다고 보았다. 3환의 세습귀족들이 실질적인 권력을 장악하고 있던 당시의 정황에 비춰 볼 때 기무라의 주장은 설득력이 있다.

3환세력이 하급사족 출신인 공자를 일약 중앙조정의 최고관직인 사공과 대사구에 천거했을 가능성은 거의 전무했다고 보아야 한다. 대대로 대사구의 직책을 맡아온 명문세족 장씨(臧氏)가 이를 묵인했을 리도 없다. 나아가 별다른 공도 세우지 못했던 공자가 사숙을 열어 고전을 정비하고 제자들을 육성한다는 이유만으로 고위관원에 발탁되었을 리도 없다. 큰 공을 세웠을지라도 신분세습의 봉건질서가 잉존하고 있던 상황에서 비약적인 신분상승은 있을 수 없는 일이었다. 공자의 부친 숙량흘이 노나라의 국위를 크게 떨칠 만한 무공(武功)을 세웠음에도 불구하고 겨우 자신의 고향인 추읍(陬邑)을 관장하는 하급 관원의 신분에 그친 사실이 그 실례이다. 「안연」편에 나오는 공자의 술회도 이를 뒷받침하고 있다.

"송사를 듣고 판결하는 것은 나도 남과 같다. 그러나 나는 그보다는 반드시 송사가 없도록 만들겠다."

이는 훗날 공자가 노정공 휘하에 있는 공실 소속의 정청(政廳)에서 대사구로 재직할 당시의 경험을 토대로 송사에 관한 나름대로의 소회를 밝힌 것으로 추정된다. 당시 공자는 노나라의 실권자인 계씨를 수석으로 하여 노나라 전체의 국정을 관장하는 중앙조정에 직접 참여했던 것이 아니었다. 당연히 국가대사와 직결된 외교관계 등에도 관여하지 않았을 것이다.

이러한 분석을 종합해보면 당시 공자는 노정공 직속의 정청에서 두각을 나타내며 노정공의 신임을 얻은 것으로 짐작된다. 『춘추좌전』에 이에 관한 기록이 전혀 나타나지 않는 것은 당연한 일이다. 노나라의 역사서인 『춘추』는 대부 이하의 일에 대해서는 기록하지 않는 것을 원칙으로 삼았다. 공자가 사공과 대사구로 재직했을 당시의 기사가 없는 것은 바로 공자가 맡은 직책이 그리 대단한 자리가 아니었음을 시사한다.

대부의 반열에 오른 '협곡회동'

공자는 노정공 10년(기원전 500)에 있었던 '협곡(夾谷)회동'에서 대공을 세우기 전까지 아직 대부의 신분을 얻지 못했음에 틀림없다. 공자가 집정대부인 계씨로부터 능력을 인정받고 열국 제후들로부터 주목을 받게 된 것은 협곡회동 이후의 일로 보아야 한다. 공자의 협곡회동에서의 활약은 『춘추좌전』과 『사기』 등 관련 문헌에 모두 수록돼 있는 만큼 사실로 보는 것이 타당하다. 당시 공자는 군주가 행하는 의식을 곁에서 돕는 상례(相禮)가 되어 노정공을 수행했다. 「공자세가」는 당시의 상황을 기술해놓았다.

"노정공 10년 여름에 제나라 대부 여서(黎鉏)가 제경공에게 말하기를, '노나라가 공구를 중용했으니 그 세가 반드시 제나라를 위태롭게 할 것입니다'라고 했다. 이에 노나라에서 사자를 보내 친목을 도모하기로 하고 협곡(夾谷)에서 만나기로 했다. 노정공이 수레를 타고 아무런 방비도 없이 그곳에 가려고 하자 섭상(攝相: 임시직 재상)을 맡고 있던 공자가 말하기를, '옛날에는 제후가 국경을 나설 때 반드시 문무관원으로 하여금 수행하게 했다고 합니다. 좌우사마(左右司馬)를 대동하도록 하십시오'라고 했다. 노정공이 이를 좇아 좌우사마를 데리고 협곡에서 제경공과 만났다. 제경공과 노정공의 상견례가 끝나자 제나라 관리가 앞으로 달려 나와 말하기를, '사방의 음악을 연주케 하십시오'라고 했다. 제경공이 이를 허락하자 창칼과 방패를 든 무리가 북을 치고 시끄럽게 떠들면서 나왔다. 공자가 빠른 걸음으로 대 위로 올라가 마지막 한 계단을 오르지 않은 채 긴 소매를 쳐들고 꾸짖기를, '두 군주가 친목을 위해 만났는데 어찌하여 이적(夷狄)의 음악을 연주하는가'라고 했다. 좌우의 수행원들이 안영과 제경공의 눈치를 살피자 제경공이 크게 부끄러워하며 그들을 물러가게 했다. 잠시 후 제나라의 관리가 앞으로 나와 말하기를, '청컨대 궁중의 음악을 연주케 하십시오'라고 했다. 제경공이 이를 허락하자 광대와 주유(侏儒: 난쟁이)가 재주를 부리며 앞으로 나왔다. 공자가 다시 재빨리 달려 나가 외치기를, '필부로써 제후를 현혹케 하는 자는 마땅히 처형해야 한다'라고 했다. 이에 관리가 그들의 허리를 두 동강 내고 말았다. 제경공이 크게 감탄하면서 돌아온 뒤 두려운 기색으로 군신들에게 말하기를, '노나라의 신하는 군자의 도로써 군주를 보필하는데 그대들은 이적의 도로써 과인을 가르쳐 노군(魯君)에게 죄를 짓게 했소. 이를 어찌하면 좋겠소'라고 했다. 한 대부가 나와 건의하기를, '그 일로 마음이 편하지 않으면 실질적인 물건을 내놓고 사과하도록 하십시오'라고 했다. 제경공이 이를 좇아 운(鄆)과 문양(汶陽), 구음(龜陰) 땅을 돌려주고 노나라에 사죄했다."

「공자세가」의 이 기록은 공자의 당시 활약상에 대한 항간의 설화를 그대로 전재한 것으로 짐작된다. 『춘추좌전』의 기록도 '주유'(侏儒) 등을 참살했다는 얘기를 빼놓고는 이와 대동소이하다. 항간의 설화를 토대로 한 『춘추좌전』의 기록을 「공자세가」가 전재한 것으로 보인다.

당시 공자의 역할을 이해하기 위해서는 『춘추좌전』에 실린 '공구상'(孔丘相)이란 표현을 주목할 필요가 있다. 이는 공자가 재상이 되었다는 뜻이 아니라 예식을 집행할 때 이를 보조하는 '상례'(相禮)의 역할을 수행했다는 뜻으로 사용된 것이다. 그럼에도 「공자세가」는 공자가 마치 재상 일을 맡아본 것처럼 '섭상'(攝相)으로 기록해놓았다. 사마천이 협곡회동을 대서특필하기 위해 공자의 직책을 지나치게 높였거나 '공구상'의 의미를 잘못 이해했을 가능성이 높다.

공자가 협곡회동에서 노정공의 상례로 발탁된 데에는 기본적으로 당시 노나라의 외교정책이 크게 전환하고 있었던 사실과 밀접한 관련이 있다. 노나라는 오랫동안 멀리 떨어진 진(晉)나라와 연대해 노나라 최대의 위협이 되고 있는 인국 제나라를 견제하는 원교근공(遠交近攻)의 외교노선을 취해왔다. 협곡회동은 노나라 전래의 '원교근공' 외교노선을 일대 전환하는 계기로 작용했음을 간접적으로 시사한다.

노나라는 왜 갑자기 전래의 적국인 제나라와 화해하고자 했던 것일까. 제나라에 빼앗긴 영토를 반환받기 위해서였다. 노나라의 속셈을 간파한 제나라는 과거 제환공이 이룬 패업을 복원시킬 생각으로 이미 협곡회동 한 해 전에 양호를 붙잡아 국외로 추방함으로써 두 나라의 화해를 위한 정지작업을 진행시킨 바 있다. 제나라가 우호관계를 맺는 외교회의 석상에서 「공자세가」의 기록처럼 어설픈 연극을 할 리가 없다. 「공자세가」는 공자의 외교적 성공을 부각시키기 위해 당시의 상황을 지나치게 미화했다는 지적을 면하기 어렵다.

그러나 『춘추좌전』에도 대동소이한 일화가 실려 있는 점을 감안할 때 공자의 역할이 협곡회동의 조연 정도에 그쳤다고 볼 수는 없다. 노정공의 입장에서 볼 때 협곡회동은 결코 성공을 장담할 수 있는 것이 아니었다. 강대국인 제나라가 노정공을 비롯한 노나라 측 협상대표들에게 심리적 압박을 가하기 위해 「공자세가」에 나오는 일화와 유사한 방법으로 고압적인 자세를 취했을 가능성이 크다. 「공자세가」의 관련 기록은 비록 과장된 것이기는 하나 협곡회동의 기본성격을 잘 드러내주고 있다.

이런 점 등을 감안할 때 노정공의 상례로 나선 공자의 공적은 액면 그대로 인정하는 것이 타당하다. 통상 협곡회동과 같이 중요한 외교교섭에는 예제에 밝은 사람이 상례로 선택되었다. 당시는 제사는 물론 외교협상의 무대에서도 그 절차가 엄중했다. 의례와 관련한 사무 일체를 처리하면서 군주를 보좌하는 상례의 역할을 결코 가벼이 보아서는 안 된다. 열국의 군주가 회동할 경우 대부가 상례를 맡는 것이 관례였다.

공자가 상례에 발탁된 것은 그가 처음으로 대부의 반열에 올랐음을 시사하고 있다. 그렇다면 구체적으로 그 시기는 언제일까. 상례의 직책은 외교교섭과 같은 특별한 사안에 대처하기 위해 마련된 임시직에 불과하다. 공자 역시 협곡회동 당시 임시직으로 상례를 맡았던 것으로 짐작된다. 당시의 정황을 감안할 때 공자는 노정공 직할지의 대사구로 재직하면서 상례의 직책을 겸임했던 것으로 보인다. 예제에 밝았던 공자는 외교의전상의 필요로 인해 대부의 자격으로 상례를 맡았을 가능성이 큰 것이다. 그렇다면 공자가 대부의 반열에 오른 것은 그 시기를 단정할 수는 없으나 대략 협곡회동 때로 보는 것이 타당하다.

사서의 기록을 종합해볼 때 협곡회동 당시 공자는 예제에 관한 해박한 지식을 무기로 제나라의 위협적인 책모를 막고 회담을 노나라에 유리하게 전개시켰을 가능성이 크다. 이로 인해 공자에 대한 노정공의 신임이 한층 두터워졌을 것으로 짐작된다. 노나라의 실질적인 국정을 책임지고 있는 집정대부 계씨 또한 공자의 수완을 높이 평가했을 것이다. 예상과 달리 어려운 협상을 성공리에 마친 공자에 대한 백성들의 기대 역시 급속히 높아졌을 것이다.

공자는 협곡회동 이후 높아진 국내외의 신망을 배경으로 마침내 하대부의 자격으로 집정대부 계씨를 수반으로 하는 노나라 조정에 참석하게 되었다고 추정할 수 있다. 물론 『논어』와 『맹자』에 협곡회동에 관한 언급이 전혀 나오지 않는다는 이유로 협곡회동은 공자와 상관이 없었다는 견해가 없는 것은 아니다. 공자가 단지 말 한마디로 호전적인 강국 제나라를 굴복시켜 영토를 반환케 만들었다는 것 자체가 당시의 상황에 비춰 볼 때 있을 수 없다는 것이다. 이들은 『춘추』에 언급된 영토반환의 공을 공자에게 돌리기 위해 유가 후학들이 위문을 끼워 넣었을 가능성에 무게를 두고 있다.

이런 추정은 동서고금을 막론하고 외교는 힘을 바탕으로 전개된다는 사실에 비춰 볼 때 나름대로 일리가 있다. 그러나 협곡회동 일화가 모든 사서에 빠짐없이 수록돼 있는 점 등을 감안하면 공자가 협곡회동을 성공리에 마침으로써 조정회의에 참석할 수 있는 자격을 획득하게 되었다고 보는 것이 타당하다. 그래야만 공자가 이후 무려 2년에 걸쳐 교묘한 수법으로 3환세력을 거세하고자 한 배경이 자연스럽게 해명될 수 있다. 3환세력을 상대로 한 싸움에 승부수를 띄운 공자의 행보는 협곡회동 이후 공자가 중앙조정회의에 참석하게 된 것이 결정적인 계기가 되었다고 보아야만 자연스런 해석이 가능하다. 객관적으로 볼 때 양호 등의 반란을 제압하고 다시 막강한 세력을 만회한 3환세력에게 도전장을 내민 것은 만행에 가까운 무모한 짓이었다. 이는 오랫동안 '군자의 치평' 문제를 진지하게 탐구해온 공자가 아니면 도저히 취할 수 없는 행동이었다.

당시 공자는 내심 '군자의 치평' 이상을 구현시킬 수 있는 절호의 기회를 만났다고 판단했을 것이다. 조정회의에 처음 참석하게 된 공자는 3환의 전횡이 의외로 심각하다는 사실에 충격을 받았던 것으로 보인다. 공자는 정권을 농단하고 있는 3환을 제거하지 않고는 노나라 정국의 난맥상을 바로잡을 길이 없다고 판단했을 것이다.

이런 추론이 맞다면 당시 공자의 입장에서 볼 때 3환과의 충돌은 불가피했다. 공자로서는 '군자의 치평' 이상을 펼치기 위해서라도 건곤일척(乾坤一擲)의 모험을 감행하지 않을 수 없었다. 그러나 양호처럼 무모하게 힘으로 해결하려다가는 실패할 수밖에 없다. 보다 치밀한 전략이 필요했다. 공자가 선택한 방략이 무엇이었는지는 「공자세가」의 기록을 통해 추측할 수 있다.

"하루는 공자가 노정공에게 건의하기를, '신하는 무기를 비축해서는 안 되고, 대부는 1백 치(雉: 길이 3장[丈], 높이 1장[丈]인 성벽의 면적)의 성을 쌓아서는 안 됩니다'라고 했다. 이에 자로를 계씨의 가신으로 임명시켜 3도(三都)를 파괴하려고 했다."

'3도'는 3환의 근거지인 비읍(費邑)과 후읍(郈邑), 성읍(成邑)을 말한다. 공자가 생각한 계책은 바로 우직한 자로를 계씨의 가신으로 내보내 3환을 안심시킨 뒤 이들을 유인해 스스로 3도를 허물게 만드는 것이었다. 만일 3도가 무너지면 3환의 근거지가 사실상 허공에 뜨는 것이나 다름없다. 『춘추좌전』 「노정공 12년」조는 이때 자로가 계씨의 가재가 되었다고 기록해놓았다. 자로의 가재 취임은 공자의 '3도 도괴(倒壞)' 계책이 마침내 구체화되기 시작했음을 의미한다.

'3도 도괴' 계책

그렇다면 공자가 생각한 '3도 도괴' 이후의 구체적인 대안은 무엇이었을까. 당시 3환의 발호에 의한 적폐(積弊)를 일소하기 위해서는 군권의 회복이 절실히 필요했다. 공자가 이를 모를 리 없었다. 3도를 허문 뒤의 계책은 군권(君權)의 회복이었다.

이와 관련해 「공자세가」에는 공자의 건의가 노정공 13년(기원전 497) 여름에 이뤄졌다고 나와 있다. 그러나 이는 잘못이다. 「공자세가」의 이 기록을 좇게 되면 공자는 바로 이해에 3환 거세 계책을 시도했다가 곧바로 실패한 꼴이 된다. 이는 전후맥락에 비춰 부자연스럽다. 『춘추좌전』은 공자의 계책이 이보다 한 해 전인 노정공 12년에 시도된 것으로 기록해놓았다. 『춘추좌전』의 기록이 사실에 부합한다. 『춘추좌전』은 「노정공 12년」조에 다음과 같은 기록이 있다.

"공자의 제자 자로가 계손씨 가문의 가재(家宰)가 되어 3도(三都)의 성을 헐고자 했다. 그러자 숙손씨가 먼저 후읍(郈邑)의 성을 자진해서 헐었다. 이어 계손씨가 비읍(費邑)의 성을 헐려고 하자 대부 공산불뉴(公山不狃)와 숙손첩(叔孫輒)이 비읍 사람들을 이끌고 와 노나라 도성을 쳤다."

공자가 노정공 직속의 정청에서 대사구로 있으면서 하대부의 자격으로 조정회의에 참석할 때였다. 공자가 은밀히 추진한 '3도 도괴' 계책은 내막을 모르는 3환 등이 참석한 조정회의를 통해 공식 승인받았을 가능성이 높다. 공자가 자로를 계씨의 가재로 내보낸 것은 3환을 안심시키기 위한 심모(深謀)의 일환으로 보아야 한다. 『춘추공양전』 「노정공 12년」조의 다음 기록이 이를 뒷받침한다.

"계씨는 왜 군사를 이끌고 가 후읍과 비읍을 허문 것일까. 공자가 계손씨 밑에서 일하면서 3달 동안 조그만 과실도 저지르지 않았다. 이때 선언하기를, '모든 집은 무기를 소장할 수 없고, 봉읍 안에 1백 치(雉)를 넘는 성읍을 둘 수 없다'고 했다. 이에 군사를 이끌고 가 후성과 비성을 허문 것이다."

『춘추공양전』에 나오는 '공자가 계손씨 밑에서 3달 동안 조그만 과실도 저지르지 않았다'는 구절은 곧 공자가 자로를 계씨의 가재로 보내 마침내 계씨의 신임을 얻었음을 의미한다. 당시 공자는 매우 공순한 태도를 보여 계씨를 비롯한 3환의 경계심을 누그러뜨리는 '소리장도'(笑裏藏刀) 계책을 구사한 것으로 보인다. 이는 병법에 나오는 '궤계'(詭計)를 방불케 하는 것이다.

그러나 청대의 양옥승은 이를 두고 3도를 허무는 일은 계손씨와 숙손씨가 스스로 도모한 일이지 공자의 건의로 성사된 것이 아니라고 주장했다. 그는 공자의 '궤계'를 수긍하기가 어려워 이런 주장을 편 것으로 짐작된다. 그러나 엄연히 사서의 기록에도 나와 있는 만큼 기본적으로 공자의 계책에 따른 것으로 보는 것이 옳다.

그렇다면 공자와 자로는 구체적으로 어떤 방안을 동원해 3환 스스로 '3도'를 허무는 계책을 성사시키고자 한 것일까. 당시 3환의 종주는 도성인 곡부에 살면서 가신을 통해 3도를 관리했다. 노나라를 비롯한 열국 내에서는 가신들이 관할하는 사읍(私邑)은 가신들의 반기로 인해 종종 모반의 온상이 되기도 했다. 자로를 앞세운 공자의 '3도 도괴' 계책이 이내 3환에게 받아들여져 얼마 후 실행에 옮겨진 이유가 바로 여기에 있다.

숙손씨는 노정공 10년(기원전 500)에 이미 가신 후범(侯犯)의 모반으로 곤경을 겪은 바 있었다. 이에 3환 중 숙손씨가 가장 먼저 나서 자신의 본거지인 후읍의 성벽을 스스로 허물었다. 이미 양호의 모반으로 곤욕을 치른 계씨도 이내 비읍의 성벽을 철거하고자 했다. 그러나 그는 양호의 당우(黨友)였던 공산불뉴의 반발로 커다란 곤경에 처하게 되었다. 『춘추좌전』 「노정공 12년」조에 당시의 상황이 상세히 기술되어 있다.

노정공 12년(기원전 498) 여름에 공산불뉴와 숙손씨 종주의 족형제(族兄弟)인 숙손첩(叔孫輒)이 성벽 철거에 반대해 비읍 사람들을 이끌고 와 노나라 도성을 쳤다. 이에 노정공은 3환과 함께 계무자(季武子)의 집으로 피신해 누대(樓臺)로 올라가게 되었다. 비읍 사람들이 누대를 공격했으나 공략하지 못했다.

노정공을 호위하고 있던 공자는 비읍 사람들이 노정공 가까이 육박하자 대부 신구수(申句須)와 악기(樂頎)에게 명하여 누대 아래로 내려가 이들을 치게 했다. 이에 비읍 사람들이 달아나자 국인들이 이들을 추격해 고멸(姑蔑) 땅에서 격파했다. 이를 계기로 공산불뉴와 숙손첩이 제나라로 달아나고 비읍의 성도 곧바로 헐렸다. 비록 우여곡절을 겪기는 했으나 가장 큰 걸림돌로 여겨진 계씨의 성읍도 마침내 숙손씨의 성읍에 이어 헐리게 된 것이다. 공자의 입장에서 볼 때 당초 계획의 3분의 2가 이뤄진 셈이다.

이때 결원이 된 비읍의 가재(家宰)를 선발하는 문제가 대두되었다. 마침 계씨의 가재로 있던 자로가 공문의 동학(同學)인 자고(子羔)를 적극 천거하고 나서 이를 성사시켰다. 「선진」편의 다음 구절이 당시의 정황을 전해주고 있다.

"자로가 학문을 이루지 못한 자고를 비읍의 읍재로 삼았다. 공자가 탄식하기를, '남의 아들을 해치는구나'라고 했다. 그러자 자로가 반박하기를, '백성이 있고 사직이 있는 것인데 하필 글을 읽은 뒤에야 학문을 하는 것이겠습니까'라고 했다. 이에 공자가 힐난하기를, '이런 까닭에 구변이 있는 자를 미워하는 것이다'라고 했다."

공자는 사태가 간단하지 않은 것을 알고 자고 천거를 반대했다. '자고'는 공자보다 30세나 연하인 20대 초반의 젊은이였다. 공자는 자고가 '3도 도괴'와 같은 중차대한 일을 수행하기에는 아직 어리다고 보았음에 틀림없다. 그러나 자로는 공자의 깊은 뜻을 헤아리지 못했다. 이때 공교롭게도 자로를 무함하는 사건이 일어났다. 「헌문」편에 그 내용이 실려 있다.

"공백료(公伯寮)가 자로를 계손씨에게 참소했다. 대부 자복경백(子

服景伯)이 공자에게 이를 알리면서 덧붙이기를, '계씨는 공백료에게 미혹되어 있소. 나는 공백료의 시체를 시장이나 조정에 늘어놓을 수 있는 힘을 갖고 있소'라고 했다. 공자가 말하기를, '도가 장차 행해지는 것도 명(命)이고, 도가 장차 폐해지는 것도 명이오. 공백료가 그 명을 어찌 하겠소'라고 했다."

공백료는 노나라 출신의 제자로 보는 견해가 통설이나 공문의 동학인 자로를 참소한 점에 주목해 이를 부인하는 견해도 있다. 그가 무슨 이유로 자로를 무함했는지는 확실하지 않다. 자로의 우직한 행보가 평소 공백료 등의 반감을 사던 중 은밀히 추진된 '3도 도괴' 계책의 일단을 내비치는 계기로 작용했는지도 모를 일이다. 이 대목을 통해 자로의 계책이 실은 3환의 세력을 약화시키려는 속셈에서 나왔고, 그 계책은 바로 공자 자신에게서 나온 것임을 공자의 언급을 통해 대략 짐작할 수 있다. 당시 자로는 3도를 허무는 계책을 추진하는 과정에서 계씨를 움직이는 지렛대의 역할을 수행한 셈이다.

공자의 '3도 도괴' 계책이 성사 일보 직전까지 이르게 된 것은 공자의 계책을 교묘히 포장한 자로의 건의가 받아들여진 데 따른 것이다. 그러나 '3도 도괴' 계책은 비록 자로의 이름으로 제안되어 3환의 동의를 얻기는 했으나 시종 공자의 막후 조종에 의해 추진된 것으로 보아야 한다. 우직하리만큼 의심할 줄 몰랐던 자로는 공자의 속셈을 정확히 파악하지 못하고 3환의 수준에서 '3도 도괴' 계책을 이해했을지도 모를 일이다. 이는 자로가 공자의 지시대로 움직이는 와중에 공백료의 반감을 사 참소를 당한 사실이 뒷받침한다. 만일 자로가 공자의 의중을 정확히 이해했다면 공문의 동학으로 알려진 공백료의 반감을 사는 일은 극히 경계했을 것이다.

결국 이 일을 계기로 자로는 계씨의 의심을 사 실각하고 말았다. 자로가 계씨의 가재 자리를 사직하게 되면 이는 공자의 계책이 도중에 수포로 돌아가는 것을 의미했다. 공자의 입장에서 볼 때 '3도 도괴' 계책을 차질 없이 마무리짓기 위해서는 시급히 충직한 인물을 자로의 후임자로 세울 필요가 있었다. 그 주인공은 바로 염옹(冉雍)이었다. 「자로」편에 염옹이 자로의 뒤를 이어 계씨의 가재가 된 기사가 실려 있다.

"중궁(仲弓: 염옹)이 계씨의 가신이 되어 정치에 관해 묻자 공자가 대답하기를, '우선 유사(有司)보다 먼저 하고, 작은 허물은 용서하고, 현재(賢才: 현인과 재인)를 등용하는 것이다'라고 했다. 이에 중궁이 다시 묻기를, '어찌해야 현재를 알아보고 등용할 수 있는 것입니까'라고 하자 공자가 반문하기를, '네가 먼저 알고 있는 사람 중에서 현재를 등용하면 네가 모르는 현재를 남들이 그대로 방치하겠는가'라고 했다."

『공자가어』에 의하면 염옹 역시 자로와 마찬가지로 20대 중반의 젊은이였다. 만일 염옹이 자로의 뒤를 이어 계씨의 가재가 된 것이 이때의 일이라면 공자는 자신의 계책을 성사시키기 위해 자로의 후임으로 염옹을 추천했을 공산이 크다. 자로의 실각에도 불구하고 온아하면서도 건실한 젊은 제자 염옹을 천거해 계씨의 경계심을 누그러뜨림으로써 '3도 도괴' 계책을 차질 없이 완수하고자 하는 고도의 책략이 아닐 수 없다. 실제로 공자의 이런 책략은 성공을 거두었다. 비읍의 성벽이 계씨 자신의 손에 의해 헐린 사실이 그 증거이다.

이로써 3환의 근거지인 3도 중 후읍과 비읍의 성벽이 완전히 철거되었다. 공산불뉴의 공격을 퇴치하는 등의 우여곡절을 겪기는 했으나 공자가 구상한 '3도 도괴' 책략은 사실상 완전한 성공을 거둔 셈이다.

맹손씨는 3환 중 세력이 가장 약했다. 숙손씨와 계손씨의 근거지를 들어낸 상황에서 이제 성공은 눈앞에 다가온 듯했다. 그러나 만만하게 보였던 맹손씨의 근거지인 성읍이 공자의 계책을 일거에 무산시키는 암초로 작용했다. 이는 성읍이 제나라에 가까운 변경지역에 위치해 있던 사실과 무관하지 않았다.

당시 성읍을 관할하고 있던 맹손씨의 가신 공렴처보(公斂處父)가 국방을 이유로 성벽 철거에 강력히 반발했다. 그는 양호의 반란을 진압하는 데 수훈(殊勳)을 세운 인물이기도 했다. 그는 맹손씨의 종주인 맹의자(孟懿子)를 부추기고 나섰다.

"성읍의 성을 헐게 되면 제나라 군사가 틀림없이 곧바로 도성의 북문까지 쳐들어오는 일이 생길 것입니다. 게다가 성읍은 맹손씨 가문의 보루이기도 합니다. 성읍에 성이 없는 것은 마치 맹손씨 가문이 없어지는 것과 같습니다. 그러니 모른 척하고 있으면 제가 성을 헐지 않도록 도모하겠습니다."

공렴처보에 설득당한 맹의자가 동조하자 노나라 군주와의 정면충돌 위기가 고조되었다. 마침내 노정공이 선제공격을 가했다. 이해 겨울 12월에 노정공이 친히 군사를 이끌고 가 성읍을 포위한 뒤 맹공을 퍼부었다. 그러나 끝내 이기지 못했다. 결국 성읍의 강력한 반발에 부딪침으로써 공자의 '3도 도괴' 계책은 완전히 뒤틀리고 말았다.

3환이 스스로 자신들의 본거지인 비읍 등을 허문 것은 공자의 '3도 도괴' 계책이 성공리에 진행되었음을 의미한다. 당시 공자의 계책은 주도면밀했다. 그는 3환을 철저히 거세하기 위해 다각적인 접근을 시도했다. 『춘추공양전』 「노정공 11년」조의 기록을 보자.

"겨울, 노나라가 정나라와 강화했다. 이로써 노나라는 진나라를 배반하기 시작했다."

노나라는 오랫동안 진나라를 맹주로 하는 북방연맹에 속해 있었다. 그런데 이때 노나라는 초나라를 맹주로 하는 남방연맹의 전초기지 역할을 수행하고 있는 정나라와 강화하면서 북방연맹에서 탈퇴한 것이다. 3환이 노나라 국정을 마음대로 할 수 있었던 것은 3환이 진나라의 6경에게 늘 뇌물을 바치며 밀접한 관계를 맺고 그 위세를 빌려 노나라 군주를 압박한 사실과 무관하지 않았다.

노나라가 북방 연맹으로부터 탈퇴한 것은 결과적으로 진나라를 등에 업고 전횡을 일삼은 3환의 목을 죄는 것이나 다름없었다. 당시의 정황에 비춰 볼 때 공자는 노나라의 외교정책 전환에 깊숙이 개입했을 것이다. 공자의 3환 타도는 바로 이 외교정책의 전환으로부터 시작되었다고 해도 과언이 아니다. 이는 공자가 천하정세에 뛰어난 식견을 갖추고 있었음을 의미한다.

공자는 노나라의 외교노선을 급전시켜 3환의 외부지원세력으로 작용했던 진나라의 개입가능성을 차단한 뒤 3환 세력을 서서히 고사시키는 계책을 추진해갔다. 이는 3환이 보유한 사병(私兵) 혁파로 나타났다. 당시 3환의 기반은 엄청난 규모의 사병에 기초한 강력한 무력에 있었다. 3환의 근거지인 3도는 매우 견고했다. 3도는 수많은 정예병이 배치되어 다량의 무기 및 식량을 비축해놓고 있었다. 3환의 실력은 궁극적으로 이들 3도에서 나오고 있었다고 해도 과언이 아니다. 그러나 3환의 병력 중 도성인 곡부에 상주하고 있는 병력은 그다지 많지 않았다.

공자는 노나라 군주를 비롯한 그 누구일지라도 힘만으로는 3도를 결코 무너뜨릴 수 없다는 사실을 익히 알고 있었다. 그렇다면 3환을 유인해 스스로 3도를 허물도록 만들지 않으면 안 된다. 계씨는 이미 본거지인 비성의 책임자였던 양호의 배반으로 패망직전까지 몰린 적이 있었다. 공자는 이를 구실로 내세워 3환을 설득하기 시작했다. 가신들의 반란을 미연에 방지하기 위해 3도를 허물고 병력을 여러 곳으로 분산시켜 배치하는 것이 최상의 방책이라고 역설해 마침내 그들의 동의를 얻어내는 데 성공했다.

사서의 기록에 따르면 공자가 이들을 설득하는 데 만 2년 가까운 시간이 소요되었다. 이 기간에 공자는 실행력이 있는 자로를 계씨의 가재로 취직시켜 이들을 안심시켰다. 한 치의 착오도 없이 자신의 복안을 성사시키기 위한 치밀한 행보가 아닐 수 없다.

공자는 3환으로 하여금 각자 자발적으로 3도를 허무는 쪽으로 유도함으로써 그 속셈을 드러내지 않았다. 공자가 잠시 속셈의 일단을 드러낸 것은 비 땅의 반란군이 공궁과 계씨의 저택에 난입하자 대사구의 권한을 발동해 진압조치를 강구했을 때뿐이다. 그러나 공자가 심혈을 기울여 마련한 이 계책은 성공적인 출발에도 불구하고 최후의 단계에서 맹손씨의 반발로 좌절되고 말았다. 이는 공자가 고국 노나라에서 이루고자 한 '군자의 치평' 이상이 좌절되었음을 의미한다.

여악설·번육설·추방설

커다란 좌절감을 맛본 공자는 사직을 결심했다. 이는 공자의 입지가 극히 악화된 데 따른 것이기도 했다. 비록 배후에서 은밀히 계책을 추진하기는 했으나 당초의 계책이 좌절된 뒤 시간이 지나면서 막후에서 조종한 역할이 드러남에 따라 공자의 입지는 좁아질 수밖에 없었다.

공자는 노나라에서의 정치적 생명이 끝났다고 생각했을 것이다.

당시 상황에서 공자가 택할 수 있는 선택지는 그리 많지 않았다. 사서에는 기록되어 있지 않으나 공자의 낙담은 형언하기 어려웠을 것이다. 공자는 내심 노나라에 남아 분란을 일으키기보다는 하루 속히 노나라를 떠나 자신의 이상을 펼칠 수 있는 곳을 찾는 것이 백 번 낫다고 생각했을 것이다.

그렇다면 우선 주변정리를 깨끗이 한 뒤 사직의 명분을 찾을 필요가 있다. 그 계기는 우연히도 제나라가 제공했다. 마침 제나라가 여악(女樂)을 보내온 것이다. 제나라는 왜 문득 여악을 제나라에 보냈을까. 『논어』 「미자」편에 그 해답의 실마리가 있다.

"제나라에서 노나라에 여악(女樂)을 보내자 계환자(季桓子: 季孫斯)가 이를 접수했다. 노나라의 군신(君臣)이 여악을 감상하느라 3일 동안 조회를 열지 않자 공자가 노나라를 떠났다."

역대 주석가들은 공자로 인해 노나라가 너무 강대하게 될 것을 염려한 제경공이 이간책을 구사한 것으로 풀이했다. 그러나 최술은 이 내용이 『맹자』에 한마디도 언급되지 않는다는 사실에 주목해 위문일 가능성을 제기했다. 크릴은 보다 단정적인 어조로 「미자」편의 여타 장과 마찬가지로 위문으로 보아야 한다고 주장했다.

이 장은 공자가 천하유세를 떠나기 직전의 상황을 전해주고 있다. 제나라가 여악을 보낸 것은 사실로 보아야 한다. 그러나 그것이 공자가 사직한 뒤 천하유세를 떠난 직접적인 원인이 된 것은 아니다. 보다 주요한 원인은 은밀하게 진행시킨 3환제거 계책이 끝내 수포로 돌아간 데 있었다. 직접적인 원인은 공자 자신에게 있었던 셈이다. 다만 사직의 명분을 찾고 있던 중 마침 제나라가 여악을 보내자 이를 구실로 사직한 뒤 천하유세에 나섰을 뿐이다.

그러나 당시 세간에는 그것이 사직의 큰 이유로 유포되었을 수도 있다. 「공자세가」는 보다 상세한 내용을 싣고 있다.

"공자가 노나라를 크게 다스리자 제나라 사람들은 이 소문을 듣고 크게 두려워했다. 어떤 사람이 말하기를, '공자가 정치를 하면 노나라는 반드시 패권을 잡을 것이다. 노나라가 패권을 잡게 되면 우리 땅이 가까우니 우리가 먼저 병합될 것이다. 그런데도 어찌하여 먼저 약간의 땅을 노나라에게 내주지 않는가'라고 했다. 대부 여서(黎鉏)가 건의하기를, '먼저 시험 삼아 노나라의 선정을 방해해보기 바랍니다. 방해해보아도 되지 않으면 그때 가서 땅을 내놓아도 늦지 않을 것입니다'라고 했다. 이에 제나라가 미녀 80명을 뽑아 모두 아름다운 옷을 입히고 강락무(康樂舞)를 가르친 뒤 무늬 있는 말 120필과 함께 노나라 군주에게 보냈다. 무희들과 아름다운 마차들이 노나라의 도성 남쪽 높은 문밖에 늘어서자 계환자는 평복 차림으로 몇 차례 가서 이를 살펴보고, 장차 접수하려고 했다. 마침내 그는 노나라 군주와 각 지역을 순회한다는 핑계를 대고 실제로는 그곳으로 가서 하루 종일 관람하고, 정사는 게을리 했다. 이에 자로가 공자에게 말하기를, '선생님이 노나라를 떠날 때가 되었습니다'라고 했다. 공자가 대답하기를, '군주는 이제 곧 교제(郊祭: 남쪽 교외에서의 제천[祭天]행사)를 지낼 터인데 만일 그때 군주가 번(膰: 제사용 고기)을 대부들에게 나눠주면 나는 그대로 여기에 남을 것이다'라고 했다. 이때 계환자는 제나라의 무희들을 받아들이고는 3일 동안 정사를 돌보지 않고, 교제를 지내고도 그 '번'을 대부들에게 나눠주지 않았다. 공자가 드디어 노나라를 떠났다."

『한비자』 「외저설 좌하」편에는 계환자 대신 노나라 군주가 여악을 받아들인 것으로 되어 있다. 「공자세가」와 『한비자』에 나오는 여악과 관련한 설화 모두 당시 항간에 널리 나돌던 것으로 짐작된다. 그러나 집정대부 계환자가 정사를 소홀히 하면서 제사지낸 고기를 대부들에게 보내지 않는 무례를 범한 것은 사실에 가깝다.

사직의 명분을 찾고 있던 공자는 이를 구실로 사직을 고하고 천하유세의 대장정에 오른 것으로 짐작된다. 이는 『맹자』「고자 하」편에 나오는 맹자의 다음과 같은 언급이 뒷받침한다.

"공자가 노나라의 사구가 되었을 때 중용되지 않았고, 이어 교제에 참석했는데도 번육(燔肉)이 이르지 않았다. 이에 공자는 쓰고 있던 관도 벗지 않은 채 떠났다."

그러나 시라카와는 「공자세가」에 나오는 '여악설'과 '번육설'은 진상을 숨기기 위한 책모에 불과하다고 전제하면서 공자가 자의로 망명했다기보다는 일종의 국외추방을 당한 것이라고 주장하고 있다. 자로가 공백료의 참소를 계기로 실각할 때 이미 '3도 도괴' 계책의 배후에 공자가 있다는 사실이 널리 알려졌고, 계책이 수포로 돌아갔을 때 공자는 가공할 음모의 '수괴'(首魁)로 지탄받았을 가능성이 크다는 것이다. 이를 '추방설'이라고 한다. '추방설'은 『장자』「산목」(山木)편에 나오는 다음 구절을 논거로 삼고 있다.

"공자가 자상호(子桑雽)에게 말하기를, '나는 두 번이나 노나라에서 쫓겨나고 송나라에서는 잘린 나무에 깔릴 뻔했고, 송(宋)·주(周)에서는 궁지에 몰렸고, 진(陳)·채(蔡) 사이에서는 포위당한 적이 있다'고 했다."

이와 유사한 대목이 『장자』의 「양왕」(讓王)편과 「천운」(天運)편, 「어부」(漁父)편에도 나온다. 「산목」편의 이 대목에 나온 공자의 언급은 그가 천하유세에 나서게 된 배경과 천하유세 과정에서 겪은 곤액(困厄)을 요약해놓은 것이다. 천하유세 기간 중에 일어난 이들 곤액은 기본적으로 공자가 '3도 도괴' 음모의 수괴로 몰려 추방을 당한 데서 비롯되었다고 보는 것이다.

중국의 고대신화에는 요임금이 악신(惡神)인 '사흉'(四凶)에게 추방령을 내린 일화가 나온다. '추방설'은 이를 예로 들어 당시의 추방은 고대 그리스시대와 같이 일종의 사형에 준하는 극형에 해당한다고 보고 있다. 『장자』「도척」편을 보면 도척이 공자를 나무라는 내용 중에 그의 '추방설'을 뒷받침할 만한 대목이 나온다.

"너는 스스로 성인을 자처하고 있으나 두 번이나 노나라에서 추방되고 위나라에서는 발자취마저 지워지는 박해를 당하고, 진·채 국경에서는 포위까지 되었으니 천하에 일신을 용납할 곳이 없는 지경이 되었다."

여기서 바로 '삭적벌목'(削跡伐木)이라는 유명한 성어가 나왔다. '수레바퀴 자국을 지우고 나무를 뽑았다'는 뜻으로 훗날 관직에 임용되지 못하고 여기저기 떠돌아다니는 불우한 인재를 뜻하는 말로 전용되었다. 공자가 온갖 어려움을 무릅쓰고 자신의 뜻을 펴기 위해 이곳저곳을 쏘다닌 데서 나온 말이다. 『장자』의 관련 기록에 주목할 경우 이와 같은 주장이 나올 소지가 큰 셈이다.

그러나 '추방설'은 공자에 관한 기본사료라고 할 수 있는 『논어』와 『춘추좌전』 등의 기록 대신 『장자』와 『묵자』 등의 제자백가서의 단편적인 기록을 지나치게 확대해석했다는 지적을 면하기 어렵다. 앞서 지적한 바와 같이 시라카와는 7년에 걸친 공자의 제나라 유학을 라이벌인 양호의 득세에 따른 망명으로 파악해 공자의 출국 시기를 통설보다 무려 12년이나 늦춰 잡은 바 있다. 그는 공자의 두 번째 출국에 해당하는 천하유세의 등정(登程)에 대해서도 동일한 오류를 범한 셈이다.

만일 '추방설'을 수용하게 되면 14년에 걸친 공자의 천하유세는 '유세'(遊說)가 아닌 '유형'(流刑)의 세월로 해석해야만 한다. 이는 공자가 열국의 제후들을 상대로 '치평'의 이치를 논파한 사실 자체를 우습게 만드는 결과를 낳을 수밖에 없다. 당시 신분세습의 봉건질서하에서 특권을 누리고 있던 열국의 군신(君臣)은 기본적으로 유유상종(類類相從)하는 모습을 보여주고 있었다. 공자가 기존의 위계질서를 무너뜨리고자 하는 음모자로 낙인찍혀 사형에 준하는 추방령을 당했다면 열국의 군신이 공자를 인견해 '치평'의 이치를 듣고자 했을 리가 없다.

나아가 '추방설'은 천하유세가 끝날 즈음 계씨가 공자의 귀국을 종용한 사실과도 배치된다. '추방설'은 공자가 겪은 여러 곤액의 배경을 설명하는 데 유리하지만 지나친 상상의 소산이라는 지적을 면하기 어렵다.

공자는 시종 막후에서 활약한 까닭에 '3도 도괴' 계책이 수포로 돌아간 상황에서도 심증만 있을 뿐 물증은 드러나지 않았다고 보는 것이 타당하다. 공자가 미련 없이 천하유세에 나서게 된 배경에는 천하정세에 대한 나름의 자신감이 크게 작용했다고 보아야 한다. 물론 기약도 없이 두 번째로 고국을 떠나게 된 공자의 심경이 마냥 편하지만은 않았을 것이다. 이는 『맹자』 「만장 하」와 「진심 하」편에 나오는 맹자의 다음 언급이 뒷받침한다.

"공자는 노나라를 떠날 때 탄식하기를, '지지(遲遲: 매우 더딤)하구나, 나의 발걸음이여'라고 했다. 이것이 부모의 나라를 떠나는 도리이다."

공자도 사람인 이상 50대에 처음으로 출사해 협곡회동의 성공을 배경으로 대부가 되어 조정회의에 참석한 뒤 야심차게 추진한 3환 거세 계책이 마지막 단계에서 좌절된 데 따른 아쉬움을 떨치기가 어려웠을 것이다. 여러 복잡한 상념이 노나라를 떠나는 그의 발걸음을 더디게 만들었을 것이다.

그러나 큰 틀에서 볼 때 천하를 대상으로 '치평'의 이치를 설파해 이상국가를 만들고자 한 그의 뜨거운 열정 앞에 이는 사소한 문제에 불과했다. 공자는 비록 노나라에서는 실패했지만 다른 나라에서는 자신이 생각하는 '치평'의 이상을 실현시킬 수 있다고 생각했을 것이다. 그는 3환 거세 계책이 실패한 데 따른 모든 아쉬움을 과감히 털어버리고 홀가분한 심경으로 천하유세의 도정에 올랐을 것으로 짐작된다. 이는 그가 14년에 걸친 천하유세 기간 중 열국의 군신(君臣) 앞에서 열정적으로 '군자의 치평'을 유세한 사실이 뒷받침한다. 공자의 천하유세는 비록 막연하기는 하나 낙관적인 희망과 함께 시작되었다고 보는 것이 사실에 부합한다.

7 이상국을 세우기 위해 천하를 주유하다

하늘이 나에게 덕을 이을 사명을 주었는데
환퇴가 나를 어찌하겠는가.
• 공자

공자가 3환 타도에 실패하고 노나라를 떠난 시점은 56세 때인 노정공 13년(기원전 497)이었다. 언제 끝날지 모를 천하유세의 대장정에 나선 공자가 첫 행선지로 삼은 나라는 위나라였다. 노나라의 서북쪽에 위치한 위나라는 비록 소국이기는 했으나 중원문화의 중심국이었다. 이후 공자 일행은 위나라를 거점으로 삼아 송·정·진·채 등의 열국을 주유한 뒤 귀국 직전에 다시 위나라로 돌아오는 여정을 보였다. 이들이 노나라로 귀국한 해는 공자의 나이 69세 때인 노애공 11년(기원전 484)이었다. 무려 14년에 달하는 장기간의 천하유세였다.

이 시기는 공자에게 조난(遭難)의 시기이자 그가 평생을 두고 정립하고자 했던 '치평학'의 기본이념이 완성된 시기이기도 했다. 훗날 공자가 자신의 50대를 두고 천명을 알게 된 '지명'(知命)의 시기로 술회한 것도 이와 관련 있을 것이다. 이를 두고 곽말약은 『십비판서』(十批判書)에서 노예해방자로서의 자각이 '지명'으로 표현되었다고 주장했으나 이는 마르크시즘에 입각한 억지해석이다. 공자가 말한 '지명'은 전래의 전통문화를 계승·발전시키는 '사문(斯文)에 대한 자각'으로 보는 것이 타당하다.

노나라를 떠나기로 마음을 굳힌 공자는 자신의 이상을 실현할 새로운 곳을 찾아 우선 위나라로 향했다. 고국을 떠나는 공자의 수레는 천천히 움직였다. 후한제국의 채옹(蔡邕) 내지 서진의 공연(孔衍)이 전래의 금곡(琴曲)의 유래와 원래의 가사를 편집한 것으로 알려진 『금조』(琴操)에 따르면 수레 안에서 다음과 같은 노래 소리가 들려왔다고 한다.

내 노나라를 바라보려 하건만
구산(龜山)의 그늘이 가리네
내 손에 도끼자루가 없으니
구산을 내 어찌하겠는가

천하유세를 떠날 당시 공자의 명망은 매우 높았다. 열국 내에 이미 공자가 협곡회동에서 거둔 대성공에 관한 일화가 널리 퍼져 있었다. 나아가 장정에 나설 즈음에는 3환의 전횡을 제거해 군권(君權)을 정상화시키고자 했던 혁신정치가로서의 명성 또한 자자했을 것이다. 이는 그가 제자들을 이끌고 수레를 줄지어 타고 갔을 때 열국의 군주들이 궁중으로 불러 친히 접대하면서 그의 강설(講說)을 경청한 사실이 뒷받침한다.

이로 인해 오랫동안 많은 사람들은 공자가 화려한 유세를 했다고 생각했다. 후대에 나온 많은 설화들이 제자들을 위시한 수많은 수행원이 공자를 따라 천하유세에 나선 것으로 묘사해놓았기 때문이다. 그러나 이는 사실과 다르다. 당시 공자를 좇아 여정에 나선 제자는 그리 많지 않았다.

「선진」편에는 당시 공자를 수종했던 사람으로 여겨지는 여러 제자들의 이름이 거론되고 있으나 모두 공자를 수종했다고 보기는 어렵다. 다만 가장 뛰어난 제자를 포함해 10명가량의 제자가 수종했을 것으로 보인다. 이들 중 자공(子貢)과 염구(冉求)는 천하유세 기간 중 대부분의 기간을 노나라에 남아 계씨를 섬긴 것이 확실하다. 공자를 수종한 나머지 제자들은 함께 숱한 곤액(困厄)을 겪어야만 했다.

그런데도 왜 사람들은 오랫동안 공자가 화려한 유세를 펼쳤다고 생각했을까. 이는 공자 사후 1백여 년 뒤에 나타난 맹자의 천하유세 행보와 밀접한 관련이 있다. 실제로 맹자는 제자를 비롯한 수많은 추종자들을 이끌고 화려한 유세 행각을 벌였다. 『맹자』「등문공 하」편에 다음 구절이 있다.

"하루는 맹자의 제자 팽경(彭更)이 맹자에게 묻기를, '뒤따르는 호위용 수레 수십 대와 종자(從者) 수백 명을 이끌고 제후들을 찾아다니며 밥을 얻어먹는 것은 너무 지나친 일이 아니겠습니까'라고 했다. 이에 맹자가 반문하기를, '올바른 방법이 아니라면 한 그릇의 밥이라도 남들로부터 받아서는 안 된다. 그러나 올바른 방법이라면 순(舜)이 요(堯)에게 천하를 물려받은 것도 지나치지 않다. 너는 우리들이 너무하다고 생각하느냐'고 했다."

후세 사람들은 이를 근거로 공자 또한 이에 필적할 만한 수행원을 이끌고 천하유세를 펼쳤으리라고 추정한 것이다. 그러나 공자의 천하유세는 1세기 뒤에 이뤄진 맹자의 천하유세와 사뭇 달랐다. 「공자세가」에는 정나라 성문에 제자들에게 뒤쳐져 헤매고 있는 공자를 두고 정나라 사람이 '상갓집 개'로 비유한 대목이 나온다. 상을 당한 집에서 주인의 보살핌을 받지 못하고 먹이를 찾아 방황하는 개에 비유되었을 만큼 14년에 걸친 공자의 유세는 시종 고난의 연속이었다.

공자는 광(匡)이라는 황하의 나루터 고을에서는 다른 사람으로 오인되어 읍인들로부터 공격을 받아 목숨을 잃을 뻔했다. 또 송나라를 지나던 중에도 환퇴(桓魋)의 공격을 받아 궁지에 몰렸다. 진(陳)·채(蔡) 사이에서는 오도 가도 못한 채 식량이 떨어져 7일 동안 굶주리기도 했다.

물론 공자의 생활이 상갓집 개와 같이 모두 걸식생활로 일관된 것은 아니었다. 때로는 열국의 군신(君臣)들로부터 따뜻한 환대를 받기도 했다. 그러나 이는 드문 경우이다. 전체적으로 볼 때 공자의 여정은 맹자와 정반대로 매우 신산(辛酸)했다.

이들 사제(師弟)는 동고동락하는 와중에 깊은 인간적인 교감을 나눴을 것이다. 서로 공동운명의 배에 동승하고 있다는 사실에 전율하면서 인간과 정치공동체에 관한 깊은 사색과 토론의 기회를 가졌을 것으로 보는 것이 자연스럽다. 그러나 무려 14년에 달하는 장기간의 유세였음에도 불구하고 이에 관한 기록은 소략하기 그지없다.

선부후교에 입각한 천하유세 여정

예로부터 공자의 천하유세 여정에 관해서는 숱한 이설이 쏟아졌다. 이로 인한 혼란은 현재까지도 계속되고 있다. 공자전기에 나오는 여정의 연대기가 모두 제각각인 것은 물론 서로 모순되는 내용이 백화점식으로 나열돼 있다. 이는 「공자세가」의 기록에서 비롯된 것이다.

비록 복잡하고 완벽한 일정이 「공자세가」에 기록되어 있지만 수많은 설화가 두서없이 뒤섞여 있어 이를 그대로 받아들일 수는 없다. 「공자세가」에는 여정의 시기가 상호 모순된 경우가 많고 심지어 동일한 사실에 관한 이전(異傳)이 마치 별개의 사건인 양 다뤄진 경우도 있어 인용에 각별한 주의를 요한다. 공자를 수행한 제자들에 관해서도 누가 얼마나 오랫동안 어느 지역을 다녔는지에 대해 정확히 알 길이 없다.

「공자세가」에 나온 여정은 당시 공자가 도저히 감당해낼 수 없는 무리한 일정으로 구성돼 있다. 사마천이 공자의 천하유세 일정에 대한 정밀 분석을 포기한 것이 아닌가 하는 의구심이 들 정도다. 공자가 동일한 지역을 거듭 방문한 것으로 기록해놓기도 했다. 「공자세가」에 나오는 여정을 단지 참고용으로만 활용해야 하는 이유가 여기에 있다.

이와 관련해 기무라 에이이치는 「공자세가」를 비롯한 선진시대 문헌을 종합적으로 검토해 당시 공자가 지나간 행로를 다음과 같이 정리했다.

위(衛: 노정공 14년) → 포(蒲) → 위(衛) → 광(匡) → 송(宋) → 진(陳: 노애공 2년) → 채(蔡: 노애공 4년) → 섭(葉: 노애공 5년) → 진(陳) → 위(衛) → 노(魯: 노애공 11년)

논란의 여지가 없는 것은 아니나 여러 사서의 기록에 비춰 볼 때 이 여정이 역사적 사실에 가장 가까울 듯하다. 여기서 한 걸음 더 나아가 '포'와 '광' 땅의 여정을 단순한 통과여정으로 간주해 '위 → 송 → 진·채 → 섭 → 위'로 정리하는 견해도 있다. 이같이 볼 수도 있으나 '포' 땅과 '광' 땅이 공자의 여정에서 차지하고 있는 비중을 감안할 때 기무라의 여정을 채택하는 것이 보다 타당하다.

그렇다면 공자는 왜 14년에 걸쳐 '위 → 포 → 위 → 광 → 송 → 진 → 채 → 섭 → 진 → 위'로 이어지는 여정에 나선 것일까. 나아가 그는 왜 위나라를 천하여정의 거점으로 삼았던 것일까. 『맹자』 「만장 하」편에 나오는 다음 일화에 그 해답의 실마리가 있다.

"하루는 제자 만장이 맹자에게 묻기를, '공자는 왜 천하유세 기간 중 벼슬을 그만두고 떠나지 않았습니까'라고 했다. 맹자가 대답하기를, '자신의 도가 행해질 가능성이 있었기 때문이다. 도가 충분히 행해질 가능성이 있었지만 결국 노나라 군주가 행하려 하지 않자 그만 두고 떠났다. 그래서 공자는 3년이 되도록 한 나라에 머문 적이 없었던 것이다. 공자는 자신의 도가 행해질 만한 것을 보고 벼슬한 적도 있고, 군주의 예우가 적절했기에 벼슬한 적도 있고, 군주가 어진 이를 받들었기 때문에 벼슬한 적도 있다. 노나라 대부 계환자는 도가 행해질 만하다고 보았고, 위령공은 그가 베푼 예우가 적절했다고 보았고, 위효공(衛孝公)은 그가 어진 이를 받들었다고 보았기 때문에 그들 밑에서 벼슬했던 것이다'라고 했다."

위효공은 위출공(衛出公) 첩(輒)을 잘못 말한 것이다. 공자가 위효공 밑에서 벼슬했다는 주장도 사실에 어긋난다. 그럼에도 공자의 천하유세 당시의 상황을 소상히 알려주는 사료가 희박한 상황에서 『맹자』의 이 구절이 지니고 있는 사료적 가치는 매우 크다. 맹자의 이런 주장은 일리가 있다.

그러나 공자의 행보가 분주했음에도 불구하고 과연 3년이 되도록 한 나라에 머문 적이 없는지는 자세히 알 길이 없다. 다만 복잡한 여정에 비춰 볼 때 3년 이상 한 나라에 머물렀을 가능성은 적다고 보인다.

그렇다면 공자는 이토록 바쁜 일정을 보내면서 자신의 여정에 대해 어떤 생각을 했을까. 「자한」편에 이를 짐작케 해주는 대목이 나온다.

"자공이 공자에게 묻기를, '여기에 아름다운 옥이 있다면 이를 궤 속에 넣어 감춰두겠습니까, 아니면 선고(善賈: 좋은 상인)가 나타나기를 기다렸다가 팔겠습니까'라고 했다. 공자가 대답하기를, '팔아야지, 팔아야지. 나는 상인을 기다리는 사람이다'라고 했다."

'군자의 치평'에 관한 이상을 옥에 비유한 이 구절은 내용상 천하유세 와중에 있었던 일화로 짐작된다. 오랫동안 '선고'(善賈)의 '고'(賈)

를 놓고 '가'(價: 가격)와 '고'(估: 상인)로 해석하는 견해가 대립해왔다. 당제국 때의 육덕명(陸德明)은 『논어석문』(論語釋文)에서 이를 '가'로 보아 '선고'를 '좋은 가격'으로 풀이했다. 그러나 옛날에는 보옥과 같이 귀중한 물건은 아무나 파는 것이 아니라 전문 판매상인이 따로 있었다. '선고'는 '좋은 상인'으로 풀이하는 것이 옳다. '일본제왕학'의 비조인 오규 소라이(荻生徂徠)는 『논어징』(論語徵)에서 이를 '선가'(善價)가 아닌 '선고'(善估)로 풀이했다. 오규 소라이의 견해가 문맥상 옳다.

자공이 출사할 의지가 있는지 묻자 공자가 분명히 그러한 의지가 있다고 천명한 셈이다. 이는 당시 공자가 자신을 알아주는 군주를 만나기 위해 노심초사하고 있었음을 시사한다. 그러나 공자의 기대와는 달리 천하유세가 끝나는 14년 동안 그러한 군주는 끝내 나타나지 않았다.

그렇다고 14년에 걸친 공자의 천하유세가 완전히 실패작인 것은 아니다. 오히려 정반대로 보는 것이 옳다. 당시 공자는 일견 실패작으로 보이는 천하유세의 기간 중 '치평'의 이치를 완전히 터득하는 소득을 얻었다. 공자가 자신의 일생을 개관하면서 50대를 '지명'(知命)으로 술회한 것도 이와 무관하지 않다. 훗날 그가 만세의 사표가 될 수 있었던 경륜이 바로 천하유세 과정에서 축적된 것이라고 해도 과언이 아니다. 「자로」편에 이를 뒷받침해주는 대목이 나온다.

"공자가 위나라로 갈 때 염유(冉有: 염구)가 수레를 몰았다. 공자가 말하기를, '백성들이 많기도 하다'고 했다. 염유가 묻기를, '이미 백성들이 많으면 또 무엇을 더해야 합니까'라고 하자 공자가 대답하기를, '부유하게 해주어야 한다'고 했다. 염유가 다시 묻기를, '이미 부유해졌으면 또 무엇을 더해야 합니까'라고 하자 공자가 대답하기를, '가르쳐야 한다'고 했다."

이 일화를 통해 공자는 '치평'의 요체를 부교(富敎)에서 찾고 있음을 확인할 수 있다. 공자사상의 가장 큰 특징 중 하나인 '부교주의'(富敎主義) 사상을 이처럼 극명하게 보여주는 사례도 없다. '부민'(富民)은 궁극적으로 '교민'(敎民)을 위한 것이었다.

사상적으로 볼 때 공자사상의 가장 큰 특징 중 하나로 '선부후교'(先富後敎) 사상을 들 수 있다. 공자는 군자학을 가르치면서 교민(敎民)의 중요성을 역설했다. 그러나 그가 말한 '교민'은 어디까지나 '부민'(富民)을 전제로 한 것이었다. 그는 백성들을 부유하게 해주지 않는 한 '교민' 또한 실효를 거둘 수 없다고 보았다. 대부분의 사람들이 공자사상을 논하면서 '선부후교' 사상을 간과하고 있으나 이는 큰 잘못이다. '수제'를 지나치게 강조한 성리학의 유폐(遺弊)이다.

공자가 볼 때 당시 위나라의 어지러운 모습은 고국인 노나라와 크게 다르지 않았다. 공자는 기본적으로 '민식'(民食)문제가 해결되지 않는 한 덕치의 전제조건인 '교민'이 이뤄질 수 없다고 보았다. 공자는 이 대목에서 동서를 통틀어 역사상 최초로 모든 백성에게 고루 교육을 실시할 필요성이 있다고 언급했다. 당시 기준으로 볼 때 가히 혁명적인 발상이 아닐 수 없다. 그럼에도 불구하고 공자의 이 발언은 종래 충분한 주목을 받지 못했다.

공자사상에서 '부민'이 배제된 '교민'은 생각할 수 없다. 공자가 '부민'을 말한 것은 '교민'을 위한 선결과제로서의 의미를 강조하기 위해서였다. 이는 춘추시대에 첫 패업을 이룬 관중(管仲)과 사상적 맥을 같이하는 것이기도 하다. 관중은 일찍이 『관자』 「목민」(牧民)편에서 이같이 역설했다.

"창고 안이 충실해야 예절을 알고, 의식이 족해야 영욕을 안다."

관중이 말한 '예절'은 곧 '예의염치'(禮義廉恥)를 뜻한다. 입국(立國)의 요체는 '지례'(知禮: 예의염치를 아는 것)에 있고, '지례'의 핵심은 '실창'(實倉: 창고를 채우는 것)에 있다는 것이 관중의 주장이다. 관중은 '예치'의 성패를 '부민'의 달성 여부에서 찾은 것이다. 관중사상의 뛰어난 면모가 여기에 있다. 『논어』 「안연」편에 나오는 공자의 언급은 이와 맥을 같이한다.

뿐만 아니라 '부민'과 '교민'은 마치 『논어』에 나오는 '지'(知)와 '인'(仁)이 통일적으로 결합해 '인지합일'(仁知合一)을 이루고 있는 것과 마찬가지로 '부교합일'(富敎合一)을 이루고 있다. 「태백」편에 나오는 공자의 언급을 보면 쉽게 알 수 있다.

"군자는 독실하게 믿으면서 배우기를 좋아하고, 죽음으로 지키면서 도를 잘 실천해야 한다. 위태로운 나라에는 발을 들여놓지 않고, 어지러운 나라에서는 살지 않는다. 천하에 도가 있으면 몸을 드러내 벼슬하고, 도가 없으면 몸을 숨긴다. 나라에 도가 있을 때는 빈천이 부끄러운 일이나, 도가 없을 때에는 오히려 부귀가 부끄러운 일이다."

공자가 '부민'을 얼마나 중시했는지를 여실히 보여준다. 그러나 공자의 '부교주의' 사상의 핵심은 어디까지나 '교민'에 있음을 주의할 필요가 있다. '교민'이 배제된 '부민'으로는 결코 덕치를 구현할 수 없기 때문이다.

'부민'과 '교민'은 선후의 차이만 있을 뿐 덕치를 실현하기 위해 반드시 필요한 것이다. '교민'은 '부민'을 전제로 한 것이고 '부민'은 '교민'을 뒷받침하는 데 그 의미가 있다. 공자가 천하유세의 와중에 정립한 '부교주의' 사상은 '치평'의 요체이기도 하다.

위나라에서 광 땅으로

'부교주의'에 입각한 공자가 천하유세의 대장정에 올라 처음으로 도착한 나라는 위나라였다. 공자는 왜 첫 행선지를 위나라로 잡은 것일까. 『맹자』「만장 상」편에 해답의 단서가 나온다.

"만장이 맹자에게 묻기를, '공자가 위나라에서는 의원인 옹저(癰疽)의 집에 기숙했고 제나라에서는 내관인 척환(瘠環)의 집에 기숙했다는 얘기가 있는데 과연 그런 일이 있었습니까'라고 했다. 맹자가 대답하기를, '그렇지 않다. 그것은 호사가들이 꾸며낸 것이다. 공자는 위나라에서 안수유(顔讐由)의 집에 기숙했다. 위나라 군주의 총애를 받던 미자(彌子)의 처와 자로의 아내는 자매간이었다. 의원 옹저와 내시 척환의 집에 기숙했다는 것은 의(義)와 명(命)을 부정하는 것이다'라고 했다."

맹자의 주장이 맞다면 공자는 자로의 안내로 위나라로 갔을 것이다. 「공자세가」에도 유사한 대목이 나온다. 여기서는 '안수유'가 '안탁추'(顔濁鄒)로 나오고 자로와 동서지간인 것으로 되어 있다. 당시 공자는 '미자' 내지 '안수유'의 소개로 위령공의 지우(知遇)를 입어 적잖은 예우를 받은 것으로 짐작된다. 「공자세가」에는 공자가 위령공으로부터 속미(粟米) 6만 석의 녹을 받은 것으로 되어 있으나 다른 사서에는 이에 관한 얘기가 전혀 나오지 않는다. 크게 믿을 바가 못 된다.

공자는 천하유세 중 위나라에서 가장 큰 예우를 받았다. 공자가 도정에서 위나라를 사실상의 거점으로 삼은 것도 이와 무관하지 않을 것이다. 그러나 구체적으로 위나라에서 어떤 직책과 역할을 맡았는지는 파악할 길이 없다.

맹자는 공자가 천하유세 중 여러 나라에서 벼슬을 한 것처럼 주장했으나 이보다는 일종의 객경(客卿)과 같은 예우를 받으며 정치자문에 응하는 일종의 고문직을 맡았을 것으로 짐작된다. 『논어』를 비롯한 사서에 이에 관한 언급이 전혀 나오지 않는 점 등을 고려했을 때 공자는 위나라에서도 정치고문과 같은 한직을 맡았을 가능성이 높다. 그러나 공자의 위나라 체류는 그리 오래 되지 않았다. 「공자세가」는 그 배경을 설명해놓았다.

"공자가 위나라에 머문 지 얼마 안 되어 누가 위령공에게 공자를 무함하자 위령공이 대부 공손여가(公孫余假)에게 무장한 채 출입하며 공자를 감시하게 했다. 공자는 억울한 누명이나 쓰지 않을까 두려워하며 10달 만에 위나라를 떠났다."

공자에 대한 위나라 세족들의 반감이 만만치 않았음을 짐작케 한다. 이후의 행적과 관련해 「공자세가」와 「12제후연표」는 공자가 위나라에 도착한 이듬해에 진(陳)나라로 간 것으로 기록해놓았다. 그러나 앞서 기무라가 정리한 공자의 천하유세 여정 일람표를 통해 살펴보았듯이 이때 공자는 진나라로 간 것이 아니라 포 땅으로 갔다가 다시 위나라로 돌아왔다고 보는 것이 옳다. 「공자세가」는 당시 공자가 포(蒲: 하남성 장원현 동쪽) 땅에 도착했다가 한 달 남짓 머문 뒤 다시 위(衛)나라로 돌아와 현대부 거백옥(蘧伯玉)의 집에 머무른 것으로 기록해놓았다.

선진시대의 모든 문헌은 이때 공자가 포 땅을 지나던 중 조난을 당했다고 특서했다. 매우 중대한 사건으로 취급한 것이다. 그렇다면 과연 포 땅을 지날 때 무슨 일이 일어난 것일까. 「공자세가」와 『춘추좌전』은 당시의 상황을 기록해놓았다.

"공자가 포 땅을 지날 때 마침 위나라 대부 공숙씨(公叔氏)가 포 땅에서 반란을 일으켰다. 이에 포 땅의 사람들이 공자의 앞길을 막았다. 공자의 제자 중에 공량유(公良孺)라는 자가 개인의 수레 5대를 가지고 공자를 따라 천하유세를 수종하고 있었다. 그가 말하기를, '전에 선생님을 모시던 중 난을 당했는데 오늘 또다시 여기서 위험에 빠지니 차라리 싸우다 죽겠다'고 했다. 싸움이 심히 격해지자 포 땅의 사람들이 두려워하며 공자에게 '만일 위나라로 가지 않는다면 그대를 놓아주겠소'라고 제의했다. 공자가 약속하자 그들은 공자 일행을 동문으로 내보냈다. 그러나 공자는 끝내 위나라로 갔다. 위령공은 공자가 온다는 소식을 듣고 기뻐하며 교외까지 나가 영접했다. 위령공이 공자에게 묻기를, '우리 대부들은 포 땅을 공격할 수 없다고 여기오. 오늘날 포 땅은 위나라가 진·초 두 나라를 방어하는 요지인데 위나라가 직접 그곳을 공격한다는 것은 무리가 있지 않겠소'라고 했다. 공자가 '우리가 토벌하려는 사람은 반란을 일으킨 우두머리 4~5명에 불과합니다'라고 대답했다. 위령공이 크게 기뻐하며 이를 수긍했으나 결국 포 땅을 공격하지 않았다."

『춘추좌전』과 「공자세가」의 기록은 대동소이하다. 다만 『춘추좌전』에는 공숙씨의 이름이 공숙수(公叔成)로 나온다. 「공자세가」는 노애공 2년(기원전 493)에 일어난 사건으로 기록해놓았다. 그러나 『춘추좌전』에는 이보다 3년 앞선 노정공 14년(기원전 496)에 일어난 것으로 되어 있다. 『춘추좌전』의 기록이 역사적 사실에 부합한다. 「공자세가」는 노정공 14년에 공숙수로 인해 야기된 포 땅의 사건과 공자가 위나라에서 진나라로 가려고 하다가 조난을 당한 노애공 2년의 광(匡) 땅의 사건을 연대를 뒤바꿔 서술해놓았다.

공자는 포 땅의 곤액을 치른 뒤 위나라로 돌아와 거백옥의 집에 머물렀다. 공자가 거백옥의 집에 얼마나 머물렀는지는 자세히 알 길이 없다. 다만 그리 오래 되지는 않았을 것이다. 「공자세가」에는 이때 위령공의 부인 남자(南子)가 사람을 보내 공자를 청한 것으로 나와 있다. 행실이 나쁜 것으로 소문난 남자가 왜 공자를 청한 것일까. 「공자세가」에 당시의 정황이 기록되어 있다.

"공자는 남자의 초청을 받고 사양하다가 결국 부득이하여 만나게 되었다. 남자는 휘장 안에 있었다. 공자가 문을 들어가 북쪽을 향해 절을 하자 남자도 휘장 안에서 답례했다. 그녀의 허리에 찬 구슬 장식이 맑고 아름다운 소리를 냈다. 돌아와 공자가 자로에게 말하기를, '나는 원래 만나고 싶지 않았다. 기왕에 부득이 만났으니 이제는 예로 대접해주겠다'고 했다. 그러나 자로가 기뻐하지 않았다. 공자가 거듭 맹서하기를, '내가 만일 잘못했다면 하늘이 나를 버릴 것이다. 하늘이 나를 버릴 것이다'라고 했다."

'하늘이 나를 버릴 것이다'의 원문은 '천염지'(天厭之)이다. 이를 두고 일각에서는 '압'(壓)의 가차로 보아 '하늘이 나에게 압박을 가했기 때문이다'라고 풀이했다. 여기서 한 발 더 나아가 '내가 만일 잘못했다면'의 원문인 '여소부자'(子所否者)의 '부'(否)를 '부인'(否認)으로 간주해 '나도 저 여인을 부인하고 있다. 그러한 그녀를 하늘은 압박할 것이다'로 풀이하는 견해마저 나타났다. 이러한 해석은 공자가 남자를 만난 상황 자체에 대한 거부감에서 비롯된 억지해석이 아닐 수 없다.

공자가 남자와 만난 일화는 「논어」 「옹야」편에도 나온다. 우직한 자로는 스승의 행보에 커다란 불만을 표시했다. 유가 후학들은 이 대목을 접할 때마다 크게 곤혹스러워했다. 이 대목을 중상모략으로 간주해 아예 없애려고 시도한 자도 있었다. 그러나 이는 엄연한 역사적 사실이다.

「공자세가」의 해당 기록을 통해 알 수 있듯이 사마천은 제자인 자로 앞에서 자신의 결백을 증명하기 위해 애쓰는 공자의 모습을 눈앞에 보듯 생생히 그려놓았다. 사마천도 이 대목을 접하면서 소설적으로 재구성할 필요성을 강하게 느꼈을 것이다.

일본의 소설가 다니자키 준이치로(谷崎潤一郎)는 『기린』(麒麟)이라는 소설에서 공자가 남자의 미모에 압도된 것으로 그려놓았다. 중국의 임어당(林語堂)도 희곡 『자견남자』(子見南子)에서 공자를 희화화한 탓에 곡부에 사는 공자의 후손들로부터 제소를 당하기도 했다. 그러나 기원전 1세기에 살았던 사마천조차 이 일만큼은 희화적으로 묘사해놓은 것이 사실이다.

공자가 남자를 만난 것은 분명하다. 당시의 만남이 남자에게 무엇인가를 기대했기 때문에 이뤄졌으리라는 추정이 전혀 터무니없는 것도 아니다. 아름다우면서도 음란한 여인에 대한 남자들의 호기심은 예나 지금이나 크게 다르지 않을 것이다. 공자도 다른 사람과 마찬가지로 여인과의 교접을 통해 자식을 둔 한 남자였다.

위령공의 부인 남자는 결혼 전부터 친정 오라비인 송나라 공자 조(朝)와 근친상간을 계속하고 있었다. 위나라 내에서는 그녀의 음행(淫行)에 관한 소문이 파다하게 나돌았다. 『춘추좌전』「노정공 14년」조의 다음 기록이 그 증거이다.

"위령공이 부인 남자(南子)를 위해 위나라에서 벼슬을 살고 있는 송나라 공자 조를 불러 도(洮) 땅에서 만났다. 이때 위나라 태자 괴외(蒯聵)가 우읍(盂邑)을 제나라에 바치기 위해 송나라의 시골 마을을 지나게 되었다. 마침 괴외가 지나갈 때 사람들이 노래하기를, '이미 그대 누저(婁豬: 발정난 암퇘지로 남자[南子]를 지칭)를 만족시켰는데 어찌하여 우리 애가(艾豭: 고운 수퇘지로 공자 조를 지칭)를 돌려주지 않는가'라고 했다. 괴외가 이 노래를 듣고는 치욕스럽게 생각해 가신 희양속(戲陽速)에게 당부하기를, '나와 함께 소군(少君: 제후의 부인으로 남자[南子]를 지칭)을 조현할 때 내가 고개를 돌려 그대를 보면 그대는 곧바로 소군을 죽이도록 하라'고 하자 희양속이 흔쾌히 승락했다. 이들은 귀국하자마자 위령공의 부인을 조현했다. 부인이 괴외를 접견할 때 괴외가 세 번이나 뒤를 돌아보았건만 희양속은 앞으로 나아가지 않았다. 괴외의 안색이 이상하게 변한 것을 본 부인은 이내 낌새를 눈치채고는 곧 낙루(落淚)하여 내달리면서 외치기를, '괴외가 나를 죽이려 한다'고 했다. 이에 괴외가 송나라로 달아나자 위령공은 태자의 당우를 모두 축출했다."

당시 위나라 태자 괴외는 모친의 음행에 관한 백성들의 야유 섞인 노래를 듣고 충격을 받은 나머지 모친을 죽이려고 했다가 이내 실패해 망명하고 말았다. 괴외는 어쩌면 공자 송의 자식이었는지도 모른다.

위령공은 미자하(彌子瑕)라는 총신과 남색(男色)을 즐겼다. 남자가 음행을 일삼은 데에는 위령공의 죄도 컸던 것이다. 위령공과 남자의 행태를 통해 알 수 있듯이 당시 위나라 공실은 패륜의 극치를 보여주고 있었다. 위령공과 남자의 경우도 그렇지만 위령공이 노애공 2년(기원전 493)에 사망한 이후 보위를 둘러싸고 태자 괴외와 그의 아들 첩(輒)이 극렬한 각축전을 전개한 사실이 이를 뒷받침한다.

위령공이 사망할 당시 괴외의 아들 첩이 위출공(衛出公)으로 즉위했다. 이에 대노한 괴외가 진나라의 도움을 얻어 아들을 몰아내고 위장공(衛壯公)으로 즉위했다. 위장공이 3년 만에 죽자 다시 위출공이 보위에 오르게 되었다. 부자가 번갈아 보위에 오르는 과정에서 마치 원수를 대하듯 극렬하게 싸우는 모습을 보인 것이다.

공자는 남자와의 회동사건이 있고 얼마 후 위나라를 떠나고 말았다. 포 땅에서 위나라로 돌아온 뒤 공자는 왜 다시 위나라를 떠났을까. 기록에 따르면 남자로 인한 것은 아니었다. 「공자세가」는 그 배경을 설명해놓았다.

"위령공은 늙어 정사에 태만했다. 또한 공자를 등용하지도 않았다. 공자가 크게 탄식하며 말하기를, '만일 나를 등용하는 자가 있다면 그 나라는 단 1년 동안에 자리가 바로 잡히고, 3년 이내에 구체적인 성과가 나올 것이다'라고 했다. 마침내 공자가 위나라를 떠났다."

이는 역사적 사실에 부합하기는 하나 액면 그대로 믿을 수는 없다. 공자를 미화한 흔적이 역력하기 때문이다. 그렇다면 공자가 위나라를 두 번째로 출국하게 된 배경은 무엇일까. 먼저 「공자세가」의 다음 기록부터 살펴볼 필요가 있다.

"공자가 위나라에 머문 지 한 달 남짓 되었을 때 위령공이 부인 남자와 함께 수레를 타고 환관인 옹거(雍渠)를 옆에 태우고 궁문을 나섰다. 그는 공자로 하여금 뒤에 오는 수레를 타고 따라오게 하면서 거드름을 피우며 시내를 지나갔다. 이에 공자가 말하기를, '나는 덕을 좋아하기를 색을 좋아하는 것과 같이 하는 자를 보지 못했다'고 했다. 그러고는 이내 이에 실망해 위나라를 떠나 조(曹)나라로 갔다. 이해에 노정공이 죽었다."

「공자세가」는 여기서 공자가 위나라에 머문 지 한 달 남짓 되었을 때 위령공과 함께 출행(出行)하게 되었다고 기술해놓았으나 '한 달'이 과연 어떤 사건을 기준으로 산정한 것인지 분명하지 않다. 다만 위령공과 함께 출행한 일을 계기로 위나라를 떠난 것만은 확실한 듯하다. 이는 「위령공」편의 다음 대목이 뒷받침한다.

"하루는 위령공이 공자에게 진을 치는 법에 관해 묻자 공자가 대답하기를, '조두지사(俎豆之事: 제사에 관한 일)는 일찍이 들은 바가 있습니다. 그러나 군려지사(軍旅之事: 군사에 관한 일)에 대해서는 배운 바가 없습니다'라고 했다. 공자가 다음날 마침내 위나라를 떠났다."

'조두'는 제기(祭器), '군려'는 대오(隊伍)를 뜻하는 말로 각각 제사와 군사에 관한 일을 상징한다. 공자는 위령공이 '군려지사'를 묻자 마침내 위나라를 떠나기로 결심하고 바로 다음날 이를 결행한 셈이다. 「공자세가」의 '출행' 일화와 「위령공」편의 '군려지사' 일화를 종합하면 공자는 노정공이 죽고 노애공(魯哀公)이 즉위하는 노정공 15년(기원전 495) 어간에 위령공에게 실망한 나머지 두 번째로 위나라를 떠나게 되었다는 추론이 가능하다. 이는 공자가 천하유세에 나선 지 2년째 되던 해이다.

「공자세가」는 공자가 위나라를 떠나 조나라로 갔다고 했으나 조나라에서의 행적에 대해서는 아무것도 기술해놓지 않았다. 그보다는 기무라 에이이치가 정리해놓은 '위 → 포 → 위 → 광 → 송 → 진 → 채 → 섭 → 진 → 위'의 도표를 통해 알 수 있듯이 진(陳)나라로 가던 중 광 땅을 지나게 된 듯하다. 「공자세가」는 공자가 광 땅을 지날 때의 상황을 이같이 기술해놓았다.

"공자가 진나라로 가는 도중에 광(匡: 하남성 장원현)을 지날 때 제자 안각(顏刻)이 말을 몰았다. 도중에 그가 말채찍으로 한 곳을 가리키며 말하기를, '전에 제가 이곳에 왔을 때는 저 파손된 성곽의 틈 사이로 들어왔습니다'라고 했다. 광(匡) 땅 사람들은 이 말을 듣고 노나라의 양호가 또 온 것이라고 여겼다. 양호는 일찍이 광 땅 사람들에게 포악하게 대한 적이 있었다. 광 땅 사람들이 공자의 앞길을 막았다. 공자의 모습이 양호와 비슷했기 때문에 공자는 5일간이나 포위당해 있었다. 안연이 뒤따라 도착하자 공자가 크게 기뻐하며 말하기를, '나는 자네가 난 중에 이미 죽은 것으로 알았다'라고 했다. 이에 안연이 대답하기를, '선생님이 계시는데 제가 어찌 감히 무모하게 죽겠습니까'라고 했다. 이때 광 땅 사람들이 공자를 향해 더욱 급하게 포위망을 좁혀오자 제자들이 두려워했다. 공자가 말하기를, '주문왕은 이미 돌아가셨으나 사문(斯文: 예악문화의 전통)은 여기에 있지 않은가. 하늘이 사문을 없애려 했다면 우리들로 하여금 사문을 전승할 수 없게 했을 것이다. 하늘이 사문을 없애려 하지 않는데 광 땅 사람들이 나를 어찌 하겠는가'라고 했다. 공자가 사자를 위나라 대부 영무자(寧武子)에게 보내 위나라의 신하가 되게 한 후 비로소 그곳을 떠날 수 있었다."

「공자세가」의 이 기록은 여러 일화를 한데 뭉뚱그려놓은 것이다. 『춘추좌전』에 따르면 영무자는 이미 이 사건이 일어나기 1백여 년 전에 사망한 인물이다. 『논어』에도 영무자에 관한 언급이 나온다.

"공자가 말하기를, '영무자는 나라에 도가 있을 때는 지혜롭게 처신했고, 나라에 도가 없을 때는 마치 어리석은 듯이 처신했다. 지혜로운 처신에는 가히 미칠 수 있으나 어리석은 듯이 행동한 그의 처신에는 미치지 못할 것이다'라고 했다."

위나라는 위성공(衛成公) 3년부터 군주가 달아나는 등의 일로 인해 매우 어지러워졌다가 3년 만에 안정을 되찾았다. 위성공은 재위 27년 되던 해에 죽었다. 여기서 말하는 '무도'(無道)는 바로 어지러웠던 3년 간을 가리키고 '유도'(有道)는 그 이후의 안정된 기간을 지칭한다. '지'(知)는 영무자가 '유도'의 기간 때 자취를 거두어 몸을 온전히 한 것을, '우'(愚)는 '무도'의 기간 중 몸을 잊고 어려움을 무릅쓴 것을 말한 것이다.

영무자는 위성공이 초나라로 달아날 때 말고삐를 잡고 수종해 3년 동안 온갖 어려움을 다 겪은 뒤 마침내 위성공을 모시고 귀국했다. 그러나 영무자는 이내 대부 공달(孔達)을 집정으로 천거한 뒤 뒤로 물러나 천수를 다했다. 그러나 영무자의 행보와 관련해 '무도'와 '우'를 어떻게 해석할 것인지를 놓고 예로부터 고주(古注)와 신주(新注)가 크게 대립했다.

고주(古注)를 대표하는 전한제국 때의 공안국(孔安國)은 이를 두고 해석하기를, "거짓으로 어리석은 것처럼 하는 것이 사실과 같았으므로 미칠 수 없다"고 했다. 이에 대해 신주(新注)의 대표격인 주희는 이같이 해석했다.

"위성공이 무도하여 나라를 잃었을 때 영무자가 어렵고 험한 것을 피하지 않고 마침내 그 몸을 보전하고 군주를 건졌다. 그가 처한 곳은 지혜 있는 선비가 깊이 피하고 즐겨하지 않는 곳인 까닭에 이를 두고 그의 어리석음은 미칠 수 없다고 말한 것이다."

흔히 고주계통은 어리석음을 가장해 몸을 보전했다는 의미에서 '양우보신설'(佯愚保身說), 신주계통은 몸을 잊고 위험을 무릅썼다는 의미에서 '망신모난설'(忘身冒難說)이라고 한다. 예로부터 나라가 '무도'에 처해 있을 때 몸을 던져 어렵고 험한 일을 피하지 않은 채 나라를 구하는 일은 쉽지 않은 일이다. 처신에 능한 자들이 볼 때는 일면 어리석게 보일 수밖에 없다. 영무자가 바로 이를 실천한 인물이었던 것이다. 『춘추좌전』의 기록에 비춰 '망신모난설'이 역사적 사실에 부합한다.

'망신모난설'을 따르면 「공자세가」의 '공자가 사자를 위나라 대부 영무자(寧武子)에게 보내 위나라의 신하가 되게 한 후 비로소 그곳을 떠날 수 있었다'는 구절은 사실과 동떨어진 것이다. 하지만 공자가 진나라로 가던 도중 광 땅에서 곤액을 당한 것은 사실에 부합한다. 공자가 양호로 오인받아 곤욕을 치른 것과 유사한 내용이 『논어』 「자한」편에도 나와 있다.

하지만 일각에서는 광 땅 사람들이 공자를 양호로 착각해 5일 동안 포위했다는 기록에 강한 의문을 제기하면서 공자가 위나라를 떠난 시점을 통설보다 2년 늦춰 잡고 있다. 광 땅의 사건은 양호가 주군인 조간자(趙簡子)의 명을 받고 태자 괴외와 함께 위나라로 들어온 것을 계기로 공자에 대한 대우가 정지된 사실을 호도한 것에 불과하다는 것이다. 공자가 두 번째로 위나라를 떠난 시점도 노정공 15년(기원전 495)이 아니라 이보다 두 해 늦은 노애공 2년(기원전 493)으로 보는 것이 타당하다고 주장하고 있다.

『춘추좌전』「노애공 2년」조에는 진(晉)나라로 망명해 조간자에게 몸을 의탁한 양호가 조간자의 명을 받고 송나라에 망명 중인 태자 괴외를 위나라 영토인 척(戚) 땅에 잠입시킨 사실이 기록되어 있다. '노애공 2년설'은 이 대목에 주목해 이런 주장을 펼친 것이다. 그러나 과연 이런 주장이 맞는 것일까.

『사기』「송미자세가」 및 「12제후연표」 등은 공자가 송나라 사마환퇴(桓魋)로 인한 곤액을 당한 사건이 위령공이 죽은 이듬해인 노애공 3년에 일어난 것으로 기록해놓았다. 그렇다면 광 땅에서의 곤액이 1년 이상 지속되었다는 특이한 가정을 하지 않는 한 공자는 위령공이 죽은 뒤에 진나라를 향하다가 광 땅에서 곤액을 치른 뒤 송나라로 간 셈이 된다. 이는 공자가 위령공 재위 때 위나라를 떠났다는 「공자세가」와 「안연」편의 내용과 정면으로 배치된다.

공자가 위나라를 떠난 이유는 「공자세가」와 「안연」편에 나와 있듯이 더 이상 위나라에서는 자신의 이상을 펼치기 어렵다고 판단했기 때문이었다. 그렇다면 이는 틀림없이 위령공의 재위기간 중에 일어난 일로 보아야 한다. 아무리 늦춰 잡아도 공자는 최소한 위령공이 사망하는 노애공 2년(기원전 493) 여름 이전에 위나라를 떠났다고 보아야 모순이 없게 된다. '노애공 2년설'은 추정 시점이 전혀 틀렸다고 할 수는 없으나 공자가 위나라를 떠난 것으로 추정되는 여러 시점 중 극단적인 경우에 해당한다. 기무라와 크릴 등의 주장을 좇아 공자는 천하유세 2년째인 노정공 15년에 위나라를 떠난 뒤 진(陳)나라를 향해 나아갔다고 보는 것이 타당할 듯하다.

사마환퇴의 핍박과 조난의 경험

통설을 좇을 경우 공자는 진나라로 가기 위해 도중에 있는 송나라를 지난 것이 확실하다. 「공자세가」의 기록에 따르면 이때 공자는 휴식차 제자들과 큰 나무 아래에 앉아 있다가 예를 강술하던 중 송나라 사마 환퇴(桓魋)의 공격을 받게 되었다. 환퇴가 공자를 죽일 생각으로 사람들을 시켜 그 나무를 뽑게 하자 공자는 할 수 없이 그곳을 떠났다. 이

때 제자들이 다급하게 재촉하자 공자가 대답했다.

"하늘이 나에게 덕을 이을 사명을 주었는데 환퇴가 나를 어찌 하겠는가."

이 대목은 『논어』 「술이」편에도 나온다. 「공자세가」가 「술이」편의 기록을 전재한 것으로 짐작된다. 공자는 왜 이런 말을 한 것일까. 공자는 「자한」편에 나와 있듯이 광 땅에서 조난을 당했을 당시 '주문왕' 운운하며 일행을 독려한 바 있다. 「술이」편에서도 '하늘' 운운하며 의연한 모습을 드러냈다. 환퇴로 인한 조난을 기술한 「술이」편의 내용이 광 땅의 조난을 기술한 「자한」편의 내용과 유사한 점이 심상치 않다.

기무라는 이 점에 주목해 광 땅의 사건을 환퇴로 인한 조난 직전에 일어난 사건으로 보아야 한다고 주장했다. 당시 광 땅이 위나라에서 송나라에 이르는 중간 지점에 위치해 있었던 점을 감안할 때 동일 사건은 아니지만 최소한 앞뒤로 연속해서 일어난 사건으로 보아야 한다는 그의 주장은 설득력이 있다. 그의 주장을 따를 경우 광 땅의 조난은 노애공 2년(기원전 493) 어간에 일어났고, 사마환퇴로 인한 조난은 노애공 3년(기원전 492)에 일어난 것이 된다. 그렇다면 「공자세가」는 두 사건의 연대를 뒤바꿔 기술해놓은 것이 된다.

「공자세가」에 따르면 공자는 천하유세 도중 모두 4번에 걸쳐 조난을 당했다. 먼저 노정공 14년(기원전 496)에 위나라에서 진나라로 가기 위해 광 땅을 지나던 중 조난을 당한 것으로 되어 있다. 이어 이듬해에 위나라에서 진나라로 가던 중 송나라 사마환퇴의 핍박으로 조난을 당하고, 다시 2년 뒤인 노애공 2년(기원전 493)에 진나라에서 위나라로 오던 중 포 땅에서 공숙씨(公叔氏)의 핍박으로 조난을 당했다. 마지막으로 노애공 6년(기원전 489)에 진·채의 사이에서 식량이 떨어지는 조난을 당한 것으로 되어 있다.

4번에 걸친 조난 중 광 땅의 조난 일화는 『논어』 「자한」편과 「선진」편에도 있다. 송나라의 환퇴로 인한 조난은 『논어』 「술이」편과 『맹자』 「만장 상」편에도 있다. 진·채 사이의 조난은 『논어』 「위령공」편과 『맹자』 「진심 상」편에 언급되어 있다. 여러 문헌에 두루 언급되어 있는 점에 비춰 이들 조난은 모두 사실에 부합한 것으로 보아야 할 것이다. 문제는 노애공 2년의 포 땅에서 일어난 공숙씨로 인한 조난이다. 이는 『논어』와 『맹자』 등에 전혀 언급되어 있지 않다.

왜 이런 일이 빚어진 것일까. 포 땅의 조난이 사실이라면 『논어』와 『맹자』에 이 사건이 전혀 언급돼 있지 않은 이유를 해명하기가 쉽지 않다. 이에 대해 기무라는 「공자세가」가 광 땅의 조난과 공숙씨로 인한 포 땅의 조난의 연대를 뒤바꿔 기록한 데서 그 원인을 찾았다. 그의 주장에 따르면 「공자세가」는 광 땅의 조난과 사마환퇴로 인한 조난이 연이어 빚어진 사건인데도 이를 제대로 파악하지 못하고 시간적으로 떨어져 있는 별개의 사건으로 파악한 데서 이런 모순이 빚어지게 되었다는 것이다.

이를 확인하기 위해서는 먼저 광 땅과 포 땅의 조난이 일어난 시점의 선후관계를 규명할 필요가 있다. 광 땅과 포 땅은 모두 위나라 영내의 땅으로 본래 같은 지역에 속해 있었다. 보다 정확히 말하면 광 땅 내에 포 땅이 있었다. 전승과정에서 광 땅과 포 땅의 조난 시점이 뒤바뀔 소지가 충분히 있었던 것이다. 사마천이 생존했을 당시만 해도 4개의 조난이 전승되는 과정에서 광 땅과 포 땅의 조난이 지역적으로 상당히 가까웠던 까닭에 두 사건의 시기가 서로 뒤바뀔 개연성이 충분히 존재했던 것이다. 기무라의 주장에 따르면 실제로 그런 일이 「공자세가」에서 일어난 셈이 된다.

『춘추좌전』은 사마환퇴를 환퇴 이외에도 상퇴(向魋)와 환사마(桓司馬) 등 여러 이름으로 기록해놓았다. 「노정공 10년」조를 비롯해 「노애공 17년」조에 이르기까지 여러 대목에 걸쳐 그에 관한 기록이 산견되고 있다. 당시 사마환퇴가 매우 비중 있는 인물이었음을 시사하는 대목이다. 『맹자』 「만장 상」편은 사마환퇴로 인한 조난을 기록해놓았다.

"공자가 노나라와 위나라에서 뜻을 얻지 못해 송나라로 갔다. 그때 송나라의 사마환퇴가 길목을 지키고 공자를 죽이려고 하자 큰 곤경에 처하게 되었다. 이에 공자가 변복 차림으로 송나라를 지나갔다. 이때 공자가 진후(陳侯)의 주신(周臣 : 군주가 가까이 지내는 친신[親臣]을 지칭)인 사성정자(司城貞子)의 집에 기숙했다."

'진후'는 진민공(陳閔公) 월(越)을 말한다. 『사기』 「송미자세가」는 송경공(宋景公) 25년(기원전 492)에 공자가 사마환퇴의 공격을 받자 미복을 입고 위기를 벗어났다고 기록해놓았다. 이는 『맹자』와 같은 내용의 전승을 채택한 데 따른 것으로 보아야 한다. 당시 공자가 환퇴로 인한 곤액을 빠져나오게 된 과정에 대해서는 문헌마다 차이가 있으나 『맹자』에 언급된 미복잠행(微服潛行)이 사실에 가까운 것으로 보인다.

송나라의 사마환퇴는 왜 공자를 죽이려고 했던 것일까. 여러 설이 있으나 아직 정설이 없다. 사마환퇴가 나무를 뽑아 공자를 죽이려 했다는 「공자세가」 등의 기록은 지나치게 사실을 과장한 느낌을 주는 것이 사실이나 일정 부분 진실을 담고 있다. 당시 사마환퇴는 공자와 연관된 어떤 사건으로 인해 공문으로부터 비난을 받고 앙심을 품게 되었던 것이 아닌가 짐작된다. 사마환퇴의 아우 사마우(司馬牛)가 공자의 제자인 사실도 이와 무관하지 않았을 것으로 보인다.

사마환퇴는 송환공(宋桓公)의 후손으로 송경공(宋景公)으로부터 커다란 총애를 받고 있었다. 이는 송경공이 자신의 아우 공자 지(地)가 보유하고 있는 백마 4필을 빼앗아 환퇴에게 준 사실을 통해 쉽게 알 수 있다. 『춘추좌전』「노정공 10년」조의 관련 기록을 보면 송경공과 사마환퇴의 관계는 위령공과 미자하의 관계처럼 남색관계로 이뤄졌을 가능성도 배제할 수 없다.

이 일로 인해 송경공의 동생인 공자 지와 공자 진(辰)이 외국으로 망명하는 등 유력한 공족들이 궤멸하는 사태가 빚어졌다. 이미 사마환퇴는 공자를 해치려는 행동을 보이기 전에 안팎으로 수많은 적을 갖고 있었던 것이다. 그는 훗날 송경공의 미움을 받게 되자 송경공을 시해하려고 시도하다가 음모가 발각되는 바람에 위나라로 망명했다. 이때 공문에 들어가 공자의 가르침을 받았던 그의 아우 사마우도 오나라로 망명했다.

사마우가 언제 얼마나 공자 밑에서 공부했는지는 자세히 알 길이 없으나 공자가 천하유세를 떠나기 이전에 입문했던 것으로 보인다. 「안연」편에 공자가 사마우에게 충고하는 대목이 나온다.

"하루는 사마우가 군자에 대해 묻자 공자가 대답하기를, '군자는 근심하거나 두려워하지 않는다'고 했다. 사마우가 다시 묻기를, '근심하거나 두려워하지 않으면 곧 군자라고 할 수 있습니까'라고 하자 공자가 대답하기를, '내성(內省: 안으로 자성함)하여 조그마한 허물도 없는데 무엇을 근심하며 두려워하는가'라고 했다."

공자는 사마우에게 인간의 고귀함은 자신에게 달린 것이지 조상에 달린 것이 아니라고 가르친 것이다. 사마우는 공자의 가르침을 좇아 환퇴와 같은 인물을 크게 경멸했을 가능성이 높다. 공자의 가르침을 받은 사마우가 송나라로 돌아와 군주의 총애를 배경으로 전횡을 일삼은 친형 사마환퇴에게 경멸조의 몸짓을 보였는지도 모를 일이다. 이에 앙심을 품은 사마환퇴가 공자에게 보복 차원에서 해를 끼치고자 했을 공산이 크다.

환퇴가 공자를 해치기 위해 동원한 수법은 이른바 '차도살인지계'(借刀殺人之計)였다. 남의 손을 빌려 적을 해치는 궤계(詭計)이다. 「공자세가」의 기록에 따르면 환퇴는 군사를 동원하지 않고 일찍이 양호에게 원한을 품은 광 땅 사람들을 부추겨 양호와 모습이 비슷한 공자를 죽이려고 했을 것이다. 『장자』 「추수」(秋水)편에도 유사한 일화가 있다.

당시 공자가 광 땅에 갔을 때 송나라 사람들이 몇 겹으로 포위한 끝에 해치고자 했다. 그러나 공자는 태연자약하게 거문고를 뜯으며 노래하기를 그치지 않았다. 자로가 연유를 묻자 공자가 대답했다.

"나는 불우한 것을 꺼리고 싫어한 지 오래 되었지만 그 불우에서 벗어날 수 없는 것은 운명임을 깨달았다. 또 나는 자기 뜻대로 되기를 바란 지 오래 되었거니와 그 희망이 달성되지 않는 것은 시세 탓임을 알게 되었다. 요순시대에는 천하에 불우한 자가 아무도 없었다. 그것은 그들 모두가 반드시 지혜가 있었기 때문은 아니었다. 또 걸주(桀紂) 때에는 천하에 뜻을 얻은 자가 아무도 없었다. 그것은 반드시 그 사람들 모두가 지혜가 없어서 그렇게 된 것은 아니었다. 그들이 만난 시세가 우연히 그랬을 뿐이다. 물에서 도롱뇽이나 용을 피하지 않는 것은 어부의 용기이고, 육지에서 외뿔소나 호랑이를 피하지 않는 것은 사냥꾼의 용기이고, 칼날이 눈앞에서 번쩍이건만 죽음을 삶과 같이 보는 것은 열사의 용기이다. 자신이 불우한 것은 운명임을 알고 자기 뜻대로 되는 것은 시세 탓인 줄 알아 큰 곤경에 임해도 두려워하지 않는 것은 성인의 용기이다."

이때 무장한 지휘관이 나타나 사과했다.

"저희들은 선생님을 양호인 줄만 알고 포위했습니다. 그러나 이제는 그렇지 않은 것을 알았으니 사죄를 드리고 물러가고자 합니다."

이처럼 공자는 스스로 천명을 받은 사람이라고 생각해 환퇴 따위가 자신을 방해할 수 없을 것으로 자신했다. 거문고를 뜯는 공자의 모습은 과장되기는 했으나 당시 공자가 보여준 의연한 모습을 어느 정도 반영한 것으로 보인다. 기본취지에서 『논어』 「술이」편에 나오는 공자의 모습과 상통한다.

사서의 기록에 따르면 공자가 송나라에서 사마환퇴의 난을 만나 미복으로 곤경을 빠져나온 시기는 노애공 3년(기원전 492)인 것이 거의 확실하다. 이해 여름에 공자는 이미 진나라에 도착해 있었던 것으로 보인다.

이와 관련해 「공자세가」는 특이한 일화를 실어놓고 있다. 당시 공자는 진나라로 가기 위해 정나라를 지나던 중 제자들과 서로 길이 어긋나 홀로 성곽의 동문에 서 있게 되었다. 이때 정나라 사람이 자공에게 말했다.

"동문(東門)에 어떤 사람이 있는데 그 이마는 요임금과 닮았고, 목덜미는 고요(皐陶: 동이족의 우두머리로 순임금 때 형법을 관장)와 닮았고, 어깨는 자산(子産)을 닮았소. 그러나 허리 이하는 우임금보다 3촌(寸)이 짧고, 풀 죽은 모습은 마치 '상가지구'(喪家之狗: 상갓집 개)와 같소."

자공이 이 말을 그대로 고하자 공자가 웃으며 말했다.

"한 사람의 모습이 어떠냐 하는 것은 그리 중요한 것이 아니다. 그런데 '상가지구'와 같다고 했다는데 그것은 정말 그랬지. 그랬고말고."

「공자세가」의 이 기록은 액면 그대로 믿을 수는 없으나 일정부분 역사적 사실을 담고 있다. 숱한 곤액과 세인들의 악평에도 아랑곳하지 않고 '사문'(斯文)을 밝히고자 하는 공자의 의연한 모습이 여실히 드러나고 있다. 자신을 '상가지구'로 비유한 사실을 전해 듣고 흔연(欣然)한 모습을 취한 공자는 이미 달인(達人)의 경지에 올라선 것이 확실하다.

공자가 환퇴로 인한 조난을 피한 뒤 송나라로 잠입해 사성정자의 집에 머문 지 1년 남짓 되었을 때 오왕 부차가 진(陳)나라를 쳐 3개 성읍을 빼앗아 돌아가는 등 굵직한 사건이 연이어 터져 나왔다. 「공자세가」는 당시 공자의 행적에 대해 아무것도 전해주지 않고 있으나 전후 맥락에 비춰 보면 이때 송나라를 떠나 진나라로 간 것이 거의 확실하다. 「공자세가」는 공자가 진나라에 머물 당시의 특이한 일화를 실어놓았다.

어느 날 매 한 마리가 진나라 궁정에 떨어져 죽었다. 싸리나무로 만든 화살이 몸에 꽂혀 있었고, 화살촉은 돌로 되어 있었고, 화살의 길이는 1척 8촌이었다. 진민공(陳閔公)이 사자를 시켜 공자에게 이를 묻자 공자가 대답했다.

"매는 멀리서 왔습니다. 이는 숙신(肅愼)의 화살입니다. 옛날 무왕이 은나라를 멸한 후 여러 소수 민족과 교통하고 각각 그 지방의 특산물을 조공하게 함으로써 그들의 직책과 의무를 잊지 않게 했습니다. 이에 숙신은 싸리나무로 만든 화살과 돌로 만든 화살촉을 바쳤는데 길이가 1척 8촌이었습니다. 선왕은 그의 미덕을 표창하고자 숙신의 화살을 장녀 대희(大姬)에게 나눠주었습니다. 이후 장녀를 우(虞)의 호공 (胡公)에게 시집보내고, 우의 호공을 진(陳)에 봉했습니다. 동성 제후들에게는 진귀한 옥을 나눠주어 친척의 도리를 다하게 하고, 이성 제후들에게는 먼 지방에서 들어온 조공품을 나눠주어 무왕에게 복종할 것을 잊지 않게 했습니다. 이에 진나라에서는 숙신의 화살을 나눠갖게 된 것입니다."

진민공이 시험 삼아 옛 창고에서 그 화살을 찾아보게 하자 공자의 말이 사실로 드러났다. 이는 다른 사서에 전혀 나오지 않는 일화인 까닭에 그대로 믿을 수는 없다. 사서의 기록을 종합해볼 때 당시 공자가 진민공을 만났을 가능성도 그리 높지 않다. 「공자세가」에는 공자가 도합 3년 동안 진나라에 머물렀다고 기록되어 있다. 당시의 행적과 관련해 「공자세가」는 숙신의 화살과 관련한 일화 이외에 아무것도 전해주지 않는다.

그렇다면 진나라 체류 이후의 여정은 어디로 잡혀 있었던 것일까. 당시 공자는 채나라로 간 것이 거의 확실하다. 공자는 왜 진나라를 떠났을까. 「공자세가」에 따르면 진(晉)·초 두 나라가 앞뒤로 진나라를 침공한 사실과 무관하지 않다. 이때 공자는 진나라를 떠나 채나라로 가던 중 커다란 곤경에 처하게 되었다. 진·채 사이에서 식량부족으로 기아상태에 빠지게 된 것이다.

「공자세가」에 따르면 공자가 채나라로 향한 것은 노애공 4년(기원전 491)이고, 섭(葉) 땅으로 간 것은 노애공 5년이다. 이때 공자는 진 (晉)나라의 필힐(佛肹)로부터 부름을 받고 크게 동요했으나 결국 제의를 거부했다.

공자는 노애공 6년에 섭 땅에서 다시 진나라로 돌아갔다. 이후 3년 동안 진나라에 머물다가 다시 노애공 10년에 위나라로 가 1년 동안 머문 뒤 노애공 11년(기원전 484)에 마침내 귀국길에 오르게 되었다.

공자가 진·채 사이에서 조난을 당한 것은 노애공 4년 때의 일로 보는 것이 옳다. 진·채 사이의 조난은 선진시대의 문헌에 언급되지 않은 경우가 없을 정도로 유명한 사건이다. 『논어』 「위령공」편 이외에도 『순자』 「유좌」(宥坐)편과 『공자가어』 「재액」(在厄)편, 『한시외전』(韓詩外傳) 권7, 『여씨춘추』(呂氏春秋) 「신인」(愼人)편, 『장자』 「양왕」(讓王)편, 『설원』(說苑) 「잡언」(雜言)편 등에 두루 실려 있다. 이들 내용을 「공자세가」와 비교하면 진·채 사이의 조난에 관한 설화가 시간대별로 어떻게 윤색되었는지를 알 수 있다.

「공자세가」에 따르면 공자가 채나라로 옮긴 지 3년이 되던 해에 오나라가 진나라를 공격했다. 초나라는 진나라를 구하기 위해 초나라의 진보(陳父) 땅에 군사를 주둔시켰다. 초나라에서는 공자가 진나라와 채나라의 중간 지역에 있다는 말을 듣고 사람을 보내 공자를 초빙했다. 공자가 가서 예를 갖추려고 하자 진나라와 채나라의 대부들이 이같이 의논했다.

"공자는 현인이다. 그가 비난하는 바는 모두 제후들의 잘못과 들어맞는다. 지금 그가 진나라와 채나라의 중간에 오래 머물고 있는데 그간 여러 대부들이 한 행실은 모두 공자의 뜻에 맞지 않는다. 오늘의 초나라는 큰 나라인데 공자를 초빙하려 한다. 공자가 초나라에 등용되면 우리 진나라와 채나라에서 일하는 대부들은 모두 위험해질 것이다."

이에 진·채 두 나라의 대부들이 노역자들을 보내 들판에서 공자를 포위케 하자 공자는 초나라로 가지 못하고 얼마 후 식량마저 떨어지는 곤경에 처하게 되었다. 수종하던 제자들은 굶고 병들어 잘 일어서지도 못했다. 그러나 공자는 조금도 흐트러짐 없이 강의도 하고, 책도 낭송하고, 거문고도 타면서 지냈다. 자로가 화가 나 공자에게 말했다.

"군자도 이처럼 곤궁할 때가 있습니까."

"군자는 곤궁해도 절조를 지키지만 소인은 곤궁해지면 탈선한다."

자공이 화가 나 얼굴색이 변했다. 공자가 말했다.

"사(賜)야, 너는 내가 박학다식하다고 생각하느냐."

"그렇습니다. 그렇지 않다는 말씀이십니까."

공자가 말했다.

"그렇지 않다. 나는 한 가지 기본 원칙을 가지고 전체의 지식을 통찰한 것뿐이다."

공자는 제자들이 마음이 상해 있다는 것을 알고 곧 자로를 불러 물었다.

"『시』에 이르기를, '비시비호(匪兕匪虎: 외뿔소도 아니고 호랑이도 아님)·솔피광야(率彼曠野: 광야에서 헤매고 있음)'라고 했다. 나의 도에 무슨 잘못이라도 있단 말이냐. 우리가 왜 여기서 곤란을 당해야 한단 말인가."

공자가 인용한 시는 『시경』「소아·하초불황(何草不黃)」이다. 공자는 자신이 거친 들판인 광야를 헤매고 있는 것은 외뿔소처럼 독선적이기 때문인가, 아니면 호랑이처럼 분수에 넘치는 욕망으로 세상을 지배하려는 권력욕에 빠져 있기 때문인가를 자문하고 있는 것이다. 자로가 스승의 속마음을 읽고 물었다.

"아마도 우리가 어질지 못하기 때문이 아니겠습니까. 그래서 사람들이 우리를 믿지 못하는 듯합니다. 아마도 우리가 지혜롭지 못하기 때문이 아니겠습니까. 그래서 사람들이 우리를 놓아주지 않는 듯합니다."

자로는 공자를 미완의 스승으로 본 것이다. 공자가 반문했다.

"그럴 리는 없을 것이다. 중유야, 만일 어진 사람이 반드시 남의 신임을 얻는다면 어째서 백이와 숙제가 수양산에서 굶어 죽었겠느냐. 또 만일 지혜로운 사람이 반드시 장애 없이 실행할 수 있다면 어찌 왕자 비간(比干)의 심장이 갈라졌겠느냐."

자로가 나가자 자공이 들어와 공자를 뵈었다. 공자가 말했다.

"사야, 『시』에 이르기를, '외뿔소도 아니고 호랑이도 아닌 것이 광야에서 헤매고 있다'고 했다. 나의 도에 무슨 잘못이라도 있단 말이냐. 우리가 왜 여기서 곤란을 당해야 한다는 말인가."

자공이 응답했다.

"선생님의 도가 지극히 크기 때문에 천하의 그 어느 국가에서도 선생님을 받아들이지 못합니다. 선생님께서는 어째서 자신의 도를 약간 낮추지 않는 것입니까."

그러자 공자가 말했다.

"사야, 훌륭한 농부가 비록 씨 뿌리기에 능하다 해서 반드시 곡식을 잘 수확하는 것은 아니다. 훌륭한 장인이 비록 정교한 솜씨를 가졌다 할지라도 반드시 사용자를 만족시키는 것은 아니다. 군자가 그 도를 잘 닦아 기강을 세우고, 잘 통리(統理)할 수는 있겠지만 반드시 세상에 수용되는 것은 아니다. 지금 너는 너의 도는 닦지 않고서 스스로의 도를 낮춰서까지 남에게 수용되기를 바라고 있다. 사야, 너의 뜻이 원대하지 못하구나."

자공이 나가고 안회가 들어와 공자를 뵈었다. 공자가 물었다.

"회야, 『시』에 이르기를, '코뿔소도 아니고 호랑이도 아닌 것이 광야에서 헤매고 있다'고 했다. 나의 도에 무슨 잘못이라도 있단 말이냐.

우리가 왜 여기서 곤란을 당해야 한다는 말인가.”

안회가 대답했다.

“선생님의 도가 지극히 크기 때문에 천하의 그 어느 국가에서도 선생님을 받아들이지 못합니다. 비록 그렇기는 하나 선생님은 도를 추진하고 있습니다. 그러니 그들이 받아들이지 않는다고 해서 무슨 걱정이 있겠습니까. 받아들여지지 않은 연후에 더욱 군자의 참 모습이 드러나는 것입니다. 무릇 도를 닦지 않는다는 것은 우리의 치욕입니다. 그리고 무릇 도가 잘 닦여진 인재를 등용하지 않는 것은 나라를 가진 자의 치욕입니다. 그러니 받아들여지지 않는다고 해서 무슨 걱정이 되겠습니까. 받아들여지지 않은 연후에 더욱 더 군자의 참 모습이 드러날 것입니다.”

공자가 기뻐했다.

“그렇던가, 안씨 집안의 자제여. 자네가 만일 큰 부자가 되었다면 나는 자네의 재무 관리자가 되었을 것이다.”

이에 자공을 초나라로 보냈다. 마침내 초소왕(楚昭王)이 군사를 보내 공자를 맞이하자 비로소 공자는 곤궁에서 벗어날 수 있었다.

이상이 「공자세가」에 나오는 진·채 간의 조난에 관한 일화이다. 워낙 유명한 일화인 까닭에 「공자세가」 또한 상세히 소개해놓았다. 「공자세가」에 실린 진·채 사이의 곤액과 관련된 일화의 내용은 자공의 활약에 의한 초소왕의 공자 구원과 초소왕의 공자초빙, 영윤 자서의 이의제기로 인한 좌절, 초소왕의 진몰(陣沒) 등으로 요약할 수 있다.

여기서 공자가 거듭 제자들을 향해 ‘나의 도에 무슨 잘못이라도 있단 말이냐’라고 물은 데에는 스스로에 대한 강한 회의가 깔려 있다. 안회가 ‘받아들여지지 않은 연후에 더욱 더 군자의 참 모습이 드러날 것입니다'라고 언급한 것은 도가적인 색채가 짙다. 일각에서는 이런 내용 등을 근거로 안회를 장자학파의 비조(鼻祖)로 추정하고 있다. 곽말약과 시라카와 등이 대표적인 인물이다. 나름대로 일리 있는 추정이다.

이들 설화가 얼마나 사실에 가까운지는 판단하기가 쉽지 않다. 특히 공자가 초나라에 등용되는 것을 저지하기 위해 진나라와 채나라 대부들이 공모해 실력 행사에 나선 대목은 적잖은 문제가 있다. 당시 진나라와 초나라는 우호관계였고, 채나라와 초나라는 불편한 관계였다. 적대관계인 두 나라가 공자에게 실력행사를 하기 위해 공모했을 리가 없다. 유가 후학의 위문일 것이다. 그러나 이는 후대인들 사이에 진·채 사이의 조난에 대한 설화가 널리 유포되었음을 의미하는 것이기도 하다. 「위령공」편에 나오는 다음 구절은 당시 공자 일행이 진·채 사이에서 얼마나 큰 고통을 겪었는지를 생생히 전해주고 있다.

"공자가 진나라에 있을 때 양식이 떨어지자 따르던 사람들이 병이 들어 일어나지 못했다."

전란의 와중에서 언제라도 일어날 수 있는 일이었다. 공자는 줄곧 여정을 함께 했던 일행의 소식이 두절되고 식량보급도 끊어지는 최악의 상황에 처해 있었다. 당시 진·채 양국 모두 오·초 양국의 침공으로 크게 피폐해 있었다. 「공자세가」는 당시의 채나라 상황을 구체적으로 기록해놓았다.

"노애공 4년(기원전 491), 공자가 진나라에서 채나라로 옮아갔다. 채소공(蔡昭公)이 장차 오나라로 가려고 했다. 오왕 부차가 그를 불렀던 것이다. 지난날 채소공은 신하들을 속이고 주래(州來) 땅으로 천도했다. 채소공이 이제 다시 오나라로 가려고 하자 대부들은 또 천도할까 크게 두려워했다. 마침내 대부 공손편(公孫翩)이 채소공을 쏘아 죽였다. 이에 초나라가 채나라를 침공했다. 이해 가을, 제경공이 죽었다."

이 기록은 대략 역사적 사실이다. 그러나 제경공이 노애공 4년 가을에 세상을 떠났다는 대목은 다른 사서의 내용과 차이가 있다. 『춘추좌전』과 「제태공세가」, 「12제후연표」는 모두 노애공 5년의 일로 기록해 놓았다. 사마천이 「공자세가」를 편찬하는 과정에서 착오가 있었던 것으로 짐작된다.

당시 진나라 역시 오·초 양국 사이에 끼어 있었던 까닭에 극히 피폐했다. 채나라와 마찬가지로 풍전등화의 위기에 처해 있었던 것이다. 실제로 진나라는 공자가 다녀간 지 12년 후에 초나라에 의해 멸망당하고 말았다. 이런 상황에서 공자가 진·채 두 나라 군주를 상대로 유세하는 것은 애초부터 어려운 일이었다. 공자가 두 나라 군주를 만나지 못한 것도 거의 확실하다. 「술이」편에 나오는 다음 대목을 보면 짐작할 수 있다.

"진(陳)나라의 사패(司敗: 형옥을 다루는 관원으로 사구[司寇]와 같음)가 공자에게 노소공이 예를 아는지 묻자 공자가 그렇다고 대답했다. 공자가 물러가자 진나라 사패가 공자의 제자 무마기(巫馬期)에게 말하기를, '내가 듣건대 군자는 편당을 짓지 않는다고 했는데 군자도 편당을 짓는 것이오. 노소공이 오나라에서 부인을 얻자 사람들이 동성(同姓)인 것을 꺼려 노소공의 부인을 오맹자(吳孟子: 오나라의 큰 딸이라는 뜻임)라고 칭했소. 우리 군주가 예를 알면 그 누가 예를 알지 못할 리 있겠소'라고 했다. 무마기가 이를 공자에게 알리자 공자가 크게 기뻐하며 '나는 나의 허물을 곧바로 전해들을 수 있으니 참으로 다행이다. 실로 나에게 허물이 있으면 사람들이 반드시 이를 알아채는구나'라고 말했다."

이 일화에서 진나라 사패가 자국의 군주를 비난한 것은 당시 공자가
진나라 군주를 만난 적이 없음을 시사한다. 당시의 상황에 비춰 볼 때
공자는 설령 진·채 두 나라의 군신(君臣)과 교분이 있었을지라도 곤
액을 면하기가 어려웠다. 진·채 두 나라는 오·초 두 대국의 각축장
이 되어 있었던 까닭에 공자 일행에게 식량을 보급하기가 여의치 않았
던 것이다. 진·채 사이의 조난은 공자가 천하유세 중에 겪은 최후의
조난이었다.

공·사 개념을 다룬 섭공과의 문답

공자는 진·채 사이의 조난이 있은 지 1년 뒤인 노애공 5년(기원전
490)에 뜻밖에도 진(晉)나라의 권신인 조간자의 가신으로 있는 필힐
(佛肹)로부터 함께 일하자는 내용의 초청을 받게 되었다. 천하유세에
나선 지 8년이 되도록 아무런 성과도 거두지 못한 공자는 이런 초청을
받고 크게 동요했을 것이다. 「양화」편은 당시의 상황을 사실적으로 묘
사해놓았다.

"필힐이 부르자 공자가 가려고 했다. 그러자 자로가 만류하기를,
'전에 저는 부자(夫子)에게서 스스로 불선(不善)을 저지르는 자가 있
으면 군자는 그 무리에 들어가지 않는다는 얘기를 들었습니다. 필힐이
중모(中牟)에서 반기를 들었는데 선생님은 어찌하여 그곳에 가려는 것
입니까'라고 했다. 공자가 대답하기를, '그렇다. 그런 말을 한 적이 있
다. 그러나 혼탁한 가운데서도 변치 않을 수 있으니 사람들이 단단하
다고 말하지 않겠느냐, 갈아도 얇아지지 않으니. 또한 희다고 말하지
않겠느냐, 검은 흙물을 들여도 검어지지 않으니. 내가 어찌 포과(匏瓜:

박)일 수 있겠느냐, 먹을 수 있는 물건은 사방으로 팔려나가기 마련인데 내가 어찌하여 먹을 것이 없어 쓰이지도 못한 채 한 곳에 매달려 있는 포과의 신세가 되어야 하느냐'고 했다."

세상에 대한 공자의 울분이 여과 없이 드러나 있다. 예로부터 여기에 많은 논란이 있었다. 청대의 최술을 비롯해 공자를 옹호하고자 한 유가 후학들은 『논어』의 이 부분을 위문으로 증명하기 위해 애썼다. 최술은 공자와 필힐의 관계를 부인하는 데 혼신의 노력을 기울였으나 겨우 공자시대에는 대화의 상대방을 지칭할 때 '부자'(夫子)라는 용어를 사용한 적이 없다고 주장하는 데 그쳤다. 그러나 이러한 호칭은 『논어』에 자주 산견된다. 액면 그대로 보는 것이 옳다. 「공자세가」는 필힐이 반기를 든 배경을 이렇게 설명해놓았다.

"조앙(趙鞅: 조간자)이 범씨 및 중항씨를 격파하려고 할 때 중모에서 조앙에게 불복했다. 이에 조앙이 이 지역을 쳤다. 필힐이 중모(中牟)를 근거지로 반기를 들었다."

당시 진(晉)나라는 조간자를 지지하는 세력과 이를 반대하는 범씨(范氏)·중항씨(中行氏) 세력으로 양분돼 심각한 내홍(內訌)을 겪고 있었다. 「공자세가」는 필힐이 노나라의 양호처럼 주군인 조간자의 명을 거역하고 반기를 든 사실을 명백히 기록해놓은 것이다. 그러나 이에 대한 반론도 만만치 않았다. 조간자와 반대세력이 치열하게 다투는 상황에서 필힐이 주군인 조간자를 배신하고 반대편에 가담한 것이 석연치 않다는 이유였다. 이에 청대의 유보남(劉寶楠)·유공면(劉恭冕) 부자는 『논어정의』(論語正義)에서 필힐을 범씨와 중항씨의 가신으로 보는 것이 타당하다고 주장했다. 과연 어느 주장이 옳은 것일까. 먼저 『춘추좌전』「노애공 5년」조에 나오는 다음 기록을 주목해

볼 필요가 있다.

"여름, 진나라 대부 조앙이 위나라로 쳐들어갔다. 이는 위나라가 범씨(范氏)를 도와준 데 따른 것이었다. 이때 조앙이 중모를 포위했다."

조간자가 필힐의 거점인 중모 땅을 포위한 것은 필힐이 적대세력인 범씨를 도와줬기 때문이었다. 중모는 위나라 땅이었는데 당시 중모의 귀속을 둘러싸고 진(晉)나라와 위나라 사이에 문제가 발생한 것으로 보인다. 필힐은 「공자세가」의 기록과 같이 조앙의 가신으로 보는 것이 문맥상 타당하다. 당시의 기준에서 볼 때 필힐은 주군을 배신했다는 지적을 면하기 어려웠다. 자로가 공자를 만류한 것은 바로 이 때문이었다.

공자는 자로가 강력 저지하고 나서자 자신을 알아주지 않는 세상에 대한 울분을 거침없이 드러내며 비애감을 표시했으나 결국 가지 않았다. 『춘추좌전』의 기록대로 필힐이 노애공 5년에 공자를 불렀다면 공자는 아직도 진·채 사이의 조난에 관한 기억이 생생한 시점에 초청을 받게 된 셈이다. 이때 공자는 섭 땅에 있었다. 『논어』에 나오는 섭공(葉公) 심제량(沈諸梁)과의 문답은 이때 이뤄진 것으로 보인다. 현실의 벽에 부딪쳐 크게 절망하고 있던 공자는 필힐의 초빙을 받고 순간적으로 여러 생각이 교차했을 것이다. 공자가 천하유세 중 응소(應召) 여부를 놓고 고민한 것은 이때가 거의 유일하다.

진·채 사이의 조난을 겪은 공자가 섭 땅으로 남유(南遊)를 결심한 것은 그곳에서 새로운 가능성을 찾고자 하는 간절한 기대 때문이었다. 섭 땅에서 이뤄진 초나라의 현대부 섭공과의 회동은 공자에게 법치(法治)에 관한 자신의 생각을 보다 정교하게 다듬는 계기로 작용했다. 섭공은 국가이익을 우선시하는 법치주의자였다. 『논어』에는 공자가 그와 나눈 문답이 세 대목에 걸쳐 실려 있다.

섭공은 '백공(白公)의 난'으로부터 초나라를 패망의 위기에서 구해낸 뛰어난 인물이다. 『춘추좌전』에는 그에 관한 일화가 제법 많이 실려 있다. 그는 덕치를 내세우면서 국가에 해가 되는 일을 서슴지 않고 행하는 귀족들을 비난했다. 초나라를 위기로 몰아넣었던 '백공의 난'을 평정한 것은 전적으로 그의 공이었다. 그는 난을 평정한 직후 잠시 정권을 담당한 뒤 질서가 회복되자 아무 미련 없이 섭 땅으로 돌아갔다. 그의 행보에는 공자가 생각하는 군자의 모습이 여실히 드러나 있었다. 공자가 섭공을 만나고 싶어한 것은 자연스런 일이었다.

공자가 남유할 당시 마침 섭공은 초나라에 투항한 채나라의 병합작업을 공고히 다지기 위해 옛 채나라 땅인 섭 땅에 와 있었다. 공자가 초나라의 현자로 알려진 그를 만나기 위해 섭 땅으로 간 것이 거의 확실하다. 두 사람은 수인사를 나눈 뒤 '치평' 문제를 놓고 의견을 교환했다. 「자로」편의 다음 구절을 보자.

"섭공이 공자에게 정치를 묻자 공자가 대답하기를, '가까이 있는 자들은 기뻐하게 만들고, 먼 곳에 있는 자들은 가까이 다가오도록 만드는 것이오'라고 했다."

공자는 '치평'의 요체로 덕치를 든 셈이다. 공자가 정치의 최고기준으로 삼은 '덕'은 맹자가 말한 인·의·예·지 이외에도 효·제·충·신 등 다양한 덕목을 포함한 개념이다. 공자가 주장한 인간의 덕목에는 여러 가지가 있지만 그중 가장 중요한 것이 인(仁)이다. 이 때문에 공학(孔學)을 '인학'(仁學)이라고 부르기도 한다.

『춘추좌전』에 따르면 섭공은 공자가 말한 '인'을 행한 사람이었다. 훗날 성리학자들은 '인'을 고정된 덕이 아니라 경우에 따라 적용할 수 있는 원융무애(圓融無碍)한 정신으로 파악했다. 정명도(程明道)가 공자사상의 핵심인 '인'이 우주의 원리인 물아일체(物我一體)와 통한다고 주장한 것이 그 실례이다. 이는 불가에서 말하는 '무'와 '공'을 공자사상의 '인'의 개념 속에 끌어들인 결과라고 할 수 있다. 공자가 말한 '인'과 근원적인 차이가 있다.

『논어』 등의 기록을 감안할 때 공자와 섭공은 서로 의기투합했음에 틀림없다. 두 사람은 '치평'과 관련한 여러 문제를 심도 있게 논의했을 것이다. 이는 「자로」편에 나오는 흥미진진한 일화를 통해 짐작할 수 있다. 개인 차원의 윤리와 국가공동체의 이익이 정면으로 충돌할 경우 과연 어떤 선택이 타당한 지에 관한 논의가 두 사람 사이에서 밀도 있게 진행되었다.

"섭공이 공자에게 말하기를, '우리 무리에 정직한 자가 있습니다. 아비가 양을 횡령하자 아들이 이를 증명했습니다'라고 했다. 그러자 공자가 대답하기를, '우리 무리의 정직한 자는 그와 다르오. 아비는 자식을 위해 숨기고, 자식은 아비를 위해 숨겨주니 정직함이 바로 그 안에 있는 것이오'라고 했다."

이 일화는 두 사람이 동서양을 막론하고 정치사상의 핵심으로 간주하는 공(公)과 사(私)의 문제를 정면으로 다루고 있음을 보여준다. 공과 사의 문제는 수천 년 동안 지속된 정치철학의 최대 난문(難問)이다. 곧 정치철학의 알파 오메가라고 해도 과언이 아니다.

서양이 낳은 20세기 최고의 정치철학자로 불리는 한나 아렌트는 이 문제에 대한 탁월한 해답을 제시한 바 있다. 그에 따르면 서양은 이 문제를 수천 년에 걸쳐 개인의 권익을 중시하는 '관조적 삶'(bios theoretikos)과 공동체의 이익을 중시하는 '정치적 삶'(bios politikos)의 대립 문제로 다뤄왔다. 아렌트는 『인간의 조건』에서 서양의 정치사상사는 아리스토텔레스가 언명한 '조온 폴리티콘'(zoon politikon)의 해석을 둘러싼 논쟁으로 점철되었다고 파악했다.

'조온 폴리티콘'에 대한 해석은 크게 '정치적 동물'로 해석하는 견해와 '사회적 동물'로 해석하는 견해로 대별되고 있다. 과연 인간은 공동체 전체의 이익을 중시하는 '국가'를 앞세우는 '정치적 동물'인가, 아니면 개인 권익의 총합(總合)인 '사회'를 앞세우는 '사회적 동물'인가.

아렌트에 따르면 로마시대의 세네카(Seneca)는 '조온 폴리티콘'을 '아니말 소키알리스'(animal socialis)로 번역함으로써 사상 최초로 인간을 '사회적 동물'로 해석하는 단초를 열었다. 세네카는 이로써 공동체 전체의 이익을 중시하는 '국가'보다 개인 권익의 총합인 '사회'에 무게를 둔 셈이다.

중세시대에 들어가 토마스 아퀴나스(T. Aquinas)는 세네카의 정의를 구체화시켜 '인간은 본성적으로 정치적, 즉 사회적이다'(homo est naturaliter politicus, id est, socialis)라는 라틴어 표준번역어를 만들어냈다. 이후 아리스토텔레스가 사용한 그리스어 '폴리티콘'은 라틴어의 '폴리티쿠스'(politicus)와 '소키알리스'(socialis)의 두 가지 뜻을 겸유하게 되었다.

이는 현대에 이르기까지 전혀 변함이 없다. 현대 통상적으로 사용되는 영어의 '폴리틱스'(politics)를 비롯해 불어의 '폴리티크'(la politique)와 독어의 '폴리틱'(die Politik), 러시아어의 '폴리티카'(politika) 모두 사회를 뜻하는 라틴어 계통의 '소키알'(social)이라는 용어가 있음에도 불구하고 아퀴나스가 정의한 '정치'와 '사회'의 의미를 동시에 지니고 있다.

토마스 아퀴나스가 아리스토텔레스의 '폴리티코스'를 라틴어의 '소키알리스'로 대체한 것은 정치에 대한 그리스인들의 원래 취지가 어떻게 변질되었는지를 웅변적으로 보여주고 있다. 본래 '사회'를 뜻하는 라틴어 소키에타스(societas)는 정치적 의미를 지니고 있기는 했으나 매우 제한적이었다. '소키에타스'는 다른 사람을 지배하거나 범죄를 도모할 목적으로 사람들이 조직을 만들 듯이 일부 사람들이 특정한 목적을 이루기 위해 결속하는 것을 의미했다.

그리스어에는 라틴어의 '소키알리스'에 대응하는 낱말이 존재하지 않았다는 사실에 주목할 필요가 있다. 그리스에서는 '도시'보다 '국가' 개념이 앞서 있었다. 이는 고대 그리스의 정치체제가 여러 도시를 묶어 하나의 공화국을 구성한 로마공화국과 달리 도시 자체가 하나의 국가 단위로 존재한 사실과 밀접한 관련이 있다.

그리스의 '폴리스'는 그 자체로 '정치'와 '사회'의 의미를 동시에 지니고 있었던 셈이다. '폴리스'는 인구 10만에서 30만 단위로 구성된 도시국가를 지칭한다. 따라서 '국가'보다 '도시'에 무게를 둘 경우 '폴리티쿠스'보다 '소키알리스' 개념이 전면으로 튀어나올 수밖에 없다. 실제로 로마공화국은 외견상 그리스와 마찬가지로 '폴리스' 형태를 유지했지만 내면적으로는 '국가'보다 '도시' 개념을 앞세우는 공화국체제로 유지되었다. 시민단체로 이뤄진 도시를 뜻하는 라틴어 '키비타스'(civitas)가 만들어진 배경이 여기에 있다.

공동의 재산을 뜻하는 '레스 푸블리카'(res publica)에서 유래한 로마의 공화정은 '키비타스'에 기초한 정치제제라고 할 수 있다. '키비타스'를 중시하는 전통은 현대에 이르기까지 변함없다. 18세기 이래

20세기 초반까지 세계를 주름잡은 대영제국은 물론 '21세기의 로마제국'으로 지칭되는 미국은 바로 로마공화정을 복사한 '레스 푸블리카' 체제라고 할 수 있다.

'민주' 개념을 강조할수록 공동체의 '정치적 삶'보다 개인의 '관조적 삶'을 중시하게 되고 '공화' 개념을 강조할수록 개인의 '관조적 삶'보다 공동체의 '정치적 삶'을 중시하게 된다. 서구의 민주공화정이 프랑스혁명 이래 현재에 이르기까지 '사회'를 강조하는 '민주' 개념과 '국가'를 강조하는 '공화' 개념의 대립으로 끝없는 갈등을 겪고 있는 것도 이와 무관하지 않다. 아렌트는 바로 이 점에 주목해 개인 차원의 '관조적 삶'도 중요하지만 '정치적 삶'이 배제될 경우 결국 '관조적 삶'도 상실될 수밖에 없다고 주장했던 것이다.

동양에서는 오래전부터 이 문제를 공적인 충(忠)과 사적인 효(孝)의 갈등문제로 접근했다. 이는 '충'에 기초한 치국평천하와 '효'에 기초한 수신제가 간의 우선순위 문제로 단순화시킬 수 있다. 동양에서 내린 결론은 '충'과 '효'의 유기적 결합이었다. 맹자계통은 '수신제가 → 치국평천하'에 입각해 있던 까닭에 상대적으로 '선효후충'(先孝後忠)의 입장에 서 있었다. 그러나 한비자 등의 법가계통은 '치국평천하 → 수신제가'에 입각해 '선충후효'(先忠後孝)의 입장에 서 있었다. 절충적인 입장에 서 있었던 순자계통은 '치국평천하 ↔ 수신제가'에 입각해 '충효합일'(忠孝合一)을 주장했다.

오랫동안 성리학자를 비롯한 많은 사람들은 「자로」편에 나오는 공자와 섭공의 문답을 보고 공자는 맹자와 마찬가지로 '수신제가 → 치국평천하'에 입각한 '선효후충'의 입장에 서 있었던 것으로 해석했다. 섭공이 반드시 충을 효보다 앞세워야 한다고 주장한 것도 아니고 공자 역시 효를 반드시 충보다 앞세워야 한다고 주장한 것도 아니라는 사실을 제대로 파악하지 못한 것이다. 충과 효를 대립개념이 아니라 보완개념으로 파악하면 두 사람이 반드시 이견을 보였다고 해석할 필요는 없다.

물론 당시 공자가 섭공 앞에서 '부위자은'(父爲子隱)과 '자위부은' (子爲父隱)을 강조함으로써 일견 '지효'(至孝)를 '지충'(至忠)에 앞세운 듯한 느낌을 주는 것은 사실이다. 후대의 주희는 『논어집주』에서 이같이 풀이했다.

"부자상은(父子相隱)은 천리와 인정의 극치이다. 정직하기를 구하지 않아도 정직함이 그 안에 있는 것이다."

이후 모든 성리학자들은 이를 토대로 '효'를 '충'보다 앞서는 것으로 해석했다. 그러나 이는 공자사상의 본령이 '치평'에 있다는 사실을 무시한 무리한 해석이다. 이 일화에서 문제가 된 것은 양 한 마리이다. 양 한 마리의 횡령에 대한 고발은 국가에 대한 '충'의 차원과 전혀 상관이 없는 것은 아니나 직접적인 관련이 있는 것이 아니다. 당대의 현자 섭공 또한 이를 '충'의 문제로 물은 것도 아니다.

굳이 양 한 마리를 훔친 부친에 대한 자식의 고발을 '충'과 관련시켜 해석한다면 '소충'(小忠)에 불과할 뿐이다. 그러나 양 한 마리를 횡령한 부친을 관가에 고발하는 것은 '지효'에 관한 문제이다. 만일 자식이 그런 일을 저질렀을 경우 그 자식은 가문으로부터 파문을 당하는 것은 물론 이웃의 손가락질을 받았을 것이다. 나아가 국가가 이를 권장할 경우 가정의 파탄을 통한 국가혼란을 야기할 수밖에 없다. '지효'와 '소충'이 충돌할 경우 선택은 자명하다. 공자가 '자위부은'을 언급한 진정한 취지가 여기에 있다. 성리학자들이 '충'과 '효'의 양적인 크기를 무시한 채 '소충'과 '지효'를 대비시켜놓고 '효'가 '충'보다 앞선다고 주장한 것은 견강부회이다.

'충국'(忠國)은 '치평' 차원의 덕목이고 '효친'(孝親)은 '수제' 차원의 덕목이다. 공문의 기본 목표는 기본적으로 '치평'에 헌신하는 군자를 만들어내는 데 있었다. 공자는 결코 개인적 차원의 '효'를 국가공동체 차원의 '충'보다 높인 적이 없다. 공자는 '충'과 '효'의 유기적인 합일을 추구했다. 공자사상의 큰 특징이다. 성리학자들의 '충'과 '효'에 관한 해석은 공자사상에 대한 왜곡이 아닐 수 없다.

일민(逸民)과의 만남

『논어』 등의 기록에 따르면 공자는 섭공을 만나러 가면서 자로를 대동한 것으로 보인다. 『논어』 「술이」편은 공자가 무슨 일 때문인지는 몰라도 섭공과의 회견이 끝난 뒤 자로보다 먼저 자리를 뜬 것으로 기술해놓았다. 섭공이 자로에게 공자에 관해 묻자 자로가 우물쭈물하며 제대로 대답하지 못했다. 얼마 후 자로가 섭공의 말을 전하자 공자가 힐난했다.

"너는 어찌하여 '발분(發憤)하여 먹는 것조차 잊고, 즐거워하여 근심조차 잊은 까닭에 늙음이 장차 이르게 되는 것조차 모른다'는 식으로 말하지 않았느냐."

천하유세에 임하는 공자의 기본자세가 선명히 드러난 대목이다. 공자는 천하유세 중에도 부단히 '치평' 문제를 궁구(窮究)하고 있었던 것이다. 그 과정에서 빚어진 섭공과의 만남은 공자로 하여금 '치평'의 이치를 보다 깊이 통찰하게 하는 계기가 되었을 것이다.

그러나 후대의 주석가들은 공자가 법치의 중요성을 강조한 섭공의 얘기를 듣고 크게 실망한 나머지 섭 땅을 떠났다는 식으로 풀이해놓았다. 여러 기록을 종합해볼 때 이는 사실과 어긋난다. 공자가 섭공에게 몸을 의탁하러 간 것도 아니었고 더구나 그와의 면담에서 자신의 주장을 관철하고자 한 것도 아니었다.

공자는 섭 땅을 떠날 때 섭공과 아쉬운 작별을 나눴을 것으로 보인다. 그는 공교롭게도 섭 땅을 떠나오는 와중에 이번에는 많은 일민(逸民: 벼슬을 하지 않은 고사[高士])들을 만났다. 대부분 후대에 도가(道家)로 불린 고사(高士)들이었다. 장저(長沮)·걸닉(桀溺)·장인(丈人)·석문(石門)·하궤(荷蕢)·의봉인(儀封人)·초광접여(楚狂接輿) 등이 그들이다. 「공자세가」에는 이들에 관한 일화를 제법 많이 실어놓았다.

『논어』에도 일민(逸民)에 관한 일화가 있다. 백이(伯夷)·숙제(叔齊)·우중(虞仲: 주무왕이 우[虞] 땅에 봉한 태백의 동생 중옹[仲雍])·이일(夷逸: 생몰 미상)·주장(朱張: 생몰 미상)·유하혜(柳下惠)·소련(少連: 부모의 상례[喪禮]에 성실했던 『예기』, 「잡기 하」 속의 인물) 등이 그들이다. 「미자」편에 따르면 당시 공자는 백이와 숙제를 이같이 평했다.

"그 뜻을 굽혀 용군(庸君)의 조정에 들어가지 않아 그 몸을 욕되게 하지 않은 자는 백이와 숙제이다."

이어 공자는 유하혜와 소련을 평했다.

"유하혜와 소련은 뜻을 굽히고 몸을 욕되게 했으나 언사가 윤리에 맞고 행실이 사려(思慮)에 맞았다. 이들은 오직 이런 모습만 보이고 다른 모습은 보이지 않았다."

다시 우중과 이일에 대해 평했다.

"우중과 이일은 은거방언(隱居放言: 숨어 살며 세속에서 벗어나기 위해 짐짓 말을 함부로 함)했으나 몸을 깨끗한 곳에 두었고, 벼슬을 하지 않았으니 권도(權道: 통상의 예에 벗어나기는 하나 시의에 따른 도에 합당한 것을 의미)에 부합했다. 나는 이들과 달라 반드시 가한 것도 없고 불가한 것도 없다."

공자는 「미자」편에서 7명의 일민을 크게 3등급으로 나눠 평해놓은 셈이다. 백이와 숙제가 가장 높은 평가를 받았다. 두 사람 모두 뜻과 몸을 굽히지 않은 데 있다. 다음으로 유하혜와 소련은 비록 각각 뜻과 몸을 굽히기는 했으나 언행이 윤리와 사려에 부합했다. 마지막으로 우중과 이일은 언행이 통상의 예에 벗어나기는 했으나 처신이 권도에 부합했다. 공자가 일민을 평가한 것은 이 대목이 유일하다.

그러나 이와 정반대로 일민들의 공자에 대한 평가는 냉소적이었다. 「헌문」편의 다음 구절이 그 증거이다.

"하루는 자로가 석문(石門)에서 유숙하게 되었다. 이때 신문(晨門: 문지기를 지칭)이 자로에게 묻기를, '어디에서 왔는가'라고 하자 자로가 대답하기를 '공씨(孔氏)에게서 왔소'라고 했다. 그러자 신문이 꼬집기를, '불가능한 줄 알면서도 하는 자 말인가'라고 했다."

'석문'의 위치는 미상이다. '신문'은 새벽에 성문을 열어주는 사람이라는 뜻으로 문지기를 의미한다. 문지기를 하는 은자로 추정되고 있다. 송대의 호인(胡寅)은 주석하기를, '신문은 세상의 불가능을 알고 하지 않는 자이기에 이러한 말로 공자를 조롱한 것이다. 그러나 그는 성인이 천하에 임해 훌륭한 일을 하지 못할 때가 없다는 것을 알지 못한 것이다'라고 했다. 호인의 주석은 당시의 공자 모습을 나름대로 적확히 파악한 셈이다. 사실 당시 공자는 세인들의 눈에 불가능한 일을 하는 사람으로 비춰질 수밖에 없었다.

그러나 공자는 비록 당대에는 성사시키지 못했으나 끝내 자신의 이상을 실현시킨 인물이다. 전국시대에 군자학을 습득한 공문의 문인들이 새로운 시대의 주역으로 등장해 신분세습의 봉건질서를 무너뜨리고 재덕을 갖춘 군자가 정치를 다루는 것이 당연시되는 '사인시대'(士人時代)를 열었다. 공자가 불가능한 줄 알면서도 자신의 뜻을 굽히지 않은 이유가 여기에 있었다. 공자의 위대한 면모가 여실히 드러나는 대목이다.

이 때문인지는 몰라도 공자와 일민에 관한 일화는 매우 많다. 「공자세가」에도 유사한 일화가 다수 실려 있다. 이에 따르면 하루는 공자 일행이 길을 가던 도중에 장저와 걸닉이 같이 밭을 가는 것을 보게 되었다. 공자는 그들이 은자라고 생각해 자로를 시켜 나루터 가는 길을 물어보게 했다. 그러자 장저가 자로에게 물었다.

"수레 위의 고삐를 잡고 있는 저 사람은 누구요."

"공자이십니다."

"그가 노나라의 공자요."

"그렇습니다."

그러자 장저가 말했다.

"그렇다면 나루터를 알고 있을 것이오."

걸닉이 자로를 향해 물었다.

"당신은 누구요."

"중유(仲由)입니다."

"당신이 공자의 제자요."

"그렇습니다."

걸닉이 말했다.

"천하가 온통 어지러운데 그 누가 이를 바로 잡을 수 있겠소. 당신은 사람을 피하는 선비를 따르는 것보다는 차라리 세상을 피하는 선비를 따르는 것이 낫지 않겠소."

장저와 걸닉은 이같이 말하고는 흙으로 씨를 덮는 일을 계속 했다. 자로가 이들이 한 말을 공자에게 알리자 공자가 실망해 말했다.

"사람이란 인간 사회를 피해 짐승들과 무리를 같이하여 살 수는 없다. 천하에 도가 통한다면 나도 이를 바꾸려고 여러 나라로 쫓아다니지 않을 것이다."

이후 어느 날 자로가 길을 가다가 다래끼를 메고 있는 노인을 만나 물었다.

"우리 선생님을 보지 못했습니까."

그러자 노인이 말했다.

"팔다리로 부지런히 일도 하지 않고, 오곡도 구별하지 못할 터인데 당신의 선생이 누구인지 내가 어찌 알겠소."

그는 계속 지팡이를 세워두고 풀을 뽑았다. 자로가 이를 고하자 공자가 말했다.

"그는 은자임에 틀림없다."

다시 가 보았으나 이미 떠나가고 없었다.

이 일화는 도가를 숭상하는 후대인들이 만들어낸 것으로 보인다. 사마천이 「공자세가」를 편찬하는 과정에서 항간의 설화를 그대로 수록해놓은 것이 확실하다. 크릴(Creel)은 사마천이 도가를 숭상했던 부친 사마염(司馬炎)을 좇아 교묘한 수법으로 도가를 높인 것으로 분석했다. 그는 사마천이 공자에 관한 전기를 「열전」이 아닌 「세가」에 분류한 것도 유가를 깎고 도가를 높이려는 속셈을 호도하기 위한 고도의 술책으로 파악했다.

크릴의 이런 추론은 전혀 틀린 것은 아니나 약간 지나친 감이 있다. 사마천이 활약할 당시는 조정뿐만 아니라 사대부들 사이에서도 유가 사상보다 도가사상이 더 큰 호응을 얻고 있었다. 사마천 역시 그런 흐름에서 벗어나지 않았을 것이다.

공자가 활약할 당시 모든 일민이 공자를 비판한 것은 아니다. 「팔일」편의 의봉인(儀封人: '의' 땅의 국경수비원)은 장저·걸닉 등과는 전혀 다른 모습을 보였다. 하루는 위나라 의봉인이 공자와의 알현(謁見)을 청하며 말했다.

"군자가 이곳에 이를 때마다 내가 일찍이 알현치 못한 적이 없었다."

시종하는 사람이 알현을 주선하자 의봉인이 알현을 끝내고 나와서 말했다.

"그대들은 어찌하여 부자(夫子)가 벼슬을 잃었다고 하여 이를 걱정하는가. 천하에 도가 없어진 지 오래되었다. 하늘이 장차 부자를 목탁(木鐸)으로 삼을 것이다."

'목탁'은 나무 방울을 흔드는 것으로 문명의 지도자를 의미한다. 의봉인은 여타 일민과 달리 공자의 천하유세 행보를 높이 평가한 것이다. 그러나 사실 공자의 천하유세 행보는 객관적으로 볼 때 실패였다. 그의 이상은 실현될 가능성이 거의 없었다. 어느 나라의 제후도 그를 받아들이려고 하지 않았기 때문이다.

공자는 일민들과의 접촉을 끝내고 노애공 6년(기원전 489)에 섭 땅에서 돌아와 진나라에 머물고 있었다. 이는 『사기』 「진세가」와 「초세가」를 비롯해 『춘추좌전』 「노애공 6년」조의 기록이 뒷받침한다. 그러나 「공자세가」는 이때 공자가 남유(南遊)를 계속해 초나라까지 간 것으로 기록해놓았다. 과연 어느 기록이 사실에 부합하는 것일까.

당시 초나라는 백공(白公)으로 어수선했다. 백공은 초나라 태자 건(建)의 아들인 백공 승(勝)을 말한다. 공교롭게도 백공의 난은 공자가 사망한 직후에 일어났다. 이를 두고 일각에서는 공자가 초나라로 갔을 때 백공에게 영향을 미쳐 마침내 난이 일어난 것으로 추정하고 있다. 그러나 이는 후대의 호사가들이 만들어낸 억설이다.

백공의 난은 백공 승이 누명을 쓰고 망명했다가 횡사한 부친의 억울한 죽음을 설욕하기 위해 일으킨 난이다. 백공의 난이 일어나게 된 전후과정은 극적이라 이와 관련된 설화가 무수히 만들어졌다. 대표적인 예로 후한제국 말기에 나온 조엽(趙曄)의 『오월춘추』를 들 수 있다.

『오월춘추』는 삼국시대를 배경으로 한 이전의 설화를 토대로 하여 명대의 나관중(羅貫中)이 체계적으로 엮어낸 역사소설 『삼국지』의 남상(濫觴)에 해당한다. 『오월춘추』의 출현은 태자 건의 망명과 백공 승의 반란에 관한 일화가 당시 인구(人口)에 얼마나 회자(膾炙)했는지를 시사하고 있다.

『춘추좌전』에 따르면 초평왕(楚平王: 기원전 528~516)은 간신 백비(白嚭)의 꼬임에 빠져 태자 건(建)에게 시집오는 며느리를 취한 뒤 이내 태자를 죽이려고 했다. 이에 태자 건은 초평왕에게 부친과 형을 잃은 오자서(伍子胥)와 함께 망명길에 오르게 되었다. 이들은 먼저 송나라로 달아났다가 송나라에 난이 일어나자 정나라로 옮겨 갔다. 정나라는 태자 건을 후대했다. 그러나 태자 건은 배은망덕하게도 진(晉)나라의 도움을 얻어 속히 보위에 오를 생각으로 진나라 사람과 함께 정나라 침공계책을 모의한 데 이어 정나라가 내려준 영지에서 포학한 짓을 일삼았다. 이로 인해 그는 정나라에서 살해되고 말았다.

이때 태자 건의 아들 승(勝)을 데리고 천신만고 끝에 오나라로 간 오자서는 오왕 합려(闔廬)의 즉위에 결정적인 공을 세움으로써 오나라의 재상이 되었다. 그는 마침내 오왕 합려를 부추겨 초나라 도성인 영(郢)을 함락한 뒤 초평왕의 시신에 채찍질을 가함으로써 부형의 원한을 풀었다. 그러나 오나라 군사는 이내 진(秦)나라의 지원을 받은 초나라의 반격을 받고 철군하게 되었다. 한때 초나라를 패망 일보 직전까지 몰고 간 이들 일련의 사건은 노나라에서 양호가 계씨를 제압하고 실권을 장악하기 전후에 일어났다.

초나라가 도성을 탈환해 어느 정도 안정을 되찾게 되었을 때 초나라의 영윤(令尹) 자서(子西)가 태자 건의 아들 승을 초나라로 불러들이고자 했다. 섭공(葉公) 심제량(沈諸梁)이 이를 강력히 반대했으나 자서는 끝내 승을 불러들여 오나라와의 접경지대인 백읍(白邑)을 영지로 내렸다. 이후 승은 백공(白公)으로 불리게 되었다.

백공 승은 수시로 부친을 죽인 정나라에 복수하기 위해 정나라 정벌을 청했으나 자서는 초나라가 아직 안정되지 못한 점 등을 들어 이를 반대했다. 이후 백공 승이 때를 보아 다시 강력히 청하자 자서가 마침내 동의했다. 그러나 초나라가 채 출병도 하기 전에 이미 진(晉)나라가 정나라를 쳤다. 이에 초나라는 정나라를 초나라 세력권내로 끌어들일 심산으로 오히려 정나라를 구원한 뒤 동맹까지 맺게 되었다. 백공 승이 대노했다.

백공 승은 공자가 세상을 떠난 지 3달 뒤인 노애공 16년(기원전 479) 7월에 반군을 이끌고 도성으로 쳐들어가 영윤 자서를 비롯한 초나라 대신들을 죽인 뒤 권력을 장악했다. 이에 섭(葉) 땅에 머물고 있던 섭공이 군사를 이끌고 도성을 향해 달려오자 백공 승에게 투항했던 자들이 속속 합류하기 시작했다. 전세가 뒤집혀 백공 승은 결국 패전한 뒤 산속으로 달아났다가 곧 자진하고 말았다. 섭공은 백공 승의 난을 평정한 뒤 영윤과 사마의 두 관직을 겸직했으나 나라가 안정되자 백공의 난으로 죽음을 당한 대신들의 자식에게 직책을 물려준 뒤 조용히 영지인 섭 땅으로 물러났다.

초평왕의 아들 태자 건이 망명을 하는 과정부터 백공 승이 난을 일으키게 된 배경이 모두 극적인 얘기로 꾸며져 있다. 「공자세가」에 나오는 공자의 초나라 방문 설화는 후대에 만들어진 설화를 토대로 한 것으로 역사적 사실과 동떨어져 있다.

공자는 초나라 영토에 편입된 옛 채(蔡)나라의 고지(故地)에 속한 섭 땅을 들러 섭공 심제량과 면담한 적은 있으나 결코 초나라를 방문한 적은 없다. 『묵자』 「비유 하」편에도 유사한 일화가 나오고 있으나 이 또한 후대의 위문에 불과할 뿐이다. 그럼에도 오랫동안 공자가 초나라를 방문한 것으로 알려져왔다. 이는 말할 것도 없이 「공자세가」로 인한 것이었다.

여기서 「공자세가」에 나오는 공자의 초나라 방문 설화를 간략히 살펴보기로 하자. 이에 따르면 노애공 6년(기원전 489) 초소왕(楚昭王: 초평왕의 아들)이 초나라를 방문한 공자에게 장차 서사(書社: 25가[家]로 된 1리[里]마다 세운 사[社])의 땅 7백리를 공자에게 주려고 했다. 영윤 자서(子西: 초소왕의 형 공자 신[申])가 초소왕에게 물었다.

"대왕의 사신으로 제후에게 보낼 사람 중에서 자공만한 사람이 있습니까."

"없소."

"대왕을 보필할 신하 중에서 안회만한 사람이 있습니까."

"없소."

"대왕의 장수 중 자로만한 사람이 있습니까."

"없소."

"대왕의 장관 중에서 재여(宰予)만한 사람이 있습니까."

"없소."

이에 자서가 말했다.

"하물며 초나라의 선조가 주나라로부터 봉함을 받았는데 그때 봉호는 자작(子爵)이고, 봉지는 50리였습니다. 지금 공자는 삼황오제의 치국방법을 말하고, 주공과 소공(召公)의 덕치를 본받고 있습니다. 대왕이 만일 공자를 등용하면 초나라가 어떻게 대대로 당당하게 다스려온 사방 수천 리의 땅을 보존할 수 있겠습니까. 무릇 주문왕은 풍(豐) 땅에서 일어났고, 주무왕은 호(鎬) 땅에서 일어났지만 사방 1백 리밖에 안 되는 작은 땅을 갖고 마침내 천하를 통일했습니다. 지금 공자가 근거할 땅을 얻고 저렇게 많은 현명한 제자들이 그를 보좌한다면 우리 초나라에 결코 좋은 일이 못 될 것입니다."

초소왕은 이 말을 듣고 당초의 계획을 취소했다. 그는 이해 가을에 친히 군사를 이끌고 출전했다가 성보(城父) 땅에서 진몰(陣沒)했다. 이때 공자가 초나라에 실망해 길을 떠나던 중 초나라의 광인 접여(接輿)가 공자 앞을 지나게 되었다. 그는 노래하기를, '봉황새야, 봉황새야, 너의 덕은 어찌 이리 쇠락했는가. 지난날의 잘못이야 돌이킬 수 없지만 앞날의 잘못이야 피할 수 있으리. 두어라, 말아라. 지금의 위정자는 다 위험할 뿐이다'라고 했다. 공자는 마차에서 내려 그와 얘기를 나누려 했으나 그가 급히 피해버려 얘기를 나눌 수 없었다.

이 일화에는 수많은 설화가 한데 뒤섞여 있어 어디까지가 사실인지 판별하기가 쉽지 않다. 접여에 관한 일화는 「미자」편에도 나오기는 하나 그대로 수용할 수는 없는 일이다. 「미자」편은 후대에 편집된 '하론'(下論)에 속하는 것으로 역사적 사실과 동떨어진 설화가 많이 실려 있다. 초소왕이 공자에게 봉지를 내리려다가 취소한 일화 등은 유가 후학들이 공자를 미화하기 위해 만들어낸 설화로 보인다.

「공자세가」에는 이밖에도 오나라 태재 백비(伯嚭)가 계강자를 소환했을 때 계강자가 자공을 보내 1백뢰(牢)의 가축을 바치는 일을 모면하자 공자가 '노나라와 위나라의 정치는 형제처럼 비슷하다'고 언급한 일화를 실어놓았다. 유사한 일화가 『춘추좌전』 「노애공 7년」조에 나온다. 이는 역사적 사실에 부합하는 것으로 보인다.

당시 위나라와 노나라가 처한 상황의 상동점(相同點)을 거론한 공자의 발언은 노나라와 위나라의 개국조인 주공과 강숙(康叔)이 형제이고 두 나라의 혼란한 양상이 비슷한 점을 지적한 것이다. 공자는 섭 땅에서 진나라로 돌아와 있다가 계씨 밑에서 일하던 자공의 뛰어난 활약상을 전해 듣고 약소국의 '동병상련'(同病相憐)을 언급한 것으로 짐작된다.

공자의 언급은 공자가 진나라에 머물 당시 위나라가 노정한 혼란한 정국상황과 밀접한 관련이 있다고 보아야 한다. 당시 위출공 첩(輒)의 부친 괴외는 보위를 자식에게 빼앗긴 채 국외에 망명 중이었다. 제후들이 위출공에게 부친에게 양위할 것을 수차례 권했으나 위출공은 이를 귓등으로 흘려들었다.

이와 관련해 「공자세가」는 당시 공자가 위나라에 출사하기로 되어 있었던 것이 아닌가 하는 느낌을 주는 일화를 실어놓고 있다. 공자의 제자들 중에는 위나라에서 벼슬을 하고 있는 사람이 많았다. 위출공이 공자에게 정사를 맡기고 싶어하자 자로가 공자에게 말했다.

"위군(衛君)이 선생님을 맞이해 정치를 하려고 합니다. 선생님은 장차 무엇부터 할 생각입니까."

공자가 대답했다.

"반드시 먼저 정명(正名: 명분의 확립을 의미)부터 하겠다."

자로가 물었다.

"세상 사람들이 선생님을 절실하지 못하고 우원(迂遠)하다고 하더니 정말 그렇습니다. 무슨 명분을 바르게 한다는 것입니까."

공자가 대답했다.

"정말 거칠구나, 유(由)야. 군자는 자신이 알지 못하는 것에 대해서는 대체로 가만히 있는 것이다. 이름이 바르지 못하면 말이 순조롭지 못하고, 말이 순조롭지 못하면 일이 이뤄지지 못하고, 일이 이뤄지지 못하면 예악이 일어나지 못하고, 예악이 일어나지 못하면 형벌이 형평을 잃고, 형벌이 형평을 잃으면 백성들이 몸을 의탁할 곳이 없게 된다. 그래서 군자는 이름을 붙일 때는 반드시 말하고, 말을 한 때에는 반드시 실행하는 것이다. 그래서 군자는 하는 말에 구차한 것이 없다."

유사한 일화가 「자로」편에도 나온다. 「공자세가」와 「자로」편 모두 같은 설화를 채록한 것으로 보인다. 이 일화에 나오는 '위군'은 내용상 '위출공'으로 보아야 하나 위출공이 과연 공자의 자문을 구해 정사를 펼치려고 했는지는 불투명하다. 내용상 오히려 위령공 때의 일로 보인다. 그러나 「공자세가」는 이를 공자가 진나라에 머물고 있던 노애공 7년(기원전 488)의 일로 기록해놓았다. 연대도 맞지 않고 내용도 절실하지 못한 점에 비춰 유가 후학의 가필일 가능성이 높다.

공자의 천하유세 여정에 관한 「공자세가」의 기록은 연대편제에 적잖은 문제가 있다. 「공자세가」는 공자가 진·채 사이의 곤액을 벗어나 초나라로 갔다가 다시 위나라로 돌아온 해를 노애공 6년(기원전 489)으로 기술해놓았다. 이는 노애공 10년(기원전 485)의 일로 기록해놓은 「위세가」와 「12제후연표」의 연대와 무려 4년의 차이가 난다. 나아가 「공자세가」는 초나라를 떠난 뒤의 행선지를 위나라로 기록해놓았으나 「위세가」와 「12제후연표」는 공자가 일단 진나라로 갔다가 다시 위나라로 간 것으로 기록해놓았다. 같은 『사기』의 기록인데도 연대와 행선지에 전혀 통일성이 없는 것이다.

사서에 나오는 노애공 7년(기원전 488)에서 노애공 10년(기원전 485) 사이의 공자의 행보는 매우 불투명하다. 당시 오랫동안 중원의 패권국을 자처해온 진(晉)나라는 신흥 강국으로 부상한 오나라를 지렛대로 하여 초나라를 적극 견제하고 있었다. 이로 인해 오·초 양국 간에 치열한 대치가 계속되고 있었다. 이 와중에 공자는 두 나라 사이에 끼어 있는 진·채 사이에서 식량을 제대로 공급받지 못해 큰 곤욕을 치른 바 있다. 당시 공자가 겪은 진·채 사이의 곤액은 노애공 3~10년 사이에 언제라도 일어날 수 있는 일로 보아야 한다. 공자가 천하유세에 나선 이듬해인 노정공 14년(기원전 496)에서 시작해 귀국하기 1년 전인 노애공 10년(기원전 485)에 이르기까지 수시로 곤경에 처한 것도 당시의 국제정세와 무관하지 않다.

「공자세가」는 공자가 초나라에서 돌아온 뒤 줄곧 위나라에 머물러 있었던 것으로 기록해놓았으나 이를 그대로 믿을 수는 없다. 「위세가」와 「12제후연표」에는 오히려 진나라에 머문 것으로 되어 있다.

공자가 노나라로 귀국하는 노애공 11년 직전에 위나라로 와 있었던 것만은 확실하다. 「위세가」 및 「12제후연표」의 기록을 좇아 공자는 진나라에 머물다가 귀국하기 1년 전인 노애공 10년에 위나라로 온 것으로 보는 것이 타당하다.

공자는 「위세가」와 「12제후연표」의 연대를 기준으로 볼 때 노애공 10년에 위나라로 돌아올 때까지 3년가량 진나라에 머문 셈이 된다. 이때는 이미 전횡을 일삼았던 계환자도 죽고 없었고 제자 염구도 계씨 아래서 벼슬을 하고 있었다. 염구의 노력으로 계씨로부터 공자의 귀국 허락이 떨어지자 급히 사자가 파견되었다. 이때 고국에 있는 젊은이들의 얘기도 보고되었다. 공자가 귀국을 결심하게 된 것은 이런 외부적인 요인들이 절묘하게 맞아떨어졌기 때문이다.

천하유세의 종료

여러 기록을 종합해볼 때 공자가 천하유세를 계속할지라도 더 이상 그의 이상을 펼칠 가능성은 거의 전무했다. 공자도 이를 모를 리 없었을 것이다. 그렇다면 이제라도 후대를 위해 보다 의미 있는 일에 시간을 아껴 쓸 필요가 있었다. 바로 『시』·『서』·『예』·『악』 등 '치평'에 관한 고전을 정리해 그것으로 제자들을 육성하는 일이었다. 다행히 노나라에 남아 있는 제자들은 이미 상당한 연령에 달해 문장을 이루고 있었다. 공자는 천하유세의 막바지에 이르러 비로소 귀국의 필요성을 절감하기 시작한 것이다. 「공야장」편에 이를 뒷받침하는 대목이 나온다.

"돌아갈까, 돌아갈까. 오당(吾黨: 우리 무리)의 젊은이들은 광간(狂簡)하여 빛나게 문장을 이루고도 이를 어떻게 완성해야 할지를 모른다."

여기의 '광간'은 '광견'(狂狷)과 같은 뜻으로 '뜻은 크나 행하는 것에는 소홀함이 있는 자'를 의미한다. 「자로」편은 '광자'는 진취적이고

'견자'는 하지 않는 바가 없는 사람으로 규정해놓았다. 공자는 왜 '광자'와 '견자'를 얘기하며 귀국의 의사를 밝혔던 것일까.

당시 공자는 자신의 천하유세가 별다른 결실을 얻지 못한 사실을 직시하고 모든 것이 끝났다는 절망적인 기분에 휩싸였던 것으로 짐작된다. 천하유세가 결코 무위로 끝났다고 할 수는 없으나 벌써 70세에 가까운 고령에 이른 공자에게는 어느 정도의 안식이 필요했다.

마침 노나라에 머물고 있던 제자들은 공자의 덕망을 사모해 새로운 이상을 불태우고 있었다. 공자는 기상이 높으나 실천력이 없는 젊은 이들에게 여생의 희망을 걸었을 것이다. 공자가 '광자'와 '견자'를 얘기하며 귀국의 의사를 밝힌 것은 대략 이 때문인 것으로 짐작된다. 이를 두고 맹자는 형이상학적인 해석을 내놓았다. 『맹자』「진심 하」편을 보자.

"공자가 이르기를, '중도(中道)의 인물을 얻어 더불어 못할진대 반드시 광견(狂狷)과 함께 할 것이다. 광자는 진취적이고 견자는 못하는 바가 없다'고 했다. 공자가 어찌 중도의 인물을 얻기를 원하지 않았겠는가마는 반드시 얻을 수는 없기 때문에 그 다음의 인물을 생각한 것이다."

『논어』와 『맹자』에 나오는 공자의 말은 다소의 차이가 있으나 동일한 일화의 이전(異傳)으로 보인다. 그러나 「공자세가」는 이를 각기 다른 시기에 나온 두 개의 발언으로 보고 있다. 「공자세가」가 여러 일화를 두서없이 모아놓은 것임을 보여주는 좋은 실례가 아닐 수 없다. 발언 시점과 관련해 『논어』와 『맹자』 모두 공자가 진나라에 머물 때 한 말이라고 기술해놓은 점을 볼 때 공자가 귀국 시점과 가까운 시기에 한 발언으로 짐작된다.

이와 관련해 「공자세가」는 공자가 필힐의 초청에 응소(應召) 여부로 고민하다가 직접 조간자를 만나기 위해 한 차례 황하 기슭까지 갔다가 진나라의 두 현인이 살해당했다는 소식을 듣고 발길을 돌렸다는 일화를 싣고 있다. 일부 대목이 『논어』에도 실려 있는 것으로 보아 사마천이 『사기』를 저술할 당시 제법 인구에 회자된 일화일 것이다.

이에 따르면 공자는 오랫동안 위나라에서 등용되지 못하자 장차 서쪽으로 가서 진나라의 실권자인 조간자를 만나고자 했다. 그러나 황하에 이르러 진나라 대부 두명독(竇鳴犢)과 순화(舜華) 등이 피살되었다는 소식을 듣고 이같이 탄식했다.

"아름답구나, 황하여. 넓고 넓도다. 내가 이 황하를 건너지 못하는 것은 또한 운명이로다."

곁에 있던 자공이 물었다.

"이제 하신 말씀은 무슨 뜻입니까."

공자가 대답했다.

"두명독과 순화는 진나라의 어진 대부였다. 조간자가 아직 뜻을 얻지 못했을 때 모름지기 이 두 사람의 도움으로 정치를 했다. 그런데 지금은 뜻을 이루자 도리어 그들을 죽이고 정권을 장악하고 있다. 내가 듣기로 배를 갈라 어린 것을 죽이면 기린(麒麟)이 교외에 이르지 않고, 연못을 마르게 하여 고기잡이를 하면 교룡(蛟龍)이 운우(雲雨)를 일으켜 음양의 조화를 이루려 하지 않고, 둥지를 뒤엎어 알을 깨뜨리면 봉황이 날아오지 않는다고 했다. 이는 군자가 자기와 같은 무리가 상하는 것을 꺼리기 때문이다. 대저 조수(鳥獸)도 의롭지 못한 것을 오히려 피할 줄 아는데 하물며 나야 더 이상 말할 것이 있겠는가."

이에 추향(陬鄕: 노나라의 추읍[陬邑]이 아님)으로 되돌아가 쉬던 중

'추조'(鄹操)라는 곡을 지어 두명독과 순화의 죽음을 애도했다. 후에 공자는 위나라로 돌아가 거백옥의 집에서 머물렀다. 『논어』「자한」편에도 이 일화의 일부 대목이 나온다.

"공자가 냇가에서 개연(慨然)히 말하기를, '세월이 흘러가는 것이 꼭 이 냇물과 같구나. 밤낮으로 멈추지 않고 흐르는구나'라고 했다."

공자는 이 장에서 잠시도 쉬지 않는 호학의 태도를 물에 비유하고 있다. 『맹자』「이루 하」편에는 맹자가 전하는 유사한 내용의 공자의 자술이 나온다.

"맹자가 말하기를, '공자는 원천(原泉)이 혼혼(混混)하여 주야로 그치지 않으니 근본이 있는 것이 이와 같아 이를 취할 만하다고 한 것이다'라고 했다."

이는 당시 이 구절이 널리 회자하고 있었음을 시사한다. 「자한」편에 나오는 '서자'(逝者)를 두고 예로부터 해석이 분분했다. 후한제국 말기의 포함(包咸)은 단순히 '가는 것'으로 풀이했고, 북송대의 형병(邢昺)은 '냇물이 흐르는 것'으로 해석했다. 남송대의 주희는 다음과 같이 우주론적으로 풀이해놓았다.

"천지의 조화는 갈 것이 지나가면 올 것이 뒤를 이어 한순간의 멈춤도 없다. 이것이 도체(道體)의 본연이다. 이를 이해하기 쉬운 것으로는 흐르는 시냇물만한 것이 없다. 이에 공자가 시냇물을 예로 들어 도체의 본연을 사람에게 드러낸 것이다."

주희의 이러한 해석은 지나치게 도학적이라는 지적을 면하기 어렵다. 그렇다면 '서자'의 정체는 무엇일까. 다산 정약용은 『논어고금주』에서 만일 주희와 같이 '천도'(天道)로 해석할 경우 천도는 순환하는데 그 특징이 있으므로 한번 흘러가면 다시 돌아오지 않는 냇물로 이를 비유하는 것은 적절하지 않다고 지적했다. 그는 이를 만일 '광음'(光陰: 세월)으로 해석할 경우 뒤에 '주야'(晝夜)라는 말과 중복되는 감이 있어 무의미하다고 지적하면서 '인생'으로 풀이할 것을 제안했다.

사실 '광음'을 '주야'와 같은 것으로 보게 되면 전후 문맥이 매끄럽지 못하다. 그러나 다산과 같이 '광음'을 오직 '인생'으로 한정해 해석하는 것은 너무 협소한 느낌을 준다. '인생'은 '세월'의 일부분이기 때문이다. 공자가 냇가에서 이 말을 했을 때는 강개(慷慨)한 심경을 지녔던 것으로 짐작된다. 전후 문맥으로 보아 '광음'으로 해석하는 것이 가장 자연스럽다.

「공자세가」에서는 이 일화를 공자가 섭 땅에서 필힐의 부름을 받은 직후에 일어난 일로 간주했다. 그러나 공자가 조간자를 만나기 위해 황하 기슭까지 갔다가 발길을 돌렸다는 이 일화는 사실과 동떨어진 것이다. 공자가 노애공 9년(기원전 486)까지 건재했던 양호가 주군으로 섬기고 있는 조간자를 찾아갔다는 것은 앞뒤가 맞지 않는다. 만일 공자가 황하 기슭까지 간 적이 있다면 그것은 아마 귀국하던 도중이었을 가능성이 높다.

「공자세가」에 나오는 천하유세와 관련한 일화 중 역사적 사실과 동떨어진 것으로는 이외에도 공자가 제나라로 간 일화를 들 수 있다. 당시 공자는 제나라에 간 적이 없다. 이는 일찍이 공자가 제나라로 유학을 가 그곳의 실정을 익히 알고 있었던 사실과 무관하지 않을 것이다. 공자는 애초부터 제나라에서는 자신의 이상을 펼칠 여지가 거의 없다고 보았을 것이다.

「공자세가」의 기록과 달리 공자가 진(晉)나라는 물론 남방의 강국 초나라에도 가지 않은 것도 의심할 여지가 없다. 물론 여러 정황에 비취 당시 공자가 인습에 젖은 소국들의 시큰둥한 반응에 실망한 나머지 일시 진·초와 같은 대국으로 가 유세하고자 하는 생각을 가졌을 가능성은 있다. 그러나 당시의 복잡한 국제정세 등으로 인해 결국 그는 진·초 두 나라에 발을 들여놓지 않았다. 공자가 황하로 갔다가 이내 발길을 돌렸다는 일화는 후대의 위문으로 보인다.

공자가 귀국을 결심한 시점은 진나라에 체류할 당시인 것으로 짐작된다. 공자가 섭 땅까지 남유했다가 다시 북상하는 도중에 들른 진나라는 공자가 큰 기대를 걸고 들른 곳은 아니었다. 이때 그는 가까운 장래에 천하유세 여정을 마무리짓고 고국으로 돌아가 교육에 전념하고 싶다는 생각을 굳혔을 공산이 크다.

노나라를 떠난 지 이미 10여 년의 세월이 흘렀으나 별다른 성과를 거두지 못한 공자로서도 현실적인 한계를 절감하지 않을 수 없었을 것이다. 물론 공자가 아무 소득도 얻지 못한 것은 아니다. 천하정세에 대해 보다 폭넓은 인식을 갖게 되고 '치평'에 대한 자신의 신념을 더욱 확고히 다진 것 등은 그가 고난의 역정 중에 얻은 값진 수확이었다. 공자의 뇌리에는 이제 얼마 남지 않은 생애에 제자들에게 그간 자신이 터득한 '치평'의 이치를 전하고자 하는 생각이 뭉게구름처럼 피어났을 것이다.

구체적으로 공자가 귀국할 결심을 하게 된 시점을 짐작하게 해주는 일화가 「공자세가」에 있다.

"계환자가 병이 들자 마차에 올라 노나라 도성을 바라보며 탄식하기를, '이전에 이 나라는 거의 흥성할 수가 있었는데 내가 공자를 등용해 그의 말을 듣지 않은 까닭에 흥성하지 못했다'고 했다. 이어 아들인 계강자를 돌아보고 말하기를, '내가 죽으면 너는 반드시 노나라의 정권을 이어받을 것이다. 그리 되거든 반드시 공자를 초빙하도록 하라'고 했다. 계환자가 죽고 계강자가 뒤를 이었다. 장례가 끝난 뒤 계강자가 공자를 부르려고 하자 대부 공지어(公之魚)가 만류하기를, '지난날 선군이 그를 등용하고자 했으나 좋은 결과를 거두지 못해 결국 제후들의 웃음거리가 되었습니다. 이제 또 그를 등용하려다가 좋은 결과를 거두지 못하게 되면 이는 또 다시 제후들의 웃음거리가 되는 것입니다'라고 했다. 계강자가 '그렇다면 누구를 부르면 좋겠소'라고 상의하자 공지어가 '반드시 염구(冉求: 염유)를 부르십시오'라고 말했다. 이에 사람을 보내 염구를 불렀다. 염구가 이에 응하려고 하자 공자가 염유에게 '우리 노나라 사람이 구(求)를 부르는 것을 보니 이는 작게 쓰려는 것이 아니라 장차 크게 쓰려는 것이다'라고 말했다. 이때 자공은 공자가 귀국할 생각을 하고 있는 것을 알고 염구를 전송할 때 당부하기를, '곧 등용되면 선생님을 모셔가도록 해주시오. 운운'이라고 했다.”

본문 끝의 자공의 당부 중에 나오는 '운운'(云云) 구절은 기록 내용이 확실하지 않다는 것을 표현하고자 할 때 사용하는 용어이다. 사마천도 이 대목을 기술하면서 사실에 부합하는지 여부를 확신하지 못해 이같이 기록해놓았을 것이다. '운운' 구절을 통해 짐작할 수 있듯이 이 일화를 액면 그대로 믿을 수는 없다. 다만 여러 사서의 기록에 비춰 정확한 시기는 알 수 없으나 염유가 공자의 귀국에 앞서 계강자에게 간 것만은 확실하다.

염유가 자공의 당부를 잊지 않고 공자의 귀국을 위해 애쓴 것도 거의 확실하다고 보아야 한다. 사서에 나와 있듯이 공자가 귀국허락을 받은 시점은 염유가 제나라와의 싸움에서 능력을 인정받은 노애공 11년

(기원전 484)이었다. 이때는 공자가 진나라를 떠나 위나라에 머물고 있을 때였다. 「공자세가」는 염유가 제나라와 싸워 전공을 세운 것이 노애공 8년(기원전 487)의 일이라고 하나 이는 사실과 어긋난다. 『춘추좌전』은 「노애공 11년」조에 염구가 제나라와의 교전에서 분전한 일화를 싣고 있다.

이에 따르면 당시 맹손씨의 종주 맹무백(孟武伯)이 우사(右師: 우군)의 장수, 그의 가신 안우(顔羽)가 어자, 같은 가신 병설(邴洩)이 거우가 되었을 때 염구는 좌사(左師: 좌군)의 장수가 되었다. 좌사는 계손씨의 가신 관주보(管周父)가 어자, 같은 가신 번지(樊遲)가 거우가 되었다. 계강자가 이의를 제기했다.

"수(須: 번지)는 거우가 되기에는 나이가 너무 어리다."

그러자 염구가 이같이 반박했다.

"임무가 주어지면 명을 엄히 좇을 것입니다."

이때 계손씨 휘하의 갑사는 모두 7천 명이었다. 염유는 무성(武城) 사람 3백 명을 친병으로 삼았다. 늙고 어린 사람은 공궁을 지키기 위해 우문(雩門: 노나라 도성의 남문) 밖에 주둔했다. 그러나 맹무백이 이끄는 우군은 닷새 뒤에야 마지못해 염구의 뒤를 따라 나갔다. 드디어 노나라 군사가 제나라 군사와 교외에서 교전하게 되었다. 제나라 군사가 노나라 도성의 남쪽 성문 밖에 있는 직곡(稷曲)에서 곧바로 쳐들어왔다. 노나라 군사가 크게 놀라 감히 해자를 건너가 싸우려고 하지 않았다. 그러자 번지가 염구에게 이같이 말했다.

"지금 병사들은 해자를 건너지 못하는 것이 아닙니다. 이는 오직 그대를 믿지 못하기 때문입니다. 청하건대 세 차례에 걸쳐 호령한 뒤 해자를 건너도록 해주기 바랍니다."

염구가 그의 말대로 하자 과연 병사들이 모두 해자를 건너게 되었다. 노나라 군사는 곧바로 제나라 군사를 향해 진공했다. 염유는 창을 들고 제나라 군사를 격파했다. 이로써 노나라 군사가 능히 제나라 군사를 공파할 수 있었다.

이 일화는 당시 염유가 공자보다 먼저 노나라로 돌아가 계씨의 가재가 되어 제나라와의 전투에서 혁혁한 공을 세운 사실을 전하고 있다. 공자의 귀국에 염유의 전공(戰功)이 주요한 배경이 되었음을 짐작케 해주는 대목이다.

공자가 천하유세의 여정에 있을 당시 노나라에 있던 공자 제자들의 활약은 눈부셨다. 대표적인 인물로 자공을 들 수 있다. 그는 앞서 노애공 7년(기원전 488)에 계강자가 오나라의 태재 백비(白嚭)의 부름을 받고 궁지에 몰렸을 때 이를 무난히 해결하는 탁월한 외교력을 발휘했다. 자공의 활약도 공자의 귀국에 적잖은 도움을 주었을 것이다.

염유가 제나라와의 전투에서 전공을 세울 당시 공자는 위나라에 있었다. 그러나 위나라는 결코 공자가 머물 만한 곳이 아니었다. 위출공 첩(輒)은 부친의 기습에 대비해 전비를 강화하고 있었고 부친 괴외(蒯聵)는 도성에서 멀리 떨어진 한 읍을 무력으로 장악한 채 호시탐탐 보위 탈취의 기회를 노리고 있었다. 부자 모두 패덕(悖德)의 극치를 보여주고 있었던 것이다.

당시 위나라의 실권을 장악한 자는 대부 공어(孔圉)였다. 『맹자』 「만장 하」편은 이때 공자가 위출공의 봉록을 받았다고 기록해놓았으나 당시의 정황과 크게 어긋난다. 공자가 패륜적인 위출공을 만났을 가능성조차 매우 희박한 상황에서 그의 봉록을 받았다는 사실은 납득하기 어렵다. 그보다는 실권자인 공어의 지우(知遇)를 입어 예우를 받았다고 보는 것이 사실에 가까울 것이다.

공어는 권력을 전횡하지는 않았으나 유가에서 말하는 덕인(德人)과는 거리가 멀었다. 유가 후학들 중에는 공자가 공어와 관계를 가졌다는 사실에 당혹해하는 사람도 있었다. 그러나 공어는 결코 양호와 같은 인물은 아니었다. 그는 실리를 중시하면서도 천하유세의 마지막 여정에 위나라를 들른 공자에게 시종 예를 갖춰 후대하는 관인한 장자(長者)의 모습을 보였다. 공자는 왜 공어와의 관계를 유지했던 것일까.

공어는 비록 권모술수를 구사하기는 했으나 진지하게 지식을 추구한 인물이었다. 그는 공자를 존중하는 태도를 견지하면서 일이 있을 때마다 공자의 조언을 구하는 모습을 보였다. 「술이」편에 나오는 다음과 같은 대목이 이를 말해준다.

"자공이 묻기를, '공문자(孔文子: 공어)는 어찌하여 시호를 문(文)이라고 한 것입니까'라고 하자 공자가 '민첩하면서 배우기를 좋아했고, 아랫사람에게 묻는 것을 부끄러워하지 않았다. 이에 문(文)이라고 한 것이다'라고 대답했다."

이는 공자가 귀국한 이후의 일화로 공어에 대한 공자의 칭송이 간단하지 않음을 알 수 있다. 공자는 평소 공어에 대해 매우 호감을 갖고 있었다고 보아야 한다. 사실 공어는 공자가 『논어』에서 높이 평가한 몇 안 되는 인물 중 한 사람이었다. 공자가 편의상 공어와 정략적인 관계를 맺었던 것은 결코 아니었다.

「공자세가」와 『춘추좌전』 등의 기록에 따르면 위령공의 딸과 결혼한 공어는 자신의 기반을 튼튼히 하기 위해 대부 태숙질(大叔疾)을 억지로 이혼시킨 뒤 자신의 딸과 결혼시키는 등 권력에 굶주린 듯한 모습을 보였다. 이후 태숙질이 전 부인과 계속 만나자 이에 대노한 공어는 군사를 동원해 그를 공격하면서 그 처리문제를 공자에게 물은 적이 있었다. 이때 공자가 이같이 대답했다.

"예에 관한 일에 대해서는 일찍이 배운 바가 있으나 군사에 관한 일에 대해서는 아직 들어보지 못했소."

공자는 곧 밖으로 나와 수레에 말을 매어 떠날 채비를 갖추게 하고는 이같이 말했다.

"조즉택목(鳥則擇木: 새는 나무를 가려서 앉음)하는 법인데 나무가 어찌 새를 가릴 수 있겠는가."

공어가 황급히 뛰쳐나와 공자를 만류했다.

"제가 어찌 감히 사적인 일로 그런 일을 도모하려 했겠습니까. 저는 위나라의 화난을 막기 위해 물었던 것입니다."

위나라 대부 공어가 태숙질에 대한 공벌 문제를 공자에게 물은 것은 말할 것도 없이 공자의 권위를 이용해 자신의 공벌을 정당화하려는 속셈에서였다. 그러나 공자는 공어가 추진한 이 일 자체에 혐오감을 느낀 나머지 이내 중단을 촉구한 뒤 곧바로 귀국 채비를 명했던 것이다. 공자의 결심은 확고했다. 뒤늦게 공어가 사과하며 만류했으나 이미 엎질러진 물이었다.

노나라에서는 계강자의 사자가 예물을 갖고 와 공자에게 귀국을 종용하고 있었다. 공어의 예우를 뿌리치기 어려워 잠시 위나라에 머물렀던 공자로서는 더 이상 위나라에 머물 이유가 없었다. 맹자는 공자가 열국을 돌다가 다시 위나라로 돌아와 위나라에서 사환(仕宦)했다고 주장했으나 이는 당시 위나라의 어지러운 정국상황에 비춰 있을 수 없는 일이다.

『춘추좌전』「노애공 11년」조는 공자의 귀국을 결정지은 노나라 사자의 귀국요청을 '노인이폐소지'(魯人以幣召之)로 기술해놓았다. 이는 노나라의 실권자 계강자가 단지 예물만 보냈을 뿐 정식으로 공자를 초빙하는 형식을 취하지 않았음을 시사한다. 당시 계강자가 공자를 등용할 생각을 갖고 있었는지는 자세히 알 길이 없다. 만일 계강자가 공자를 정식으로 초청하고자 했다면 초청의 주체를 '노인'(魯人) 대신 '계강자'로 표현해놓는 것이 사리에 맞다.

당시 공자는 자유로운 신분으로 귀국했던 것이 거의 확실하다. 공자 역시 귀국길에 오르면서 계강자에 대해 별다른 기대를 갖고 있지도 않았을 것이다. 그가 귀국을 결행한 가장 큰 이유는 이미 나이가 69세에 달해 여생이 얼마 남지 않은데다가 노나라에 있는 제자들이 그의 귀국을 학수고대했기 때문이었다. 계강자의 귀국 승인은 공자로 하여금 귀국을 결행하도록 하는 하나의 상황요인으로 작용했을 뿐이다.

물론 계강자의 사자가 공자를 찾아오게 된 데에는 당시 공자가 위나라에서 보여준 행태가 적잖은 영향을 미쳤을 것으로 짐작된다. 공자는 위나라 대부 공어의 청을 거절함으로써 더 이상 정권에 야심이 없음을 드러낸 것이나 다름없었다. 이는 노나라의 실권자인 계강자에게 공자에 대한 의구심을 누그러뜨리는 데 영향을 미쳤을 것으로 보인다. 공자가 귀국한 이후 계강자가 공자에게 우호적인 몸짓을 보인 것도 이와 무관하지 않았다. 계강자는 내심 공자의 명성을 자신의 통치에 이용하고자 했을 것이다.

이상의 검토를 통해 알 수 있듯이 공자의 천하유세는 시작부터 끝날 때까지 고난의 연속이었다고 해도 과언이 아니다. 공자는 어느 곳에서도 자신을 제대로 이해해주는 군주를 만나지 못했다. '군자의 치평' 이상을 좇아 천하유세에 나선 공자는 당초 기대와는 다른 현실의 장벽

앞에 깊은 좌절감을 맛보았을 것이다.

14년에 걸친 천하유세는 공자사상의 기반을 확고히 다지는 계기로 작용한 것은 물론 훗날 전국시대를 풍미한 제자백가 유세의 효시가 되었다는 점에서 크게 주목할 만하다. 이와 관련해 크릴은 『공자, 인간과 신화』에서 공자의 여정을 풍차를 공격한 '돈키호테'의 여정에 비유하면서 몇 가지 주목할 만한 차이점을 지적해 눈길을 끌고 있다.

그의 주장에 따르면 첫째 돈키호테는 최후의 순간에 처한 기사수업을 흉내낸 과거의 산울림에 불과했으나 공자는 미래의 예언자였다. 둘째 공자의 철학적인 여행은 이후 수세기 동안 하나의 모범이 되었고, 돈키호테의 여행은 기사도를 조롱거리로 만들어 오히려 그 자신이 동경한 기사도에 조종을 울렸다는 것이다. 주목할 만한 지적이다.

그러나 당시 공자가 천하유세 과정에서 장차 후대인들이 신분세습의 봉건정을 철저히 파괴할 것으로 확신했음에 틀림없다는 주장은 논거가 미흡하다. 크릴은 만일 공자가 노나라에서 한직을 즐기며 제자들과 소요했으면 일개 설교자에 불과했을 것이나 성공의 가망성이 없는 것을 추구하기 위해 노력했기 때문에 미래의 예언자가 될 수 있었다고 보았다.

일리 있는 주장이다. 그러나 공자가 천하유세를 마무리지으면서 장차 후대인들이 자신의 뒤를 이어 봉건질서를 철저히 파괴할 것으로 확신했다는 생각은 지나치다. 그보다는 오히려 그러한 확신을 가지지 못했기 때문에 얼마 남지 않은 여생을 고전의 정비와 제자육성에 아낌없이 바쳤던 것이 아닌가 생각된다.

8 고전을 정비하여 유가의 기틀을 만들다

분발하지 않으면 열어주지 않고,
알고 싶어 애태우지 않으면 말해주지 않고,
한 모퉁이를 예로 들어 보일 때 나머지 세 모퉁이로써
이를 증명하지 못하면 다시 일러주지 않았다.
•공자

원래 공자가 주공을 높이 평가한 것은 그를 주왕조 예교문화의 창시자로 간주한 데 따른 것이었다. 공자가 주공을 이상적인 인물로 보았다면 틀림없이 주왕조 초기의 문헌에 대한 연구에서 출발했을 것이다. 그러나 공자가 과연 고문헌을 얼마나 연구했는지는 자세히 알 길이 없다. 이들 문헌은 서주 초기의 자료인 금문에 대한 연구가 상당히 진척된 오늘날까지도 아직 완전히 해독되지 않은 곳이 있을 만큼 난해하다.

　흔히 주왕조 건국 초기에 주공에 의해 예제가 완성되었다고 전해지고 있으나 역사적 근거가 있는 것은 아니다. 다만 봉건질서를 유지하기 위해 건국 초기에 주왕실의 종주권을 전제로 한 일정 수준의 의례가 정돈되었을 가능성은 매우 높다. 이런 점 등을 감안할 때 유가에서 주공의 예제완성을 높이 기린 것은 고대의 이상적인 질서를 마치 역사적인 사실로 여겨 하나의 이념적 지표로 삼고자 하는 의도에서 나온 것으로 보인다.

　공자를 조종으로 삼은 유가가 탄생하는 춘추시대 말기는 '존왕양이'로 특징지어지는 기존의 질서조차 크게 무너지기 시작한 때였다. 유가는 고대 성왕의 질서를 새로운 예제 정립의 목표로 설정했을 것이다. 실제로 공자가 주공을 숭상한 것은 바로 주공이 정한 예악의 정신을 되살린다는 의미였다. 고전을 끌어들여 현재의 제도를 바꾸고자 하는 것을 두고 흔히 '탁고개제'(託古改制)라고 한다. 청대 말기의 강유위(康有爲)가 『공자개제고』에서 공자가 전래의 예제를 새로운 시대에 맞게 고쳤다고 주장한 것도 '탁고개제'의 기본입장을 반영한 것이라고 할 수 있다. '탁고'는 과거에 근거를 두는 것이고, '개제'는 제도

개혁을 말한다.

공자는 주공의 예약창조 정신을 높이 숭상한 점에서는 일종의 '탁고'를 행한 셈이고, 봉건질서의 붕괴를 위해 3환 타도를 획책하고 각지에서 일어난 모반자의 부름에 기꺼이 응하고자 한 점에서는 일종의 '개제'를 시도한 셈이다. 「자로」편에 나오듯이 공자는 늘 자신을 등용해주는 사람이 있다면 1년 안에 가시적인 성과를 낼 수 있다고 자부했다. 그는 「양화」편에서 수년 내에 주공이 주나라를 건설했듯이 동쪽의 주나라로 만들 수 있다고 호언하기도 했다.

그러나 전 생애를 통해 그의 장담이 실현된 적은 없었다. 열국의 군주 중 아무도 공자의 말을 들어주는 사람이 없었던 것이다. 그러나 역설적으로 이는 공자에게 전화위복의 계기로 작용했다. 공자가 14년에 걸친 천하유세 이후 노나라로 귀국해 고전을 정리하고 제자들을 집중 육성할 수 있었던 것은 좌절의 아픔이 있었기에 가능했다. 공자는 현실의 장벽에 부딪힘으로써 오히려 '만세의 사표'가 될 수 있는 길을 찾아낸 셈이다.

치평학 교과목 정립과 손익사관

공자가 '만세의 사표'가 된 것은 두 가지 이유에 기인한다. 하나는 전래의 고전을 정리했기 때문이고 다른 하나는 많은 제자들을 육성해 공학을 후대에 전파하게 만든 공로 때문이다. 사마천은 「공자세가」에서 공자가 귀국한 후 사숙을 다시 열면서 '치평학'의 교과목이 정립되었다고 기록했다. 공자의 사숙이 '치평'을 전문적으로 교습하는 공문으로 성립할 수 있었던 것은 바로 『시』·『서』·『예』·『악』으로 이뤄진

'치평학'을 정비한 데 있었다.

공자는 천하유세의 막바지 여정에서 고전을 정비해 이를 토대로 제자들을 가르치고자 결심한 뒤 귀국하자마자 이를 곧바로 실행에 옮겨 마침내 '치평학'의 교과목을 정립해낸 셈이다. 실제로 당시 공문은 노나라는 물론 열국의 군신(君臣)에게 '치평' 문제를 전문적으로 탐구하는 명실상부한 정치전문 교육기관으로 인식되었다.

전국시대에 우후죽순으로 등장한 제자백가도 바로 공문의 교재인 '치평학' 교과목을 통해 자신들의 사상적 기반을 확립할 수 있었다. '손익사관'(損益史觀)과 '종주'에 입각한 공자의 고전정비가 얼마나 중요한 의미를 지니고 있었는지는 이를 통해 쉽게 확인할 수 있다.

'손익사관'은 고금을 관통하는 통치의 이치가 존재한다는 전제에서 나왔다. 즉, 선대의 예제가 시간의 경과로 더해지거나 폐지되면서 새롭게 전개되어 나간다는 사관을 말한다. '손익사관'에 따르면 비록 시간에 따라 선대의 예제가 가감(加減)의 형태로 전개되어 나가지만 그 변화는 어디까지나 주변적일 뿐 본질은 결코 변하지 않는다는 생각이 전제되어 있다. 「위정」편의 다음 구절이 그 전거이다.

공자의 제자 자장이 물었다.

"10세대 이후의 일을 알 수 있습니까."

공자가 대답했다.

"은나라가 하나라의 예제를 이어받았으니 그 손익(損益: 빼고 더한 부분)을 가히 알 수 있고, 주나라가 은나라의 예제를 이어받았으니 그 손익을 가히 알 수 있다. 혹 주나라를 계승하는 자가 있다면 비록 1백 세대 이후의 일일지라도 가히 알 수 있을 것이다."

이를 두고 후한대의 마융(馬融)은 풀이하기를, "하·은·주 3대가 앞선 왕조로부터 이어받은 것은 곧 삼강오륜(三綱五倫)을 뜻하고, '손익'은 문질삼통(文質三統)을 말한 것이다"라고 했다. 주희는 마융의 해석을 좇으면서 이같이 설명해놓았다.

"마융이 말한 '문질삼통'의 '문질'은 곧 하나라가 충(忠)을 숭상하고, 은나라가 질(質)을 숭상하고, 주나라가 문(文)을 숭상한 것을 말한다. '삼통'은 하나라가 인월(寅月: 음력 1월)을 정월로 삼아 인통(人統)을 세우고, 은나라가 축월(丑月: 음력 11월)을 정월로 삼아 지통(地統)을 세우고, 주나라가 자월(子月: 음력 12월)을 정월로 삼아 천통(天統)을 세운 것을 말한다. '삼강오상'(三綱五常)은 예(禮)의 대체(大體)이다. 이는 하·은·주 3대가 서로 이어가며 받은 것으로 변할 수가 없는 것이다. 그 '손익'은 문장제도(文章制度)에 약간의 착오가 있고 서로 미치지 못하는 정도의 차이에 불과하고 그 흔적 또한 이미 뚜렷이 나타나 있다. 이에 지금도 능히 그 손익을 찾아볼 수 있는 것이다."

주희는 이어 '삼강오륜'의 '삼강'(三綱)은 곧 '군위신강'(君爲臣綱: 군주는 신하의 벼리가 됨)과 '부위자강'(父爲子綱), '부위처강'(夫爲妻綱)을 말하고 '오륜'은 곧 '오상'(五常)으로 곧 인·의·예·지·신을 말한 것이라고 덧붙였다. 주희는 '삼강오륜'은 불변의 것이고, '문질삼통'을 가변의 것으로 간주한 셈이다. 마융이 제기하고 주희가 의견을 더한 해석을 흔히 '충질문이상지설'(忠質文異常之說)이라고 한다. '충질문이상지설'은 원래 미신적인 재이설(災異說)을 신봉한 한무제 때의 동중서(董仲舒)가 『춘추번로』(春秋繁露)에서 처음으로 제기한 것이었다.

이에 대해 한유(漢儒)들은 3대가 교대로 '문'과 '질'을 숭상한 점에 주목해 '문질체변설'(文質遞變說)을 주장했다. 주희의 『사서집주』에 따르면 '문질체변설'은 진시황 때 활약한 복생(伏生)이 지었다고 알려진 『서대전』(書大典)에서 비롯되었다. 전한 때에 나온 『백호통의』는 '문질체변설'을 이같이 풀이해놓았다.

"새로 서는 왕자(王者)가 각각 '질'과 '문'을 숭상했다는 '일질일문'(一質一文: 문질체변설을 지칭)은 무엇을 말하는 것인가. 천지를 계승하고 음양의 이치를 좇았기 때문이다. 양기가 극에 달하면 음기가 발동하고, 음기가 극에 달하면 양기가 발동하는 이치와 같다."

『백호통의』는 '문질체변설'을 음양오행의 순환 원리에 따라 왕조의 교체를 설명하는 '오행종시설'(五行終始說)에 입각해 풀이해놓은 셈이다. 그러나 한유의 '문질교체설'은 『예기』「표기」(表記)편에 나오는 다음 구절을 오독(誤讀)한 데 따른 것이었다.

"공자가 말하기를, '우(虞: 순임금)·하(夏: 하나라)의 질과 은·주(殷周)의 문은 지극하다. 우·하의 문은 그 질을 이기지 않았고, 은·주의 질은 그 문을 이기지 않았다'고 했다."

한유들은 「표기」에 나오는 우·하의 '문불승질'(文不勝質)과 은·주의 '질불승문'(質不勝文) 구절을 바로 이 장에 나오는 '질승문'(質勝文) 및 '문승질'(文勝質)과 동일한 뜻으로 해석한 것이다. 그러나 사실 그 뜻은 천양지차다. '문불승질'과 '질불승문'에 나오는 '불승'(不勝)은 '승'(勝)과 달리 '문'과 '질'의 어느 한쪽이 이기고 진다는 뜻이 아니라 양쪽이 서로 상대가 되는 것으로 그친다는 의미이다. 이는 『논어』의 다음 구절을 보면 쉽게 알 수 있다.

"위나라 대부 극자성(棘子成)이 말하기를, '군자는 질(質: 내용)을 중시할 뿐이니 문(文: 여기서는 외식[外飾])을 어디에 쓰겠는가'라고 했다. 자공이 이 얘기를 전해 듣고 탄식하기를, '애석하구나. 부자(夫

子: 극자성을 지칭)의 군자에 대한 얘기는 타당성이 없다. 네 필의 말
이 끄는 수레도 한 번 내뱉은 말은 따라잡지 못하는 법이다. 본래 문이
곧 질이고, 질이 곧 문인 것이다. 질만을 논하는 것은 호표(虎豹)의 털
가죽을 무두질하여 견양(犬羊)의 무두질한 가죽과 똑같게 만드는 것과
다름없다'고 했다."

'호표'와 '견양'은 각기 군자와 소인을 상징한다. '호표'와 '견양'은
가죽을 무두질하게 되면 하등 구별할 길이 없게 된다. '문'(文)이 '질'
(質) 못지않게 중요함을 강조한 것이다. 이를 두고 주희는 풀이하기를,
"문과 질은 동등하여 서로 없어서는 안 된다. 만일 반드시 그 문을 버
리고 홀로 그 질을 보존하고자 하면 군자와 소인을 분별할 길이 없게
된다"고 했다. 타당한 지적이다.

그러나 주희는 곧 첨언하기를, '극자성은 당시의 폐단을 바로잡고
자 하면서 실로 한쪽을 지나치게 강조한 잘못이 있고, 자공은 극자성
의 폐단을 바로잡고자 하면서 본말과 경중에 차이가 없었으니 이 또한
잘못이다'라고 했다. 주희의 자공에 대한 지적은 잘못이다. 극자성은
'질'을 극단적으로 중시하는 잘못을 저질렀다.

그러나 자공은 '문'이 배제된 '질'은 마치 군자를 소인과 같게 만드
는 것이라고 지적하면서 '문'의 중요성을 역설했을 뿐이다. 자공이
'문'과 '질'의 본말과 경중을 얘기하지 않은 것은 극자성의 편벽된 견
해를 지적하기 위해서였다.

공자 또한 「표기」에서 우·하의 시대는 상대적으로 '질'이 두터웠
고, 은·주의 시대는 '문'이 성했으나 우·하·은·주 모두 '문과
'질'의 상호보완을 통해 뛰어난 시대를 열게 되었음을 말하고자 한 것
이다. 당시 한유들은 '문'과 '질'을 엄분해 '불승'을 '승'과 동일한 의

미로 풀이하는 잘못을 저지른 셈이다. 마융과 동중서, 주희로 이어진 '충질문이상설'과 한유들이 추종한 '문질체변설' 모두 미신적인 이론에 입각한 것임은 말할 것도 없다. 훗날 다산 정약용도 『논어고금주』에서 이 문제를 지적했다.

"이미 '문'이 있다고 하면 본래 '질'이 있었음을 알 수 있다. 주나라에 이미 '문'이 있다고 하면 '질'이 있다는 것 또한 징험이 되는 것이다. 은나라 또한 마찬가지이다. 다만 은나라는 그 문채가 다 아름답지는 못했던 까닭에 공자는 매번 주나라의 '문'을 취한 것이지 은나라 사람은 '문'을 숭상하지 않았다고 말한 것이 아니다."

다산의 뛰어난 식견이 여실히 드러난 대목이다. 주희를 비롯한 송유들의 통폐는 매사를 이분법적으로 나눠 본 데 있다. '이(理) · 기(氣)'와 '천리(天理) · 인욕(人欲)', '문(文) · 질(質)'의 구분이 그렇다. 성리학자들이 공허한 사변론으로 치달은 것도 이러한 이분법적 접근과 무관하지 않았다. 다산은 성리학자들의 이러한 통폐를 통렬하게 찌른 셈이다. 다산이 '삼강오륜'은 인륜인 까닭에 3대가 이어받은 예제가 될 수 없고, '문질삼통'은 바뀐 것만 있을 뿐 좋는 것이 없으니 손익의 대상이 될 수 없다고 반박한 것 또한 주목할 만한 지적이다.

다산은 또 '오상'을 인 · 의 · 예 · 지 · 신이라고 했던 주희와 달리 '오전'(五典: 부의[父義] · 모자[母慈] · 형우[兄友] · 제공[弟恭] · 자효[子孝])을 지칭한다고 주장했다. 다산의 주장대로 공자가 활약할 당시에는 인 · 의 · 예 · 지 · 신의 '오상'이 존재하지 않았다. 다산의 주장이 공자사상의 고의(古義)에 부합하는 것임은 말할 것도 없다.

이를 통해 알 수 있듯이 공자의 역사관은 기본적으로 '손익사관'에 입각해 있었다. '손익사관'을 기반으로 한 공자는 과연 어떤 잣대를 적용해 필삭(筆削)을 가함으로써 시·서·예·악 등으로 상징되는 '치평학'의 교과목을 만들어낸 것일까.

『논어』「팔일」편에 언급돼 있듯이 주왕조의 예악문화는 중국 고대 문화의 총화로 여겨졌다. 공자가 복고주의적인 성향으로 고대문화를 무조건 추수(追隨)하고자 했던 것이 아니다. 주나라의 예제를 좇고자 한 공자의 '종주'(從周)사상은 바로 주공의 예악문화 창시 정신을 숭상한 데 따른 것이라고 할 수 있다.

그러나 주공이 주왕조의 예악문화를 창시했다는 것이 반드시 역사적 사실에 부합하는 것은 아니다. 20세기 갑골학의 권위자인 왕국유(王國維)와 같이 주공을 열렬히 신봉한 사람도 있었지만 문헌에 나타난 바에 따르면 예악문화 창시와 관련된 주공의 역할은 상당히 제한되어 있었다. 『논어』에도 주공에 관한 대목은 모두 4개 장에 걸쳐 나오고 있으나 주공의 어록은 「미자」편에 나오는 한 대목뿐이다.

"주공 단(旦)이 아들 백금(伯禽)에게 당부하기를, '군자는 그 친척을 버리지 않고, 대신들로 하여금 써주지 않는 것을 원망하게 만들지도 않고, 옛 친구나 선임자를 큰 잘못이 없는 한 버리지 않고, 한 사람에게 모든 것을 구비하도록 요구하지도 않는다'고 했다."

이는 주공이 아들 백금이 노공(魯公)에 책봉되어 봉국인 노나라로 갈 때 훈계한 말로 알려져 있다. 그러나 주왕조 초기의 일이라고 보기에는 무리가 있다. 노나라에 전송(傳誦)된 얘기가 『논어』 편제과정에서 뒤늦게 삽입된 것으로 짐작된다. 「미자」편에 나오는 주공 이야기도 공자 당시 본래의 『서』에 나오는 원문이 아니었을 것이다. 그밖에도 『논어』에는 요·순·우·탕의 설화를 언급한 대목이 몇 군데 나오지만 가장 나중에 편제된 「태백」편과 「요왈」편에 실려 있어 신빙성에 문제가 있다.

주왕조 건국과정에 관한 설화는 『서경』「주서」에 상세히 수록되어 있다. 그러나 『논어』에 인용된 『서경』의 구절은 「위정」편과 「헌문」편의 단 두 곳뿐이다. 「위정」편에 인용된 효(孝)에 관한 구절은 『서경』「주서 · 군진(君陳)」편에 나오나 이 「군진」편 역시 후대의 위서이다.

「헌문」편에 나오는 은나라 고종(高宗)의 '양음'(諒陰: 거상[居喪] 때의 막사를 지칭)에 관한 구절도 후대의 위서로 밝혀진 『서경』「상서 · 열명(說命)」편에서 나왔다. 일부에서는 정반대로 「열명」편이 오히려 『논어』의 구절을 옮겨놓은 것으로 보고 있다. 『논어』에 인용된 『서경』 구절은 근원적인 검토를 요구하고 있다. 「술이」편의 다음 대목이 이를 뒷받침한다.

"공자가 아언(雅言)한 것은 『시』· 『서』· 집례(執禮)에 관한 것이었다. 모두 '아언'이었다."

'아언'을 두고 통상 '공자가 늘 말한 것'으로 풀이하고 있으나 '올바른 발음으로 읽은 것'으로 풀이하는 견해도 있다. 어느 경우든 공자가 현재의 『서경』과는 분명 다른 내용의 『서』를 읽었을 가능성을 보여준다. 현대의 『서경』은 그 내용에 비춰 전설상의 요 · 순을 역사적으로 존재한 고대의 성왕으로 선전하기 시작한 맹자 이후에 만들어진 것이 확실하다.

『서』는 당시에 존재한 옛 기록을 총칭한 말이다. 공자는 『시』와 마찬가지로 『서』를 어느 정도까지 정리했지만 『시』를 3백여 편으로 정리한 것과 비교할 때 상대적으로 정리의 수준이 떨어졌다. 『논어』에 『서』를 인용한 예가 『시』를 인용한 것보다 훨씬 적은 것도 이와 관련 있을 것이다.

그가 읽은 『서』는 현존하는 『서경』과 얼마나 차이가 있을까. 그 차이는 매우 심대하다. 이는 금문학자인 시라카와 시즈카가 정밀히 분석했다. 시라카와의 주장을 좇아 유가에서 극히 중시한 3년 상복설의 근거가 된 「헌문」편의 '양음설'(諒陰說)부터 검토해보기로 하자.

고종은 은나라 중기의 명군으로 흔히 은나라의 중흥조로 일컬어지고 있다. 그의 선대인 반경(盤庚)은 예로부터 '은허'(殷墟)로 알려진 지금의 하남성 안양에 도읍을 정했다. 『춘추좌전』이나 『사기』에도 이미 '은허'라는 명칭이 나온 데서 알 수 있듯이 은나라는 '은허'로 천도한 이후 중흥의 기틀을 마련하게 되었다. 이로써 건국 이후 끊임없이 도읍을 옮기던 관행이 사라지고 국명 또한 상(商)에서 은(殷)으로 바뀌게 되었다. '은허' 발굴은 20세기에 들어와 대대적으로 이뤄지기 시작했다. 조사결과 수십 기(基)의 능묘와 엄청난 양의 갑골문이 출토되었다. 갑골문은 고종 때의 것이 분량도 많고 내용 또한 풍부하다.

출토된 갑골문 중에는 고종의 언어장애와 관련해 혀와 귀의 질병을 점친 내용이 포함되어 있다. 이는 고종에게 실제로 언어장애가 있었음을 시사한다. 고종이 '다발성 뇌척수경화증'과 같은 질병을 앓았다고 추정하는 사람도 있다. 고종은 일종의 실어(失語)증세를 보였던 것으로 짐작된다. 이런 언어장애는 주나라 초기에 이미 널리 알려진 질병으로 보인다. 주공의 훈계를 담은 『서경』「주서·무일(無逸)」편에 나오는 주공의 다음과 같은 언급이 이를 뒷받침한다.

"고종은 오랫동안 밖에서 고생하면서 낮에는 백성과 더불어 지냈다. 즉위해서는 양음(亮陰)을 3년 동안 하면서 입을 열지 않았다. 말을 하지 않으면 모르되 일단 말을 하면 매우 온화했다."

'양음'(諒陰)은 문헌에 따라 양음(亮陰)과 양암(諒闇), 양암(亮闇), 양암(梁闇) 등으로 다양하게 표현되어 있다. 이는 옛날부터 부친상의 복상(服喪)을 뜻하는 말로 사용되었다. 모든 군왕이 양음을 행했으므로 고종에게만 유독 이런 표현을 썼다고 볼 수는 없다. 「자한」편에 이와 관련한 공자의 언급이 나온다.

"하필 고종뿐이겠는가. 옛 사람이 모두 그러했다. 군주가 죽으면 사군(嗣君)이 너무 슬퍼한 나머지 정치를 볼 수 없었다. 이에 백관들은 각기 자신의 직무를 총괄하며 총재(冢宰: 정무를 대행하는 태재[太宰])로부터 3년 동안 명을 받았다."

만일 당시 공자가 3년상의 근거를 『서경』에서 찾았다면 「무일」편과 유사한 구절에 근거했을 것이다. 그러나 갑골문에 나오는 「무일」편의 문장은 단지 고종이 언어장애를 앓았다는 사실을 말한 것에 지나지 않는다.

서주시대의 금문에는 사군(嗣君)이 즉위 원년 정월에 장군을 친히 임명한 책명이 기록되어 있다. 너무 슬퍼한 나머지 3년 동안 총재에게 정무를 일임했다는 공자의 언급은 후대의 위문으로 보인다. 그렇다면 「자한」편에 나오는 은나라 고종의 '양음 3년'은 역사적 사실과 거리가 먼 것으로 보아야만 한다. 이런 오해에 근거해 유가에서 그토록 중시한 3년상의 복상(服喪)이 만들어졌다면 커다란 희극이 아닐 수 없다.

사당에 모시는 신주와 관련해 천자는 7묘(七廟), 제후는 5묘, 대부는 3묘, 사(士)는 1묘를 두고 태묘(太廟: 종묘)를 중심으로 '소목'(昭穆)의 순서에 따라 좌우로 신위를 배치한다는 묘제설(廟制說)도 후대의 위작일 것이다. 『서경』「상서・함유일덕(咸有一德)」편에 '아아, 천자의 7묘에 언제까지 제사를 지내는가를 봄으로써 왕의 덕이 어떠했는가를 알 수 있다'는 구절이 나온다. 그러나 「함유일덕」편은 『서경』

가운데 가장 나중에 만들어진 것으로 은나라 개국공신인 이윤(伊尹)에게 가탁한 후대의 위문이다.

『논어』「팔일」편에 나오는 계씨의 8일무(八佾舞)도 후대의 위작으로 보인다. 8일무는 정방형의 좌우대열을 뜻하는 '일'(佾)이 8명으로 구성된 데서 짐작할 수 있듯이 모두 64명으로 이뤄진 무악(舞樂)으로 본래 천자만이 이를 행하게 되어 있다. 제후는 종횡으로 6명씩 구성된 6일무를 행할 수 있었다. 노나라 군주는 주공의 후예인 까닭에 특별히 8일무를 행할 수 있도록 허용되어 있었으나 경의 신분인 계씨가 8일무를 행할 수는 없다. 「팔일」편은 공자가 계씨의 '8일무'에 크게 분개한 것으로 묘사해놓았다.

"공자가 계씨를 평하여 말하기를, '계씨는 뜰에서 8일무를 추게 했다. 차마 하지 못할 일을 감히 했으니 장차 무엇을 차마 하지 못할 리 있겠는가'라고 했다."

여기서 공자를 '자'가 아닌 '공자'로 칭하고 있는 점에 주목할 필요가 있다. 제자들이 '공자'를 '자'로 칭한 것과 달리 세간에서는 통상 '공자'로 불렀다. 그러므로 이 구절은 세간의 얘기를 수록했을 가능성이 높다. 한마디로 공자가 계씨의 '8일무'를 비난했다는 증거로 삼기에는 부족하다. 실제로 『춘추좌전』「노소공 25년」조는 공자가 아닌 장소백(臧昭伯)이 이를 비난한 것으로 기록해놓았다.

"마침 노양공의 사당에서 체제(禘祭)를 지내게 되었는데 만무(萬舞)를 추는 자가 겨우 '2인'(二人)뿐이었다. 이는 나머지 사람들 대부분이 계씨 집에서 만무를 춘 데 따른 것이었다. 이에 대부 장손(臧孫: 장소백)이 비난하기를, '이를 두고 이제 선군의 사당에서는 공로에 보답할 수 없게 되었다고 말하는 것이다'라고 했다. 이런 일로 인해 노나라 대부들은 계평자를 크게 원망하게 되었다."

『춘추좌전』의 이 기록은 당시 계평자의 '8일무' 사건이 있기는 했으나 이에 대한 불만을 표시한 사람은 공자가 아니라 노나라 대부 장손백이었음을 뒷받침하고 있다. 공자의 개탄으로 나와 있는 『논어』「팔일」편의 해당 구절은 후대의 가탁(假託) 내지 위문(僞文)으로 보인다.

이 문제를 가장 강도 높게 제기한 사람은 시라카와 시즈카이다. 그의 주장에 따르면 공자가 계씨의 8일무를 비판하려면 공자시대에 그런 예설(禮說)이 이미 정립되어 있었다고 보아야 하나 이는 무리라는 것이다. 3년상의 복상제나 천자 7묘의 묘제설 등이 정립되지 않은 상황에서 이런 위계적인 무악의 예제가 만들어졌다고 보기는 어렵다. 시라카와의 지적은 나름대로 일리가 있다.

공자는 3환 중에서도 상대적으로 세력이 약한 맹손씨를 섬기면서 각종 전투에서 수차례 무훈을 세운 하급무사의 아들로 태어났다. 당시 노나라에서는 3환의 종주(宗主) 중 가장 연장자가 재상에 임명되어 죽을 때까지 교체하지 않는 것이 관례였다. 공자가 성년에 달했을 무렵 비록 숙손씨의 종주인 숙손소자(叔孫昭子)가 재상으로 봉직하고 있었으나 계씨 일가의 실력이 막강했던 까닭에 계씨의 종주인 계평자(季平子)가 사실상 노나라 정치를 좌우하고 있었다.

계평자의 전횡은 목불인견이었다. 대표적인 사례가 바로 '8일무' 사건이다. 이는 당시 노나라 최대의 국가행사인 노양공의 제사가 얼마나 처참하게 치러졌는지를 잘 보여주고 있다. 노양공의 사당에서 행한 제사에서 무악이 베풀어지기는 했으나 공실의 힘이 완전히 빠진 까닭에 공실의 악단(樂團)과 무인(舞人)을 제대로 유지할 수 없었다. 노나라 최대의 제례에 무인은 겨우 두 사람밖에 나오지 않았다. 이와는 대조적으로 계씨는 자신의 가묘(家廟)에서 행한 제사에 천자가 사용하는 '8일무'를 봉헌한 것이다.

계평자가 가묘에 봉헌한 '8일무'는 천자는 말할 것도 없고 제후의 입장에서 볼지라도 참람하기 그지없는 짓이었다. 당시 공자는 정의감에 넘치는 젊은이였다. 공자가 이를 어떤 심정으로 바라보았는지는 자세히 알 길이 없다. 사서는 무명이었던 공자가 이때 어떤 행동을 취했는지에 관해 아무런 기록도 남기고 있지 않다.

공자는 군주의 자리가 비어 있는 상황에서 태연하게 섭정을 행한 계평자의 참람한 태도를 어떻게 생각하고 있었던 것일까. 이적(夷狄)도 군장이 있다고 하니 어쩌면 그쪽이 나을지도 모를 일이다. 공자는 노나라를 도망쳐 나와 오랑캐 나라로 가버리고 싶은 심정이었는지도 모른다. 실제로 『논어』 「팔일」편에는 이를 뒷받침하는 공자의 언급이 나온다.

"이적(夷狄)이라도 군권이 확립되어 있으면 군권이 없는 중원의 국가보다 낫다."

이를 두고 많은 사람들이 '이적에게 군주가 있는 것은 중국에 군주가 없는 것만도 못하다'로 풀이해놓았다. 남북조 시대 양나라의 황간(皇侃)도 마찬가지였다. 그의 주석서인 『논어의소』(論語義疏)는 중국에서는 곧바로 실전되었으나 일본으로 흘러들어가 에도 시대에 오규 소라이의 제자인 네모토 손시(根本遜志)에 의해 출판된 후 중국에 수출되어 화제가 된 바 있다. 당시 청나라의 건륭제는 네모토의 판본에 의거해 다시 이를 복각하게 했다.

이때 이 구절에 대한 황간의 주석이 문제가 되었다. 황간의 주석은 야만인에게 군주가 있어도 그것은 중국의 무정부 상태보다 못하다는 의미로 풀이되었다. 청조의 만주족은 근본적으로 '이적'에 해당한다. 당시 궁정에서 찍어낸 칙판(勅版) 『논어의소』는 청조에 유리하도록 이 구절을 살짝 바꿔 해석해놓았다.

이를 통해 짐작할 수 있듯이 만주족을 비롯해 조선족과 일본족 등의 입장에서 볼 때 황간의 주석과 같이 풀이하는 것은 문제가 있다. 사실 이러한 해석은 문법상 무리는 없으나 내용상 뜻이 잘 통하지도 않는 다. 만일 이같이 해석할 경우 공자는 '무군'(無君) 상태를 용인한 셈이 되기 때문이다. 이를 명백히 의식했던 북송대의 정이천(程伊川)은 이 구절을 이같이 풀이했다.

"이적에게 군주가 확고히 자리 잡고 있는 상황은 중국내 열국의 군 권이 유명무실한 상황과 비교된다."

정이천의 해석은 모호해 어느 쪽인지 가늠하기가 쉽지 않다. 정약 용(丁若鏞)은 '비록 오랑캐일지라도 군주가 있으면 군주가 없는 중원 보다 낫다'고 풀이했다. 당시의 정황 및 공자의 심경에 비춰 볼 때 정 약용의 해석이 타당한 것은 말할 것도 없다. 공자의 입장에서 볼 때 계평자의 전횡은 더 이상 묵과할 수 없었다. 배를 타고 해외로 망명 하고픈 심정이 들었을지도 모른다. 「자한」편의 다음 대목이 그 증거 이다.

"공자가 구이(九夷: 여러 동이족) 땅에서 살려고 하자 어떤 사람이 묻기를, '그곳은 누추한 곳인데 어찌 살려는 것입니까'라고 했다. 공 자가 대답하기를, '그곳은 군자들이 거주하는 곳인데 무슨 누추함이 있겠는가'라고 했다."

요컨대 3년상 등의 예제가 공자의 필삭을 거친 『서』에 의거했다는 유가의 주장은 역사적 사실과 동떨어진 것이다. 실제로 『예기』 등에 나오는 상장례(喪葬禮)와 관련한 유가의 예설은 이처럼 근거가 모호하거나 엉뚱한 것이 적지 않다. 대부분 후대의 유가들이 만들어낸 것으로 보는 것이 타당하다.

'가상설'의 성행과 설화의 경전화

선진시대에는 고전을 자의적으로 해석하거나 자신들의 주장을 뒷받침하기 위해 위작하는 일이 빈번했다. 대표적인 예로 『서경』의 맨 앞에 편제된 「우서」(虞書)를 들 수 있다. 「우서」에 나오는 「요전」(堯典)과 「순전」(舜典)편 등은 요·순·우 등의 고대 성현에 관한 전래의 설화를 마치 역사적 사실인 양 조작해놓았다. 『맹자』 「만장 상」편에 의고체(擬古體) 문장으로 된 동일한 내용의 설화가 실려 있는 점에 비춰 유가 후학들이 「요전」편과 「순전」편 등을 만들어낸 것이 거의 확실하다.

실제로 전설상의 인물인 요·순은 맹자가 사상 처음으로 성왕으로 받들면서 역사상의 인물로 간주되기 시작했다. 「우서」에 나오는 「대우모」(大禹謨)편은 홍수설화에서 비롯된 우에 관한 설화이다. 우를 고대의 성왕으로 삼은 제자백가는 묵가였다. 유가는 우에 관한 설화를 「대우모」편으로 흡수한 위에 우보다 더 이전에 존재했던 것으로 알려진 요·순의 설화를 채택해 「요전」편과 「순전」편을 만들었을 가능성이 높다.

서주시기에 성립된 어떤 문헌에도 요·순이나 우는 보이지 않는다. 우는 요·순과 달리 춘추시대 중엽에 만들어진 금문과 시편 등에 그 이름이 보이기 시작하나 묵가의 주장과 달리 여전히 홍수신화의 등장

인물로 남아 있다. 요·순은 맹자시대에 비로소 문헌에 나타나기 시작한다.

공자는 주공을 예악의 창시자로 보았다. 유가 후학들 모두 이를 그대로 받아들였다. 그러나 묵가가 주공보다 앞선 인물로 홍수설화에 나오는 전설적인 우를 내세우자 이에 당황한 맹자가 우보다 앞선 요·순을 고대의 성왕으로 삼은 것으로 보인다. 이때 제나라에서 자신들의 먼 조상을 황제(黃帝)로 내세우기 시작했다. 당시 진(秦)나라의 적극적인 지원을 받고 있던 묵가와 함께 사상계의 양대 축을 이루고 있던 양주학파(楊朱學派)를 계승한 도가는 이내 제나라 왕실의 적극적인 지원을 받아 황제를 도가의 효시로 선전하기 시작했다.

결국 공자가 주공을 높이자, 묵가는 이에 반발해 주공보다 앞선 우를 받들고, 맹자는 다시 요·순을 성군으로 내세워 이를 제압하고자 했고, 마침내 도가는 요·순에 앞선 황제를 내세워 최후의 승리를 거둔 셈이다. 이처럼 시간적으로 거듭 거슬러 올라가 신화 내지 설화의 주인공을 역사 속의 실존인물로 끌어들여 자기학파의 권위를 높이는 행태를 '가상설'(加上說)이라고 한다. 우·순·요·황제 모두 '가상설'이 만들어낸 전설상의 인물에 불과할 뿐이다. 유가와 묵가, 도가가 고대의 성현으로 받든 인물 중 실존인물은 은나라의 시조인 탕과 주나라의 시조인 무왕·문왕, 예제의 창시자로 본 주공 정도에 불과하다.

'가상설'이 한창 기승을 부릴 당시 양주학파와 묵가의 성행으로 커다란 위기의식을 느낀 맹자는 요·순을 실존인물로 둔갑시킨 뒤 요·순·우·탕·문·무·주공으로 이어지는 '도통설'(道統說)을 제창하고 나섰다. 『논어』「위령공」편에 '도통설'을 뒷받침하는 대목이 나온다.

"하루는 공자가 자공에게 묻기를, '사(賜)야, 너는 내가 많이 배우고 또한 그것을 모두 기억하는 것으로 생각하느냐'라고 했다. 이에 자공이 '그렇습니다. 그렇지 않습니까'라고 반문하자 공자가 '그렇지 않다. 나는 일이관지(一以貫之)할 뿐이다'라고 대답했다."

'일이관지' 구절은 「이인」편에도 나온다. 송유들은 두 구절을 비교하면서 자공은 공자가 말한 '일이관지'의 뜻을 헤아리지 못하고 성인을 쭉정이로 배우려 한 데 반해 증자는 그 묘리를 깨우쳤다고 주장했다. 공자가 증자에게 자신의 도를 전했다는 '도통설'이 나오게 된 근거이기도 하다.

그러나 송유들의 이러한 '도통설'은 근거 없는 주장에 불과할 뿐이다. 유가에는 불가와 같은 전도법(傳道法)이 존재한 적이 없다. 나아가 자공이 증자와 달리 공자의 '일이관지'를 제대로 파악하지 못했다는 주장 역시 근거 없는 억견(臆見)에 불과할 뿐이다. 이와 관련해 청대의 모기령(毛奇齡)은 '충'과 '서'를 나눠, 증자에게 말한 '일이관지'는 '충서'를 뜻하고 자공에게 말한 '일이관지'는 오직 '서'만을 얘기한 것으로 풀이했다. 그러나 '충'과 '서'를 나눠보는 것은 잘못이다.

주희는 풀이하기를, "증자에게 말한 일이관지는 행(行)으로써 말한 것이고, 자공에게 말한 일이관지는 지(知)로써 말한 것이다"라고 했다. 주희의 해석은 모기령보다는 훨씬 객관적이지만 이 또한 공자가 '서'를 여러 차례에 걸쳐 언급한 취지를 제대로 파악하지 못할 것이다. 오규 소라이는 「논어징」에서 주희의 해석을 다음과 같이 정면으로 반박했다.

"송유들은 공자가 '일이관지'를 언급하면서 증자에게는 '행', 자공에게는 '지'로써 말했다고 해석하고 있으나 이는 잘못이다. 옛날에는 모두 사물로써 예를 들어 가르쳤을 뿐 그 이치에 관해서는 언급하지 않았다. 이는 배우는 사람들이 스스로 터득하기를 바랐기 때문이다. 일을 통해 습득하고 스스로 깨우치기는 증자와 자공 모두 같았다. '일이관지'를 '행'과 '지'로 나눠 해석하는 자는 오직 송유들뿐이다."

다산은 오규 소라이의 주장을 받아들여 '충서'를 '충'과 '서'로 나누는 해석을 배척했다. '일이관지'의 '일'은 곧 '서'이고 이를 근거로 행하는 것이 '충'인 까닭에 '충서'는 결코 두 개가 아니라는 것이다. 다산은 『논어고금주』에서 모기령과 주희 등의 해석을 통박했다.

"증자와 자공은 대소의 차이가 없다. 증자와 자공에게 말한 '일이관지' 역시 '지'와 '행'의 구별이 있는 것이 아니다. 증자에게는 '충서'를 얘기하고, 자공에게는 오직 '서'만을 언급한 것도 아니다. '일이관지'는 공자가 말한 것으로 증자에게 말한다고 하여 반드시 크게 말하지는 않았을 것이고, 자공에게 말한다고 하여 반드시 작게 말하지는 않았을 것이다. 나아가 증자에게 말한다고 하여 반드시 갖췄다고 할 수도 없고, 자공에게 말한다고 하여 반드시 생약(省約)하지는 않았을 것이다. 증자가 '유'(唯: 예)라고 대답했다고 하여 반드시 도통을 받은 것도 아니고, 자공이 대답을 하지 않았다고 하여 통하지 않은 것도 아니다."

증자와 자공에게 말한 '일이관지'는 대소의 구별도 없고, '지'와 '행'의 구별이 있는 것은 더더욱 아니고, 애초부터 공자가 증자와 자공에게 상하의 층을 두고 따로 말한 것이 아니라는 것이다. 주희를 비롯한 송유들의 억지해석에 대한 통렬한 반박이 아닐 수 없다. 다산은 나아가 『대학』과 『중용』은 모두 '서'의 뜻을 길게 풀이해놓았고, 『논어』와 『맹자』 역시 '서'로써 '인'(仁)을 구하는 내용이 헤아릴 수 없을 정도로 많이 나오는 까닭에 사서는 모두 '서' 한 자에 대한 해석에 불과할 뿐이라고 주장했다. 다산은 조선의 성리학자들이 주희를 맹종하

면서 모든 것을 '일리'(一理)로 해석하는 풍조에 대해 통렬한 비판을
가한 것이다.

유가 후학들은 맹자의 '도통설'을 입증하기 위해 성현들의 업적을
다룬 문헌을 만들어내기 시작했다. 그 결과물이 바로 『서경』이었다.
『서경』의 「우서 · 요전」과 「우서 · 고요모(皐陶謨)」, 「하서 · 우공(禹貢)」
등에 나오는 요 · 순 · 우에 관한 얘기는 모두 그렇게 만들어진 것으로
역사적 사실과 동떨어진 것이다. '설화의 역사화' 작업에 이어 '설화의
경전화' 작업이 적나라하게 전개된 증거물이 『서경』인 셈이다.

주나라 건국 이후의 얘기를 다룬 『서경』의 「주서」(周書) 이외의 내
용은 신화와 전설을 교묘히 짜 맞춰놓은 것이라고 해도 과언이 아니
다. 「요전」의 내용은 『산해경』에 보이는 제준(帝俊)과 순(舜)의 이야
기를 비롯해 사일신(司日神)인 희화(羲和)와 사방의 신인 방신(方神),
지금의 하남성 일대에 몰려 살던 강족(羌族)의 악신(岳神)인 백이(伯
夷), 홍수설화 속의 치수의 신인 우(禹) 등에 관한 설화를 원형으로 삼
고 있다.

정도의 차이는 있으나 모든 학파가 신화와 전설 속의 인물을 역사
속의 실존인물로 재구성하는 변조작업을 행했다. 그러나 '설화의 역
사화' 작업을 뛰어넘어 '설화의 경전화'에 성공한 유파는 오직 유가밖
에 없었다. 전한제국 초기에 최종 편제가 마무리 된 『논어』에 이러한
변조작업을 통해 역사 속의 실존인물로 둔갑한 요 · 순 · 우 등이 등장
한다. 공자사상과 『논어』를 연구할 때 주의해야 할 대목이다.

이와 관련해 시라카와는 유가사상의 뿌리가 신화 및 전설의 전승을
전담했던 축사(祝史)의 학문에 닿아 있다는 주장을 내놓았다. 그러나
이런 주장을 받아들이기는 힘들다. 유가가 내세운 전래의 예설(禮說)

역시 다른 제자백가와 마찬가지로 자신들의 주장에 권위를 부여하기 위해 역사적 사실과 동떨어진 여러 얘기를 사실인 양 끌어들였을 공산이 크다. 이는 유가뿐만 아니라 선진시대의 제자백가가 모두 마찬가지였다. 축사의 전통에서 유가 예설의 근거를 찾는 것은 무리이다.

그럼에도 경전으로 높이 숭상된 『서경』의 상당부분이 역사적 사실과 동떨어진 후대의 위작으로 구성되어 있다는 것은 적잖은 문제가 있다. 이는 공자가 본 것으로 추정되는 『서』와 현격한 차이가 있다. 주공과 확실한 관련이 있는 것도 『서경』 「주서」에 속해 있는 몇 편에 불과할 뿐이다. 엄밀히 말하면 『서경』의 내용 중 역사적 사실에 가장 가까운 「주서」마저 신빙성에 문제가 있는 것이다.

『논어』에 나오는 『서』가 현재의 『서경』과 같은 책으로 집성된 시기는 정확히 알 수 없으나 공자 사후 오랜 시간이 지난 뒤인 것만은 분명하다. 『묵자』에 비록 '상서'(尙書)라는 말이 나오나 이것이 묵자시대에 『서경』이 존재했다는 증거는 못 된다. 금문에는 '상'(尙)이 '보존하다'의 뜻으로 사용되고 있다. 『상서』도 처음에는 '기록집'과 같은 의미로 사용되었을 가능성이 높다.

『논어』에서 공자가 '서왈'(書曰)이라고 한 부분은 '『서경』에서 말하기를'보다는 '공자시대에 이런 말을 하는 문서가 있다'는 정도로 풀이하는 것이 보다 타당하다. 『서경』은 오래된 경전에 속하나 『논어』에는 '서'에 관한 언급이 겨우 3번밖에 안 나온다. 공자가 제자들에게 이를 학습하라고 권한 예는 한 번도 없다. 공자는 교육상 『서』의 비중을 상대적으로 적게 두었던 것으로 보인다. 「공자세가」는 『서경』을 공자가 편찬한 것으로 기록해놓았으나 이 또한 역사적 사실과는 거리가 있다.

후대의 문헌에는 3천여 건에 달하는 문서 중 공자가 현재의 『서경』

편장(篇章)을 뽑고 서문을 썼다는 얘기가 전해져오고 있으나 실제로 공자시대에 이런 종류의 공문서가 한 권의 책으로 묶인 일은 없었다. 이는 『맹자』「진심 하」편에 나오는 맹자의 다음과 같은 말을 통해 쉽게 확인할 수 있다.

"『서』를 다 믿는다면 『서』가 전혀 없는 편이 낫다."

만일 공자가 특정한 묶음의 공문서를 책으로 편찬했다면 맹자가 이같이 말할 리가 없다. 『논어』에 '서운'(書云)의 형태로 인용된 것은 전체를 통틀어 「위정」편과 「헌문」편에 나오는 두 대목에 불과하다. 『논어』에 '서운'이라고 밝히지는 않았으나 명백히 『서』의 글로 점철된 대목이 있다. 바로 「요왈」편의 제1장이 바로 그것이다. 그러나 이는 『논어』 중 가장 늦게 편집된 것으로 유가 후학의 위작이다.

공자가 본 옛 기록문서인 『서』의 내용 중에는 옛 정치가들의 치적과 예제에 관한 기록이 다수 포함되어 있었다. 당시 이에 대해서는 민간에 수많은 전설이 전해지고 있었다. 공자가 이를 정비해 만든 책이 바로 공문에서 가르친 『서』였을 것이다. 당시 공자가 연구한 『서』는 주로 현존 『서경』의 「주서」 부분이었을 것으로 짐작된다.

『논어』에 나오는 요·순과 우에 관한 얘기는 모두 후기에 삽입된 것이다. 현존 『서경』은 맹자가 처음으로 언급하기 시작한 요·순 등이 첨가되면서 기본 편제가 만들어졌다는 것이다. 학계의 통설이다.

『서경』은 요·순 이래의 사적을 모두 『서』에 삽입시킴으로써 주대의 문화가 상고 이래의 전통문화를 계승했음을 드러내고자 하는 의도에서 편찬되었다. 맹자 이후의 유가 후학들이 시간을 거슬러 올라가 고대의 신화와 설화에서 권위의 근거를 찾으려는 의도에서 나온 것이다. 『서경』의 내용 중 공자가 주로 참고했을 것으로 짐작되는 「주서」

를 제외하고는 대부분 후대의 위문으로 간주해도 크게 틀리지 않는다. 『서경』은 신화와 전설을 역사적 사실로 둔갑시킨 대표적인 사례이다.

외교관의 필수도구, 『시』

『시』는 『서』와 달리 공문에서 극히 중시되었다. 『시』는 공자시대 이래 현재에 이르기까지 크게 변한 것이 없다. 물론 주나라 초기에는 아직 『시』가 나타나지 않았다. 『시』는 주왕조 초기에서 기원전 6백 년 사이에 많은 사람들이 지은 여러 시를 모아놓은 것이다. 현재의 『시경』에는 305편의 시가 수록되어 있다. 공자가 본 『시』에도 약 3백 편의 시가 수록되어 있었다고 한다. 공자시대에 이미 지금과 별반 차이가 없는 『시』가 편제되었던 것으로 보인다. 『논어』를 문학적으로 분석한 요시카와 고지로(吉川幸次郎)도 이런 입장에 서 있다.

『시경』에 수록된 가요는 크게 세 가지로 대별된다. '풍'(風)은 민요, '아'(雅)는 정치를 비평한 노래, '송'(頌)은 군주의 선조를 제사할 때 부르는 노래이다. 이것이 이리저리 혼재되어 있던 것을 공자가 정연하게 순서를 짜서 확정했다. 「자한」편에서 공자가 노나라로 돌아온 연후에 '아송각득기소'(雅頌各得其所: 아송[雅頌]이 각기 제 자리를 찾음)라고 언급하게 된 배경이었다.

이런 말이 『논어』와 『사기』에 기록되어 있는 데서 대략 짐작할 수 있듯이 만년의 공자는 자신의 시대에 더 이상 희망을 걸지는 않았으나 후대인을 위해 읽을 만한 책을 남기자는 입장을 분명히 했다. 공자가 편정했다고 알려진 '오경' 혹은 '육경'은 모두 인간의 중요한 규범이 되었다. '경'(經)은 본질이라는 의미를 지니고 있다. 공자는 고전을 선택하고 편정함으로써 인간은 살기 위해 반드시 학문을 해야 하고, 책을 읽지 않으면 안 된다는 태도를 언급한 셈이다. 공자의 가르침에서 가장 중요한 대목 중 하나가 '학지'(學知)에 있다.

당시 『시』를 전승한 자들은 주로 악사였다. 공자는 주공을 예악의 창시자로 여겼다. 예악은 대부분 『시』에서 나온 것으로 보인다. 이는 공자가 악사에 대해 커다란 존경을 표한 사실을 통해 짐작할 수 있다. 「위령공」편의 다음 대목이 그 증거이다.

"노나라 태사(太師: 악사) 면(冕)이 공자를 만나러 와 섬돌에 이르자 공자가 말하기를, '여기는 섬돌이오'라고 했다. 자리 가까이에 이르자 공자가 말하기를, '여기가 자리요'라고 했다. 모두 자리를 잡자 공자와 제자들도 자리를 잡았다. 이어 공자가 악사 면에게 좌중의 사람을 일일이 고하기를, '모(某)는 여기 있고, 모는 여기 있습니다'라고 했다. 악사 면이 나가자 자장이 공자에게 묻기를, '이것이 악사와 더불어 말하는 예입니까'라고 하자 공자가 대답하기를, '그렇다. 이것이 실로 악사를 인도하는 예이다'라고 했다."

공자가 악사들을 얼마나 존중했는지를 짐작하게 해주는 대목이 아닐 수 없다. 기무라 에이이치는 유가학단에서 이들 악사들이 음악을 전담하여 가르치는 전임강사로 활약했을 가능성을 제기한 바 있다. 당시 악사들은 대부분 소경이었다. 공자가 '장님을 보면 비록 상대방이 연하일지라도 반드시 예모를 갖췄다'는 「자한」편의 기록이 이를 뒷받침한다. 옛 얘기나 성인들의 언행을 들려주면서 예악을 전승한 이들 소경 악사들은 당시의 기준에서 볼 때 온갖 지식의 연수(淵藪)였다.

악사들이 옛 얘기나 언행을 들려줄 때는 시의 내용을 악기에 얹어 전해주는 방식을 취했다. 『시』와 『악』이 하나로 합쳐져 있었던 것이다.

336

현존 『시경』의 편제는 서주 중엽 때 「주송」(周頌) 등의 비교적 오래된 것이 나타나고, 이후 후기에 접어들어 「소아」(小雅)와 「대아」(大雅)를 비롯해 「국풍」(國風)의 나머지 편이 만들어진 것으로 분석되고 있다. 시편은 대개 왕실과 제후들의 의례와 향연 자리에서 연주되었다.

춘추시대에 접어들자 갖가지 의식 때 불리는 시편이 점차 고정되었다. 제후가 왕을 알현할 때와 제후끼리 회견할 때, 향연을 베풀 때 사용되는 음악이 엄격히 구분되었다. 그러나 향연이 베풀어질 때 참가자는 자유로이 자신의 마음에 맞는 시편을 골라 악인에게 연주시킬 수 있었다. 이를 '무산악'(無算樂)이라고 했다.

『춘추좌전』에는 '무산악'에 관한 얘기가 많이 나온다. 대부분 외교 석상에서 나온 것이었다. 당시 시편에는 장편이 많기 때문에 참가자는 전체 작품 가운데 자신의 감정이나 뜻을 전달하기에 적당한 부분을 골라 노래 부르게 했다. 이로써 이른바 '단장부시'(斷章賦詩)가 유행하게 되었다.

시편은 외교관이 되어 타국의 사자와 교섭할 때 반드시 익혀야만 하는 필수 도구였다. 가장 유리한 협상을 이끌어내기 위해 변화무쌍한 응대사령(應對辭令)이 요구되는 외교교섭에서 모든 가능성을 열어놓으면서도 자신의 의사를 은유적으로 전달하는 수단으로 시만큼 절묘한 도구는 없었다. 외교교섭의 이러한 기본원칙은 지금도 그대로 통용되고 있다.

시편을 얼마나 자유로이 구사할 줄 아는가가 곧 외교교섭의 성패를 좌우했던 셈이다. 당시 사람들은 '단장부시'를 놓고 그 사람의 현우(賢愚)를 논하기도 했다. 이후 외교사절이 자신들의 뜻을 은근히 전하는 수단으로 '단장부시'에 의한 '무산악'을 즐겨 사용하게 되면서 시편은 외교의 필수교양이 되었다. 『논어』 「자로」편에 나오는 공자의 언급을 보자.

"『시』 3백 편을 모두 외울지라도 정치를 맡겼을 때 제대로 해내지 못하고, 사방의 나라에 사자로 나갔을 때 임기응변으로 대처하지 못한다면 비록 많이 외운들 어디에 쓰겠는가."

공자는 여기서 『시』를 공문의 교과목으로 선택한 이유를 간접적으로 설명하고 있다. 그는 『시』를 외교협상의 응대 능력을 배양시켜주는 위정자의 교양과목으로 생각했던 것이다. 공자는 고대 그리스와 로마에서 성행했던 '수사학'(修辭學)의 기능을 『시』에서 찾은 셈이다.

당시 군주들 간의 회맹(會盟)은 말할 것도 없고 대부들 간의 회동이 이뤄질 때면 시편을 통해 자신의 뜻을 은근히 전달하는 동시에 상대방의 의중을 세심하게 읽었다. 『시』는 위정자를 위시한 군자들이 반드시 익혀야만 하는 필수과목이었던 것이다. 이들은 정사에 숙달하기 위해 『시』를 배웠다. 타국에 외교사절로 가 충분히 응대할 수 있는 능력을 기르는 일도 『시』를 배우는 중요한 목적이었다.

시편이 외교교섭에서 얼마나 중요한 수단으로 사용되었는지는 『춘추좌전』에 보이는 수많은 사례를 통해 쉽게 확인할 수 있다.

공자는 제자들과의 문답에서 시를 자주 인용함으로써 제자들이 시를 자유자재로 구사해 자신의 의사를 표시하도록 촉구했다. 『논어』 전체를 통틀어 공자가 '시를 더불어 얘기할 만하다'고 말한 사례는 「학이」편의 자공과 「자로」편의 자하뿐이다. 두 사람 모두 공문 내에서 수위를 다툰 총명한 인물들이었다. 은미(隱微)한 시어의 뜻을 파악하기 위해서는 비상한 총기가 필요하다. 공자가 두 사람을 두고 '시를 더불어 얘기할 만하다'고 언급한 것은 바로 두 사람의 탁월한 총기에 탄복했음을 의미한다. 이는 동시에 공자가 평소 제자들과 함께 마치 외교 석상처럼 서로 시를 주고받으며 문답을 나눴음을 짐작하게 해준다. 「양화」편에 나오는 공자의 언급이 그 증거이다.

"너희들은 어찌하여 『시』를 배우지 않는 것이냐. 시를 배우면 뜻을 일으키고, 풍속의 성쇠를 살피고, 무리지어 서로 절차탁마하고, 정치의 득실을 날카롭게 비판할 수 있다. 또한 가까이로는 어버이를 섬기고, 멀리는 군주를 섬기는 것은 물론 조수와 초목에 관해서도 많은 것을 알 수 있다."

공자는 시편에 대한 이해야말로 비단 외교뿐만 아니라 효친충국(孝親忠國)으로 요약되는 인간의 도리와 직결되어 있다고 역설하고 있다. '조수와 초목에 관해서도 많은 것을 알 수 있다'고 언급한 것은 박물학(博物學)의 지식을 즐겼던 학문의 한 경향을 보여준다. 실제로 공자는 박식함으로 세인들의 칭송을 받은 일이 많았다. 공자는 『시』를 인간의 자연스런 성정에 호소해 상호 이해를 증진시키는 수단으로 본 것이다. 이는 「위정」편에 나오는 공자의 언급을 보면 쉽게 알 수 있다.

"『시』 삼백 편의 뜻을 한마디로 말하면 '사무사'(思無邪: 생각에 간사함이 없음)로 요약할 수 있다."

공문에서 『시』를 교양필수과목으로 선택한 이유가 잘 드러나고 있다. 『시』는 요즘의 문학에 해당한다. 이는 『시』·『서』·『예』·『악』으로 불리는 4과의 가장 기본이 되는 과목이기도 했다. 공자가 천하유세를 마치고 돌아온 뒤 개설한 공문에서 가르친 『시』는 현존 『시경』과 그 체제 및 내용 면에서 거의 다르지 않을 것으로 짐작된다. 『시』의 교재만큼은 『서』와 『예』, 『악』 등 여타 교과목의 교재와 달리 당시 이미 거의 완벽한 편제를 갖췄다고 보아도 큰 무리가 없을 듯하다.

'사'(思)를 '아'라는 감탄사로 간주해 '사무사'를 '아, 재난이 없도록 하소서'라는 의미로 보는 견해도 있다. 유가경전의 영역(英譯)에 지대한 공헌을 한 레그(J. Legge)는 이를 전통적인 견해대로 영역하면서 '사'를 '생각하다'로 번역하는 것은 불합리하다고 주장한 바 있다. 시라카와는 『시경』「노송·경(駉)」에 나오는 관련구절과 연관시켜 '여기에 비뚤어짐이 없다'로 읽는 것이 타당하다고 주장했다. '사'(思)를 조사(助辭) 또는 실사(實辭)로 보느냐에 따라 여러 해석이 가능하다. 그러나 이들 모두 공자가 시편을 인간 성정의 순수한 표현으로 파악했다고 해석한 점에서는 동일하다.

「공자세가」는 공자가 3천 편으로 구성된 『시경』을 엄선하여 305수의 『시경』을 만들었다고 기록해놓았다. 이에 대해 청대의 최술은 『시경』에 수록되지 않은 시가 초기 문헌에 인용된 사례가 거의 없다는 사실을 지적하며 공자가 『시경』의 숫자를 10분의 1로 줄였다는 사마천의 주장에 이의를 제기했다. 당시의 정황을 정확히 알 길은 없으나 공자가 정리한 『시』가 현존의 『시경』에 실려 있는 편수와 거의 같다는 것만은 분명하다. 『논어』를 비롯해 『춘추좌전』 등에 현재의 『시경』에 수록된 시구가 거의 그대로 인용되고 있는 점에 비춰 최술의 주장이 타당하다.

그러나 『시경』에 나오는 시편에 대한 해석만큼은 시대별로 커다란 차이를 보였다. 가장 큰 분기점은 성리학이 성립하는 남송대였다. 대표적인 예로 『시경』「제풍·계명(鷄鳴)」을 들 수 있다. 이는 여인이 침실에서 정부(情夫)와 나눈 얘기를 토대로 남녀 간의 애정을 노래한 것이다. 그러나 성리학자들은 이 시에 나오는 여인을 게으른 남편을 깨워 조정에 나가 일을 돌보라고 독촉하는 '현부'(賢婦)로 만들어놓았다. 공자가 남긴 그 어떤 자료를 보아도 그는 시를 이런 식으로 해석하지 않았다. 윤리철학의 성격을 띤 성리학이 만들어낸 통폐가 아닐 수 없다.

질서와 조화의 논리, 『예』·『악』

공문의 '치평학' 교과목 중 『시』와 더불어 극히 중시된 것 중의 하나로 『예』를 들 수 있다. '예'(禮)는 크게는 국가질서로부터 작게는 일상생활의 범절에 이르는 일체의 예절을 의미하는 중요한 개념이었다. 공자 또한 어릴 때부터 예의 습득과 연구에 몰두했다. 「공자세가」는 공자가 젊은 시절에 주나라로 가 예를 배우던 중 노자와 만난 일화를 수록해놓았다. 이는 역사적 사실과 동떨어진 것이기는 하나 공자가 젊은 시절에 이미 6예의 차원을 훨씬 뛰어넘는 높은 수준의 예를 습득했음을 시사하고 있다.

후대에 정비된 '13경'(十三經)에는 3종의 『예』가 포함돼 있다. 이중 『예기』(禮記)와 『주례』(周禮)는 후세의 작품이 확실하다. 『예기』는 전한제국 때의 대망(戴望)이 편찬했으나 그 자료의 연대는 각양각색이다. 최고(最古)의 자료가 과연 얼마나 오래된 것이냐는 논란의 여지가 많으나 일부는 공자보다 후대에 만들어진 것임에 틀림없다. 『주례』는 주초에 존재했다는 중앙집권정치의 이상적인 제도를 기술하고 있으나 이는 당시의 정황으로 보아 있을 수 없는 일이다. 전한제국 시대의 작품으로 추정된다.

다만 『의례』(儀禮)의 경우 최소한 다른 두 책보다 다소 오래된 부분도 있지만 공자 사후에 첨삭 과정을 거친 것만은 확실하다. 당시 예에 관한 모종의 기록이 있었다는 증거는 『춘추좌전』 「노양공 12년」조와 「노애공 3년」조의 기록 등에서 찾아낼 수 있다. 공자가 제자들에게 『예』를 학습하라고 말했을 때 어떤 문서를 읽고 동시에 그 교훈을 실천하라고 당부한 것으로 생각되나 그 문서가 무엇인지는 확실히 알 수 없다.

공문의 '치평학' 교과목은 위정자가 되고자 하는 모든 자들이 반드시 배워야만 하는 최상의 고등학문이었다. 단순히 머리로 습득하는 데 그쳐서는 안 되고 실천을 통해 완전히 체화해야만 했다. 인간과 국가에 대한 깊은 이해는 물론 사회문화 전반에 걸친 폭넓은 교양이 전제되어야만 했다. 「술이」편에 나오는 공자의 다음과 같은 언급이 이를 잘 보여주고 있다.

"도(道)에 뜻을 두고, 덕(德)에 근거하고, 인(仁)에 의지하고, 예(藝)를 익히며 논다."

'예'(藝)는 6예를 말한다. 공문은 학생들의 가장 기초적인 자격요건으로 6예의 습득을 요구했다. 공자는 이미 '지학'(志學)을 선언한 10대에 6예를 섭렵했음에도 6예의 습득에 만족하지 않고 '치평학'의 연마와 정비에 평생을 바치기로 결심했다. 이후 죽을 때까지 그는 스스로를 채찍질하며 혼신의 노력을 기울였다. 공문의 개설은 바로 공자의 처절한 노력이 빚어낸 결과물이었다. 특히 천하유세를 마치고 돌아온 뒤 공자가 개설한 학교는 가장 정선된 교과목으로 최고 수준의 교양을 가르치는 당대 최고의 도장이었다.

『논어』에는 예를 언급한 대목이 모두 41장에 걸쳐 나온다. 예를 직접적으로 언급하지는 않았으나 명백히 예에 관한 것을 더하면 거의 1백 장에 달한다. 이는 전체의 5분의 1에 달하는 엄청난 비율이다. 공

문에서 예를 얼마나 중시했는지를 시사하는 대목이다. 그러나 『시』 ·
『서』를 언급할 때 통상 '시운'(詩云), '서운'(書云)이라고 표현한 것과
달리 예를 '예운'(禮云)이라고 언급한 대목이 전무하다는 점에 주목할
필요가 있다. 이는 당시 예에 관해서는 아직 『시경』과 『서경』의 원전
이 된 것과 같은 기본적인 텍스트가 존재하지 않았음을 시사한다.

그러나 기본 텍스트가 완비되지 않았음에도 불구하고 당시 공문에
서 '예'가 중시된 것은 의심할 여지가 없다. 이는 공자가 '예'의 효용
성을 높이 평가한 데 따른 것이기도 했다. 「태백」편에 나오는 공자의
다음 언급이 그 증거이다.

"공손하되 무례하면 수고롭게 되고, 신중하되 무례하면 두려움을
갖게 되고, 용맹하되 무례하면 어지럽게 되고, 강직하되 무례하면 조
급해진다. 군자가 친인(親人: 부형과 일가친척)에게 돈독하면 백성들
이 인에서 일어나고, 고구(故舊: 옛 친구)를 버리지 않으면 백성들이
요행을 꾀하지 않는다."

예가 결여된 공손과 신중, 용맹, 강직은 소기의 효능을 발휘할 수 없
음을 지적한 것이다. 이는 공자가 강조하는 '인'(仁)의 효용과 유사하
다. 공자는 「안연」편에서 '인'의 실체를 묻는 안연의 질문에 이같이 대
답한 바 있다.

"극기복례(克己復禮)하는 것이 인이다. 하루만이라도 극기복례하
면 천하가 인으로 돌아갈 수 있다. 인을 행하는 것은 자신에게서 비롯
되는 것이다. 어찌 다른 사람에게서 비롯될 수 있겠는가."

'극기복례'는 자신에 대한 통제를 통해 예로 돌아간다는 뜻이다. 인
의 발현은 '극기복례'에 있고, '극기복례'는 자신을 통제하는 '극기'에
서 출발한다는 지적이다. '예'를 '인'의 발현으로 본 공문에서 예를

'치평학'의 중요 교과목으로 채택한 것은 당연한 일이다. '인학'(仁學)으로 요약되는 공문의 '치평학'에서 '예'가 얼마나 중시되었는지를 보여주는 실례가 아닐 수 없다.

공문의 예에 관한 연구는 고례(古禮)의 수집과 정리에서 시작되었다. 공자는 평소 전통문화의 붕괴를 애석히 여겼다. 그는 신분세습에 기초한 통치체제인 봉건제의 붕괴를 애석히 여긴 것이 아니라 전통문화의 정수인 예제의 붕괴를 애석히 여긴 것이다. 공자는 각 시대의 고례를 무차별로 존중했다기보다는 하·은·주 3대의 문화전통 위에 보편타당한 인류문화의 정수를 찾아내려고 했다. 여기서 유가에서 중시하는 '손익사관'(損益史觀)이 형성되었다. '손익사관'에 관한 공자의 기본입장은 「팔일」편의 다음과 같은 언급에 잘 나타나 있다.

"하나라의 예제는 내가 능히 말할 수 있으나 기(杞: 하나라의 후예국)나라로의 예제로는 충분히 뒷받침하기 어렵다. 은나라의 예제는 내가 능히 말할 수 있으나 송(宋: 은나라의 후예국)나라의 예제로는 충분히 뒷받침하기 어렵다. 문헌이 부족하기 때문이다. 만일 문헌이 충분하다면 내가 능히 증거를 댈 수 있다. 주나라는 하·은 2대를 거울로 삼아 그 문채가 찬란하게 빛나고 있다. 나는 주나라를 따를 것이다."

공자는 바로 주나라의 예제를 '손익'의 기준으로 삼아 고전을 정리한 것이다. 공자의 '종주'(從周) 선언은 곧 '손익사관'에 입각한 주공의 예제(禮制) 완성 정신을 추종하고자 하는 기본입장을 천명한 것이나 다름없다. 공자는 전통문화의 정수를 문헌상 잘 알 수도 없는 하·은대에서 찾으려고 하지 않고 그 형적을 분명히 알 수 있는 주왕조의 예제에서 찾으려고 했다. 요·순으로부터 예제의 기본정신을 찾으려고 한 맹자와 대조된다.

공자의 '종주' 선언은 봉건질서를 옹호한 것이 아니라 전래의 문화 전통을 이어받아 새로운 문화를 창조하려는 취지에서 나온 것이다. '온고지신'(溫故知新)이 그 요체이다. 「공자세가」는 공자의 입을 빌려 '종주'의 의미를 상세히 설명해놓았다.

"차후로는 비록 1백세의 세월이 흐르더라도 예제의 변천을 알 수 있다. 그것은 은나라는 질박(質朴)을 귀히 여기고, 주나라는 문화(文華)를 귀히 여겼기 때문이다. 주왕조는 하·은 2대의 제도를 귀감으로 삼았기 때문에 문화가 참으로 풍성하고 화려했다. 나는 주나라를 따르겠다."

공자는 맹자와 달리 결코 단순한 회고주의자가 아니었다. 문헌상 잘 알 수도 없는 하·은대를 배제한 공자가 그보다 더욱 오래된 시대에 존재했던 전설상의 인물에게서 예제의 기본정신을 찾으려고 했을 리가 만무하다.

훗날 순자가 현재로부터 가까운 실존인물로부터 예제의 기본정신을 찾아야 한다는 취지에서 '법후왕'(法後王)을 강조하며 맹자의 '법선왕'(法先王) 주장을 질타한 것도 바로 이 때문이다. 순자는 공자가 하·은대를 버리고 주대의 예제를 따르겠다고 천명한 '종주' 선언의 취지를 정확히 통찰하고 있었던 것이다.

공자가 하·은·주 3대의 고례를 연구한 것은 하·은대의 예제를 '온고지신'의 차원에서 지양(止揚)한 주나라 예제가 붕괴하고 있음을 애석히 여겼기 때문이다. 공자는 전통문화의 정수가 옥석구분(玉石俱焚) 식으로 멸살될까 우려했다. 그는 결코 맹자와 같이 전설상의 성군을 들먹이며 회고주의적인 입장을 견지하거나 시대퇴행적인 주왕조의 봉건제 붕괴를 아쉬워하며 신분세습의 반동적인 통치체제를 옹호한 적이 없다.

공자는 주나라 예제를 단순히 부활시켜 실생활의 지침으로 삼는 것을 타기했다. 다만 '온고지신'의 입장에서 예제를 새로이 다듬은 주공의 정신을 받들어 새로운 시대에 부응하는 정당한 질서규범을 찾아내고자 예제를 연구했을 뿐이다. 공자는 예제의 형식보다 그 정신을 중시했다. 「자한」편에 나오는 다음과 같은 언급이 이를 잘 보여준다.

"원래는 마면(麻冕: 치포[緇布]로 만든 예관)이 예에 맞다. 그러나 지금은 생사로 만들었어도 매우 검소하니 나는 뭇사람들을 따르겠다. 원래 절하는 것은 아래에서 하는 것이 예에 맞다. 그러나 지금은 절을 하며 위에서 하니 이는 교만한 것이다. 나는 비록 뭇사람들과 어긋날지라도 아래에서 절하겠다."

전통문화에 대한 공자의 기본입장이 선명히 드러나는 대목이다. 검은 비단인 치포(緇布)로 만든 '마면'은 모두 30승(升)으로 완성되었다. 승마다 80루(縷: 명주가닥)로 이뤄진 까닭에 하나의 '마면'을 만들기 위해서는 명주가닥이 무려 2천 4백 루나 소요되었다. 이에 공자는 비록 세속의 생사로 만든 관이 전래의 예제와 다르기는 하나 그 검소함을 높이 사 시속을 좇겠다고 말한 것이다. 시속의 변화에 대해 매우 융통성 있는 자세를 보여주는 대목이다. 공자의 이러한 태도는 한제국 때에 들어와 높이 평가받았다. 전한제국 초기에 나온 『염철론』(鹽鐵論) 「우변」(憂邊)편에 나오는 다음과 같은 구절이 이를 잘 보여주고 있다.

"명자(明者: 총명한 사람)는 때의 변화에 따라 책략을 바꾼다. 지자(知者: 지혜로운 사람)는 세상의 형편에 따라 법제를 바꾼다. 공자가 말하기를, '과거의 예모(禮帽)는 삼베로 만들었으나 지금은 생사로 만들고 있다. 매우 검박하니 나는 이를 좇겠다'고 했다. 그래서 성인은 현자를 높이면서도 고례(古禮)에 어긋나지 않고, 시속을 좇으면서도 시의(時宜)에 영합하지 않는 것이다."

공자의 취지인즉 예의 형식을 현실의 생활에 맞게 다소 수정하자는 것이다. 공자는 '온고지신'의 입장에서 고례를 새로운 시대에 맞게 적절한 개정을 가하면서 장래에 완성될 이상국가의 일반질서로서의 예에 관해서도 청사진을 제시하고자 노력했다. 이는 시대를 앞서가는 공자의 선구자적인 면모를 여실히 보여준다. 「위령공」편의 다음 대목을 보자.

"안연이 위방(爲邦: 치국)에 대해 묻자 공자가 대답하기를, '하나라의 책력(册曆)을 사용하고, 은나라의 노(輅: 군주용 수레)를 타고, 주나라의 관면(冠冕)을 쓰되 음악은 소무(韶舞: 순임금의 무악)를 써야 한다. 또한 정성(鄭聲: 정나라의 음악)을 추방하고, 영인(佞人: 구변이 뛰어난 유세가)을 멀리 해야 한다. 정성은 음탕하고, 영인은 위험하기 때문이다'라고 했다."

이를 통해 공자가 고례 연구를 통한 새로운 예제의 제시에 얼마나 부심했는지를 짐작할 수 있다. 그는 당대의 위정자들에게 '온고지신'의 정신에 입각해 3대는 물론 당대의 여러 사례에서 바람직한 것과 그렇지 못한 것을 취사선택해 새로운 예제를 만들 것을 강력히 주문했다. 천하국가의 흥망성쇠에 관한 깊은 탐색이 있었기에 가능했다.

공문 내에서 '인학'의 구체적인 발현으로 간주돼 극도로 강조된 '예'를 하나의 통일된 질서의 원리로 삼아 이의 전체적인 조화를 추구하도록 뒷받침한 것은 '악'(樂)이었다. 통상 '예악'이 연칭(連稱)되어 사용된 이유가 여기에 있다.

음악은 고래의 전통문화의 질서인 예를 원만하고 장엄하게 전개시키기 위한 노력의 일환으로 발전했다. 예와 더불어 악이 중시된 것은 바로 이 때문이었다. 공자는 청년시대부터 음악에 비상한 애호를 보였다. 공자가 다른 사람과 함께 노래를 할 때 상대방이 노래를 잘하면 반드시 다시 부르게 한 뒤 이에 화답하곤 했다는 「술이」편의 내용이 그 증거이다. 공자는 예악을 불가분의 관계로 인식하고 있었던 것이다. 예악의 상호관계를 가장 잘 보여주는 실례로 『예기』「악기」에 나오는 다음 대목을 들 수 있다.

"악은 천지의 조화이고, 예는 천지의 질서이다. 조화를 이루는 까닭에 백물(百物)이 모두 화육(化育)하고, 질서가 있는 까닭에 군물(群物)이 모두 분별(分別)이 있다. 악은 하늘에 근거해 만들어지고, 예는 땅의 법칙으로 만들어진다. 잘못 만들면 어지러워지고 잘못 지으면 난폭하게 된다. 그래서 천지의 도리에 밝은 뒤에야 예악을 일으킬 수 있는 것이다."

유가경전에서 예와 악의 상호관계를 이처럼 잘 드러낸 대목을 찾기도 쉽지 않다. 당시 모든 의례에는 그에 맞는 적절한 음악이 연주되어 의식의 장엄함을 유감없이 드러냈다. 참석한 사람들은 상하를 불문하고 절묘한 음악의 조화에서 일체감을 맛보았다. 고대에 '예악'이 상호 표리의 관계를 이루고 중시된 까닭이다.

「헌문」편에는 공자가 동분서주하는 천하유세의 도중에도 위나라에서 경을 치며 음악을 즐긴 일화가 실려 있다. 그가 얼마나 음악을 애호했는지를 극명하게 보여주는 일화이다. 따라서 공문에서 음악이 중시되지 않을 리 없었다. 실제로 당시 공문의 문도들 역시 음악에 조예가 깊었다.

그러나 공문에서 중시된 음악은 6예에서 말하는 초보적인 수준이 아니라 군자의 예술적인 감상을 뒷받침하는 최고급 수준의 아악이었다. 공문의 문도는 모두 각기 자신의 재주와 취향에 따라 악기의 연주와 창악, 감상 등을 학습했음에 틀림없다. 「팔일」편에는 공자가 노나라 태사와 음악을 논하고 「위령공」편에는 노나라 태사 사면(師冕)의 방문을 받고 응대한 일화가 나온다. 이는 기무라가 지적한 바와 같이 당시 노나라 태사가 공문에서 음악을 전담한 전임강사였을 가능성을 시사하고 있다.

공자가 태어날 때에는 이미 주왕실을 비롯해 열국 공실들 모두 하극상의 만연으로 크게 피폐해 있던 까닭에 전래의 예악이 크게 훼손되어 있었다. 예악의 훼손은 필연적으로 이를 가르치는 교습제도의 붕괴를 초래했다. 이에 예악 전문가들이 사방으로 흩어지면서 예악의 전수가 끊어질 위기에 처하게 되었다. 공자가 예악의 정비에 혼신의 노력을 기울인 것은 바로 이 때문이다. 공자는 만년에 다시 공문을 개설하면서 예악을 새로이 정리해 제자들에게 집중적으로 가르쳤다. 「자한」편에 나오는 공자의 언급이 당시의 상황을 잘 보여주고 있다.

"내가 위나라에서 노나라로 돌아온 연후에 음악이 바로 되어 아송(雅頌)이 각기 제 자리를 찾게 되었다."

'아송'은 『시경』의 편명으로 아가(雅歌)와 송가(頌歌)를 지칭한다. 당시 노래는 반드시 시를 가사로 삼고 있었다. '예'가 '악'과 표리의 관계를 맺고 있듯이 '시' 또한 '악'과 불가분의 관계를 맺고 있었던 것이다. 예악이 행해지는 곳에는 반드시 '시'가 뒤따랐다. 그러나 공문이 음악을 가르치면서 어떤 책을 교본으로 삼았는지는 자세히 알 길이 없다. 음악교본에 해당하는 『악』의 존재유무에 대해서도 설이 엇갈린다. 『예기』「악기」(樂記)를 교재로 보는 견해도 있으나 관련 기록이 없어 수긍하기가 쉽지 않다.

통상 예는 '질서', 악은 '조화'를 뜻한다고 풀이되고 있다. 이는 『논어』에 나오는 예악의 기본 취지에 부합한다. 예악에 대한 공자의 기본 입장은 무조건 과거 예제의 전통을 좇는 것과는 거리가 멀었다. 「양화」편에 나오는 공자의 언급이 그 증거이다.

"예(禮) 운운하지만 이게 어찌 옥백(玉帛) 등의 예물만을 말하는 것이겠는가. 악(樂) 운운하지만 이게 어찌 종고(鐘鼓) 등의 악기만을 말하는 것이겠는가."

공자는 이 장에서 예악은 형식보다 내용이 중요하다는 점을 역설하고 있다. 이를 두고 송대의 정이천(程伊川)은 이같이 풀이했다.

"도적에게도 예악은 있다. 반드시 우두머리와 부하가 있어 서로 명을 들어 따라야만 도적질을 할 수 있다. 그렇지 않으면 기강이 무너져 단 하루도 도적질을 할 수가 없게 된다."

성리학자가 도적집단을 예로 들어 예악의 효용을 언급한 것이 의외이기는 하나 내용만큼은 동서고금을 막론하고 예외 없이 적용될 수 있는 진리를 담고 있다. 그러나 아무리 내용이 중요할지라도 예악의 형식이 무시되어서는 안 된다. 최소한의 기본 틀은 남겨둘 필요가 있는 것이다. 만일 내용만을 중시한 나머지 일체의 형식을 배제할 경우 오히려 그 내용의 진실성마저 쉽게 훼손당할 소지가 크다. 『논어』「팔일」편에 그 실례가 나온다.

하루는 자공이 고삭(告朔: 초하룻날 사당에 고하는 제사)에 쓰는 희생양을 아까워하여 이 예식을 제거하려고 하자 공자가 이같이 말했다.

"사(賜)야, 너는 그 양을 아까워하느냐. 나는 오히려 그 예식이 없어지는 것을 아까워한다."

공자는 최소한의 형식마저 사라져 그에 따른 예의 기본정신을 잃어버리게 될까 두려워했음에 틀림없다. 이에 대해 정약용은 『논어고금주』에서 탁월한 해석을 전개했다.

"주왕실의 태사(太史)가 자공의 시대에 이르러 열국에 고삭을 반포하지도 않는데 유사(有司)가 태사를 접대하기 위한 희생양을 사육하며 꼴을 허비하자 자공이 그 희생양 자체를 없애고자 했다. 그러나 만일 희생양을 없애면 왕업(王業)의 자취마저 영원히 사라지는 까닭에 공자는 이를 탄식했던 것이다."

이를 통해 알 수 있듯이 당시 예악은 국가질서의 차별과 통일을 상징할 뿐만 아니라 이를 가장 효과적으로 달성할 수 있는 유효한 수단이었다. 위정자를 위시한 군자는 반드시 습득해야만 했다.

『춘추』와 『역』

공문에서 가르친 '치평학'의 교과목과 관련해 『시』·『서』·『예』·『악』 이외에 특별히 주목할 만한 것으로 『춘추』를 들 수 있다. 오랫동안 『춘추』는 공자가 편찬했다는 주장이 주류를 이뤄왔으나 확실한 근거는 없다. 경문 자체는 기원전 722년에서 479년 사이의 사건을 기록해놓은 노나라의 연대기에 불과하다. 『춘추』의 경문(經文)은 사실 메모 수준에 가까워 『맹자』만 아니었다면 후대인들은 연대기 이상으로 생각지 않았을 것이다. 『춘추』가 유가경전으로 편입된 데에는 『맹자』「등문공 하」편에 나오는 맹자의 다음 언급이 결정적인 배경이 되었다.

"세상이 쇠퇴하고 도가 희미해져 잘못된 학설과 포학한 행위가 또 다시 일어나자 신하로서 군주를 죽이고, 자식으로서 아비를 죽이는 자가 나타났다. 공자가 이를 걱정해 『춘추』를 지었다. 『춘추』와 같은 사서를 쓰는 것은 본래 천자의 일이다. 그래서 공자는 말하기를, '나를 이해하게 하는 것도 오직 『춘추』이고, 나를 비난하게 하는 것도 오직 『춘추』일 것이다'라고 했다. 성왕이 나오지 않자 제후들이 방자하게 굴고 초야의 선비들은 제멋대로 떠들어대고, 양주(楊朱)와 묵적(墨翟)의 학설이 천하를 가득 채워 천하의 주장들이 양주에게 귀착되지 않으면 묵적에게 귀착되었다. 옛날 우(禹)가 홍수를 제압하자 천하가 평온해졌고, 주공이 오랑캐를 정벌하고 맹수들을 몰아내자 백성들이 편안하게 되었고, 공자가 『춘추』를 짓자 난신적자(亂臣賊子)들이 두려워하게 되었다."

이 대목으로 인해 후대인들은 공자가 『춘추』를 지었다고 확신하면서 『춘추』에 '미언대의'(微言大義)가 있다고 주장했다. '미언대의'는 지극히 짧은 연대기의 문장 속에서 공자의 숨은 뜻을 찾을 수 있다는 생각에서 나온 말이다. 수많은 학자들이 『춘추』의 '미언대의'를 알아내기 위해 밤낮을 가리지 않고 탐색작업을 벌였다. 그러나 결국 『춘추』 전반에 걸쳐 적용될 수 있는 원칙은 발견해내지 못했다. 19세기 말 동양고전을 영역(英譯)하는 데 탁월한 재능을 보인 레그(Legge)는 '미언대의'를 주장하는 전래의 견해를 이같이 꼬집었다.

"『춘추』 전체는 일종의 퀴즈집으로 그것을 풀려는 사람의 수만큼 해답도 많다."

레그의 말대로 『춘추』의 경문은 노나라를 비롯한 열국에 대한 단순한 연대기에 불과할 뿐이다. 메모 수준의 단순한 연대기 기록에서 '미언대의'를 찾으려고 한 시도 자체가 사리에 맞지 않는다. 그렇다면 맹자의 주장은 어떻게 해석해야 하는 것일까. 고사변파인 고힐강(顧頡剛)은 맹자가 말한 『춘추』가 현존하는 『춘추』와 다를 수도 있다는 가능성을 제기했다. 그러나 이보다는 맹자의 시대에 이미 공자에 관한 전설이 크게 발전한 데 따른 것으로 보는 것이 타당하다.

다만 『춘추』에는 『서경』에 비해 역사적 사실이 충실하게 기술되어 있다. 『서경』은 신화와 전설시대를 마치 역사적 사실인 양 기술해놓고 주왕조 초기의 건국과정을 지나치게 미화해놓은 까닭에 신빙성에 의문이 가는 대목이 많다. 그러나 『서경』과 『춘추』 모두 큰 틀에서 보면 '존왕양이'의 관점에 입각해 태고시대부터 공자시대까지의 역사를 연이어 기술해놓았다는 점에서 큰 차이는 없다. 『춘추』와 관련해 사마천은 「공자세가」에서 이같이 평해놓았다.

"공자가 말하기를, '안 되지, 안 돼. 군자는 죽은 후에 이름이 알려지지 않을 것을 걱정한다. 나의 도가 행해지지 않았으니 그럼 나는 무엇으로 후세에 이름을 남기겠는가'라고 했다. 이에 공자가 역사의 기록에 근거해 『춘추』를 지었다. 『춘추』는 노나라의 역사를 중심으로 삼고, 주나라를 종주로 삼고, 은나라의 제도를 참작해 하·상·주 3대의 법률을 계승하고 있다. 문사는 간략하지만 제시하고자 하는 뜻은 넓다. 그래서 오나라와 초나라의 군주가 왕을 자칭했지만 『춘추』에서는 그것을 낮춰 본래의 작위인 자작으로 칭했다. 제후들에 대한 폄손(貶損)은 후에 군주가 될 자들이 이를 참고하여 실행하게 하는 데 있다. 『춘추』의 대의가 행해지면 천하의 난신적자들이 두려워하게 될 것이다."

사마천의 평은 유가 후학들에게 『춘추』가 어떤 의미로 받아들여졌는지를 잘 보여주고 있다. 그러나 사실 공자가 편수했다는 『춘추』는 내용이 소략하기 그지없다. 『논어』에는 『춘추』에 관한 언급이 전혀 나오지 않고 있다. 『춘추』가 과연 공자에 의해 만들어졌는지를 의심하게 하는 대목이다. 그러나 공자가 『춘추』에 가필했을 가능성은 충분히 있다.

공자는 3환의 전횡을 일소해 군권을 강화하고자 했다. 『춘추』에는 공자의 이러한 정신이 잘 나타나 있다. 『춘추』의 저류에는 세족(世族)의 전횡을 타파하고자 했던 공자의 이상이 깊이 배어 있는 것이다. 만년에 나타난 공자사상의 변화는 자공 같은 명민한 제자들도 눈치챌 수 없었다. 하물며 만년의 공자에게 입문한 젊은 자장과 자유, 자하 등의 제자들은 더욱 이해하기가 어려웠을 것이다.

그러나 그의 이상은 그가 손수 다듬은 『춘추』가 세상에 알려지자 점점 세간에 퍼지게 되었다. 신분세습의 봉건정을 타파하고 군권을 강화하고자 했던 정치적 이상은 이후 전국시대에 중앙집권적 관료국가의 이론적 기초가 되었다. 유가사상이 한무제 때 유일한 통치이념으로 채택된 것은 생전에 이루지 못했던 공자의 꿈이 3백50년 뒤에 마침내 결실을 맺게 되었음을 의미한다.

『춘추』가 후대에 중요한 유교경전으로 받들어진 것은 말할 것도 없이 '춘추3전'이 등장하게 되면서부터였다. 공문에서 『춘추』가 문도들에게 '서'와 함께 가르쳐졌는지는 의문이다. 『춘추』는 '서'와 달리 공자가 편수하는 데 그쳤던 것이 아닌가 짐작된다. 이는 『논어』에 『춘추』에 관한 언급이 전혀 나오지 않고 있는 사실을 통해 짐작할 수 있다.

그럼에도 『사기』로 인해 오랫동안 『춘추』는 공자 때에 이미 편찬되어 제자들에게 가르쳐진 것으로 여겨졌다. 여기에는 「공자세가」에 나오는 다음 대목이 결정적인 영향을 미쳤다.

"공자는 지난날 소송안건을 심리했을 때도 문사(文辭)에서 다른 사람과 의논해야 할 때는 결코 자기 혼자서 판단을 내리지 않았다. 그러나 『춘추』를 지을 때에는 결단코 기록할 것은 기록하고 삭제할 것은 삭제했기 때문에 자하(子夏)와 같은 제자들조차 한마디도 거들 수가 없었다."

이 구절은 『춘추』의 중요성을 강조하기 위해 자주 인용되고 있으나 그대로 받아들일 수는 없다. 『춘추』가 주요한 유교경전으로 받들어질 때 유가 후학들에 의해 만들어진 설화로 보인다. 『춘추』가 주요한 유교경전으로 받들어지게 된 것은 공자가 직접 편수했다는 전설에서 비롯된 것임은 말할 것도 없다. 설령 이 전설이 사실에 가까울지라도 공문에서 『춘추』가 『서』와 더불어 공문에서 교습되었을 가능성은 희박하다.

『시』·『서』·『예』·『악』 등 4개 교과로 요약되는 공문의 '치평학'은 군자의 길에 들어서고자 공문에 입학한 모든 학생들에게 필수 교양과목으로 부과되었다. 공자는 만년에 사숙에서 제자들에게 이 4개 교과를 가르치면서 이의 정비에 혼신의 노력을 기울였다.

그럼에도 많은 사람들이 아직까지도 공문에서 가르친 '치평학'의 교과목을 제대로 이해하지 못하고 있다. 이는 기본적으로 과거 성리학자들의 잘못된 견해를 답습한 데 따른 것이다. 이러한 오류를 낳게 한 가장 대표적인 것으로 「선진」편의 다음 대목을 들 수 있다.

"실천이 독실해 덕행에 능한 제자로는 안연(顔淵)·민자건(閔子騫)·염백우(冉伯牛)·중궁(仲弓), 언변에 능해 응대사령에 뛰어난 제자로는 재아(宰我)·자공(子貢), 재주가 많아 정사에 능한 제자로는 염유(冉有)·계로(季路), 박학하여 문학에 능한 제자로는 자유(子游)·자하(子夏) 등이 있었다."

이 대목에 나오는 덕행·언어·정사·문학을 흔히 '공문4과'(孔門四科)로 불러왔다. 그러나 이는 공문의 정식 교과목을 지칭한 것이 아니다. 각 분야에 뛰어났던 공자의 제자들을 4종류로 분류한 것에 불과하다. 이와 유사한 오류를 촉발시킨 대목으로는 「술이」편의 다음 대목을 들 수 있다.

"공자는 네 가지로써 가르쳤다. 문(文: 학문)·행(行: 실천)·충(忠: 성심)·신(信: 믿음)이 그것이다."

일부 학자는 공자의 제자 중 누군가가 공문에서 교습한 '치평학'의 교과목을 문·행·충·신의 4과로 분류해 전한 것으로 해석했다. 이들은 충과 신은 심신수양, 행은 도덕실천, 문은 『시』·『서』·『예』·『악』의 교양과목으로 풀이하고 있다. 이러한 해석은 큰 틀에서 볼 때 일리는 있으나 논점을 벗어났다는 지적을 면하기 어렵다. 행·충·신이 심신수양을 포함한 도덕실천의 덕목인 점은 인정할 수 있다. 그러나 이것이 교과목은 아니었다. '치평학'의 정식 교과목으로 존재한 것은 오직 『시』·『서』·『예』·『악』의 4개 과목뿐이었다. 공문의 '치평학'을 현대의 학문에 대응시키면 '시'는 어문학, '서'는 사학, '예'는 정치학과 법학, '악'은 예술 일체에 비유할 수 있다.

그렇다면 공문의 '치평학'에는 인문학의 3대 학문 중 하나인 철학은 왜 없는 것일까. 서양 학문에 뿌리를 둔 철학은 공문의 '치평학'에서는 따로 존재하지 않았다. 그럼에도 많은 사람들이 공문 내에서 철학을 가르쳤다고 오해했다. 이는 「공자세가」의 다음 대목과 무관하지 않다.

"공자는 만년에 『역』(易)을 좋아해 「단」(彖)과 「계」(繫), 「상」(象), 「설괘」(說卦), 「문언」(文言)편을 정리했다. 그는 죽간을 꿴 위편(韋編: 가죽 끈)이 세 번이나 끊어질 만큼 『역』을 무수히 읽었다. 공자는 말하기를, '만일 나에게 몇 년의 시간을 더 준다면 나는 『역』의 문사와 의리에 다 통달할 수 있을 것이다'라고 했다."

이 대목에서 '위편삼절'(韋編三絶)이라는 고사가 나왔다. 오랫동안 '위편삼절'은 공자가 『역』을 즐겨 읽은 것은 물론 공문의 문도들에게 『역』을 강설했다는 근거로 여겨져왔다. 이 대목에 나오는 공자의 말은 『논어』「술이」편에도 나온다.

"공자가 말하기를, '하늘이 나에게 몇 년의 시간을 더해주어 50세까지 『역』(易)을 배우게 해주면 가히 일을 행하면서 큰 허물이 없게 될 것이다'라고 했다."

이 대목의 해석과 관련해 예로부터 많은 논란이 뒤따랐다. 논란의 핵심은 '가'(加)와 '오십'(五十)의 해석에 있었다. '가'와 관련해 북송대의 형병은 공자가 이 말을 한 시점을 47세의 일로 간주해 본문 그대로 보았다. 그러나 『사기』「공자세가」는 이를 '가'(假)로 표기해놓았다. 주희는 공자가 70세에 이르렀을 때 이 말을 한 것으로 판단하면서 『사기』의 기록을 좇았다.

'오십'과 관련해 많은 주석가들은 본문 그대로 보았으나 주희는 '졸'(卒: 마침내)로 해석했다. 그는 일부 판본에 '졸'자가 잘못 기록되어 '오십'(五十)의 두 글자로 나뉘게 되었다고 본 것이다. 다산은 여러 가지 고증을 들어 주희가 '오십'을 '졸'로 고친 것은 잘못이라고 지적했다.

송대 이후에 나온 초서에 '졸'의 초서체에서 나온 '구'(九)와 '십'(十)자를 합친 약자가 유행한 적은 있으나 '오'(五)와 '십'(十)을 합친 약자가 유행한 적은 없었다. 또한 주희는 『사기』를 전거로 들고 있으나 『사기』는 『논어』만큼의 신빙성이 없는 만큼 『사기』를 근거로 『논어」를 고치는 것은 잘못이다. 다산은 하안의 해석을 예로 들어 『역』은 '지천명'(知天命)에 관한 책이니 만큼 50의 나이에 '지천명'에 관한 『역』을 읽고자 한 공자의 취의가 잘못된 것이 아니라고 주장했다.

다산의 지적과 같이 주희가 고래의 판본에 나오는 '오십'을 멋대로 '졸'로 바꿔 해석한 것은 큰 잘못이다. 그가 근거로 제시한 『사기』에는 아예 '오십'에 관한 구절이 나오지 않는다. 또한 사료로서의 신빙성에 비춰 볼 때 춘추시대에 관한 한 『사기』는 『논어』에 미칠 바가 못 된다. 고주를 좇아 '오십'을 원문 그대로 직역하는 것이 타당하다.

형병은 공자가 47세에 이 말을 했다고 추정했으나 그가 무엇을 근거로 이같이 주장했는지는 알 길이 없다. 그러나 후대의 해석가들 중에 형병의 이러한 주장을 지지하는 사람들이 적지 않았다. 원문과 같이 '오십'을 그대로 인정할 경우 앞 구절에 나오는 '가'(加) 또한 원문 그대로 해석하는 것이 문맥상 훨씬 타당하다. 이 대목에서는 불의의 부귀를 탐하지 않고 빈천 속에서 도를 즐기는 공자의 호학낙도(好學樂道) 자세가 잘 나타나 있다.

공자가 『역』을 즐겨 읽었다고 해서 점을 친 것은 아니다. 현재까지 출토된 수많은 갑골문이 증명하듯이 공자 이전에 이미 적어도 1천 년 이상 점술이 행해진 것은 확실하나 공자만큼은 결코 점을 치지 않았다. 후대에 공자가 '십익'(十翼)을 지어 『주역』(周易)을 완성했다는 전설이 나오면서 '위편삼절'의 고사도 나오게 된 것으로 보인다.

공자 당시 『역』은 무축(巫祝)의 점술서에 불과했다. 설령 '위편삼절'을 인정할지라도 공자가 『역』을 제자들에게 가르쳤을 가능성은 거의 없다. '괴력난신'(怪力亂神)을 극도로 꺼린 공자가 '십익'을 지어 점술서에 철학적인 해석을 가했다는 얘기 자체가 어불성설이다. 『논

358

어」「술이」편에 다음과 같은 구절이 나온다.

"공자는 괴(怪: 괴이한 것)·력(力: 힘센 것)·난(亂: 어지러운 것)·신(神: 귀신)에 관해 말하지 않았다."

공자가 이 장에서 '괴력난신'을 언급한 것은 자신의 호학에 대한 최종적인 입장표명에 가깝다. 이 장은 남송대에 등장하는 성리학이 공학의 본의로부터 크게 벗어나 있다는 중요한 지표이다. 이에 대해 주희는 해석하기를, "귀신은 조화의 자취이니 비록 바르지 않은 것은 아니나 이치를 궁구함이 지극하지 않고는 쉽사리 밝힐 수 없었던 까닭에 가벼이 사람들에게 말하지 않았다"고 했다. 억지해석이 아닐 수 없다.

일본의 오규 소라이는 특이한 해석을 가했다. 그는 공자도 공식적인 자리에서는 비록 '괴력난신'을 불어(不語)했으나 사적인 자리에서는 언급했을 것으로 보았다. 이는 '어'(語)를 『논어』의 '어'와 마찬가지로 '공론'(公論)의 뜻으로 풀이한 데 따른 것이다. 오규 소라이는 공자가 늘 점잖은 말만 했다고 보는 것은 공자의 진면목을 놓치는 것이라고 주장했다.

이 또한 일리는 있으나 지나치다. 선진시대의 문헌에 나오는 공자의 모습을 종합해볼 때 공자는 생전에 성리학에서 말하는 '4단7정'의 성(性)과 '천리인욕'의 천도(天道) 등에 대해 언급한 바가 없다. 이는 그가 '괴력난신'을 극력 꺼린 사실과 무관하지 않다. 공자는 인간의 이지적인 이성에 무한한 신뢰를 보내면서 인간 개인 및 공동체의 기본관계와 상호질서를 탐구하는 데 전력했다. '괴력난신'에 관한 고구(考究)로 시간과 정력을 낭비하는 것을 경계했던 것이다. 공자사상의 위대한 면이 바로 여기에 있다.

이를 통해 알 수 있듯이 공자는 『역』을 점복의 관점에서 접근한 적이 없다. 훗날 순자도 유가의 필수 문헌목록을 열거하면서 『역』을 포함시키지 않았다. 『순자』 「유효」편은 이같이 기록해놓았다.

"천하의 도는 오직 이 유학에 있으니 백왕(百王)의 도가 바로 이 유학에 있다. 그래서 『시』·『서』·『예』·『악』의 도 역시 이 유학에 귀결된다. 『시』는 유학의 뜻을, 『서』는 유학의 일을, 『예』는 유학의 행동을, 『악』은 유학의 조화를, 『춘추』는 유학의 은미(隱微)한 뜻을 말한 것이다."

공문 내에서는 서양의 철학에 준하는 교과목을 가르친 적이 없었다. 그러나 철학에 상응하는 사상론은 늘 존재했다. 『시』·『서』·『예』·『악』이 정리되는 과정에 이미 공자에 의해 사상적 취사선택이 이뤄진 까닭에 이들 교과목 자체가 일종의 정치사상서 역할을 수행하고 있었다.

『논어』의 편찬자

공문의 '치평학'은 시대의 흐름에 따라 적잖은 변화를 겪게 되었다. 『논어』의 출현으로 『시』·『서』·『예』·『악』에 편재해 있던 공자사상이 하나로 통합돼 전면으로 부상하기 시작한 것이다. 공자 사후 제자백가가 우후죽순처럼 나타나 '백가쟁명'(百家爭鳴)을 전개한 것도 이와 무관하지 않았다. 『논어』가 전한제국 초기까지 수차례에 걸쳐 편집된 이유가 바로 여기에 있다. 공자사상을 하나로 묶어 보여줄 필요가 절실해졌던 것이다.

『논어』는 공자사상의 결정판이라고 해도 과언이 아니다. 도가와 법가, 묵가, 병가 등 여타의 제자백가 역시 이를 모방해 자신들의 사상을 체계적으로 기술한 논저를 쏟아내게 되었다. 동양에서 공자의 언행을 기록한 『논어』만큼 오랜 세월에 걸쳐 지속적으로 읽힌 책도 없을 것이다. 공자가 죽은 지 2천5백여 년이 지난 지금도 『논어』는 많은 사람들이 애독하는 최고의 교양서이기도 하다.

그렇다면 후대에 이르러 유가의 대표적인 기본서라고 할 수 있는 『논어』는 언제 어떻게 만들어졌으며 어떤 특징을 지니고 있을까. 공자는 생전에 아무런 저작도 남기지 않았다. 그의 사상은 모두 그의 언동을 기록한 제자들의 저작을 통해 알려졌다. 『논어』에는 그의 사상이 그대로 녹아 있다. 공자에 대한 최초의 전기 작가는 바로 『논어』 각 편의 편찬자였다고 할 수 있다.

그러나 『논어』는 공자가 죽은 후 수백 년에 걸쳐 만들어진 까닭에 항설(巷說)을 비롯해 제자백가의 얘기 등이 두루 포함되어 있다. 더구나 『논어』에 나오는 구절은 매우 짧은 언설들로 이뤄져 있다. 체제상 무미건조한 격언집으로 보이기도 한다. 그러나 거기에는 인간의 이지(理智)에 한없는 신뢰를 보내며 인간 자체를 삼라만상의 중심으로 생각한 공자의 언행과 사상이 녹아 있다. 공자사상의 연수(淵藪)가 바로 『논어』라고 해도 과언이 아니다.

공자는 사상 최초로 사숙을 열고 군자의 길로 접어들고자 하는 모든 사람을 제자로 받아들여 당대 최고의 학문을 가르쳤다. 그것이 바로 '치평학' 즉 '군자학'이었다. 그 정수가 바로 『논어』에 담겨 있다.

『논어』는 '13경' 또는 '사서삼경'으로 알려진 유가경전 중 가장 오래된 경전에 속한다. 비록 『서경』이 하(夏)·은(殷)·서주(西周) 등의 옛 역사를 다루고 있으나 성립시기 면에서 보면 오히려 『논어』보다 늦다. 『논어』보다 빠른 시기에 완벽한 형태를 갖춘 경전으로는 공자가 편수한 『시경』을 들 수 있다. 『논어』가 얼마나 오래된 경전인지는 『논어』에 사용된 구문을 보면 쉽게 알 수 있다.

일찍이 음운학자 카알그렌(B. Karlgren)이 『논어』와 『맹자』의 문법 체계를 비교해 양자가 완전히 동일하다는 사실을 밝혀냄으로써 『논어』의 형성 시기가 전국시대 초기까지 소급한다는 주장을 언어학적으로 증명했다. 『논어』에 후대의 유가가 내세운 논지와 어울리지 않는 내용이 다수 포함되어 있는 것은 『논어』가 매우 이른 시기에 만들어졌음을 뒷받침하는 유력한 증거이다.

『논어』에 요·순·우·탕 등 전설적인 고대 성왕의 얘기를 담은 『서경』「우서」와 「하서」, 「상서」편의 구절이 인용된 것은 맹자 이후에 증자의 문인들이 『논어』를 증보하는 과정에서 삽입시킨 것으로 보아야 한다. 이는 『논어』의 최초 편집이 노나라에 근거지를 둔 증자의 문인에 의해 이뤄진 사실과 밀접한 관련이 있다.

공자 사후 대부분의 직제자들이 사방으로 흩어져 공자의 가르침을 전파하는 와중에 시종 노나라에 머물며 제자들을 육성한 증자의 학풍을 흔히 '노학'(魯學)이라고 한다. '노학'의 가장 큰 특징은 '치평'보다 '수제'를 강조한 데 있다. 이와 정반대로 '수제'보다 '치평'을 중시한 제나라의 유학을 흔히 '제학'(齊學)이라고 한다. '제학'은 자공이 제나라에 유학을 전파한 이래 자장과 자하, 자유의 문도들이 제나라에 대거 유입하면서 만들어진 학풍을 말한다. 『한서』「화식전」(貨殖傳)에 따르면 자공은 줄곧 위나라에 출사하면서 큰 재산을 모았다. 『열자』「양주」(楊朱)편도 자공이 위나라에서 돈을 벌었고 그의 아들 단목숙(端木叔)도 위나라의 부호였다고 기록해놓았다.

그러나 사마천은 「중니제자열전」에서 자공이 제나라에서 생을 마친

것으로 기록했다. 자공은 공자 사후에 위나라에 머물다가 제나라로 가
일생을 마친 것으로 짐작되고 있다. 그의 체류는 제나라 사람들로 하
여금 유학에 관심을 갖도록 하는 데 결정적인 공헌을 했을 것으로 짐
작된다.

그렇다면 『논어』는 구체적으로 과연 언제, 누구에 의해 만들어진 것
일까. 이를 밝히는 데 도움이 될 만한 동시대의 사료는 거의 없다. 그
러나 선진시대 이후에 나온 문헌을 보면 『논어』가 만들어진 내력을 어
느 정도 짐작할 수 있다. 전한제국 초기에 나온 환담(桓譚)의 『신론』
(新論)「정경」(正經)편은 다음과 같이 기록해놓았다.

"『고론』(古論)과 『노론』(魯論), 『제론』(齊論)은 서로 다른 글자가 모
두 6백40여 자에 달했다."

『신론』은 전한제국 초기에 현존하는 『논어』의 원형으로 『고론』과
『제론』, 『노론』 등 3종의 텍스트가 별개로 존재한 사실을 뒷받침하고
있다. 이를 흔히 '3론'이라고 한다. 이들 '3론' 중 『노론』은 모두 20편
으로 노나라에서 유행했고, 『제론』은 모두 22편으로 제나라에서 유행
했다. 뒤에 공자의 고택에서 발견된 『고론』은 모두 21편으로 구성되어
있었다.

『노론』은 제·노 두 나라에 전송(傳誦)된 공자의 언행을 노유(魯儒)
가 정리해 만들었다. 『제론』 역시 제유(齊儒)가 제·노 두 나라에 전
송된 기록을 정리해 만든 것이다. 『노론』과 『제론』은 한제국의 공용
문자인 예서(隸書)로 기록되어 있다. 『고론』은 공자의 후손 공안국(孔
安國)이 찾아낸 초기의 『논어』를 말한다. 『고론』은 선진(先秦)시대에
사용된 대전(大篆)으로 기록돼 있어 일반인들이 접근하기가 어려웠
다. 당시 『노론』과 『제론』은 '금문'(今文)으로 통칭된 데 반해 『고론』

은 '고문'(古文)으로 칭해졌다.

『제론』은 『노론』보다 「문왕」(問王)과 「지도」(知道)편의 2개 편이 더 많고, 나머지 20편 중에도 장구가 『노론』보다 긴 것이 많다. 총 21편으로 구성된 『고론』은 「문왕」과 「지도」의 2편이 없고, 「요왈」편의 일부 내용을 또 다른 「자장」 1편으로 삼았다. 편제도 『제론』 및 『노론』과 같지 않고, 글이 다른 것도 4백여 자에 이른다. 그러나 '3론'은 내용상 상호 약간의 출입이 있으나 대부분의 내용이 대동소이한 까닭에 하나의 『논어』에 대한 3종류의 이본(異本)으로 보는 것이 타당하다.

후한제국 말기에 정현이 『노론』을 저본으로 삼고 『제론』과 『고론』을 참고로 하여 새로운 주석서를 펴냈다. 오늘날 우리가 사용하는 『논어』는 바로 정현의 『논어주』(論語注)가 전해져온 것이다. 현재 이들 '3론'은 서로 이질적인 내용으로 이뤄진 별개의 책이 아니라 유사한 내용의 3개 이본(異本)으로 보는 견해가 주류를 이루고 있다.

『논어』는 공자 만년의 사숙에서 수집된 70제자의 경험과 전문을 주요한 자료로 삼아 편찬되었다. 이들의 전송을 모아 기록하기 시작한 시점은 아무리 빨라도 이들 70제자의 제자인 공자의 2대 제자들 때였을 것이다. 공자 사후 이들 70제자는 각지로 흩어져 유학을 전파하는 데 지대한 역할을 수행했다.

특히 자공은 공자 사후 제나라에 유학을 전파하는 데 결정적인 공헌을 했다. 제나라에 유학이 전파된 시기는 빨라도 자공의 만년 이후로 짐작된다. 이후 제나라는 전국시대 중엽에 이르러 도성 임치(臨淄)의 성문 근처인 '직하'(稷下)에 천하의 학자들을 불러 모음으로써 천하의 학술 중심지로 부상했다. 기무라는 『공자와 논어』에서 직하의 학문이 명성을 떨치게 된 데에는 자하와 자유학파의 문인들이 대거 제나라로 들어가 유학을 전한 것이 중요한 배경으로 작용했다고 보았다. 이들이 『제론』을 만드는 데 결정적인 역할을 했을 것으로 짐작된다.

그러나 공자와 직제자의 언행록이 공문의 문도 사이에 전송되어 최초로 결집되기 시작한 곳은 노나라였다. 전국시대말기까지 이어져 몇 번인가 정리되고 증보된 끝에 『논어』의 원형이 성립되었다. 그것이 제나라로 전해져 제나라에서도 속집과 증보가 이뤄졌다. 이후 두 나라의 『논어』가 상호 접촉교류하면서 결국 2개의 이본이 나타나게 되었다. 이것이 바로 전한제국 초기에 나타난 『노론』과 『제론』의 '2론'이다. 만일 『고론』이 전설과 같이 공자 고택의 벽장에서 나온 선진시대의 고본이라고 하면 『노론』은 전한제국 초기의 노나라 유자가 다시 정리한 텍스트였을 가능성이 높다.

이들 '3론' 중 주류는 말할 것도 없이 『노론』이다. 공자 사후 노나라 지역의 문도들이 무엇을 하고 어떻게 생활했는가는 사료가 없어 정확히 알 수 없다. 그들은 공자의 유지를 이어 『시』·『서』·『예』·『악』과 『춘추』『역』 등 전래 문화의 정수를 담은 고전을 정리하고 그것을 유가의 경전으로 구성해 유가 학단의 기초와 권위를 확립하고자 했을 것이다. 『장자』「천하」편에 관련 기록이 있다.

"『시』·『서』·『예』·『악』에 관해서는 추로지사(鄒魯之士: 노나라 유자)와 진신선생(搢紳先生: 사대부)이 그 뜻을 밝힌 바 있다. 『시』로써 뜻을 말하고, 『서』로써 일을 말하고, 『예』로써 행위를 말하고, 『악』으로써 화합을 말하고, 『역』으로써 음양을 말하고, 『춘추』로써 명분을 말한다."

공자의 2~3대 제자들이 공자의 언행을 정리하면서 자신들의 직접적인 스승인 공자 직제자들의 언행을 덧붙여 전송하는 과정에서 항간에 나도는 공자의 언행이 더해져 『논어』의 기본 자료가 되었다. 2백년에 걸친 오랜 전송 과정에서 어의가 변하고 새로운 자료가 첨부되면서 몇 번인가에 걸쳐 지속적인 편집이 이뤄졌다고 보아야 한다. 이 과정에서 『논어』 전체를 관통하는 간결하고도 온아한 문체가 만들어졌을 것으로 짐작된다. 『논어』가 지닌 독특한 일관성과 통일성은 여기서 나왔을 것이다.

『논어』에 대한 종래의 주석서는 『논어』를 성인 공자의 진가를 전하는 경전으로 간주한 나머지 일언일구에 대해 공자를 마치 무오류의 초월적인 인물인 것처럼 주석을 달아놓았다. 이는 공자에 대한 일대 왜곡이 아닐 수 없다. 원래 『논어』는 문·사·철의 성격을 공유하고 있다. 수천 년 동안 수많은 묵객들이 자신들의 글에 『논어』의 구절을 인용해왔지만 단장취의(斷章取義)의 한계를 벗어나지 못했다. 나아가 주희 등의 성리학자들은 『논어』에 대한 역사적인 분석을 배제한 채 오직 형이상학적 해석으로 일관한 나머지 견강부회의 오류를 범했다.

이러한 오류를 바로잡기 위해 최초로 과학적인 분석을 시도한 사람이 청대 중기의 최술(崔術)이다. 그는 『논어』를 정밀히 분석해 『수사고신록』을 펴냈다. 그는 이 저술을 통해 오랫동안 공자에게 덧씌워진 허상을 제거하고 공자의 원래 모습을 찾아내는 데 혁혁한 성과를 거두었다. 그의 노력으로 『논어』에 많은 위문이 삽입되어 있다는 사실이 명백히 드러났다.

그러나 최술의 문제제기를 확대해석해 『논어』의 진위를 의심할 필요는 없다. 『논어』는 총 20편을 통틀어 공자의 언행을 가장 정확히 기록해놓은 유일무이한 역사서로 보아도 무방하다. 『논어』의 구절이 선진시대의 여러 문헌에도 나타나는 점에 비춰 볼 때 공자의 언행이 오랫동안 여러 학파의 문인들 사이에 끊임없이 전송된 것이 확실하다. 다만 자료의 미흡으로 인해 현재로서는 공자와 그의 제자들의 언행이 한 권의 책으로 편찬된 시기를 정확히 추정하는 것이 불가능할 뿐이다.

『논어』에 대한 곡해는 오랫동안 '수제파'(修齊派)인 맹자를 통해 공자사상에 접근한 사실에서 비롯되었다. 일본은 특이하게도 '치평파' (治平派)인 순자를 통해 공자사상에 접근했다. 에도 시대의 이토 진사이는 『논어』를 세밀히 분석해 '상론'(上論)과 '하론'(下論)의 문체와 사상이 다르다고 지적했다. 그는 상론만이 옛 『논어』에 해당하고, 하론은 그 보유로서 후에 속집된 것이라는 사실을 밝혀냈다. 이토 진사이 이후 오규 소라이와 그의 제자 다자이 슌다이(太宰純臺) 등은 다른 접근방법을 통해 이토 진사이와 유사한 결론을 내렸다.

20세기에 들어와 일본의 다케우치 요시오(武内義雄)는 『논어의 연구』에서 수천 년 동안 베일에 싸여 있던 『하간논어』(河間論語)가 사실은 현전하는 『논어』에 혼입되어 있다는 주장을 펼쳐 학계에 충격을 던져주었다. 얼마 후 쓰다 사유기치(津田左右吉)는 『논어와 공자의 사상』을 통해 전국시대 말기에 이미 『논어』의 원형이 만들어졌으나 대부분 맹자시대 이후의 일로 공자의 말을 그대로 전한 것은 거의 없다는 충격적인 주장을 펼쳤다. 심지어 그는 『논어』를 편집한 사람들이 『맹자』와 『순자』, 『한비자』, 『여씨춘추』 등에 공자의 말이 나오면 이를 『논어』에 삽입시키면서 공자의 말이 아닌 것까지 공자의 말로 인용하기도 했다는 주장을 펼쳤다.

이에 대해 기무라 에이이치는 『공자와 논어』에서 『논어』에 대한 엄밀한 사료비판을 토대로 다케우치와 쓰다의 주장을 강력히 비판하고 나섰다. 그는 다케우치의 주장을 사료분석이 전제되지 않은 근거 없는 주장으로 일축하고, 쓰다의 주장은 『논어』에 대한 총체적인 고찰을 배제한 채 하나하나 해체하여 고찰함으로써 『논어』가 지니고 있는 일관성을 경시하고 있다고 비판했다. 기무라는 다케우치와 쓰다 모두 정밀한 사료분석을 결여한 까닭에 심도 있는 연구로 나아가지 못했다고 지적한 것이다.

기무라는 『논어』 전체에 대한 과학적이면서도 종합적인 분석을 통해 비록 수백 년에 걸치기는 했으나 『논어』가 매우 체계적으로 편제되었음을 밝혀냈다. 역사 속에 존재한 공자의 실체를 토대로 공자사상과 『논어』의 편제를 종합적으로 분석해냈다는 점에서 그의 연구는 탁월하다. 다만 『논어』의 편제분석에 비해 사상사적 측면의 고찰이 상대적으로 약한 것이 아쉬움으로 남는다.

구체적으로 누가 『논어』의 편집을 주도했던 것일까. 오랫동안 공자의 70제자가 기록했다는 '제자설'과 직제자의 문인이 공동으로 편찬했다는 '문인설'이 대립해왔다. 현재는 춘추시대 말기를 상한으로 하고 전국시대 말기를 하한으로 하여 각 학파의 문인들이 크게 3차례에 걸친 편제를 통해 『논어』 20편을 완성한 것으로 보는 견해가 주류를 이루고 있다.

『논어』는 성경과 마찬가지로 엄밀한 원전 비판이 필요한 책이나 선학들의 뛰어난 연구에도 불구하고 아직 충분한 성과를 거두지 못하고 있다. 신뢰할 만한 방법론이 아직 확립되지 못했기 때문이다. 이와 관련해 시라카와는 기무라와 달리 『논어』에 수록된 공자 언행록이 시간대별로 차이가 있는 점에 주목해 모두 8차에 걸쳐 자료가 정리된 것으로 보았다.

그는 공자를 직접 수행하면서 공자의 언행을 기록한 제자로 자로와 안회, 자공, 염유를 상정했다. 그중 안회가 거의 기록을 전담했을 것으로 간주해 그의 기록을 제1차 자료로 추정했다. 이어 6년에 걸친 복상을 한 자공이 공자의 언행록을 정리했을 것으로 추정해 이를 제2차 자료로 보았다. 공자의 사후에 등장한 자유와 자하, 자장학파의 기록을 제3차 자료로 간주했다.

그는 증자학파의 학통을 이은 맹자학파의 기록을 제4차 자료로 본 데 이어 공자의 일상생활을 의규(儀規)로 규범화하려는 「향당」편의 기록을 제5차 자료로 간주했다. 「계씨」편은 제학(齊學)의 특징이 드러난 것으로 판단해 제6차 자료로 보고, 「미자」편은 『서경』에 나오는 의고적(擬古的)인 기사와 남방의 설화가 많은 점에 주목해 가장 나중에 나온 제7~8차 자료로 보았다.

시라카와의 이런 접근방법은 비록 과학적인 분석이 뒷받침되지 못한 한계가 있기는 하나 공자의 언행록에 나타난 미세한 차이에 주목해 구체적인 분류작업을 시도했다는 점에서 의미가 있다.

이상과 같은 분석을 통해 '치평학'의 교과목은 현존하는 유가경전과 같이 처음부터 완비되지는 않았다는 사실을 알 수 있다. 오직 『시』만이 현재의 『시경』과 별반 차이 없는 형태로 정리되어 있었을 뿐이다. 『서』는 주왕조 초기에 나온 공문서를 중심으로 한 고문서의 묶음 정도에 지나지 않았고, 『예』 또한 전래의 전통문화와 관련한 예제를 두루 언급하는 수준에 그쳤다. 『악』은 비록 소경이 중심이 된 악사들에 의해 전문적으로 교습되었다고는 하나 『시』를 음악에 얹어 표현하는 수준에 것이다.

유가경전은 전한제국 초기에 구비된 것으로 추정되고 있다. 그러나 정작 가장 중요한 『논어』는 이때까지만 해도 '3전'이 병존하는 수준에 머물며 하나의 완비된 경전으로 등장하지 못했다. 전한제국 초기만 해도 『논어』가 상대적으로 이들 여타 유가경전보다 크게 주목받지 못한 것도 이와 무관하지 않을 것이다.

공자사상의 보고인 『논어』가 세인들의 눈을 끌기 시작한 것은 정현에 의해 '3전'이 하나로 통합되는 후한제국 말기부터였다. 그럼에도 『논어』는 주로 역사적 사실과 동떨어진 내용으로 꾸며져 있는 『서경』 『예기』 등과 달리 공자의 인간적인 모습과 사상이 사실에 가깝게 묘사되어 있다는 점에서 유가 최고의 경전이라고 할 수 있다.

9 사숙을 다시 열어 후기제자를 육성하다

배우고 때때로 익히니 또한 기쁘지 않겠는가.
벗이 먼 곳에서 찾아오니 또한 즐겁지 않겠는가.
남이 알아주지 않을지라도 성내지 않으니
또한 군자가 아니겠는가.
● 공자

공자가 14년에 걸쳐 망명의 성격을 띤 천하유세를 마치고 노나라로 귀국했을 때는 이미 고희(古稀)를 눈앞에 둔 69세에 달해 있었다. 그가 말한 이순(耳順)의 나이가 이미 저물어갈 때였다. '이순'은 우주만물의 이치를 깨달아 삼라만상을 관조할 수 있는 경지에 접어든 것을 말한다. 그러나 공자는 14년에 걸친 천하유세를 끝낸 뒤에야 비로소 '이순'의 경지에 들어섰다고 보는 것이 옳다. 「공자세가」에 이를 뒷받침하는 일화가 실려 있다.

하루는 공자가 석경(石磬)을 연주하고 있을 때 마침 한 하궤인(荷蕢人: 망태를 맨 은자[隱者]를 지칭)이 문 앞을 지나다가 이를 듣고 탄식했다.

"깊은 생각에 빠졌구나, 경을 연주하는 사람이. 소리가 너무 쨍강거리는구나, 세상에 자신을 알아주는 이가 없으면 그것으로 그만이지."

이에 공자가 석경과 거문고에 능한 사양자(師襄子)로부터 거문고를 배우게 되었다. 그러나 10일 동안 진전이 없었다. 사양자가 이같이 말했다.

"이제는 다른 곡을 배워도 되겠습니다."

공자가 대답했다.

"나는 이미 그 곡조는 익혔으나 아직 연주하는 술수는 터득하지 못했소."

얼마 후 사양자가 다시 말했다.

"이제는 연주하는 술수를 익혔으니 다른 곡을 배워도 되겠습니다."

공자가 대답했다.

"나는 아직 그 곡조의 뜻을 터득하지 못했소."

얼마 후 사양자가 또 다시 말했다.

"이제는 곡조의 뜻을 익혔으니 다른 곡을 배워도 되겠습니다."

공자가 대답했다.

"나는 아직 곡을 지은 사람의 사람됨을 터득하지 못했소."

얼마 후 공자는 경건히 심사(深思)하면서 유쾌한 마음으로 크게 내다보고 원대한 뜻을 품게 되었다. 이에 공자가 말했다.

"이제야 나는 곡을 지은 사람의 사람됨을 알았소. 피부는 검고, 키는 크며, 눈은 빛나고 멀리 바라보는데 마치 사방 제후국을 다스리는 것 같았으니 문왕이 아니면 누구겠소."

사양자가 그 자리에서 일어나 재배하며 말했다.

"나의 은사도 이를 두고 '문왕조'(文王操: 문왕을 찬양하는 곡조를 의미)라고 한 바 있습니다."

이 일화는 『논어』 「헌문」편과 『공자가어』에도 나오고 있다. 대부분의 학자들은 이를 도가 후학이 만들어낸 것으로 보고 있다. 이 일화는 역사적 사실과 동떨어진 것이기는 하나 당시 공자의 심경을 일정 부분 반영한 것으로 보인다. 앞서 살펴보았듯이 공자는 필힐의 부름을 받고 한때 크게 동요한 바 있다. 결국 필힐의 부름에 응하지 않았으나 공자는 상당 기간 심란한 마음을 진정하기가 쉽지 않았을 것이다. 그의 어지러운 심사가 석경소리에 그대로 드러난 셈이다. 이때 지나가던 은자가 공자의 초조한 마음을 읽고 '세상에 자신을 알아주는 이가 없으면 그것으로 그만 둘 일이지'라고 힐책한 것이다. 공자는 이때까지도 '이순'의 경지에 들어가지 못한 셈이다.

이 일이 있은 후 공자는 사양자로부터 거문고를 배우면서 곡을 지은 사람의 사람됨까지 알아내는 수준에 이르렀고 비로소 '이순'의 경지에 들어갔다고 볼 수 있다. 이때 그의 나이는 65세가량이었다. 공자는 60대 중반에 이르러서야 '지명'의 단계를 넘어 '이순'의 단계로 진입했다고 짐작된다. 공자는 이순의 경지에 이르러서야 귀국길에 올라 다시 사숙을 열어 고전을 정비하고 제자들을 육성하는 데 여생을 보냈던 셈이다.

고전 정비와 제자 육성에 보낸 말년

공자는 14년간의 유세에도 불구하고 자신의 뜻을 펴지 못했다. 객관적으로 볼 때 그의 천하유세는 실패였다. 이는 『논어』 「자한」편의 다음 구절을 보면 쉽게 알 수 있다.

"달항(達巷: 향당의 이름)의 당인(黨人: 향당 사람)이 공자를 두고 비꼬기를, '위대하구나, 공자여. 박학했음에도 이름을 이룬 것이 없구나'라고 했다. 공자가 이 얘기를 듣고 문하의 제자들에게 말하기를, '내가 무슨 직업을 가질까. 말 모는 일을 할까. 아니면 활 쏘는 일을 할까. 나는 말 모는 일이나 할까 보다'라고 했다."

이는 당시 세간의 평이 호의적이지 않았음을 뒷받침하고 있다. 신분세습에 의해 특권을 누리고 있던 상층부 지배층은 말할 것도 없고 일반 서민들조차 공문을 비난했음에 틀림없다. 당인들의 눈에 공문의 문도들이 군자학을 연마하면서 말마다 군자를 들먹이는 것이 고깝게 보였을 수도 있다. 공자를 두고 '이름을 이룬 것이 없다'고 비꼰 것이 이를 증명한다.

당시 당인들은 신분세습의 봉건제하에서 그 한계가 뻔히 보이는데도 군자학 연마에 매진하는 공문의 문도들을 이해하기가 어려웠을 것이다. 공자도 이를 모를 리가 없었다. 이는 그가 당인들이 자신을 비난한 애기를 전해 듣고 자조 섞인 자문자답을 한 사실을 통해 쉽게 짐작할 수 있다.

이와 관련해 「공자세가」는 공자가 귀국하자마자 다시 사숙을 열고 『시』·『서』·『예』·『악』으로 이뤄진 '치평학'의 최종정리에 박차를 가하면서 제자육성에 전념했다고 기록해놓았다. 이는 당시의 여러 정황에 비춰 볼 때 사실에 가깝다. 「공자세가」는 공자가 귀국한 뒤 다시 사숙을 열자 수많은 제자들이 공자의 명성을 듣고 구름같이 몰려들었다고 기록해놓았다.

공자가 천하유세의 대장정을 마치고 노나라로 돌아왔을 때는 노애공 11년(기원전 484) 겨울이었다. 『춘추좌전』에 의하면 공자는 노애공 16년(기원전 479) 4월 11일에 세상을 떠났다. 만 4년 반의 짧은 세월이었다.

공자는 이 기간 위대한 사상가이자 교육자로서 큰 족적을 남겼다. 객관적으로 볼 때 당시 그의 정치가로서의 생명은 사실상 끝이 났다고 할 수 있다. 일견 불우한 처지에서 만년을 보내게 되었다고 볼 수도 있다. 그러나 역사의 판정은 사상 그 유례를 찾아볼 수 없는 절세의 대성공으로 나타났다. 이는 말할 것도 없이 전래의 고전을 정리해 '치평학'의 교과목을 정립하고 뛰어난 제자들을 대거 육성한 데서 비롯된 것이었다.

귀국 직후 공자는 다시 사숙을 열어 제자들을 체계적으로 육성했다. 공자가 고전을 정비하고 제자들을 육성한 내용을 집약적으로 표현해놓은 것이 『논어』「학이」편이다. 총 16장으로 이뤄진 「학이」편은 당시 공문(孔門)에서 가르친 '치평학'에 관한 얘기로 꾸며져 있다. 공문은 공자가 천하유세를 마치고 귀국한 이후 진면목을 드러내기 시작했다. 공자는 군자를 양성하기 위해 만년을 교육에 바쳤다. 공문은 바로 군자양성을 위한 일종의 사립 사관(士官)학교였다. 「학이」편에 공문의 학도에 대한 훈시와 주의가 집중되어 있는 점에 비춰 제1장은 공문의 교훈(校訓)이라고 보아도 크게 틀리지 않는다.

「학이」편 16장 중 공자의 말이 반을 차지하고 있다. 이중 절반에 해당하는 8개장은 '자왈'로 시작하는 공문의 학규와 훈시로 이뤄져 있다. 나머지 8개장은 '유자왈' 3개장, '증자왈' 2개장, '자하왈'이 1개장, '자금문왈' 1개장, 자공과 공자의 문답 1개장 등으로 이뤄져 있다. 공자의 말 8개장은 공문의 학칙에 가까운 성질을 띠고 있다. 각 장에 부수된 직제자의 언행 8개장은 이에 대한 참고자료 성격을 띤다. 이 양자를 포함한 전체가 바로 「학이」편이라고 할 수 있다.

공자의 말을 담은 8개장 및 직제자의 말을 담은 8개장 중 '자하왈', '자공왈' 2개장은 직제자 사이에서 나온 자료에 기초한 것이고 '유자왈' 3개장과 '증자왈' 2개장은 각각 유약 및 증삼의 제자로부터 나온 자료이다. 다만 '자금문왈'의 1개장만은 「술이」편이 제나라에 유전(流轉)된 이후에 부가된 것으로 짐작된다. 「학이」편 원형의 편찬은 2대 제자 때로 보인다.

「학이」편의 실제 편찬자는 증삼의 제자들이다. '유자왈'과 '증자왈'이 병존하고 있는 것을 두고 유약의 제자와 증삼의 제자가 협동하여 편집했다고 보는 견해도 있으나 반드시 그같이 볼 필요는 없다. 2대 제자시대에는 증삼이 노나라 교학의 중심이었다. 「학이」편은 증삼의 제자들이 공자의 직제자 이래의 전승과 거기에 부가된 유자의 말 3개 구절을 채택하고, 스승인 증자의 말 2개 구절을 덧붙여 만든 것으로 짐작된다.

『논어』의 다른 편과 마찬가지로 「학이」편 역시 사제(師弟) 간의 언행으로 꾸며져 있다. 그러나 「학이」편의 가장 큰 특징은 공자가 만년에 연 공문의 교육방침을 담고 있는 데 있다. 2대 제자시대에 들어와서는 공문의 교육방침을 문서 형식으로 명백히 하고자 했다. 「학이」편은 바로 이러한 의도하에 편찬된 것으로 짐작된다. 공문의 '치평학' 이념을 가장 잘 표현해놓은 것이 「학이」편의 제1장이다.

"배우고 때때로 익히면 또한 기쁘지[說] 않겠는가. 벗이 먼 곳에서 찾아오면 또한 즐겁지[樂] 않겠는가. 남이 알아주지 않을지라도 성내지[慍] 않으면 또한 군자가 아니겠는가."

이를 두고 주희는 『논어집주』에서 풀이하기를, '뒤에 깨닫는 자는 반드시 선각자의 하는 바를 본받아야 한다'고 했다. 성선설에 입각한 도학적 해석이다. 이에 대해 청대의 황식삼(黃式三)은 『논어후안』(論語後案)에서 '열'(說)을 철저하게 이해할 때 우러나오는 기쁨으로 해석했다.

'불역열호'(不亦說乎)와 '불역낙호'(不亦樂乎)에 나오는 '열'과 '낙'에 대해 정이천은 '열은 마음속에 있는 것이고, 낙은 외면에 있는 것이다'라고 주장했다. 그러나 그는 마음속에 있는 것과 마음 밖에 있는 것의 구체적인 분류 기준에 대해서는 아무런 언급도 해놓지 않았다. 스스로 터득하는 즐거움과 붕우와 어울리는 즐거움을 형식적으로 구분한 듯하다. 굳이 '열'과 '낙'을 나눠볼 필요는 없다.

'인부지이불온'(人不知而不慍)과 관련해 정이천은 '낙은 열을 통해 얻는 것이니 낙이 아니면 군자라고 말할 수 없다'로 풀이했다. 원래 '학이시습지'(學而時習之)와 '유붕자원방래'(有朋自遠方來), '인부지

이불온'은 하나의 문장을 이루고 있으나 서로 이론적인 연관성은 없다. 3개의 사건을 하나로 모아 한 문장으로 만들었을 뿐이다. 각기 다른 시기에 나온 공자의 말을 누군가가 모아 하나의 문장으로 만들어냈을 가능성이 높다. 굳이 '열'과 '낙', '군자'의 관계를 점층적인 것으로 해석할 필요가 없는 것이다.

'불역열호'와 '불역낙호', '불역군자호'(不亦君子乎)를 중첩한 것은 젊은 학도들에게 학문을 하는 즐거움과 친구와 교제하는 즐거움, 세간의 경박한 평판에 동요되지 않는 뛰어난 태도를 권장하기 위한 어법으로 보인다. 최후의 두 구절인 '인부지이불온'과 '불역군자호'는 공문의 교육목적이 군자의 양성에 있고, 공문의 기본과목이 군자학임을 드러낸 것이다.

계강자의 자문을 받는 공자

당시 공자는 공문에서 후기제자들을 중심으로 '군자학'을 가르침으로써 국로(國老)의 대우를 받았던 것으로 짐작된다. 『논어』의 기록을 보면 노나라의 실권자인 계강자는 공자를 일종의 국사(國師)로 예우한 것이 확실하다. 이는 계강자가 공자의 자문을 수시로 구했다는 일화를 통해 쉽게 확인할 수 있다. 『춘추좌전』 「노애공 12년」조에 이를 뒷받침하는 일화가 나온다.

노애공 12년(기원전 483) 봄 1월에 노나라의 계강자가 새로운 전부제(田賦制: 토지의 대소 등에 따른 징세·징병제도)를 실시하고자 했다. 이에 염유를 중니에게 보내 자문을 구하게 했다. 그러자 중니가 이같이 말했다.

"나 공구는 그런 일을 잘 모른다."

염유가 세 차례에 걸쳐 물었으나 중니는 아무 말도 하지 않았다. 마침내 계강자가 말했다.

"그대는 국로입니다. 그래서 그대의 말씀을 기다렸다가 시행하려고 하는 것인데 왜 아무 말씀도 해주지 않는 것입니까."

그러나 중니는 끝내 대답하지 않았다. 이후 중니가 염유에게 사적으로 말했다.

"군자는 정사를 돌보면서 예에 근거해 일을 헤아린다. 시사(施舍)는 후해야 하고, 종사(從事)는 적당해야 하며, 부렴(賦斂)은 가벼워야 한다. 이렇게 하면 종래의 구부제(丘賦制: 전지의 대소에 따라 병사를 징발하는 제도)로도 충분한 것이다. 만일 예를 기준으로 하여 일을 헤아리지 않고, 탐람하게 재물과 이익을 추구하는 것이 끝이 없게 되면, 비록 새로운 전부제를 시행할지라도 장차 또 부족함을 느낄 것이다. 또한 만일 계손씨가 정사를 법도에 맞게 시행하고자 한다면 이미 주공이 마련해 둔 전장(典章)이 있다. 그러나 만일 정사를 대충 편의에 따라 행하고자 하는 것이라면 또 어찌하여 내 의견을 구하려고 하는 것인가."

이 일화는 역사적 사실과 부합한다. 그러나 공자가 계강자가 시행하고자 하는 전부제에 대해 직접 비판하지 않고 제자인 염유를 통해 간접적으로 비판했다는 대목만큼은 납득하기가 어렵다. 『논어』에 보이는 공자의 직선적인 태도나 계강자에 대한 공자의 통렬한 직언 등을 감안할 때 공자가 사적으로 염구에게 말했을 가능성은 그리 많지 않다. 유가 후학의 위문일 가능성을 배제할 수 없는 것이다. 「선진」편에 나오는 다음 대목이 이를 뒷받침한다.

"계씨는 주공보다 부유했으나 계씨의 가신인 구(求)가 그를 위해 혹독하게 세금을 거두어 그의 재부를 더 늘려주었다. 공자가 구(求)의 소행을 두고 질책하기를, '그는 우리 무리가 아니다. 나의 제자들은 북을 울려 그를 성토하는 것이 가할 것이다'라고 했다."

여러 제자들 앞에서 염구를 직접 성토한 공자가 사적으로 염구에게 조심스럽게 말했을 가능성은 그리 크지 않다고 보아야 한다. 맹자도 비슷한 입장에 서 있다. 『맹자』 「이루 상」편에 나오는 다음 구절이 그 증거이다.

"염구가 노나라 계씨의 가신이 되어 그의 덕을 좋게 변화시키지는 못하고 세금만 전보다 배로 부과했다. 그러자 공자가 제자들에게 말하기를, '염구는 나의 제자가 아니다. 너희들은 북을 울리며 그를 성토해도 좋다'고 했다."

공자가 파문에 가까울 정도로 단호하게 제자를 비난한 사례는 이것이 유일하다. 그러나 이 또한 별다른 효과를 거두지는 못했던 것으로 보인다. 『논어』의 다음 대목을 보면 짐작할 수 있다.

"염자(冉子: 염유)가 퇴조(退朝)했다. 공자가 염자에게 묻기를, '어찌하여 늦었는가'라고 하자 염자가 대답키를, '국정논의가 있었기 때문입니다'라고 했다. 공자가 말하기를, '그것은 대부집안의 사사로운 일이었을 것이다. 만일 국정논의였다면 비록 나를 쓰지는 않을지라도 참여시켜 듣게 했을 것이다'라고 했다."

당시 노나라의 집정대부 계강자는 전횡하면서 국정에 대해서도 공조(公朝: 조정)에서 논의하지 않고 혼자서 가신들과 함께 사조(私朝)에서 논의했다. 당시의 예에 따르면 전임 대부는 비록 정치에 직접 개입하지는 않으나 국정에 참여해 들을 수 있었다. 공자는 이 사실을 번연히 알면서도 짐짓 모른 척하며 '기사야'(其事也: '대부집안의 사사로운 일'을 지칭)라고 한 것이다. 이를 두고 주희는 분석하기를, '공자의 말은 당나라 때 위징(魏徵)의 헌릉지대(獻陵之對)와 닮아 있다. 명분을 바르게 하여 계씨를 억제하고자 제자인 염유를 가르친 뜻이 깊다'고 분석했다. 주희의 분석이 옳을 듯하다.

주희가 말한 위징의 '헌릉지대'는 무엇을 말하는 것일까. 당태종 이세민(李世民)은 부인 문덕황후(文德皇后)가 죽자 소릉(昭陵)에 안장한 뒤 궁궐 정원에 충대를 만들어놓고 날마다 올라가 소릉을 바라보았다. 하루는 위징을 데리고 충대에 올라가 소릉을 가리키며 보이는지를 물었다. 위징이 눈이 아물거려 아무것도 보이지 않는다고 답하자 당태종이 화를 냈다.

"이 앞의 소릉이 보이지 않는단 말이오."

위징이 대답했다.

"소릉은 벌써 보았습니다. 신은 폐하가 모후의 능인 헌릉을 바라보는 줄 알았습니다."

당태종이 크게 깨달은 바가 있어 이내 충대를 헐어냈다. 위징은 짐짓 모르는 척하며 소릉 대신 헌릉을 언급함으로써 당태종을 깨우친 것이다. 공자도 염유가 계씨의 사조에서 국정을 논의한 것을 알고도 '기유야'라고 언급했다. 이는 염유가 스스로 깨달아 계씨에게 간하기를 바란 것이다. 주희가 위징의 '소릉지대'를 인용해 풀이한 것은 탁월하다.

크릴은 공자가 귀국한 이후 비록 국로의 대우를 받으며 계씨의 자문을 받기는 했으나 번번이 조언이 무시된 점을 이유로 공자가 노나라의 국사결정에 자신이 자문받는 대상이 되기를 기대했다고 보기는 어렵다고 주장했다. 그는 이 얘기는 공자가 천하유세를 떠나기 직전에 한 말로 분석했다. 그러나 이는 '소릉지대'의 취지를 이해하지 못한 주장으로 역사적 사실과도 동떨어져 있다.

염유가 이 일이 있은 이후에 과연 태도를 고쳤는지는 확인하기 어렵다. 『춘추좌전』 등에 염유가 계속 공문의 일원으로 활약한 듯한 기록이 나오고 있기 때문이다. 실제로 계강자는 공자의 충고를 무시하고 끝내 전부제를 실시했다. 염유는 공자의 충언에도 불구하고 계강자의 계책을 추종했던 것으로 보인다. 『논어』 「계씨」편에 나오는 다음 대목이 이를 뒷받침하고 있다.

계씨가 장차 전유(顓臾: 노나라의 부용국)를 치려고 하자 계씨의 가신으로 있는 염유와 자로가 공자를 만나 이 사실을 알렸다.

"계씨가 전유에서 일을 벌이려고 합니다."

공자가 말했다.

"구야, 이는 네가 잘못한 것이 아니냐. 저 전유는 옛날 선왕이 동몽산(東蒙山)의 제주(祭主)로 삼았고, 또한 우리 노나라 영역 안에 있으니 우리의 사직지신인 셈이다. 그러니 어찌 이를 정벌할 수 있겠는가."

염유가 변명했다.

"계씨가 하고자 하는 것이지 저희 두 가신이 하려고 하는 것이 아닙니다."

공자가 말했다.

"구야, 주임(周任: 옛날의 뛰어난 사관)이 일찍이 말하기를, '능력을 펴 대열에 나아가 능히 할 수 없는 경우는 그만두어야 한다'고 했다. 위태로운데도 붙잡지 못하고, 넘어지는데도 부축하지 못한다면 장차 그 보필하는 사람을 어디에 쓰겠는가. 또 네 말이 잘못되었다.

호랑이와 들소가 우리에서 뛰쳐나오고 구옥(龜玉: 거북껍질과 옥으로 보물을 상징)이 궤 속에서 망가지면 이는 기본적으로 누구의 잘못이겠는가."

염유가 대답했다.

"지금 저 전유는 성곽이 견고하고 비읍에 가깝습니다. 만일 지금 취하지 않으면 훗날 반드시 후손들의 우환이 될 것입니다."

공자가 힐난했다.

"구야, 군자는 하고자 한다고 말하지 않고 굳이 변명하는 것을 미워한다. 내가 듣건대, '유국자(由國者: 나라를 소유한 제후를 지칭)와 유가자(由家者: 저택을 보유한 경대부를 지칭)는 백성이 적은 것을 근심하지 않고 고르지 못한 것을 걱정하며, 가난한 것을 근심하지 않고 편안하지 못한 것을 근심한다'고 했다. 대개 고르면 가난하게 되는 일이 없고, 조화를 이루면 적게 되는 일이 없고, 편안하면 기울어지는 일이 없게 된다. 이런 까닭에 먼 곳의 사람이 복종하지 않으면 문덕(文德: 문화와 도덕)을 닦아 그들로 하여금 다가오게 하고, 이미 오게 했으면 편하게 만들어주어야 하는 것이다. 지금 유와 구는 계씨를 도우면서 먼 곳의 사람이 복종하지 않는데도 능히 다가오게 하지 못하고, 나라가 분열되어 무너지려고 하는데도 능히 지키지 못하고 있다. 그런데도 간과(干戈: 창과 방패로 전쟁을 지칭)를 나라 안에서 사용하려고 꾀하니 나는 계손씨의 근심이 전유에 있지 않고 소장(蕭牆: 병풍처럼 친 담장으로 국내를 지칭) 안에 있을까 두렵다."

이 대목은 총 274자에 달하는 장편으로 계씨가 전유(顓臾)를 정벌하려고 할 때 계씨의 가신으로 있는 염유와 자로가 공자와 나눈 문답이다. 계씨가 전유를 정벌하려고 한 내용은 『춘추좌전』과 『사기』를 비롯한 어떠한 사서에도 나오지 않는다. 이는 기본적으로 상상이 가미된 설화에 가깝다. 어디까지가 정확한 사실(史實)인지 확인할 길이 없는 것이다.

공자 생존 당시 노나라는 공실이 쇠약하고, 3환의 세력이 강했다. 그중 계씨가 특히 강력했다. 「계씨」편의 주석에 따르면 전유는 옛날 선왕이 봉한 동몽주(東蒙主)의 나라로 노나라의 부용국이었다고 한다. 계씨의 거점인 비 땅에 가까웠던 그 도성은 매우 견고했다. 계씨는 이를 취해 자신의 기반을 더욱 굳건히 하고자 했다. 계씨의 전횡을 미워하고 공실의 권력을 회복시켜 국가질서를 바로잡고자 한 공자가 이를 반대한 것은 당연했다. 그러나 「춘추좌전」 등과 같은 사서에 기재될 만한 사건은 아니었다. 이는 세간의 전송으로만 전해졌을 것이다. 다른 사서에서도 전혀 언급되지 않았다.

이 설화의 내용에 따르면 당시 염유와 자로는 계씨를 보필할 만한 책임 있는 자리에 있었던 듯하다. 자로는 공자가 천하유세를 떠나기 전에 계씨의 가재로 있었다. 그러나 공자가 사직하기 직전에는 중궁이 가재로 있었다. 이후 공자가 천하유세를 거의 끝낼 즈음에는 염유(冉有: 冉求)가 그 자리에 있었다. 이 설화에 염유가 계씨의 가재로 나오고 있는 점을 보면 공자가 귀국한 이후의 일임에 틀림없다. 이때 염유는 계씨의 가재였고 자로는 전임자에 해당했다.

계씨는 전유를 토벌하기 전에 염구 및 자로와 이 문제를 상의한 뒤 두 사람을 통해 공자의 양해를 얻고자 했던 것으로 보인다. 그 내용이 「계씨」편 제1장에 수록된 듯하다. 염유와 자로가 공히 등장하는 「선진」편 제23장은 계씨 일족인 계자(季子) 연(然)이 공자의 양해를 얻으려고 한 사실을 수록한 것이다.

염유와 자로가 나란히 등장한 경우로는 이들 장 이외에도 「옹야」편 제6장과 「공야장」편 제7장이 있다. 「옹야」편 제6장은 계강자가 자로와 자공, 염유 중 누구를 하대부로 삼아 국정에 참여시키는 것이 좋을지를 공자에게 묻는 내용이다. 『춘추좌전』에 따르면 계강자의 부친인 계환자가 죽은 시점은 노애공 3년이다. 이는 공자가 천하유세를 다니던 시기의 중반에 해당한다. 『사기』「중니제자열전」은 계강자가 공자를 부르려다가 이내 염유를 부른 것으로 기록해놓았다.

공자가 천하유세를 끝내고 노나라로 돌아온 것은 노애공 11년이다. 이후 죽을 때까지 4년 반 동안 국로로 있으면서 교육문화 사업에 전념했다. 당시 자로는 계씨의 가재가 되어 있었고, 자공은 외교관으로서 천하에 이름을 널리 떨치고 있었고, 염유 또한 계씨의 가재로서 그 수완을 인정받고 있었다. 계강자는 이들 3인 중 누구를 하대부로 삼아 국정에 참여시키는 것이 좋을지를 공자에게 물었던 것이다. 이때 공자는 구체적인 답변을 피하면서 3인 모두 각기 뛰어난 점이 있으니 능히 그 장점을 취해 기용할 것을 권했다.

「공야장」편 제7장에는 맹무백(孟武伯: 중손체[仲孫彘])이 나온다. 그는 맹의자(孟懿子: 중손하기[仲孫何忌])의 아들로 『춘추좌전』에 따르면 노애공 14년에 죽었다. 『춘추좌전』에는 맹무백이 「노애공 11년」조를 시작으로 「노애공 27년」조에 걸쳐 계속 나오고 있다. 그럼에도 『사기』「중니제자열전」에는 맹무백의 이름이 전혀 나오지 않는다. 「위정」편에 맹의자와 맹무백이 공자에게 효에 관해 질문하는 기사가 나오고 있는 점을 볼 때 맹무백은 공자의 제자였거나 공자의 제자처럼 수시로 공자에게 가르침을 청했던 것으로 보인다.

「공야장」편 제7장에는 맹무백이 자로와 염유, 공서화 등 3인에 대해

'인'한지 여부를 묻는 장면이 나온다. 그러나 여기에서는 이들 3인 중 누군가를 채용하기 위해서가 아니라 '인'이 무엇인지를 알기 위해 이들을 예로 든 것에 불과하다. 이때 맹무백은 이들 3인을 거론하면서 '자로'에 대해서만 자를 부르고 염유와 공서화에 대해서는 '구'(求) 및 '적'(赤)과 같이 이름을 부르고 있다. 이는 맹무백과 이들 3인이 선후배 관계였음을 시사한다. 자로가 노애공 15년에 위나라에서 순직했으므로 이는 그보다는 약간 앞선 시기의 일화로 짐작된다.

「공야장」편 제7장과 「옹야」편 제8장의 내용은 「계씨」편 제1장의 전유토벌사건과 시기상 서로 가깝기는 하나 상호 관련은 없다. 「선진」편 제23장은 전유토벌사건 이전일 가능성이 높다. 전유토벌사건이 실제로 이뤄졌는지는 확인하기 어려우나 공자의 반대로 이뤄지지 않았다고 보는 견해가 주류이다. 이 장은 역사적 사실을 토대로 하여 공문의 후학이 상상력을 동원해 설화형식으로 꾸며낸 장이라는 점에서 특이한 경우라고 할 수 있다.

공자가 염유를 힐난한 것은 염유가 계강자를 추종한 사실과 무관하지 않았다. 『논어』를 보면 공자가 계강자를 직설적인 어법으로 힐난한 대목을 쉽게 접할 수 있다. 계강자 등에 대한 비판은 의미가 컸다. 이는 '치평'을 전문으로 탐구하는 공문의 성격을 명백히 하고 공자가 현실정치에 더 이상 관심이 없다는 점을 분명히 한 것이다. 이로써 계강자의 의구심을 말끔히 없애는 결과를 낳았다. 공자가 계강자로부터 국로의 예우를 받으면서 못다 한 고전정비에 박차를 가하고 소신껏 제자 육성에 전념할 수 있었던 것은 바로 이 때문이었다.

백어와 안연의 죽음

공자는 천하유세에서 돌아온 뒤 죽기 전까지 불과 4년밖에 안 되는 자신의 70대를 '종심소욕불유구'(從心所欲不踰矩)로 술회했다. 이는 '이순'의 경지에서 한 단계 더 나아간 것으로 허심(虛心)의 차원에서 사물을 관조(觀照)하는 경지를 말한다. 공자는 죽음을 앞두고 사물을 허심하게 바라보는 관조의 경지에 들어가 있었음에 틀림없다.

'종심소욕불유구'로 규정된 그의 70대 삶은 어떻게 진행되었던 것일까. 먼저 이 기간 중에 일어난 중요한 사건으로 장남인 백어(伯魚)의 사망과 애제자 안회의 죽음, 공자 자신의 이병(罹病), 애제자 자로의 죽음 등을 들 수 있다. 이와 관련된 얘기는 모두 「논어」에 실려 있다. 가장 먼저 일어난 사건은 백어의 죽음이었다. 「논어」에는 백어의 죽음을 직접 언급한 대목이 없다. 다만 「선진」편에 간접적인 언급이 나올 뿐이다.

안회가 죽었을 때 그의 부친 안로(顔路)가 가난으로 인해 관곽을 구비할 길이 없자 공자의 수레를 팔아서라도 곽을 만들어 줄 것을 청했다. 그러자 공자가 이같이 거절했다.

"부모는 자식이 재주가 있거나 없거나 간에 모두 똑같은 자식이라고 말할 것이다. 내 아들 이(鯉: 백어)가 죽었을 때도 관만 있었고 곽은 없었다. 내가 걸어 다니면서도 수레를 팔아 그에게 곽을 만들어주는 일을 하지 않은 것은 내가 대부의 뒤를 좇아 조정 출입을 하는 위치에 있었던 까닭에 조정의 체모를 위해서라도 걸어 다닐 수는 없었기 때문이다."

공자는 조정의 체모를 위해 걸어 다닐 수는 없었던 까닭에 자식인 백어가 죽었을 때도 관밖에 마련해주지 못했던 사례를 들어 안로의 청을 허락지 않았다. 이를 통해 백어가 안연에 앞서 죽었음을 알 수 있다. 그러나 백어와 안연이 정확히 언제 죽었는지는 알 길이 없다. 백어에 관한 얘기는 『논어』에 두 번 등장한다.

「계씨」편에 진항(陳亢)과 백어의 대화가 실려 있다. 하루는 진항(陳亢)이 공자의 아들 백어에게 물었다.

"그대는 부친으로부터 달리 들은 바가 있소."

그러자 백어가 대답했다.

"없었소. 일찍이 홀로 서 계실 때 내가 빨리 걸어 뜰을 지나자 부친이 나에게 묻기를, '『시』를 배웠느냐'라고 하여 내가 '아직 못 배웠습니다'라고 했소. 이에 이르기를, '『시』를 배우지 않으면 말을 할 수 없다'고 하여 나는 물러나와 『시』를 배웠소. 다른 날에 또 홀로 서 계실 때 내가 빨리 걸어 뜰을 지나자 나에게 묻기를, '『예』를 배웠느냐'라고 하여 '아직 못 배웠습니다'라고 대답했소. 이에 이르기를, '『예』를 배우지 않으면 설 수 없다'고 하여 나는 물러나 예를 배웠소. 내가 들은 것은 바로 이 두 가지요."

진항이 백어로부터 공자의 자식교육에 관한 일을 들었다는 것은 공자가 노나라로 돌아온 뒤의 일로 볼 수밖에 없다. 진항은 공자의 직계 제자가 아닌 자공의 제자로 생각되는 인물이다. 이를 통해 만년의 공자가 자식인 백어에게도 다른 제자들과 마찬가지로 『시』·『서』·『예』·『악』의 '치평학'을 가르쳤음을 알 수 있다. 「양화」편에도 공자가 아들 백어에게 『시』의 중요성을 강조한 일화가 있다.

"너는 『시』의 「주남」(周南)과 「소남」(召南)을 배웠느냐. 사람이 되어 「주남」과 「소남」을 배우지 않으면 담장을 정면으로 마주해 서 있는 것과 같다."

「계씨」편과 「양화」편의 일화 모두 공자가 '치평학' 교과목인 『시』·『서』·『예』·『악』을 정비할 때의 일일 것이다. 그렇다면 백어와 안연 모두 공자가 귀국한 뒤 잇달아 죽은 셈이다. 안연의 죽음에 대해서는 안로가 공자에게 수레를 팔아 곽을 만들기를 청한 일화 이외에도 여러 일화가 『논어』에 실려 있다. 「옹야」편에 따르면 하루는 노애공이 공자에게 물었다.

"제자들 중 누가 배우기를 좋아합니까."

공자가 대답했다.

"안회라는 사람이 배우기를 좋아했습니다. 노여움을 옮기지 않고 두 번 다시 잘못을 저지르지 않았습니다. 다만 불행히도 명이 짧아 죽고 말았습니다. 지금은 그와 같은 사람이 없어 아직 배우기를 좋아하는 사람이 있다는 얘기를 듣지 못했습니다."

「선진」편에도 노애공 대신 계강자가 질문하는 형식으로 된 유사한 일화가 실려 있다. 동일한 사실에 관한 두 개의 이전(異傳)으로 보인다. 공자가 노애공 및 계강자와 대화를 나눈 것은 귀국 이후이다. 공자가 안연의 죽음을 두고 '불행히도 단명으로 죽었다'고 말한 대목에 주목해 안연의 죽음을 이보다 일찍 상정하는 견해가 있으나 이는 잘못이다. 안연은 공자보다 30세나 연하였다. 70대에 달한 공자가 40대 초반에 죽은 안연을 두고 '단명' 운운하는 것은 결코 부자연스러운 일이 아니다. 안연을 잃은 공자의 비통은 형언하기가 어려웠다. 이는 「선진」편의 다음 대목을 보면 쉽게 알 수 있다.

"안연이 죽자 공자가 탄식하기를, '아, 하늘이 나를 버리는구나, 하늘이 나를 버리는구나'라고 했다."

공자가 안연의 죽음을 얼마나 애통해했는지 잘 알 수 있다. 공자의 애통해하는 모습은 평소 공자가 가르친 것과 달리 거의 절제가 없는 것처럼 보였다. 주위에 있던 제자들이 볼 때도 분명 도에 지나칠 정도로 애통해했음에 틀림없다. 「선진」편에도 관련 기록이 나온다.

"안연이 죽자 공자가 통곡했다. 이에 종자(從者)가 말하기를, '선생님이 지나치게 비통해하십니다'라고 하자 공자가 반문하기를, '지나치게 비통해한다고 하는 것인가. 그를 위해 비통해하지 않고 누구를 위해 비통해한단 말인가'라고 했다."

이 대목은 공자의 비통이 도에 지나쳤음을 시사하고 있다. 평소 '애이불상'(哀而不傷)을 강조하며 슬플 때도 화기(和氣)를 해쳐서는 안 된다고 주장한 공자의 입장에서 볼 때 이는 분명 파격적인 모습이다. 그러나 공자는 결코 중용을 잃지는 않았다. 「선진」편의 다음 대목으로 파악할 수 있다.

"안연이 죽었을 때 문인들이 그를 후장(厚葬)하고자 했으나 공자가 이를 반대했다. 그러나 결국 문인들이 그를 후장하자 공자가 질책하기를, '회(回: 안연)는 나 보기를 아버지처럼 했는데 이제 장례의 도리를 잃었으니 나는 그를 자식을 보듯이 대할 수 없게 되었다. 이는 내 탓이 아니라 몇몇 제자들 탓이다'라고 했다."

안연의 죽음과 관련한 여러 일화는 안연이 죽었을 당시의 상황을 가감 없이 전해주고 있다. 만년에 교육에 몰두하며 제자들에게 생애 최후의 희망을 걸고 있었던 공자가 장래가 촉망되는 애제자 안연을 잃고 절망하는 모습이 생생히 그려져 있다. 이를 통해 공자가 귀국한 지 얼마 안 돼 백어와 안연이 잇달아 죽었고, 백어의 죽음이 안연의 죽음보다 약간 앞섰다는 사실을 알 수 있다. 만년의 공자로서는 크게 심상할 일이 설상가상으로 터져 나온 셈이다. 이 때문인지는 몰라도 공자가 만년에 이병(罹病)한 것으로 짐작되는 대목이 「논어」 「술이」편과 「자한」편에 각각 하나씩 나오고 있다.

「술이」편에 따르면 하루는 공자가 병으로 자리에 누운 뒤 증세가 점차 위중해지자 자로가 기도할 것을 청했다. 그러자 공자가 자로에게 물었다.

"그런 이치가 있느냐."

자로가 대답했다.

"있습니다. 뇌문(誄文: 제문[祭文])에 써져 있기를, '너를 위해 신기(神祇)에게 기도했다'고 했습니다."

그러자 공자가 말했다.

"그런 의미라면 나는 기도한 지 오래다."

여기의 '신기'는 하늘과 땅의 귀신을 통칭한 것으로 곧 천지신명을 말한다. 평소 '괴력난신'에 관한 언급을 꺼린 공자는 절박한 심정에서 올리고자 하는 제자의 기도조차도 용인하지 않은 것이다. 인간의 합리적인 이성을 신뢰한 공자다운 모습이 선명히 드러난다.

유사한 일화가 있는 「자한」편에 따르면 공자의 병이 점차 위중해지자 자로가 문인(門人)을 병을 수발할 시종으로 삼았다. 병이 좀 덜해지자 공자가 자로를 힐책했다.

"오래 되었구나 유(由: 자로)가 거짓을 행한 것이. 시종이 없어야 하는데도 시종을 두게 되었구나. 내가 누구를 속일 것인가, 하늘을 속일 수 있겠는가. 내가 시종의 손에 죽기보다는 차라리 제자들 손에서 죽는 것이 낫지 않겠는가. 비록 내가 성대한 장례식은 바랄 수 없다 할지라도 어찌 길에서 죽기야 하겠는가."

두 대목의 내용만으로는 공자의 이병이 두 차례에 걸쳐 발병했는지, 아니면 동일 시기의 이병에 관한 얘기가 두 개의 이전(異傳)으로 전송되다가 수록되었는지 확인하기 어렵다. 다만 공자가 죽음에 이를 정도의 중병에 걸렸던 것만은 확실하다.

공자가 중병에 걸린 시점

공자가 중병에 걸린 시점은 언제일까. 두 대목 모두 자로가 시병(侍病)한 것으로 되어 있는 점에 주목할 필요가 있다. 사서의 기록에 따르면 자로는 공자가 죽기 1년 전인 노애공 15년(기원전 480)에 죽었다. 그렇다면 공자는 그 이전에 중병에 걸린 셈이 된다.

연대기적으로 볼 때 공자의 이병은 공자가 귀국하는 노애공 11년(기원전 484) 겨울에서 자로가 세상을 떠나는 노애공 15년(기원전 480) 사이에 일어난 것으로 볼 수 있다. 그런데 노애공 14년(기원전 481) 봄에는 공자를 낙담하게 한 '획린'(獲麟)의 사건이 일어난 데 이어 이해 여름에는 제나라의 권신 진항(陳恒)이 군주인 제간공(齊簡公)을 시해한 사건이 일어났다. 이때 격분한 공자가 노애공과 3환을 찾아가 진항 토벌을 건의했으나 받아들여지지 않았다. 『논어』「헌문」편에 이에 관한 일화가 나온다.

공자는 진항의 제간공 시해소식을 듣자마자 목욕한 뒤 입궐하여 노애공에게 간했다.

"진항이 군주를 시해했으니 토벌해야만 합니다."

노애공이 말했다.

"저 삼자(三子: 3환)에게 말해보도록 하시오."

공자가 물러나온 뒤 중얼거렸다.

"나는 일찍이 대부의 자리에 있었던 까닭에 감히 간하지 않을 수 없었다. 군주는 저 삼자에게 말하라고 하는구나."

공자가 3환을 찾아가 말하자 이들이 반대했다. 그러자 공자가 중얼거렸다.

"나는 일찍이 대부의 자리에 있었던 까닭에 감히 말하지 않을 수 없었다."

제나라의 권신 진항이 제간공을 시해한 내용은 『춘추좌전』 「노애공 14년」조에 상세히 실려 있다. 당시 공자는 노애공에게 건의하기를, "진항이 그 군주를 시해하자 제나라 백성 중에 그를 편들어주지 않는 자가 반이나 됩니다. 노나라의 많은 무리에다가 제나라 백성 반을 보태면 능히 제나라를 칠 수 있습니다"라고 했다. 이를 두고 정이천은 주석하기를, "이는 의리가 아닌 힘으로 해결하고자 한 것으로 공자의 말이 아니다. 공자는 틀림없이 진항의 죄를 바로 지목하여 위로는 천자에게 고하고 아래로는 방백(方伯)에게 말한 뒤 동맹국을 이끌고 토벌하려고 했을 것이다. 이같이 했다면 주나라 왕실이 다시 부흥할 수 있었을 터인데 노나라 군신들이 끝내 따르지 않았으니 그 애석함을 이루 말할 수 없다"고 했다.

의리론에 치우친 해석으로 당시의 상황과는 동떨어진 것이다. 공자는 치사(致仕: 나이 많은 것을 이유로 벼슬을 물러남)한 채 제자육성에 여념이 없었다. 그는 진항의 시해사건을 접하고 즉시 노애공을 찾아가 진항에 대한 토벌을 청했다. 소국인 노나라가 대국인 제나라를 치는 것은 당시의 기준에서 볼 때 불가능한 일이었다. 공자도 이를 알고 있었기 때문에 진항에 반대하는 제나라 백성 얘기를 꺼낸 것이다. 「노애공 14년」조의 기록은 역사적 사실에 가깝다고 보아야 한다.

공자는 관중의 '존왕양이'를 극찬했고 '존왕양이'를 위한 무력동원을 반대한 적이 없다. 공자가 제환공과 진문공을 비교하며 '정패'(正霸)와 '휼패'(譎霸)를 구분한 것도 이 때문이었다. 정이천의 주석은 무력을 동원하는 패도(霸道)를 타기한 맹자의 왕도론에 집착한 데 따른 것이다. 송대의 성리학이 공자사상과 얼마나 괴리되어 있었는지를 극명하게 보여주는 사례이다. 공자가 진항에 대한 토벌을 청한 것은 말할 것도 없이 난신적자의 접종(接踵)으로 천하대란이 일어날까 우려했기 때문이다.

공자의 죽음과 관련해 가장 유명한 사건으로는 노애공 14년 봄에 일어난 '획린' 사건을 들 수 있다. 예로부터 많은 사람들이 이를 가장 공자를 낙담케 만든 사건으로 들었다. 일부에서는 이에 주목해 '획린' 사건 직후 공자가 중병에 걸렸을 가능성을 제기하고 있다. 그러나 이는 이 사건의 허구성을 제대로 파악하지 못했음을 드러낸다. '획린' 사건을 파악하기 위해서는 이 사건을 대서특필해놓은 『춘추공양전』 「노애공 14년」조의 기록부터 살펴볼 필요가 있다.

"노애공 14년 봄, 노나라의 서쪽에서 기린 한 마리를 수(狩: 사냥해 잡음)했다. 왜 이를 기록한 것일까. 기이한 일이었기 때문이다. 왜 기이하다고 하는가. 중원에 없는 짐승이기 때문이다. 그렇다면 누가 이를 수(狩)한 것일까. 나무하던 사람이다. 나무하는 사람은 미천한 사람이다. 오직 천자와 제후가 사냥을 할 경우만 '수'라고 쓸 수 있는데 어찌하여 미천한 사람에게 '수'라는 표현을 한 것일까. 존중했기 때문이다. 기린을 잡았기에 그를 존중한 것이다. 그가 기린을 잡은 것을 왜 존중한 것일까. 기린은 인수(仁獸)여서 왕자(王者)가 출현할 때 이르고, 그렇지 않을 때는 이르지 않기 때문이다. 어떤 사람이 '획린'의 사실을 공자에게 고하면서 이르기를, '노루를 닮고 뿔이 있는 짐승을 잡았다'고 하자 공자가 탄식하기를, '누구를 위해 나타난 것인가, 누구를 위해 나타난 것인가'라고 했다. 이때 반몌식면(反袂拭面: 소매로 흐르는 눈물을 닦음) · 체첨포(涕沾袍: 눈물이 흘러내려 옷깃을 모두 적심)했다. 일찍이 안연이 죽자 공자가 탄식하기를, '아, 하늘이 나를 버리려 하는구나'라고 했다. 자로가 죽자 공자가 또 탄식하기를, '아, 하늘이 나를 죽이려 하는구나'라고 했다. 서쪽에서 '획린'했을 때는 공자가 탄식하기를, '나의 도가 이미 다하게 되었다'고 했다. 『춘추』는 왜 노애공 14년에 끝나는 것일까. 이에 대답하기를, '기술(記述)이 이미 완비되었기 때문이다'라고 했다. 공자는 왜 『춘추』를 지은 것일까. 발란세(撥亂世: 난세를 바로 잡음) · 반저정(反諸正: 잘못된 것을 바르게 돌려놓음)을 도모하기 위해서이다. 지금 발란세 · 반저정의 효험을 드러낼 수 있는 책으로 이 『춘추』만한 책은 없다. 그런데도 공자의 『춘추』 찬술이 발란세 · 반저정을 도모하고, 요순의 도를 전하는데 그 뜻이 있음을 깨닫지 못하는가. 공자의 도는 요순의 도를 이어받은 것이니 공자 또한 요순의 도를 크게 앙모한 것이 아니겠는가. 요순은 일찍이 공자가 『춘추』를 만드리라는 것을 알았을 것이다. 공자가 『춘추』를 지어 상벌의 대의를 밝힌 것은 훗날 성명한 군주가 나와 이를 본받고, 그 대의가 후대의 모든 군주 사이에 널리 통용되어 영원히 후세에 전해질 것을 바랐기 때문이다.”

이는 『춘추공양전』의 종결문이기도 하다. '반몌식면 · 체첨포'는 죽은 기린을 보고 탄식하며 비통해한 공자를 상징적으로 묘사해놓은 대목이다. 이는 전한제국 초기에 만들어진 얘기로 짐작되고 있다. 당시 공자는 문명의 위대한 지도자로 주변 조건이 맞아떨어졌으면 틀림없이 제왕이 되었을 것이라는 얘기가 횡행했다. 이를 뒷받침하기 위해 만들어진 얘기일 가능성이 높다. 『춘추공양전』은 바로 이런 항간의 얘기를 수록해놓은 것이라고 할 수 있다.

이를 통해 『춘추공양전』이 '획린' 사건을 안연과 자로의 죽음보다 중요한 사건으로 취급하고 있음을 짐작할 수 있다. 이 사건은 『춘추』를 연구하는 '춘추학'(春秋學)에서 극히 중시하는 사건이기도 하다. 『춘추공양전』과 『춘추곡량전』은 이 사건을 계기로 공자가 '미언대의'(微言大義)의 집대성인 『춘추』의 편찬작업에 종지부를 찍었다고 대서특필하면서 큰 의미를 부여해놓았다.

이는 『춘추공양전』과 『춘추곡량전』 모두 '획린' 사건이 일어난 노애공 14년(기원전 481)에 경문(經文)과 전문(傳文)을 모두 끝내고 있는 사실을 통해 확인할 수 있다. '획린'의 의미를 장황하게 해설해놓은 『춘추공양전』의 종결문은 전한제국 초기에 작성된 공양학을 추종하는 유가 후학의 작품으로 짐작된다. 『춘추곡량전』 역시 '획린' 사건을 끝으로 기록을 마무리지으면서 이같이 기술해놓았다.

"노애공 14년 봄, 노나라 서변(西邊)에서 기린을 사냥해 잡았다. 이 기린은 활로 쏘아 잡은 것이다. 군주가 수렵하면 그 지명을 적으나 그렇지 않은 경우는 그 지명을 적지 않는다. 군주가 수렵한 것이 아닌데도 '수'(狩)라고 한 것은 '획린'이 큰일이었기 때문이다. 그래서 획린한 사람의 행동을 크게 기록해놓은 것이다. 기린이 노나라로 '왔다'고 쓰지 않은 것은 기린을 중국 이외의 나라에 있는 짐승으로 간주할 수 없기 때문이다. 기린이 '있다'고 쓰지 않은 것은 기린이 영구히 중국에서 살 수 없게 되는 것을 원치 않았기 때문이다."

『춘추곡량전』의 이 기록은 중국을 사해(四海)의 중심으로 보는 중화 사상(中華思想)이 확고히 정립된 이후에 만들어진 것으로 보인다. 『춘추곡량전』은 『춘추공양전』보다 후대인 한선제(漢宣帝) 때 성행했다. 『춘추곡량전』 역시 '획린' 전설에 큰 의미를 부여해 의도적으로 대서한 것으로 보인다. 『춘추공양전』과 『춘추곡량전』에 나오는 '획린' 사건은 유가 전래의 경학적(經學的)인 의미 이외에 다른 의미를 찾기가 힘들다. 따라서 춘추시대를 분석할 때는 반드시 『춘추좌전』을 참고해야 한다. 『춘추좌전』은 '획린' 사건을 어떻게 취급해놓았을까. 『춘추좌전』「노애공 14년」조는 이 사건을 개략적으로 기술해놓았다.

"노애공 14년 봄, 노나라의 서쪽 지역 대야(大野: 산동성 거야현 북쪽)에서 수렵 행사가 있었다. 이때 숙손씨의 어자(御者) 자서상(子鉏商)이 기린(麒麟) 한 마리를 잡았다. 숙손씨가 상서롭지 못하다고 여겨 이를 우인(虞人: 산택 관장 관원)에게 주었다. 이때 중니가 이를 자세히 보고는 크게 놀라며 외치기를, '이것은 기린이다'라고 했다. 이로 인해 기린을 거두게 되었다."

『춘추좌전』은 『춘추공양전』 『춘추곡량전』과 달리 이 사건을 크게 취급하지 않았다. 또한 이 사건이 일어나는 노애공 14년에 기록을 끝내지도 않았다. 『춘추좌전』은 공자가 세상을 떠나는 노애공 16년의 여름 4월 기축일(己丑日: 11일)까지 경문이 계속되고 있고, 전문은 이보다 훨씬 뒤인 노애공 27년까지 이어지고 있다. '획린' 사건에 대한 평가가 완전히 다른 것이다.

공자가 편수했다고 알려진 노나라 역사서 『춘추』는 경문에 노나라를 비롯한 열국의 정치적 사건뿐만 아니라 일식·혜성·홍수 등의 자연현상과 제사·수렵 등의 행사에 관해서도 자세히 기록해놓았다. 이

중에는 일식과 같이 비교적 단순한 사실을 기계적으로 기술해놓은 것도 있고, 제사·수렵 등과 같이 기록자의 판단에 따라 임의로 기록해놓은 것도 있다. 『춘추』의 기술에 일정한 형식이 있기는 했지만 그것이 일정한 범례(範例)로 작용했던 것은 아니었다. 따라서 역사적인 관점에서 경문을 보다 정확히 파악하는 데 중점을 둔 『춘추좌전』에서 전문의 내용이 경문과 다소 차이를 보이는 것은 불가피한 일이었다.

그러나 경문에 대한 역사철학적 해석에 중점을 둔 『춘추공양전』과 『춘추곡량전』은 경문을 공자의 필삭(筆削)에 의한 불변의 성전(聖典)으로 간주했다. 전문 또한 경문에 버금하는 현전(賢典)으로 이해한 까닭에 경문에 나오는 사소한 내용조차 깊은 의미가 담겨 있는 것으로 생각했다. 『춘추좌전』과 달리 경문과 전문 모두 단순히 역사를 기술하는 차원을 뛰어넘는 일종의 역사철학적 관점에서 신성한 것으로 간주한 것이다. 『춘추공양전』과 『춘추곡량전』이 노애공 14년에 일어난 '획린' 사건을 대서특필한 이유가 여기에 있다.

'획린' 사건 자체는 역사적으로 큰 의미를 부여할 필요가 없다. 수렵에 관한 통상적인 기사에 불과한 것으로 다만 기린이라는 기이한 짐승을 잡은 점만이 다를 뿐이다. '획린' 사건은 '획린' 자체에 역사철학적 의미를 부여하고자 하는 의도에서 나온 후대인의 가필 또는 항간의 설화일 가능성도 배제할 수 없다.

여러 기록을 종합해볼 때 '획린' 사건 자체를 역사적 사실이 아니라고 단정하기는 어렵다. 그러나 이를 역사적 사실로 간주할지라도 대서특필할 이유는 없다. 박학다식한 인물로 통한 공자가 통상적인 수렵에서는 포획하지 못한 이상한 짐승에 관해 질문을 받고 '이것이 기린이 아닐까'라고 언급한 것이 후대에 크게 부풀려졌을 수도 있다.

물론 당시에도 기린이 태평성대를 상징하는 인수(仁獸)로 인식되고 있었다. 『시경』「주남 · 인지지」에 나오는 '인지지'(麟之趾: 기린의 발자국)라는 구절이 그 증거이다. 공자시대 이전부터 이미 기린에 관한 전설이 널리 유포돼 있었다고 보아야 한다. 당시에는 기린 이외에도 여러 '인수'에 관한 전설이 널리 유포돼 있었다. 「자한」편과 「미자」편에 언급된 용마(龍馬)와 봉황(鳳凰) 등이 대표적인 예이다. '기린'과 마찬가지로 '봉황'과 '용마' 등에 관한 전설이 이미 민간에 널리 유포돼 있었음을 시사하는 기록들이다.

물론 당시 사람들이 포획된 기이한 짐승을 모델로 하여 기린의 이미지를 구성했을 가능성도 배제할 수 없다. '획린' 사건을 계기로 공자가 크게 낙담한 나머지 『춘추』에 필삭을 가하던 붓을 내던지고 이내 자리에 누웠다는 식의 추론은 역사적 사실과 동떨어진 것이다. 한마디로 '획린' 사건을 공자가 크게 낙담하게 된 배경으로 취급할 이유가 없다.

따라서 '획린' 사건이 공자의 죽음과 직접적인 관련이 있다고 볼 수는 없다. 여러 기록을 종합해볼 때 '획린' 사건 당시 공자가 중병에 걸려 병상에 누워 있었을 가능성은 희박했다고 보는 것이 합리적이다. '획린' 사건이 일어난 지 얼마 안 된 노애공 14년(기원전 481) 여름에 일어난 제나라의 시역(弑逆)사건 때까지도 공자는 중병에 걸려 있지 않았다. 공자가 제나라 토벌을 청하는 자신의 건의가 받아들여지지 않았다는 이유로 상심한 나머지 중병에 걸렸다고 보는 것은 무리이다. 공자의 죽음은 '획린' 사건보다 1년 뒤인 노애공 15년(기원전 480)에 일어난 자로의 죽음과 보다 깊은 관련이 있다고 보는 것이 타당하다. 이는 『춘추좌전』의 해당 기록이 뒷받침한다.

공자는 진항 토벌을 건의한 노애공 14년 가을과 자로가 순직하는 노애공 15년 겨울 사이의 어느 시기에 중병에 걸렸을 가능성이 높다. 그것도 아니면 '획린' 사건이 일어나기 이전인 노애공 13년일 수도 있다. 어느 경우든 아들 백어의 죽음을 비롯해 애제자 안연의 죽음 등이 겹쳐 일어나면서 심신이 극도로 쇠약해진 데 따른 것만은 확실하다.

공자는 다행히 원기를 회복해 자리에서 일어나 다시 고전을 정리하고 제자를 육성하는 데 전념하게 된 것으로 짐작된다. 중병에서 회복한 시점을 노애공 15년 중반쯤으로 상정하면 공자는 병상에서 일어난 뒤 불과 1년밖에 활동하지 못한 셈이 된다. 결국 그는 자로마저 죽게 되자 충격을 견디지 못하고 자로가 죽은 지 반년 만에 세상을 떠났다고 해석할 수밖에 없다.

자로의 죽음

자로의 죽음은 극적이다. 『춘추좌전』에 따르면 자로는 노애공 15년에 위나라의 실권자인 공어(孔圉)의 아들인 공회(孔悝)의 녹을 먹고 있었다. 자로가 언제 위나라로 가 공회의 녹을 먹게 되었는지는 자세히 알 길이 없다. 다만 『춘추좌전』 「노애공 14년」조의 기록에 비춰 자로는 노애공 14년 봄까지 아직 노나라에 있었음에 틀림없다. 결국 자로는 위나라로 가 공회를 섬긴 지 1년 만에 세상을 떠난 셈이다.

자로의 죽음은 공회의 모친 공백희(孔伯姬)가 망명중인 동생 괴외와 통모해 동생을 보위에 앉힐 생각으로 아들 공회를 협박한 데서 비롯되었다. 자로는 공문(孔門)의 후배인 고시(高柴)와 함께 공회를 섬기고 있었다. 자로는 공회가 위기에 몰렸을 때 도성으로 들어가다가 마침

도주차 황급히 도성을 빠져나오는 고시를 만나게 되었다. 고시가 자로에게 급히 말했다.

"성문이 이미 닫혀버렸소."

그러나 자로는 의연했다.

"그래도 내가 잠시 한 번 다녀와야 하겠다."

고시가 말렸다.

"이미 때가 늦었소. 공연히 갔다가 수난을 당할 이유가 없소."

그러자 자로가 말했다.

"내가 공씨의 봉록을 먹고 화난이 닥쳐왔다고 하여 이를 피할 수는 없다."

그러자 고시는 더 이상 말리지 못하고 곧바로 떠났다. 자로가 도성으로 들어가 공씨 집 대문에 이르자 공회의 가신 공손감(公孫敢)이 성문을 지키고 있다가 자로에게 소리쳤다.

"들어와서 뭔가 할 생각은 아예 하지 말라."

자로가 공손감을 힐난했다.

"네가 바로 공손(公孫: 공손감)이구나. 이곳에서 줄곧 이익을 구하다가 화난을 피해 이리로 온 듯하나 나는 그렇지 않다. 나는 나의 녹봉을 이익으로 삼아온 사람이다. 나는 반드시 그의 환난을 구해주어야만 하겠다."

마침 사자(使者)가 대문 안에서 나오자 자로가 이 틈을 이용해 대문 안으로 뛰어 들어가 괴외를 향해 소리쳤다.

"태자는 공회를 어찌 하려는 것입니까. 설령 그를 죽인다 할지라도 반드시 그를 대신해 싸울 사람이 나올 것이오."

그리고는 또 소리쳤다.

"태자는 용기가 없어 만일 누대에 불을 질러 반쯤 타게 되면 반드시 공숙(孔叔: 공회)을 풀어줄 것이다."

괴외가 이 말을 듣고는 크게 두려워한 나머지 장수 석기(石乞)와 우염(盂黶)을 내려 보내 자로를 대적하게 했다. 두 사람이 창으로 자로를 공격하다가 마침 자로가 쓰고 있는 관영(冠纓: 관의 끈)을 끊게 되었다. 그러자 자로가 말했다.

"군자는 죽더라도 관을 벗을 수는 없다."

그리고는 다시 관영을 묶은 뒤 분전하다가 죽었다. 공자는 위나라에 난이 일어났다는 소식을 듣고 말했다.

"고시는 능히 난을 피해 돌아올 것이나 자로는 끝내 죽고 말 것이다."

의를 중시했던 자로의 장렬한 최후를 극적으로 묘사한 일화이다. 공자는 위나라에 난이 일어났다는 소식을 듣고 자로가 강직한 성격으로 인해 순직할 것을 미리 내다보았던 것이다. '자식을 가장 잘 아는 사람은 부모이고, 신하를 가장 잘 아는 사람은 군주이고, 제자를 가장 잘 아는 사람은 스승이다'라는 말이 이를 두고 하는 말일 것이다. 자로가 죽었을 때 공자의 나이는 이미 73세였다. 『춘추공양전』은 종결문에서 자로의 죽음에 낙담한 공자가 하늘을 향해 탄식한 것으로 기술해놓았다.

"아, 하늘이 나를 죽이려 하는구나."

공자는 안연에 이어 자로마저 세상을 떠나자 하늘이 무너지는 듯한 슬픔을 느꼈을 것이다. 결국 그 또한 자로가 죽은 지 불과 반년 만에 세상을 떠나고 말았다. 『예기』 「단궁 상」편에는 후대에 만들어진 것으로 보이지만 공자가 자로의 죽음에 얼마나 상심했는지를 잘 보여주는 일화가 있다.

"공자가 자로를 중정(中庭)에서 곡했다. 어떤 사람이 조상하자 공자가 그에게 절을 했다. 곡이 끝난 뒤 사자를 불러 그 까닭을 묻자 사자가 대답하기를, '저들이 자로를 해(醢: 고기 젓)로 담갔습니다'라고 했다. 공자가 드디어 좌우에 명하여 '해'를 뒤엎게 했다."

「공자세가」는 공자가 자로의 죽음으로 인해 이내 병이 나 죽게 된 과정을 담은 일화를 실어놓고 있다. 자로가 위나라에서 순직한 뒤 공자가 곧 병이 나고 말았다. 자공이 뵙기를 청하자 공자가 마침 지팡이에 의지해 문 앞을 거닐고 있다가 묻기를, '사(賜)야, 너는 왜 이렇게 늦게 왔느냐'라고 했다. 이어 크게 탄식하며 노래했다.

태산이 무너진단 말인가	太山壞乎
기둥이 부러진단 말인가	梁柱摧乎
철인이 죽어간다는 말인가	哲人萎乎

그리고는 눈물을 흘리며 자공에게 말했다.

"천하에 도가 없어진 지 오래 되었다. 아무도 나의 주장을 믿지 않는다. 장사를 치를 때 하나라 사람들은 유해를 동쪽 계단에 모셨고, 주나라 사람들은 서쪽 계단에 모셨고, 은나라 사람들은 두 기둥 사이에 모셨다. 어제 밤에 나는 두 기둥 사이에 앉혀진 채 사람들의 제사를 받는 꿈을 꾸었다. 나의 조상은 원래 은나라 사람이었다."

「공자세가」에 따르면 공자는 이후 7일 만에 세상을 떠났다. 유사한 일화가 『예기』 「단궁 상」편에도 있다. 다만 특이하게도 공자가 죽기 전에 자신의 죽음을 암시하는 몽조(夢兆)를 자공에게 얘기한 대목이 나온다.

"하나라 사람은 동쪽 뜰 위에 빈소를 마련했으니 곧 아직도 조(阼:

주인이 당 위에 올라가는 계단)에 있는 것이다. 은나라 사람은 두 기둥 사이에 빈소를 설치했으니 곧 빈주가 이를 끼고 있는 것이다. 주나라 사람은 서쪽 뜰 위에 빈소를 마련했으니 곧 손님으로 접대하는 것이다. 그런데 나는 은나라 사람이다. 내가 어젯밤 꿈에 두 기둥 사이에 앉아 전(奠: 제사음식)을 받았다. 대체로 명왕이 일어나지 않으니 천하에서 그 누가 나를 존경하겠는가. 나는 필경 죽을 것이다."

후한대의 정현을 비롯한 많은 사람들은 「단궁 상」편의 이 대목을 놓고 '성인이 천명을 익히 깨달았음을 보여주는 것'이라고 풀이했다. 그러나 '치평학'의 정립과 제자육성에 마지막 열정을 불태웠던 공자가 죽기 전에 몽조를 얘기하며 절망감을 보인 것은 평소의 모습과 커다란 차이가 있다. 원대의 오징(吳澄) 등이 의문을 제기한 것은 이 때문이다. 청대의 최술(崔述)도 생전에 자신을 성인으로 자처한 적이 없고 '괴력난신'을 꺼린 공자가 자신의 죽음을 몽조로 예언했을 리 없다고 단언했다. 많은 학자들은 공자의 죽음이 평온하고 평범했을 것으로 추정하고 있다.

공자의 죽음

공자의 죽음은 약간 앞선 석가나 후대의 예수가 죽을 때의 모습과 다르다. 그는 십자가에서 피를 흘리며 죽지도 않았고 제자들에 둘러싸여 열반에 들어가지도 않았다. 세속인과 하등 다름없는 죽음을 맞이한 것이다. 그러나 그는 당시의 인간에게 실망하면서도 후대의 인간에 대한 기대를 잃지 않았다.

『춘추좌전』에 따르면 공자가 세상을 떠난 시점은 정확히 노애공 16년 여름 4월 11일이다. 『춘추좌전』은 당시의 상황을 기술해놓았다.

"여름 4월 11일, 공구(孔丘)가 세상을 떠나자 노애공이 조사를 내려 애도하기를, '어진 하늘이 잘 대해주지 않아 국로(國老)를 좀더 세상에 더 머무르게 하지 않았도다. 그로 하여금 여일인(余一人: 본래 천자의 호칭임)을 보위하게 하여 재위했는데 이제 여(余)는 고독하여 의지할 곳이 없어 근심으로 병에 걸리게 되었도다. 오호애재(嗚呼哀哉), 니보(尼父: 공자)여, 스스로 통제할 바를 모르겠노라'고 했다. 이때 자공이 평하기를, '군주는 아마도 노나라에서 선종하지 못할 것이다. 부자(夫子: 공자)는 생전에 사람이 예를 잃으면 혼암해지고 명분을 잃으면 잘못을 저지르게 된다고 말한 바 있다. 본래 뜻을 잃으면 혼암해지고, 신분을 잃으면 잘못을 저지르게 된다. 살아 있을 때 중용하지 못하고 죽은 뒤에 조사를 읽는 것은 예가 아니다. 조사에서 여일인이라는 호칭을 사용한 것 또한 명분에 맞지 않는다. 군주는 예와 명분 두 가지를 모두 잃은 셈이다'라고 했다."

노애공은 공자가 귀국 이후 세상을 떠날 때까지 결코 녹위(祿位)를 구한 적이 없음에도 공자를 단지 국로로만 대우했을 뿐 그에게 국사에 관한 자문을 구하는 등의 실질적인 예우를 하지 않았음에 틀림없다. 이는 자공이 노애공에게 신랄한 비판을 가한 사실이 뒷받침한다. 『예기』「단궁 상」편에 공자의 장례식 상황이 실려 있다.

"자공이 말하기를, '옛날 부자는 안연의 초상을 당했을 때 아들을 잃은 것과 같이 했으나 복(服: 상복)은 없었다. 자로의 초상 때도 그러했다. 청컨대 부자의 초상을 치르는 데는 부친의 상을 당한 것처럼 하고 복은 없게 하자'고 했다. 공자의 초상에 공서적(公西赤: 자화[子華])이 지(志: 묘지문)를 지었다. 관을 장식하는 데 장(牆: 구의[柩衣])을 만들고, 삽(翣: 발인할 때 영구의 앞뒤에 늘어세우는 부채 모양의 덮개)을 두고, 피(披: 영구의 끈)를 늘였다. 이는 주나라 제도였다. 숭(崇: 영구 옆에 세우는 깃발)을 만든 것은 은나라 제도이고, 주련(綢練: 흰 비단으로 깃대를 싼 것)에 조(旐: 운구 때 앞세우는 깃발)를 만든 것은 하나라 제도였다."

3년의 심상(心喪)을 비롯해 하·은·주 3대의 예를 절충하려고 한 공문의 예에 관한 기본 입장이 반영돼 있다. 여기서 주목할 것은 3년의 심상이다. 『맹자』 「등문공 상」편의 다음 대목은 3년의 심상이 어떤 배경하에서 나타나게 되었는지를 잘 보여주고 있다.

"옛날 공자가 세상을 떠난 지 3년이 지난 후 문인들이 모두 짐을 정리해 장차 고향으로 돌아갈 생각으로 안으로 들어가 자공에게 절을 하고 서로 마주보며 곡하다가 모두 목이 쉰 뒤에 돌아갔다. 자공은 다시 가서 스승의 묘가 있는 곳에서 여막을 짓고 홀로 3년을 지낸 후에 돌아갔다."

「공자세가」에도 유사한 내용이 나온다. 이를 통해 3년 심상의 원조가 자공이었음을 짐작할 수 있다. 크릴은 '일생 중에 3년을 이런 일로 허비한다는 것은 서양인의 머리로는 거의 이해할 수 없다'며 찬탄을 금치 못했다. 자공은 공자의 만년에 지근거리에서 공자와 가장 많은 대화를 나눈 제자로 짐작된다. 『맹자』와 『춘추좌전』, 『예기』 모두 자공이 공자의 죽음을 미리 알아채고 후에 장례의식을 주관한 것으로 기술해놓은 사실이 이를 뒷받침한다. 자공은 공자 사후 6년 동안 뒷일을 도맡아 정리한 뒤 집으로 돌아가 자신의 길을 걷기 시작한 듯하다.

공자의 장례는 공자의 생전 지위가 하대부였던 만큼 일반 대부의 수준에서 제자들의 애도 속에 치러졌을 것이다. '춘추3전' 중 역사적 사실을 가장 많이 담고 있는 『춘추좌전』조차 공자의 죽음을 소략하게 기록해놓았다. 죽음에 특별한 의미를 부여한 전승(傳承)도 없다. 이는 장엄하게 묘사되어 있는 '소크라테스의 독배' 및 '예수의 십자가'와 분명 차이가 있는 것이다.

그러나 일본의 윤리철학자 와쓰지 데쓰로(和辻哲郎)는 『공자』에서 공자의 이러한 죽음이 오히려 위대하다고 분석했다. 「선진」편에 나와 있듯이 공자는 생전에 죽음에 대해 묻는 자로의 질문에 대해 '삶도 제대로 알지 못하는데 어찌 죽음을 알 수 있겠는가'라고 대답했다. 그에게는 산다는 것 자체가 바로 죽음에 대한 의미 부여였던 셈이다. 이는 「위령공」편에서 자신의 삶을 평하기라도 하듯 '삶을 구하여 인(仁)을 해치지 않고, 몸을 던져 죽을지언정 인을 이룬다'고 언급한 데서 보다 선명히 드러나고 있다.

공자에게 죽음은 삶과 괴리되어 있는 것이 아니라 삶의 또 다른 면이었다. 그는 삶과 죽음의 이분법적 구분을 거부했다. 크릴이 찬탄을 금치 못했듯이 공자의 위대한 죽음은 제자들의 3년 심상을 통해 극명하게 확인할 수 있다.

「공자세가」에 따르면 공자의 혈통은 공자보다 일찍 죽은 아들 백어가 낳은 급(伋)을 통해 계속 이어지게 되었다. 급의 자는 자사(子思)이다. 그는 62세까지 살았다고 한다. 『사기』 「중니제자열전」에는 자사의 이름이 원헌(原憲)으로 되어 있다. 자사는 『중용』을 지은 것으로 알려져 있으나 이는 후대에 만들어진 얘기로 보인다.

공자의 손자임에도 불구하고 원헌과 관련된 일화는 그리 많지 않다. 「중니제자열전」에 따르면 원헌은 공자가 죽자 위나라의 초택(草澤)에 몸을 숨겼다. 하루는 위나라의 재상으로 있던 자공이 원헌을 방문했다. 원헌은 해진 의관이지만 단정하게 차려 입고 그를 맞이했다. 자공이 이를 수치스럽게 생각해 그에게 물었다.

"어찌 이렇게도 곤고(困苦)하게 지내는 것이오."

원헌이 대답했다.

"내가 듣건대 '재물이 없는 것을 빈(貧), 도를 배웠으되 이를 능히 실행하지 못하는 것을 병(病)이라 한다'고 들었소. 나는 비록 '빈'하지만 '병'이 든 것은 아니오."

자공은 크게 부끄러움을 느꼈고 이후로 그때 한 말의 잘못에 대해 종신토록 부끄러움을 느꼈다고 한다.

이 일화는 전후맥락에 비춰 현실정치에 깊이 개입된 자공을 꺼린 유가 후학이 만들어낸 것으로 보인다. 유가 후학은 스승이자 조부인 공자가 죽자 속세와 두절한 채 안빈낙도(安貧樂道)한 원헌의 절조(節操)를 높이 평가해 '4과10철' 중 덕행에 뛰어났던 안연과 민자건 등에 비유하기도 했다.

민자건의 효행에 관한 일화는 후대로 가면서 더욱 미화돼 전승된 까닭에 어디까지가 사실인지 확인하기가 쉽지 않다. 대표적인 일화로 『예문유취』(藝文類聚)의 「설원」(說苑)편에 나오는 대목을 들 수 있다. 『예문유취』는 당제국 당시 최고의 서예가로 부친이 반역자로 처형된 데다가 어릴 때 작고 못생겨 남의 업신여김을 받았던 구양순(歐陽詢)이 당고조의 칙명을 받들어 편찬한 것이다.

이에 따르면 민자건에게 동복동생 하나가 있었다. 그의 모친이 죽자 부친이 다른 여인을 후실로 맞아들였다. 후실과의 사이에서 두 아들을 낳았다. 어느 날 민자건의 부친이 관가에 가려고 외출을 하는데 마침 마부가 없었다. 아들 민자건을 불러 수레를 끌게 했다. 그날은 몹시 추운 겨울날이었다. 추위에 떨고 있던 민자건이 수레를 끌자 수레도 저절로 떨렸다. 이상히 여긴 부친이 민자건에게 물었다.

"네가 어디 아픈 것이냐, 아니면 추워서 떨고 있는 것이냐."

민자건이 손을 내저으며 부인했다.

"아닙니다. 춥지 않습니다."

그러나 이번에는 말고삐를 놓치고 말았다. 부친이 그의 팔을 잡아주다가 그의 옷이 얇다는 것을 알았다. 부친은 집으로 돌아와 그의 계모가 낳은 아이들을 불러 팔을 만져보았다. 그들의 옷은 두툼했다. 부친이 계모를 불러 꾸짖었다.

"내가 당신을 맞아들인 것은 무엇보다 어미를 잃은 두 자식 때문이었소. 그런데 당신은 나를 속이고 있으니 당장 집을 나가도록 하시오."

이때 민자건이 부친 앞에 무릎을 꿇고 만류했다.

"어머니가 계시면 한 아들만 옷이 얇지만 어머니가 떠나면 네 아들이 모두 헐벗게 됩니다."

이에 감복한 계모는 더 이상 차별을 하지 못하고 화평하게 지냈다고 한다. 항간에는 민자건의 계모가 자기 자식에게는 솜을 넣어 입히고 민자건에게는 노화(蘆花: 갈대 잎)를 넣어 입히다가 부친에게 발각되었다는 얘기로 전해지고 있다.

원헌을 민자건에 비유한 일화는 역사적 사실에 부합하는지 여부도 불투명하다. 원헌이 공자의 혈손인 점을 지나치게 의식한 기록으로 보인다.

공자 사후에 공문의 본산이었던 산동성 곡부의 집과 제자들이 쓰던 내실은 공자묘(孔子廟)로 조성되었다. 훗날 한고조 유방(劉邦)이 노나라 땅을 지나면서 공자묘에 제사를 지낸 이래 제후들과 경대부, 재상이 부임하면 항상 묘를 참배한 후 정사에 임하는 관행이 생겨났다. 역대 왕조는 모두 공자묘를 성역으로 조성해 공자의 후손으로 하여금 이를 관리하게 했다. 유학을 유일한 관학으로 삼은 상황에서 왕조의 정통성을 유지하기 위해서라도 이는 불가피한 조치였다. 이민족이 지배한 왕조 역시 마찬가지였다.

10 군자학의 정립으로 만세의 사표가 되다

군자는 도를 도모하지 먹을 것을 도모하지 않는다.
아무리 열심히 밭을 갈아도 굶주림이 그 안에 있을 수 있으나
학문을 하면 늘 봉록이 그 안에 있다.
• 공자

공자가 이상적으로 생각한 '군자의 치평'은 국가 및 천하단위에서 이뤄지는 인간의 정치적 행위를 말한다. 이는 기본적으로 인간에 대한 전폭적인 신뢰 위에서 출발하고 있다. 공자는 이러한 신뢰를 '인'(仁)으로 표현했다. '인인'(人人)을 합성한 이 글자는 사람간의 신뢰 위에서 생성된 인간성을 의미한다. 그는 평생을 두고 '인'을 실현하기 위해 헌신했다. '인'이 실현된 상태를 '성인'(成仁)이라고 한다. 공자가 이상적인 위정자로 상정한 '군자'(君子)가 평생을 두고 지향해야 할 목표이기도 했다. 공자사상에서 '인'이 차지하고 있는 비중이 얼마나 막중한지 쉽게 알 수 있다.

공자의 인 사상

그러나 공자는 생전에 '인'에 대한 구체적인 개념정의를 내리지 않았다. 『논어』 5백 장(章) 중 '인'을 언급한 대목이 60여 곳에 달하나 모두 간접적인 언급에 불과할 뿐이다. 공자가 '인'을 직접적으로 설명하기보다는 구체적인 사례를 들어 제자들이 각자 그 의미를 천착하도록 하는 방식을 택했기 때문이다. 그는 이 방법이 '인'을 이해하는 데 훨씬 효과적이라고 판단했음에 틀림없다.

공자가 생각한 '인'은 머리와 책 속에 들어 있는 추상적인 개념이 아니라 일상생활 속의 다양한 인간관계에 내재해 있는 실천적인 개념이다. 삼라만상에 두루 내재해 있다고 간주한 절대불변의 진리인 성리학의 '천리'(天理) 개념과 현격한 차이가 있다. 공자의 '인'은 바로 인간에 대한 전적인 신뢰가 선행되어야만 실현가능한 덕목이다. 즉,

인간 자체의 영원한 승리를 의미한다.

『논어』에 나오는 공자의 '인'은 '서인'(恕人)과 '애인'(愛人), '지인'(知人) 등으로 표현돼 있다. '인' 속에 타자인 상대방을 자신을 대하듯이 사랑하고, 용서하고, 이해한다는 의미가 모두 포함되어 있다. 공자의 '인'은 소크라테스의 '지'(知)와 부처의 '자비'(慈悲), 예수의 '애'(愛) 등과 상통하면서도 이를 총괄적으로 내포하고 있다는 점에서 매우 특이한 개념이다.

그러나 후대의 성리학은 인간의 감성을 인욕(人欲)으로 간주해 타기대상으로 삼음으로써 공자의 '인'을 크게 왜곡시켜놓았다. 공자의 '인'은 인간의 자연스런 성정을 억압하는 일체의 편견을 배격한 것은 물론 인간성과는 동떨어져 있는 귀신의 존재도 부정했다. 그가 '괴력난신'에 대한 언급을 극도로 꺼린 사실을 통해 쉽게 알 수 있다. 그렇다고 공자가 사후문제와 내세문제 등을 전혀 생각지 않은 것은 아니다. 단지 '인'을 추구하는 데 도움이 안 된다고 보아 치지도외(置之度外)했을 뿐이다.

성리학에서 말하는 '태극'(太極)과 '무극'(無極) 등의 개념은 도가에서 말하는 '무'(無)와 불가에서 말하는 '공'(空)의 개념을 차용한 것이다. 성리학은 무극과 태극 개념에 기초한 '이기론'(理氣論)과 '천리인욕설'을 내세워 '치평'의 이치는 물론 삼라만상에 대한 궁극적인 해답을 찾아냈다고 주장했다. 조선의 개국공신 정도전이 『불씨잡변』(佛氏雜辯)을 통해 불교의 폐해를 신랄하게 비판하면서 성리학에 의한 새로운 질서를 주창한 것도 같은 맥락에서 이해할 수 있다. 이는 마치 중세 서양의 교부철학(敎父哲學)이 출세간의 문제를 다루는 신학을 세속의 문제까지 해결하는 정치학으로 원용한 것에 비유할 수 있다.

고금의 사례를 통해 확인할 수 있듯이 '치평'이 본령인 통치와 '괴력난신'의 문제를 본격적으로 다루는 종교가 결합할 경우 양측 모두 심각한 부패를 초래할 수밖에 없다. 중국은 일찍부터 공자사상의 세례를 받아 '괴력난신'에 대한 관심을 차단한 채 인간관계를 중심으로 한 세속의 문제를 탐구하는 데 모든 노력을 경주했다. 중국에서 이미 수천 년 전에 '치평학'이 탄생하게 된 배경이 여기에 있다. 엄밀히 따져보면 서양이 그토록 자랑하는 자유와 평등, 박애 등의 이념도 사실 중국사상의 세례를 받았다.

자유와 평등, 박애 등의 이념은 기본적으로 인간성에 대한 깊은 통찰과 인간의 이지(理智)에 관한 철저한 신뢰가 없으면 나올 수 없는 것이다. 이런 개념은 17세기 이전만 하더라도 오직 중국을 위시한 동아시아밖에 존재하지 않았다. 공자사상이 동서고금의 모든 사상을 통틀어 가장 인간중심적인 사고체계를 갖추게 된 이유이다.

공자의 '인'은 인간과 세상에 대한 모든 관계에 편재해 있는 까닭에 구체적으로는 인간과 인간, 인간과 자연, 개인과 국가사회, 자아와 타자 등의 총체적인 관계에 대한 고찰에서 출발하고 있다. 여기에서 인간은 모든 관계의 중심에 서 있다. 중국사상의 특징을 이루고 있는 '인귀'(人貴) 사상은 바로 공자의 '인' 개념에서 나온 것이다.

'인귀' 사상은 인간을 자연과 국가사회의 중심으로 간주한다. 역사문화의 주체이자 창조자는 어디까지나 인간이다. 공자의 '인'에도 천지가 등장하기는 하나 어디까지나 인간을 중심으로 하여 존재하는 자연의 하늘과 땅일 뿐이다. 공자의 '인'에는 맹자의 '천도'와 성리학의 '천리' 개념은 존재하지 않는다. 『논어』「공야장」편에 나오는 자공의 다음 언급이 그 증거이다.

"부자(夫子)의 문장(文章)은 가히 들을 수 있었다. 그러나 부자가 인성(人性)과 천도(天道)를 얘기하는 것은 들을 수 없었다."

공자는 인간을 배제한 하늘을 얘기한 적이 없다. 인간과 관계하지 않는 천지만물은 하늘과 땅을 포함해 단지 자연에 불과할 뿐이다. 천지만물은 인간이 중심에 섬에 따라 비로소 존재가치를 인정받게 된 것이다. 천지 속에 존재하는 국가사회 역시 인간을 중심에 놓았을 때 비로소 존재가치를 인정받는다.

공자사상에는 천국(天國)과 신국(神國)이 존재할 여지가 없다. 지상의 모든 나라는 인간이 중심이 된 인국(人國)일 뿐이다. 설령 천국과 같은 신국을 내세울지라도 그것은 인국의 복사판에 지나지 않았다. 19세기 중엽에 출현한 태평천국(太平天國)도 기독교의 '천국'을 모방했지만 결국 중국 전래의 '인국'으로 운영되었다.

공자사상에 나타나는 인간은 우주 삼라만상에 점과 같이 존재하는 하찮은 존재가 아니었다. 인간은 우주의 중심에 서 있는 까닭에 모든 존재를 적극적으로 해석하고 우주를 조화롭게 창조해나가는 주체가 된다. 공자의 '인'에 내재된 인문주의 사상의 웅혼한 면모를 여기서 확인할 수 있다.

인지합일

공자는 인간의 합리적인 이지를 전폭적으로 신뢰했다. 그는 자신의 가르침을 종교화하지 않았다. 전국시대 중기에 들어가 유가에 대칭되는 제자백가로 등장한 묵가의 경우는 인격신인 '티엔'(天)을 상정함으로써 사실상 종교화의 길로 나아갔다.

그러나 유가는 비록 맹자가 천도를 적극 해석하고 나섰음에도 불구하고 종교화로 나아가지는 않았다. 후대의 성리학이 '천리'를 내세워 '괴력난신'에 관한 깊숙한 탐색을 시도했으면서도 결코 종교로 나아가지 않은 것 또한 같은 맥락에서 해석할 수 있다. 중국에서는 서양보다 2천여 년이나 앞서 인간을 중심으로 하는 계몽주의 시대가 전개되었던 셈이다. 『논어』 「옹야」편에 나오는 지(知)에 대한 공자의 언급을 통해 쉽게 확인할 수 있다.

　"백성들을 의롭게 만드는 데 힘쓰고, 귀신을 경원(敬遠: 공경하면서도 멀리함)하면 가히 '지'라고 할 수 있다."

　일반적으로 '경원'은 귀신을 존경하면서도 귀신으로부터 초연한 태도로 풀이했다. 그러나 '경원'은 군주나 상관을 대할 때와 마찬가지로 귀신에게도 합당한 것은 모두 해야 하나 그 이상은 안 된다는 뜻으로 풀이하는 것이 타당하다.

　공자가 활약한 춘추시대 말기만 하더라도 열국 모두 귀신을 섬기는 제사를 중시했다. 그러나 공자는 귀신을 경원하는 방법을 제시함으로써 백성을 다스리는 통치문제와 신을 받드는 제사문제를 분명히 구분하고 나선 것이다. 그는 정치와 종교를 분리하는 일이 '지'라고 언명함으로써 학술문화의 종교로부터의 해방을 분명히 하고 나선 셈이다.

　이를 통해 알 수 있듯이 공자의 '인'은 '지'와 불가분의 관계를 맺고 있다. 공자의 '인' 사상이 지니고 있는 특징 중 하나가 '인지합일'(仁知合一)이다. 공자의 '지'가 '인'과 어떤 관련을 맺고 있는지는 「선진」편에 나오는 다음 일화를 보면 분명히 확인할 수 있다.

　자로가 귀신을 섬기는 마음가짐을 묻자 공자가 대답했다.

　"사람을 제대로 섬기지 못하는데 어찌 능히 귀신을 섬길 수 있겠는가."

이때 자로가 또 물었다.

"감히 죽음에 대해 묻고자 합니다."

공자가 대답했다.

"삶도 제대로 알지 못하는데 어찌 죽음을 알 수 있겠는가."

공자의 이러한 태도를 통해 '인'은 인간의 문제를 초월한 사안을 배제할 줄 아는 '지'에서 출발하고 있음을 알 수 있다. 즉, 공자는 인간의 문제와 초월적인 문제를 구별할 줄 아는 '지'를 기초로 인간 중심의 인문주의에 충실한 사상을 펼쳤던 것이다. '인'의 기초가 되고 있는 '지'가 무엇인지는 「위정」편 공자의 언급으로 추측해볼 수 있다.

"유(由: 자로)야, 안다는 것이 무엇인지 아느냐. 아는 것을 안다고 하고, 모르는 것을 모른다고 하는 것이 바로 아는 것이다."

'지'에 관한 공자의 언표 중 가지(可知)와 불가지(不可知)를 구별해 말하는 것이 '지'라고 말한 이 대목만큼 명쾌한 설명은 없다. 그러나 공자가 말한 '지'는 단순히 가지와 불가지를 구별하는 수준에서 그치지 않는다. 그가 말한 '지'는 기지(旣知)를 바탕으로 미지(未知)를 예견하고, '가지'를 바탕으로 '불가지'를 탐구하는 수준에 이르는 것을 뜻한다. 「술이」편 공자의 다음 언급이 그 실례이다.

"아마도 그 이치를 알지도 못한 채 행하는 사람이 있을 것이다. 나에게는 그런 것이 없다. 많이 들으면서 그중 좋은 것을 가려 좇고, 많이 보면서 그중 좋은 것을 가려 기억해두는 것이 지식을 얻는 순서이다."

'지'란 경험을 토대로 좋은 것을 골라내는 활동임을 지적한 셈이다. 이는 공자의 '인'이 합리적이면서도 이성적인 '지' 위에 성립해 있을 뿐만 아니라 '지'를 판별하고 실천하는 주체가 바로 인간 자신이라는 사고 위에 서 있음을 보여준다. 공자는 「이인」편에서 '지'를 바탕으로 하지 않은 '인'은 불완전할 수밖에 없다고 지적하기도 했다.

"불인자(不仁者)는 오랫동안 곤궁한 곳에 처하지 못하고, 오랫동안 즐거움에 처하지 못한다. 인자는 '인'을 편히 여기고, 지자는 인을 이롭게 여긴다."

'인자'와 '지자'가 두 개의 실체가 아닌 하나의 실체임을 여실히 보여주는 대목이다. 많은 사람들이 '요산요수'(樂山樂水)에 나오는 '인자'와 '지자'를 두 개의 실체로 나눠 해석하는 오류를 범하듯이 이 대목에서도 유사한 오류를 범한다. 여기의 '불인자'는 '인'을 체득하지 못한 자를 말한 것이기는 하나 '지'가 뒷받침되지 못한 사람을 의미한다고 보는 것이 옳다.

훗날 맹자는 공자의 '인지합일'을 해체해 '인'의 발단은 '측은지심'(惻隱之心), '지'의 발단은 '시비지심'(是非之心)에 있다고 규정했다. 그러나 그가 말한 '인'에는 공자사상에 나오는 '인'과 같은 통일적인 사고가 결여되어 있다. 공자는 결코 인(仁)·의(義)·예(禮)·지(知)와 같은 덕목이 인간의 본원적인 인성이라고 말한 적이 없다. 공자는 인간의 본성 차원에서 언급한 것이 아니라 타인 및 국가사회를 비롯한 일체의 타자와의 관계 속에서 체현하는 덕목을 언급한 것이다.

공자가 언급한 '인'의 덕목에는 맹자가 말한 인·의·예·지 이외에도 수많은 덕목이 두루 포함돼 있다. 그중에서도 '지'가 '인'과 가장 밀접하게 연결돼 '인지합일'의 구조를 이루고 있다. 공자처럼 '지'를 강조한 사람은 드물다. '지'는 오랫동안 교양의 단련을 쌓아 이뤄지는 것이다. 『논어』에 '지'처럼 '인'과 함께 자주 등장하는 덕목도 드물다. 공자가 말한 인간의 여러 덕목을 인·의·예·지라는 사덕(四德)으로 좁혀 해석할 필요가 없다.

맹자가 '사덕'을 떼어내 '사단설'(四端說)을 만들어낸 것은 자신이 주창한 '왕도'(王道)를 뒷받침하기 위해서였다. 성리학은 여기서 한 발 더 나아가 '사단설'을 극히 추상적인 '천리인욕설'과 결합시켜 '이기론'을 만들어낸 뒤 인간의 자유로운 성정을 억압했다. 여기서 공자 사상에 대한 일대 왜곡이 빚어졌다.

맹자는 '인'을 '측은지심'의 본원으로 축소시킨 뒤 '수오지심'(羞惡之心)의 본원으로 간주되는 '의'와 결합시켜 '인의'(仁義)라는 개념을 만들어냈다. 맹자는 이 '인의'야말로 통치의 핵심이고 '왕도'를 이룰 수 있는 모든 것이라고 주장했다. 그러나 그가 말한 '인의'는 공자의 권위에 가탁해 자신이 말하고자 하는 '의'를 강조한 것에 불과하다. '인의'에서 강조되고 있는 것은 어디까지나 '인'이 아닌 '의'이다.

『논어』를 보면 '인'과 '의'가 함께 붙어 있는 구절은 단 한 구절도 없다. 뿐만 아니라 '의'가 '인'과 같은 대목에서 기술되어 있는 것도 겨우 몇 대목에 불과하다. 『논어』에 나온 용례에 비춰 볼 때 '인'과 '의'는 개념이 완전히 다르다. '인'은 통상 '예악'(禮樂) 및 '지'와 함께 기술되어 있는 반면에 '의'는 '이'(利)에 대칭되는 개념으로 사용되고 있다. 이는 '의'가 대개 세속적인 '이록'(利祿)에 초연한 '불호리'(不好利)의 뜻으로 사용되었음을 의미한다. '인'을 '지'가 아닌 '의'와 결합시킨 맹자의 '인의'는 공자의 '인'에 대한 중대한 왜곡이다.

공자가 말한 '지'는 '인'에 이르는 대전제로 기능하고 있다. 칸트의 개념을 원용해 풀이하면 순수이성인 '지'가 실천이성인 '인'과 유기적으로 통일되어 있다고 해석할 수 있다. 나아가 공자의 '지'는 '학'(學)과 표리의 관계를 이루고 있다. 이는 「양화」편에 나오는 다음 대목이 뒷받침한다.

"인만 좋아하고 배우기를 좋아하지 않으면 어리석게 되고, 지혜만 좋아하고 배우기를 좋아하지 않으면 방자하게 된다."

공자는 여기서 '인지합일'의 단계에 이르기 위한 전제조건으로 '호학'(好學)을 거론하고 있다. 공자의 '인'이 '학지'(學知)와 얼마나 불가분의 관계를 맺고 있는지 확인할 수 있다. 그러나 '학'은 반드시 '사'(思)와 연결되어야만 한다. 공자는 「위정」편에서 그 이유를 설명해놓았다.

"배우되 생각하지 않으면 어둡고, 생각하되 배우지 않으면 위태롭다."

공자가 말하는 '지'는 반드시 '학'과 '사'의 겸행(兼行)을 통해 얻을 수 있다. 단순히 배우는 것만으로는 진정한 '지'를 얻을 수 없는 것이다. '학'과 '사'가 함께 어우러져 '지'가 이뤄져야만 비로소 '인지합일'의 단계에 접어들 수 있다.

공자의 제자 중 '학'과 '사'의 겸행을 가장 잘 한 사람은 안회이다. 공자가 '인'을 구현한 구체적인 사례로 안회를 자주 거론한 것은 그가 '학'과 '사'의 겸행을 통한 '호학'의 풍도를 보였기 때문이었다. 이는 공자의 모습을 닮은 것이기도 했다.

안회는 '일단사일표음'(一簞食一瓢飮)의 가난한 생활 속에서도 전혀 구애받지 않고 학문하는 즐거움에 젖어 있었다. 그는 '호학'했기 때문에 공자로부터 '인'을 체현한 인물로 칭송받았다. 구체적으로 '인지합일'의 단계에 이르렀을 때의 공효(功效)는 무엇일까. 개인적 차원의 자아의 완성에 그치는 것인가, 아니면 그 이상의 무엇이 있는 것인가. 「안연」편에 나오는 공자의 언급에 해답의 실마리가 있다.

"극기복례(克己復禮: 자신을 억제해 예로 돌아감)가 인을 이루는 것이다. 하루만이라도 극기복례하면 천하귀인(天下歸仁: 천하가 모두 인으로 돌아감)을 이룰 수 있다. 이를 이루는 것은 자신에게서 비롯되는 것으로 어찌 다른 사람에게서 비롯될 수 있겠는가."

이를 통해 '인지합일'의 경지가 '극기복례'이고, 그 구체적인 공효는 '천하귀인'이고, 이를 이루는 단초는 자기 자신에게 있다는 사실을 알 수 있다. 이 대목은 공자사상의 핵심인 '인'이 이루고자 하는 궁극적인 목표가 무엇이고, 공자가 왜 전 생애를 바쳐 '치평학'의 정립에 헌신했는지를 귀중하게 밝혀준다.

극기복례와 예악사상

많은 사람들이 '극기복례'를 '인지합일'의 경지에 이르는 방법론 또는 실천론으로 알고 있다. 그러나 이는 잘못이다. 공자는 단 하루만이라도 '극기복례'를 성사시킬 수만 있다면 '천하귀인'의 엄청난 공효를 이룰 수 있다고 언급했다. 즉 '인'의 지극한 공효를 말한 것이지 결코 방법론을 언급한 것이 아니다. 만일 이를 방법론으로 보게 되면 어느 날 갑자기 미륵(彌勒)이 출현해 중생을 반야의 피안으로 이끌거나 메시아가 갑자기 출현해 천년왕국을 열게 된다는 식의 설법과 다를 바가 없게 된다. 인간을 중심으로 하여 삼라만상과의 상호관계를 천착한 공자의 기본 입장과도 배치된다.

그런데도 왜 아직까지 많은 사람들이 '극기복례'를 '인지합일'에 이르는 방법으로 생각하고 있는 것일까. 이는 성리학의 영향이다. 주희는 '극기복례'의 '극기'(克己)를 '극욕'(克欲)으로 해석했다. 그러나 공자는 자신의 욕망을 극복하거나 없애라고 주장한 적이 없다. 단지 과도하게 노출되는 것을 경계했을 뿐이다. 순자가 예(禮)로써 '제욕'(制欲)할 것을 강조한 것과 같은 맥락이다. '극기'는 후한제국 말기의 마융(馬融)의 해석을 좇아 자신의 몸을 스스로 단속하는 일종의 '수기'(修己)로 해석하는 것이 타당하다.

'복례'는 '수기'를 통해 예(禮)로 상징되는 정치공동체의 기본질서로 돌아가는 것을 뜻한다. 이는 개인의 '수기'와 국가사회질서가 유기적으로 합일된 상태를 말한다. 순자가 말하는 '융례'(隆禮)가 이에 해당한다. '복례'는 곧 순자가 말한 '예치'(禮治)의 취지가 구현된 상태를 의미하는 것이다. 『순자』「강국」(彊國)편에는 전국시대 말기의 최대 강국인 진(秦)나라에 대한 순자의 다음 비평이 실려 있다.

"순수하게 유도(儒道)를 쓰면 왕자가 되고, 유도가 다른 것과 섞이면 패자가 되고, 아무것도 없으면 망한다."

진나라가 비록 법가사상에 기초해 부국강병을 이뤄 천하를 호령하게 되었으나 법치만으로는 천하를 제대로 통합시킬 수 없음을 주장하고 있다. '예치'는 법치를 포함할 수 있으나 법치를 '예치'로 대체할 수는 없다는 뜻을 담고 있다. 순자가 강조한 '예치'는 백성 개개인과 국가공동체가 상호 통일적으로 조화를 이룬 상태를 궁극적인 목표로 삼았다.

이를 통해 '극기복례'는 '수기치인'(修己治人)으로 요약되는 공자의 '치평' 이념이 조화롭게 실현된 상태를 의미한다는 사실을 쉽게 확인할 수 있다. 공자는 단 하루라도 '극기복례'가 이뤄지면 천하가 '인'으로 돌아가는 '귀인'(歸仁)의 상태가 나타난다고 언급했다.

주희는 '극기'를 '극욕'으로 해석한 데 이어 '복례'마저 '수제' 차원의 가례(家禮)로 간주함으로써 '수기치인'이 이뤄진 결과를 뜻하는 '극기복례'를 '인'을 이루는 수단 정도로 격하시켜버린 셈이다. 조선의 사대부들이 『주자가례』(朱子家禮)를 원용해 국가통치문제까지 해결하려고 하는 잘못을 저지른 이유가 여기에 있다. 주희는 맹자에 이어 공자사상의 핵심인 '인' 개념을 왜곡하는 데 결정적인 공헌을 한 셈이다.

공자가 말한 '극기복례'는 곧 '극기'인 '수기'와 '복례'인 '치인'이 통일적으로 결합돼 군자의 위정(爲政)이 궁극적인 목표로 삼고 있는 '지치'(至治)의 경지에 도달한 것을 의미한다. 공자가 '천하귀인'을 '극기복례'의 구체적인 표현으로 언급한 사실이 이를 뒷받침하고 있다. 공자 통치사상의 핵심이 '극기복례'에 있다고 해도 과언이 아닌 것이다.

공자는 '극기복례'는 어디까지나 다른 사람이 아닌 자기 자신으로부터 비롯되는 것이라고 말했다. 제자들에게도 작은 예절에 얽매여 대의를 읽지 못하는 '소인유'(小人儒)가 되지 말고 '군자유'(君子儒)가 되라고 주문했다. 공자는 생전에 신분의 고하를 막론하고 자신에게 배움을 청하는 모든 사람들에게 '군자학'을 가르쳤다.

공자는 이 대목에서 각 개인이 국가공동체의 일원으로서 주체적인 자각을 통해 '극기복례'와 '천하귀인'으로 표현된 '수기치인'의 군자가 되어 천하를 다스리는 상황을 '예치'의 개념으로 표현했다. 예를 중시한 공자의 '융례'(隆禮) 입장은 훗날 순자의 '예치' 사상으로 집대성되었다. 공자가 '융례'의 '극기복례'를 언급한 것은 기본적으로 '괴력난신'을 멀리하고 인간 세상에 모든 관심을 집중시킨 결과이다. 인간을 사고의 중심에 놓는 그의 인문주의적 특징이 극명하게 드러난다.

'예'라는 말은 신령에게 바치는 귀한 물건을 담는 제기를 뜻하는 상형문자에서 나왔으나 제사에 사용되는 제의(祭儀)의 의미로 전용되었다. 그러나 종교적인 의식의 범위가 너무 넓었기 때문에 '예'가 때로는 적절한 행위 일반을 의미하는 용어로 사용된 것도 별로 이상한 일이 아니다. 당시 국가제사는 군주가 주재했고, 원정 때에는 무기가 저장돼 있던 종묘와 사직에서 출정의식을 가졌다. 원정이 끝난 후 승전이 보고되고 장군이 포상되는 곳도 종묘였다. 외교협상도 종묘에서 이뤄졌다. 외교적인 연회도 그곳에서 베풀어졌다. 이는 조상의 신령이 인간의 길흉화복에 직접 개입하고 있다는 믿음에 따른 것이었다.

공자가 말한 '예'는 그 이전의 용례보다 행동규범이라는 의미가 훨씬 강화된 개념이다. 그의 '예'는 주로 제의 개념보다는 내부의 '인심'(仁心)이 밖으로 표현된 개념으로 사용되었다. '인심'을 가진 사람이 아니면 '예'와는 아무 관계가 없었던 것이다. 공자가 형식적인 '예'를 혐오한 것은 이 때문이었다. 「팔일」편의 다음 대목이 이를 뒷받침한다.

"예는 사치스럽기보다는 차라리 검소해야 하고, 상사(喪事)는 잘 치르기보다는 차라리 애도의 분위기가 있어야 한다."

공자는 죽은 사람을 위한 상례에도 모든 격식을 세세히 지키는 것보다는 진심에서 우러나오는 슬픔이 중요하다고 강조했다. 공자가 외형적인 '예'를 얼마나 혐오했는지는 『예기』「예기」(禮器)편의 다음 대목에서도 짐작할 수 있다

"지극히 공경하는 곳에는 문식(文飾)을 하지 않는다. 대규(大圭: 천자가 지니는 구슬)는 조각하지 않고, 대갱(大羹)에는 조미료를 넣지 않는다."

이는 공자가 말한 '예'의 본질이 어디에 있는지를 잘 보여주고 있다. 공자가 숭상한 '예'는 '인심'이 밖으로 드러난 자연스러움에 있다. 어떤 상황에서도 적절한 행동을 취하는 것을 뜻한다. '예'는 실제 행동에 대한 일종의 평형으로 과부족을 모두 방지하고 사회적으로 유용한 중도의 행동을 인도한다. 「태백」편 공자의 언급이 이를 뒷받침한다.

"공손하되 무례하면 수고롭게 되고, 신중하되 무례하면 두려움을 갖게 되고, 용맹하되 무례하면 어지럽게 되고, 강직하되 무례하면 조급해진다."

친구지간에 조심성이 없으면 오히려 우정을 해칠 수 있다. '예'는 군신관계를 비롯해 부자관계와 부부관계 등 모든 인간관계에서 지나치게 친닐(親昵)에 흘러 어지럽게 되는 것을 방지한다. 이는 '악'(樂)이 인간관계가 형식적인 '예'로 인해 지나치게 경색되는 것을 방지하는 것에 비유할 수 있다. 이처럼 '예'와 '악'은 불가분의 관계를 맺고 있다. '예'와 '악'은 하나로 통일되어 인간관계를 적절하게 유지시키는 기능을 수행하는 것이다. 그러기 위해서는 '예'가 시공의 차이에 따라 유연한 모습을 보일 필요가 있다. 공자가 '예'에 대해 시종 융통성 있는 자세를 취한 이유가 여기에 있다. 『예기』 「예운」(禮運)편의 다음 구절이 '예'에 대한 공자의 기본입장을 잘 보여주고 있다.

"예는 합당한 것을 구체적으로 표현한 것이다. 어떤 예일지라도 합당한 기준에 맞으면 설령 선왕의 관례에 없을지라도 가히 채택할 수 있다."

공자는 결코 고래의 예제를 고식적으로 추종하는 것을 원치 않았다. 그는 선왕의 관례에 없는 것은 물론 고래의 예제가 새 시대에 맞지 않으면 과감히 새로운 것을 취하고자 했다. 공자의 개혁적인 성향이 여실히 드러나는 부분이다.

그럼에도 후대에는 '예'가 형식적으로 고정되었다. 이러한 폐단은 성리학이 성립한 이후에 더욱 강화되었다. 이는 공자의 '예'와 다른 것이다. 공자는 '예'를 균형과 중용을 확고히 다짐으로써 어떤 위기상황에서도 능히 대처해나갈 수 있는 수단으로 생각했다. 「옹야」편 공자의 다음 언급을 보면 쉽게 알 수 있다.

"군자가 문(文)을 널리 배우면서 예로써 요약하면 또한 도에 어긋나지 않을 수 있다."

'지'를 강조한 공자가 '예'로써 요약할 것을 당부한 것은 '예'로써 요약하지 않을 경우 체계적인 '지'를 갖출 수도 없고 '지'를 제대로 활용할 수도 없다는 판단에서였다. 공자가 제자들에게 지적인 교양을 연마함과 동시에 '예'로써 다지기를 바란 것은 '인지합일'을 이루기 위해서였다.

공자는 '예'를 말할 때 항시 '악'을 덧붙여 말했다. 이는 '제의'를 뜻한 '예'의 의식에 음악이 늘 곁들여졌던 역사적 맥락에서 비롯되었다. 공자는 음악의 교육적 효과에 착안해 '악'의 중요성을 거듭 강조했다. '악'은 '예'와 더불어 '군자'의 인격도야에 반드시 필요하다는 것이 공자의 기본적인 생각이었다. 공자는 단순히 음악에 대한 교육을 강조한데 그치지 않고 스스로 악기를 다루면서 음악에 대한 깊은 조예를 자랑했다. 그가 제자들에게 직접 음악을 가르쳤는지는 분명하지 않으나 공문에서 높은 수준의 음악교육을 실시한 것만은 분명하다.

공문의 이러한 풍조는 음악의 가치를 교육에서 찾은 것으로 음악을 도덕 함양의 수단으로 적극 활용한 고대 그리스시대를 방불케 한다.

아리스토텔레스는 『정치학』에서 청년들의 인격을 형성하는 데 큰 도움이 되는 음악을 적극 교육할 것을 주장했다. 플라톤도 『국가』와 『법률』에서 음악은 국가 차원의 관심사라고 주장했다. 두 사람 모두 공자와 마찬가지로 어떤 음악은 권장되고 어떤 음악은 추방되어야 한다고 생각했다. 음악의 중요성에 대한 인식은 동서양을 막론하고 일찍부터 공감대를 형성했던 셈이다.

물론 근대에 들어와 서양문화가 음악을 극도로 정치하게 발전시킨 것은 의문의 여지가 없다. 그러나 음악의 보다 깊은 의미에 대해 서양은 상대적으로 관심이 적었다. 공자는 음악을 감상할 때 그러한 음악을 만들고 연주하는 사람의 마음까지 헤아리기를 당부했다. 인간에 대한 깊은 통찰을 주문한 것이다. 그럼에도 이후 동서양 모두 음악이 듣는 사람의 감정은 물론 사상에도 영향을 미친다는 것은 당연시하면서도 그 이상의 연구는 진척시키지 않았다.

공문에서 '예'와 '악'을 강조한 것은 양자가 국가통치에 매우 중요한 의식이라는 인식에서였다. 요즘 말로 바꾸면 외교를 포함한 국례(國禮)로 볼 수 있다. 대내외적으로 국가의 위엄 및 안위와 직결된 국가대사에 해당한다. '예'와 '악'을 모를 경우에는 이를 제대로 대처할 길이 없는 것이다. 협곡회동에서 뛰어난 외교력을 발휘해 노나라의 이익을 지켰던 공자로서는 그 누구보다도 '예'와 '악'의 필요성을 절감했을 것이다.

천·명 사상

당시 공자는 후에 맹자가 강조했던 '천도'에 대해서는 어떻게 생각했을까. 공자는 비록 '괴력난신'을 멀리했으나 귀신의 존재 자체를 부정했던 것은 아니다. 「술이」편에 나와 있듯이 그는 송나라 사마환퇴로 인해 곤경에 처했을 때 하늘이 자신에게 덕을 주었는데 환퇴 따위가 자신을 어찌하겠는가라고 호언한 바 있다. 또한 「자한」편에는 광 땅에서 조난을 당했을 때 하늘이 도를 멸하려 하지 않는데 광 땅 사람들이 자신을 어찌하겠는가라고 말한 대목이 나온다. 이를 두고 후대의 유자들은 공자 역시 맹자와 같은 차원에서 '천명'을 언급한 것으로 간주했다. 그러나 이는 공자사상에 대한 왜곡이다.

중국은 은나라 때만 할지라도 '띠'(帝)라는 인격신을 숭배했다. 은나라 사람들은 신령, 특히 조상의 신령이 인간의 운명을 지배한다고 믿었다. 이들은 재난을 피하고 복을 구하기 위해 제사를 올리고 점복을 통해 신령의 뜻을 헤아렸다. 그러나 은나라를 정복한 주족(周族)은 '띠'를 대신해 자신들의 최고신인 '티엔'(天)을 내세웠다. 백성들 사이에는 '티엔'과 '띠'가 동일한 것으로 간주되었다. 이는 로마인이 로마신을 그리스신과 일치시킨 것에 비유할 수 있다. 이에 '티엔'은 하늘을 지배하는 '티엔띠'(天帝)로 간주되었다.

그러나 춘추시대에 들어와 조약이 부단히 체결되었다가 파기되는 와중에 고통을 받는 쪽은 늘 조약을 위반한 측이 아니라 군사력이 약한 쪽이라는 사실이 보다 분명해졌다. 귀족의 명예를 상실하고 곤궁한 처지로 전락한 것 또한 조상신의 영험에 깊은 회의를 던지도록 만들었다. 이러한 회의는 공자가 태어나기 이전에 널리 확산되어 있었다. 공자도 이런 사조의 영향을 적잖이 받았을 것이다. 그는 생전에 부모를 위해 3년 상을 치르는 것을 당연시했다. 그러나 이것이 사후 세계에 대한 신앙을 의미하는 것은 아니었다. 「논어」에는 제사에 관한 얘기가 많이 언급되어 있으나 단지 제사의 사회적 행위로서의 효용을 인정한 것에 불과하다.

공자가 생각한 '천'(天)은 비인격적인 존재였다. 그럼에도 후대의 '속유'들이 '천'(天)을 미신적인 경향을 띤 것으로 풀이했다. 『묵자』 「공맹」(公孟)편에 나오는 유가에 대한 묵자의 비판을 보면 쉽게 알 수 있다.

"귀신이 없다고 주장하면서 제사지내는 예를 배우라고 하는 것은 마치 손님이 없는데도 손님 접대하는 예의를 배우라고 하는 것과 같고, 고기가 없는데도 고기 그물을 만드는 것과 같다."

공자가 세상을 떠날 무렵에 태어난 묵자는 유가의 이중적인 태도를 비판하면서 '천'의 의지를 뜻하는 '천의'(天意)를 강조했다. 묵가의 '천'은 마치 기독교의 '야훼'와 비슷했다. 묵가의 주장은 전국시대에 크게 풍미했다. 난세에 심신을 의지할 길이 없었던 백성들은 묵가에서 말하는 '천의'에 의지하며 마음의 위안을 찾고자 했던 것이다.

그러나 공자가 생각한 '천'은 묵자가 생각하는 것과 같이 종교적 '티엔'에 가까운 '천'이 아니라 도덕적 힘의 원천으로서의 '천'이다. 그는 결코 '천'이 속세의 일에 작용해 상벌을 내린다는 식의 미신적인 주장을 한 적이 없다. 덕행에 대한 최대의 보상은 마음의 평화와 다른 사람을 도움으로써 생기는 만족감에 불과할 뿐이다. 공자는 인간으로서 반드시 행해야 할 바를 행하는지 여부와 그 성패는 직접적인 관계가 없다고 생각했다. 공자는 천명이 군주의 덕행에 따라 상벌로 표현된다고 말한 적이 없다. 「계씨」편에 나오는 그의 언급을 보면 하늘에 대한 그의 기본입장을 확인할 수 있다.

"군자에게는 세 가지 두려움이 있다. 천명(天命)과 대인(大人: 덕망이 높은 사람), 성인지언(聖人之言)이 그것이다. 소인은 천명을 알지 못해 이를 두려워하지 않고, 대인을 함부로 대하고, 성인지언을 업신여긴다."

공자의 하늘에 대한 기본입장을 흔히 '외천명'(畏天命)이라고 한다. '외천명'은 우주의 기본원리를 도덕의 궁극적인 근거로 보는 자세를 말한다. 이는 묵자와 같이 인격신의 '천'을 말한 것도 아니고 맹자와 같이 인도에 대비되는 '천도'를 말한 것도 아니다. 「양화」편의 다음 일화를 보면 이를 보다 쉽게 알 수 있다.

하루는 공자가 제자들에게 말했다.

"나는 앞으로 말을 하지 않으려고 한다."

그러자 자공이 물었다.

"선생님은 말씀을 하지 않으면 저희들은 무엇을 기록해 후인에게 전할 수 있겠습니까."

공자가 자공의 질문에 반문했다.

"하늘이 무슨 말을 하던가. 사계절이 운행되고 만물이 태어나지만 하늘이 무슨 말을 하던가."

인간사 또한 우주의 로고스와 같은 이치에 의해 움직이고 있는데 더 이상 무엇을 중언할 필요가 있느냐는 취지를 밝힌 것이다. 공자의 '외천명'이 어떤 내용인지 짐작하게 해주는 대목이다. 공자의 '외천명'은 우주의 질서인 로고스를 '인도'의 이치와 동일시한 경건한 자세를 뜻하는 것이지 결코 인격신에 대한 숭경을 의미하는 것이 아니다.

이는 공자가 상례(喪禮)와 장례(葬禮), 제례(祭禮) 등에 큰 관심을 기울였음에도 불구하고 '순장'(殉葬)과 '후장'(厚葬)을 반대한 사실을 통해 쉽게 확인할 수 있다. 공자가 생존할 당시까지만 하더라도 조상신은 번영과 재난을 관장하는 존재로 여겨졌다. 그러나 공자는 이런 것들을 모두 무시했다. 그는 인간의 성패에 관여하는 것은 세습적인 신분에 있는 것이 아니라 개인의 능력과 노력이라고 생각했다. 공문이 신분의 고하를 막론하고 '군자학'을 가르친 것도 위정자의 자격은 신분이 아니라 개인의 학덕 수행에 달려 있다는 공자의 신념이 반영된 결과였다. 공자는 '천'을 도덕적 섭리 및 이상적인 우주의 조화라는 개념으로 사용했던 것이다.

그렇다면 공자는 '천'과 밀접한 관련이 있는 '명'(命)에 대해서는 어떤 생각을 갖고 있었을까. 『논어』에 천명을 언급한 것은 「위정」편의 '지천명'(知天命)과 「계씨」편의 '외천명'(畏天命) 두 곳뿐이다. 그러나 여기의 '천명'은 맹자가 말한 '천명'과 다른 의미를 지니고 있다.

맹자는 기본적으로 천명이 인간사에 직접적으로 작용한다고 생각했다. 후대의 유가들 역시 미신적인 모습을 보였다. 그들은 인간의 길흉화복에 인간의 노력으로 좌우할 수 없는 미지의 운명이 작용하는 것으로 간주했다. 『묵자』 「비유(非儒) 하」편에 전국시대의 유가들이 미신적인 운명론을 신랄하게 비판한 대목이 나온다.

"유자들은 주장하기를, '수요(壽夭)·빈부(貧富)·안위(安危)·치란(治亂)은 본래 천명에 달린 것인 까닭에 덜거나 더할 수가 없다. 궁달(窮達)·상벌(賞罰)·행부(幸否)도 정해진 것이어서 인간의 지력(知力)으로는 어찌할 수 없는 것이다'라고 한다. 유가는 이를 도라고 가르치고 있으나 이는 천하의 사람을 해치는 것이다."

묵자가 비판한 '속유'들의 행태는 공자의 가르침과 배치되는 것이다. 공자는 이러한 비난을 받을 만한 이유가 없다. 공자는 '명'을 '수명'(壽命)이나 '생명'(生命)의 의미로 썼을 뿐이다. 이는 「옹야」편의 다음 술회를 보면 더욱 쉽게 알 수 있다.

"안회라는 제자가 학문을 좋아했는데 불행히도 단명(短命)하여 일찍 죽었습니다. 지금은 그러한 사람이 없습니다."

「위정」편과 「계씨」편의 '지천명'과 '외천명'은 인간사를 좌우하는 맹자의 '천명'과는 차원이 다른 단순한 '수명' 또는 '생명'의 개념으로 사용된 것을 확인할 수 있다. 공자는 '명'을 후대의 유가들과 같이 '운명'의 개념으로 사용한 적이 한 번도 없다. 공자는 운명에 자신을 맡긴 일도 없고 다른 사람에게 그같이 충고하지도 않았다. 개인의 성실한 노력을 통한 도덕적 책무의 완수와 그 공효를 강조했을 뿐이다.

공문에서 말하는 군자는 위정자로서의 학덕을 닦는 데 기본목표를 두고 있는 까닭에 '부귀'와 '장수'에 연연하지 않는다. 군자가 관심을 갖고 추구할 목표가 아니기 때문이다. 「위령공」편 공자의 다음 언명을 보면 쉽게 알 수 있다.

"군자는 도를 도모하지 먹을 것을 도모하지 않는다. 아무리 열심히 밭을 갈아도 굶주림이 그 안에 있을 수 있으나 학문을 하면 늘 봉록이 그 안에 있다. 그래서 군자는 도를 이루지 못할까 걱정하지 가난을 걱정하지 않는 것이다."

이 대목을 통해 공자가 말한 '지인합일'의 경지는 하루아침에 대각(大覺)을 통해 얻을 수 있는 것이 아니라는 사실을 확인할 수 있다. 성실한 자세로 죽는 순간까지 학덕을 부단히 연마하지 않는 한 결코 도달할 수 없는 경지가 '지인합일'이다.

공자, 인본주의 사상의 정수

플라톤과 아리스토텔레스는 공자와 비슷한 시기에 통치문제를 진지하게 탐구한 사람이다. 서양에서는 이들의 사상을 『논어』에 서술된 공자의 정치사상과 비교하는 연구가 제법 진척돼 있다. 그러나 공자가 생각한 국가 및 천하는 그들이 생각한 것과는 차이가 있다. 플라톤과 아리스토텔레스가 상정한 국가는 조그마한 도시국가인데 반해 공자가 생각한 국가는 적어도 중국 전체를 포함하는 국가였다.

플라톤은 만년의 미완성 저서인 『법률』에서 도시국가의 규모를 5천여 호로 제한했다. 이에 반해 공자는 중원 제국은 물론 사방의 이민족까지 포함하는 세계국가의 상호공존 방안까지 언급하고 있다. 국가의 규모와 내용면에서 비교할 수 없을 정도의 차이이다.

이는 공자가 플라톤 및 아리스토텔레스 등과 다른 통치사상을 갖게 된 기본 배경이 되었다. 동서고금을 통틀어 공자만큼 '학'과 '지'를 중시한 사상가는 존재한 적이 없다. '너 자신을 알라'고 말한 소크라테스는 '지'(Sophia)를 말하기는 했으나 '학'(Scentia)을 말하지는 않았다. 플라톤은 '철인'(哲人)을 이상적인 위정자의 모델로 제시하며 아카데미아(Academia)를 개설한 점에서 공자를 가장 많이 닮았다. 그러나 '철인'은 공자가 말한 '군자'와 달리 '지' 자체를 즐기는, 말 그대로의 '애지자'(愛知者)일 뿐이다.

나아가 '학'의 차원에서 볼 때도 아카데미아의 교과목인 기하학과 수사학 등은 6예(六藝)의 수준에 머문 채 결코 문·사·철의 인문학을 통일적으로 집대성한 '치평학'의 단계로까지 나아가지는 못했다. 아리스토텔레스는 '학'을 보다 강조해 '치평학'에 해당하는 윤리학과 정치학 등을 체계적으로 정립하기는 했으나 스승인 플라톤과 달리 이상적인 위정자상인 '철인'의 모습을 제시하지는 못했다. 나아가 소크라테스가 영혼의 윤회설을 언급한 사실을 통해 알 수 있듯이 세 사람 모두 '괴력난신'에서 자유롭지 못했다.

서양문명이 이들의 세례를 받아 뛰어난 과학기술문명을 이루기는 했으나 인간과 국가사회 등에 대한 극의(極意)를 찾아내지 못한 것도 이와 무관하지 않다. 그들은 도시국가 수준을 넘어 천하를 대상으로 한 위정자의 모습을 상상한 적도 없었고 상상할 수조차 없었다. 비록 로마제국이 지중해를 내해로 삼는 방대한 영토를 보유했다고는 하나 본질은 도시국가를 조합해놓은 것에 불과했다.

'21세기의 로마제국'으로 불리고 있는 현재의 미국 또한 방대한 영토를 보유해 세계를 호령하고 있다고는 하나 분권적인 주(州)를 합치해놓은 로마제국의 복사판에 불과하다. 미국 역시 통치사상 및 통치제도적인 면에서는 그리스–로마 시대의 도시국가 모델에서 한 치도 벗어나지 못하고 있다. 그 이유는 무엇일까.

소크라테스 이래 오늘에 이르기까지 서양의 학술문화에는 사해(四海)로 상징되는 천하 전체를 다스리는 통치개념이 존재하지 않았기 때문이다. 그러나 공자는 이미 기원전 6세기에 천하를 다스리는 바람직한 위정자의 모델로 '군자'를 제시한 데 이어 '치평학'이라는 인문교양학을 구체적으로 정비해놓았다. 공자사상에서 나타나는 인문주의와 인본주의가 그의 사후 수천 년이 지난 오늘까지 찬연한 빛을 발하는 이유가 여기에 있다.

공자가 인간의 이지에 전폭적인 신뢰를 부여하며 인간이 할 수 있는 능력을 최대한 발휘해 최상의 경지에 오를 수 있는 인물로 제시한 것이 '군자'이다. 공자가 제시한 '군자'는 '왕도'를 주창한 맹자의 '왕자'(王者)와 다르다. '왕자'는 '학지'가 전제되어 있지 않은 점에서 '군자'와 큰 차이가 있다.

'군자'는 불가에서 말하는 '각자'(覺者)나 기독교에서 말하는 '성자'(聖者)와는 더욱 거리가 멀다. 기독교의 '성자'는 절대신인 '야훼'의 가르침을 성실히 이행함으로써 '인국'(人國)에 도움을 줄 수 있기는 하지만 인간의 노력이 아닌 신의 계시를 받아 이뤄지는 까닭에 '신국'(神國)의 봉사자에 불과하다. 불가의 '각자'는 꾸준한 수련과 갑작스런 깨달음을 통해 부처가 될 수 있다고는 하나 수련의 화두가 '공'(空)이나 '무'(無)와 같이 '출세간'의 문제에 대한 득도인 까닭에 인간세에 직접적인 도움을 줄 수가 없다.

이에 반해 공자는 인간이 충분히 도달할 수 있는 '군자'의 모델을 제시함으로써 현세에 이상국가를 세울 수 있는 구체적인 가능성을 제시했다. 수많은 후대인들이 학덕을 쌓은 인물을 두고 '군자'로 지칭한 사실을 통해 알 수 있듯이 '군자'는 누구라도 열심히 학덕을 닦기만 하면 이룰 수 있는 목표였다. 인간세에 이토록 구체적이면서도 현실적인 이상국가의 방안을 제시한 사상가는 동서고금을 막론하고 존재한 적이 없다.

계급투쟁을 통한 공산사회를 천하를 대상으로 한 현세의 구체적인 이상국가의 모델로 제시했던 마르크스의 사상도 거기에 이르는 도정이 사뭇 파괴적일 뿐만 아니라 이미 실효성을 상실해 사실상 폐기된 것이나 다름없다. 공산사회의 모델은 무력을 앞세운 서양의 제국주의가 횡행하던 시절에는 대항이데올로기로서의 효용이 전혀 없었던 것은 아니다. 그러나 『성경』에 나오는 '천년왕국'을 차용한 마르크스의

438

'지상낙원'은 보다 나은 삶을 구가하고자 하는 백성들의 기본욕구를 압살하고, 치평의 가장 기본적인 민식(民食)문제를 해결하지 못함으로써 자궤(自潰)하고 말았다.

마르크스에 앞서 이상향을 제시한 토머스 모어의 '유토피아'는 『예기』 「예운」(禮運)편에 나오는 '대동사회'(大同社會)와 유사하다. 그러나 '대동사회'는 남녀노소를 막론하고 모두 각자의 직분을 충실히 이행함으로써 이뤄지는 이상사회이다. 공자가 제시한 '군자'들로 충만한 사회를 후세의 유가들이 상상력을 동원해 구체적으로 형상화한 것이다. 인종과 남녀노소 등 모든 차별이 사라진 가운데 모든 개개인이 각자 원하는 바대로 자아완성을 이룩하며 최적의 만족을 누릴 수 있는 이상사회가 바로 '대동사회'이다. 이는 결코 마르크스의 '지상낙원'과 같이 투쟁을 통해 이룰 수 있는 것이 아니다.

인류가 장차 '대동사회'를 이룰 수 있을지는 앞으로도 영원한 과제가 될 수밖에 없다. 그러나 인류의 모든 지혜를 동원해 전 인류의 합의와 공감대 위에 세울 수 있는 방안은 이 길밖에 없다. 인간이 이룰 수 있는 진정한 지상낙원은 메시아의 재림을 통한 야훼의 선의(善意)에 의해 선물로 부여되는 것도 아니고, 미륵불이 문득 출현하거나 위대한 각자(覺者)가 우주 삼라만상의 이치를 대각했다고 해서 이뤄지는 것도 아니다.

'천당'이나 '극락'이 아닌 '지상낙원'을 진정으로 만들고자 할 때 인류가 믿을 수 있는 것은 오직 인간의 합리적인 이지밖에 없다. 과학기술로 인류의 기아문제를 완전히 해소한 뒤 인간답게 사는 길에 대한 보편적인 교육이 이뤄지고, 천하를 대상으로 덕행을 닦은 '군자'가 각국의 위정자가 될 때만이 가능할 것이다.

『예기』의 기록을 보면 공자 역시 생전에 언젠가는 사해가 하나의 동포로 이뤄지는 이상국가가 이뤄질 것이라고 생각했을 가능성이 높다. 그가 봉건질서가 잉존하던 시절에 신분의 고하를 막론하고 가르침을 받고자 하는 모든 사람을 제자로 받아들여 자신이 평생을 기울여 정립한 '군자학'을 전수한 사실을 통해서도 쉽게 확인할 수 있다.

프랑스혁명 당시 인간의 주체적인 자아완성을 보장하는 자유·평등·박애의 숭고한 이념은 봉건질서인 '앙시앙 레짐'(ancien regime)을 무너뜨리는 데 결정적인 공헌을 했다. 프랑스인들의 자랑일 뿐만 아니라 인류 전체의 자랑이다. 그러나 자유·평등·박애의 사상적 뿌리는 공자사상에 있었다. 프랑스의 지식인들이, 선교사들이 번역한 중국의 고전을 가장 열심히 탐독한 결과이기도 했다.

『논어』에는 자유·평등·박애 등과 관련한 인본주의 사상이 넘쳐나고 있다. 이는 말할 것도 없이 공자가 14년에 걸친 천하유세를 끝내고 노나라로 돌아온 뒤 고전을 정비하고 제자들을 육성하며 군자의 상징인 인인(仁人)의 기본개념을 완성해낸 데 따른 것이다. 동서고금을 막론하고 '인지'(仁知)로 대표되는 인문학적 인본주의 사상의 정수는 공자사상에 있다고 해도 과언이 아니다.

찾아보기

ㄱ

가상설(加上說) 329

강상명교(綱常名敎) 22, 54

강유위(康有爲) 197, 198, 313

거백옥(蘧伯玉) 130, 131, 251, 252, 301

걸닉(桀溺) 286, 288, 289, 290

계강자(季康子) 80, 208, 209, 295, 303~306, 308, 309, 379~381, 383, 386, 387, 390

계로(季路) 355

계손의여(季孫意如) → 계평자

계손사(季孫斯) → 계환자

계손씨 77~79, 120, 182~184, 186, 195, 196, 198, 208, 209, 217, 224, 226~229, 231, 298, 305, 324, 325, 380~385

계씨 → 계손씨

계찰(季札) 129~131

계평자(季平子) 120, 155~157, 159~161, 185, 325, 327

계환자(季桓子) 120, 185, 186, 188, 195, 196, 232~234, 246, 298, 303, 304, 386

『고사고존』(古史考存) 「변유묵」(辯儒墨) 35

고시(高柴) 401~403

고종(高宗) 321~323

고힐강(顧頡剛) 353

공렴처보(公斂處父) 195, 229

공방숙(孔防叔) 95, 96

공보문백(公父文伯) 185, 186

공산불뉴(公山不狃) 185, 194, 196, 197~200, 207, 211, 224~226, 228

공산불요(公山弗擾) → 공산불뉴

공서적(公西赤) 386, 387, 406

공서화(公西華) → 공서적

공손여가(公孫余假) 251

공숙씨(公叔氏) 252, 262, 263

공안국(孔安國) 259, 363

공어(孔圉) 306~309, 401

공위시대(空位時代) 78, 161

공자 규(糾) 172, 174, 175

공자 오(午) → 노양공
공자 조(朝) 254, 255
『공자, 인간과 신화』 28, 87, 310
『공자가어』(孔子家語) 89, 103, 110,
212, 228, 374
~「본성해」(本姓解) 94, 95, 97~99
~「시주」(始誅) 214
~「재액」(在厄) 270
~「형정」(刑政) 214
『공자개제고』(孔子改制考) 198, 313
『공자와 논어』 28, 89, 216, 364, 367
『공자전』(孔子傳) 28, 88
공회(孔悝) 401~403
곽말약(郭沫若) 241, 274
『관자』(管子) 「목민」(牧民) 58, 248
관중(管仲) 57, 58, 67, 143, 172~
176, 248, 249, 395
괴력난신(怪力亂神) 38, 358, 359,
392, 405, 416, 417, 419, 431, 437
괴외(蒯聵) 255, 256, 260, 295, 306,
401~403
교민(敎民) 248, 249
구천(句踐) 56, 58, 152, 166
『국가』 23, 430
『국어』(國語) 42, 68, 117
군자유(君子儒) 31, 38, 426
군자학(君子學) 22, 30, 31, 38, 47,
207, 361, 375, 379, 426, 434, 440
극기복례(克己復禮) 343, 424~426
금문(金文) 35, 36, 92
~학 28, 88, 90, 115
『기린』(麒麟) 254
기무라 에이이치(木村英一) 28, 89,

90, 100, 103, 105, 168, 169, 189,
216, 245, 251, 257, 261, 262,
263, 336, 349, 364, 367, 368
기해(祁奚) 72, 73

ㄴ

남궁경숙(南宮敬叔) 열(說) 93
남자(南子) 253~256
네모토 손시(根本遜志) 326
노소공(魯昭公) 78, 155~157, 159~
162, 164, 168, 169, 181, 182,
189, 194, 198, 275
노신(魯迅) 26
노양공(魯襄公) 71, 72, 77, 155
노애공(魯哀公) 33, 216, 257, 390,
393, 394, 406
노정공(魯定公) 167, 181, 210, 220,
224, 229, 256, 257
노희공(魯僖公) 37, 38, 195
『논어』 11, 12, 15, 23, 24, 83, 88,
106, 258, 300, 331~333, 342,
355, 358, 360~363, 366, 368~
370, 379~ 381, 387, 388, 415,
416, 431, 436, 440
~「계씨」(季氏) 110, 369, 383, 385,
387~390, 432, 434, 435
~「공야장」(公冶長) 110, 117, 128,
148, 298, 386, 387, 417
~「미자」(微子) 163~165, 171, 232,
286, 287, 295, 320, 369, 400
~「선진」(先進) 110, 184, 215, 226,
242, 263, 355, 380, 385, 387, 388,
390, 391, 408, 419

~「술이」(述而) 46, 125, 132, 140, 170, 262, 263, 267, 275, 285, 307, 321, 342, 348, 356, 357, 359, 377, 392, 420, 431

~「안연」(顏淵) 208, 213, 217, 249, 261, 265, 343, 423

~「양화」(陽貨) 33, 51~53, 83, 84, 132, 185, 186, 189, 190, 197, 198, 276, 313, 339, 350, 389, 390, 422, 433

~「옹야」(雍也) 176, 253, 386, 387, 390, 419, 429, 434

~「요왈」(堯曰) 320, 334

~「위령공」(衛靈公) 132, 257, 263, 270, 274, 329, 347, 349, 408, 435

~「위정」(爲政) 122, 146, 182, 213, 315, 321, 334, 339, 386, 420, 423~435

~「이인」(里仁) 330, 421

~「자로」(子路) 192, 228, 247, 280, 283, 296, 298, 313, 338

~「자장」(子張) 123, 124

~「자한」(子罕) 110, 121, 122, 127, 150, 246, 260, 262, 263, 301, 323, 327, 335, 336, 346, 349, 375, 392, 400, 431

~「태백」(泰伯) 249, 320, 343, 428

~「팔일」(八佾) 46, 119, 133, 170, 175, 215, 290, 320, 324~326, 344, 349, 350, 427

~「학이」(學而) 123, 338, 376~378

~「향당」(鄕黨) 214, 215, 369,

~「헌문」(憲問) 46, 85, 122, 172, 175, 215, 226, 287, 321, 322, 334, 348, 374, 393

『논어고금주』(論語古今註) 28, 301, 319, 331, 351

『논어고의』(論語古義) 30, 165

『논어석문』(論語釋文) 247

『논어와 공자의 사상』 367

『논어의 연구』 367

『논어의소』(論語義疏) 326, 327

『논어정의』(論語正義) 277

『논어주』(論語注) 364

『논어집주』(論語集註) 29, 172, 191, 284, 378

『논어징』(論語徵) 29, 30, 247, 330

『논어후안』(論語後案) 378

『논형』(論衡) 24, 89

ㄷ

다니자키 준이치로(谷崎潤一郎) 254

다산(茶山) → 정약용

다자이 슌다이(太宰純臺) 367

다케우치 요시오(武內義雄) 367, 368

『대대례기』(大戴禮記) 133

대동사회(大同社會) 439

대유(大儒) 31~33, 36

『대학』(大學) 22, 24, 331

도척 235

도통설(道統說) 329~331

독존유술(獨尊儒術) 23, 38

동중서(董仲書) 83, 316, 319

두명독(竇鳴犢) 300, 301

따오(道) 44, 45

띠(帝) 39~43, 45, 431

ㄹ

레그(Legge) 340, 352
로고스 433

ㅁ

마르크스 438, 439
마융(馬融) 315, 316, 319, 425
마키아벨리 45
만장(萬章) 245, 250
망신모난설(忘身冒難說) 259, 260
맹공작(孟公綽) 130, 131
맹무백(孟武伯) 305, 386, 387
맹손씨 77~79, 110, 158, 195, 196,
  229, 231, 305, 325
맹의자(孟懿子) 93, 110, 158, 159,
  229, 386
『맹자』 24, 89, 232, 246, 331, 362,
  367, 407
  ~「고자 하」(告子 下) 210, 234
  ~「등문공 상」(滕文公 上) 34, 188, 407
  ~「등문공 하」(滕文公 下) 243, 351
  ~「만장 상」(萬章 上) 250, 263, 264, 328
  ~「만장 하」(萬章 下) 46, 126, 181, 236,
  245, 306
  ~「이루 상」(離婁 上) 13, 381
  ~「이루 하」(離婁 下) 301
  ~「진심 상」(盡心 上) 263
  ~「진심 하」(盡心 下) 181, 236, 299, 334
맹피(孟皮) 98, 99, 101
맹희자(孟僖子) 92, 93, 110
「모공정」(毛公鼎) 43, 44
모기령(毛奇齡) 330, 331
모어, 토머스 439

목금보(木金父) 94, 95
무축(巫祝) 33, 36~38, 115, 116,
  118, 133, 358
『묵자』 89, 163, 165, 333
  ~「공맹」(公孟) 432
  ~「비악」(非樂) 34
  ~「비유」(非儒) 34, 166, 167, 210
  ~「비유 하」(非儒 下) 293, 434
  ~「절용」(節用) 34
  ~「절장」(節葬) 34
문종(文種) 57, 58
문질체변설(文質遞變說) 316, 317,
  319
미생(尾生) 75, 152
미자(微子) 계(啓) 70, 91
민자건(閔子騫) 355, 409, 410

ㅂ

반경합도설(反經合道說) 151
백공 승(勝) 291~293
백공의 난 279, 291, 293
백금(伯禽) 63, 320
백리해(百里奚) 57, 58, 143, 154
백비(白嚭) 291, 295, 306
백어(伯魚) 110, 111, 114, 388~
  391, 401, 408
백이(伯夷) 272, 286, 287, 332
『백호통의』(白虎通義) 89, 317
번육설 234
범리(范蠡) 57, 58, 166
『법률』 23, 430, 436
병가(兵家) 360
부교주의(富敎主義) 248~250

부교합일(富敎合一) 249
부민(富民) 248, 249
부차(夫差) 56, 58, 152, 153, 268, 274
분무(焚巫) 37, 38
『분서』(焚書) 54
불보하(弗父何) 93, 95

ㅅ

『사기』 14, 27, 87, 88, 97, 212, 300, 354, 357, 358
　～「12제후연표」(十二諸侯年表) 251, 260, 275, 297, 298
　～「공자세가」(孔子世家) 86～88, 90, 91, 95, 97, 100, 104, 105, 109, 111, 113, 119～121, 126, 155, 162, 167～170, 183, 185, 196, 209～211, 213, 216, 218, 220, 223, 233, 234, 243～245, 250～254, 256～258, 260～264, 266～270, 273～275, 277, 290, 295～297, 299, 300, 302, 303, 341, 345, 353, 354, 357, 373, 376, 404, 407, 408
　～「노주공세가」(魯周公世家) 71, 155
　～「송미자세가」(宋微子世家) 260, 264
　～「위세가」(魏世家) 213, 297, 298
　～「제태공세가」(齊太公世家) 155, 275
　～「중니제자열전」(仲尼弟子列傳) 130, 131, 362, 386, 408
　～「진세가」(晉世家) 290
　～「진승상세가」(陳丞相世家) 74
　～「초세가」(楚世家) 290
　～「태사공자서」(太史公自序) 117
『사기지의』(史記志疑) 105, 214

사단설(四端說) 422
사마환퇴(司馬桓魋) 243, 260～268, 431
사마우(司馬牛) 264, 266
사마천(司馬遷) 86, 88, 90, 95, 97, 99, 109, 167, 169, 213, 244, 254, 263, 289, 290, 300, 304, 340, 353
『사서석지』(四書釋地) 214
『사서집주』 316
사양자(師襄子) 373, 374
『산해경』 35, 115, 332
삼강오륜 22, 316, 319
3도 도괴(倒壞) 223～229, 234～236
3환 77～80, 129, 142, 155～157, 161, 164, 165, 169, 176, 177, 182, 185, 186, 188, 189, 194～196, 200～202, 209, 211, 216, 222～225, 229～232, 237, 241, 325, 354, 385, 393, 394
『서』 182, 320～322, 327, 333～335, 343, 369
『서경』 321, 322, 333, 343, 353, 361, 369, 370
　～「상서·열명(說命)」 321
　～「상서·함유일덕(咸有一德)」 323
　～「우서·고요모(皐陶謨)」 332
　～「우서·요전(堯典)」 332
　～「주서·군석(君奭)」 115
　～「주서·군진(周書)」 321
　～「주서·무일(無逸)」 322, 323
　～「주서·문후지명(文侯之命)」 44
　～「주서·여형(呂刑)」 39
　～「주서·주고(酒誥)」 41

~「주서 · 태서(泰誓)」 41

~「주서 · 홍범(洪範)」 73

~「하서 · 우공(禹貢)」 332

서언왕(徐偃王) 152, 153

『선진제자계년』(先秦諸子繫年) 87,
199

『설문해자』(說文解字) 35, 36, 115

『설원』(說苑) 212, 270

섭공(葉公) 심제량(沈諸梁) 278~280,
283~286, 292, 293

성리학 13, 22, 27, 53, 248, 340, 359,
395, 416, 417, 419, 422, 424

세네카 281

『세설신어』(世說新語) 「임탄」(任誕)
24

『소라이선생답문서』(徂徠先生答問書)
29

소련(少連) 286, 287

소정묘(少正卯) 212~214

소크라테스 23, 26, 408, 416, 437

손무(孫武) 57, 58, 152

손익사관(損益史觀) 315, 319, 344

『손자병법』 58, 152, 153

수기치인(修己治人) 425, 426

『수사고신록』(洙泗考信錄) 28, 87,
89, 95, 211, 214, 366

수오지심(羞惡之心) 422

숙량흘(叔梁紇) 90, 91, 96~101,
103, 106, 109, 110, 113, 118,
119, 125

숙손소자(叔孫昭子) 157, 160, 161,
325

숙손씨 78, 79, 158, 160, 182, 225,

229, 398

숙손첩(叔孫輒) 224~226

숙제(叔齊) 272, 286, 287

숙향(叔向) 130, 141, 142, 143, 145,
146

『순자』 89, 173, 367

~「강국」(彊國) 425

~「예론」(禮論) 34

~「왕제」(王制) 36

~「유좌」(宥坐) 211~213, 270

~「유효」(儒效) 12, 13, 360

순화(舜華) 300, 301

술이부작(述而不作) 132, 133

『시』 271, 272, 321, 335, 336, 338~
341, 343, 369

『시경』 31, 43, 335, 339, 340, 343,
349, 362, 369

~「노송 · 경(駉)」 340

~「상송」(商頌) 93, 95

~「소남 · 야유사균(野有死麕)」 101

~「소남 · 채빈(采蘋)」 101, 103

~「소아 · 상상자화(裳裳者華)」 73

~「소아 · 하초불황(何草不黃)」 271

~「제풍 · 계명(鷄鳴)」 340

~「주남 · 인지지(麟之趾)」 400

시라카와 시즈카(白川靜) 28, 35, 36,
38, 46, 88~90, 104, 115, 133,
209, 234, 235, 274, 322, 325,
332, 340, 368, 369

시비지심(是非之心) 421

『신론』(新論) 「정경」(正經) 363

『십비판서』(十批判書) 241

쓰다 사유기치(津田左右吉) 367, 368

ㅇ

아렌트, 한나 29, 280, 283

아리스토텔레스 281, 282, 430, 436

아퀴나스, 토마스 281, 282

「악」 336, 349, 369

안씨 → 징재

안연 → 안회

안영(晏嬰) 129~131, 140, 142, 143, 155, 165, 166, 169, 172, 177, 218

「안자춘추」(晏子春秋) 140, 163, 165~167

안평중(晏平仲) → 안영

안회 25, 85, 151, 258, 272, 273, 293, 347, 355, 369, 388~391, 397, 401, 406, 409, 423, 435

양계초(梁啓超) 213

양옥승(梁玉繩) 105, 114, 214, 225

양우보신설(佯愚保身說) 259

양호 120, 168, 169, 183~191, 193~197, 200~203, 207, 211, 213, 222, 229, 231, 235, 258, 260, 266, 267, 302, 307

「여씨춘추」(呂氏春秋) 37, 100, 115, 211, 212, 270, 367

「역」 356~360, 365

역성혁명론 42, 66

「열자」(列子) 89, 362

염구(冉求) → 염유

염옹(冉雍) 228, 355, 385

염유(冉有) 242, 247, 298, 304~306, 355, 369, 379~387

「염철론」(鹽鐵論) 89, 346

「예」 341, 342, 369

「예기」(禮記) 31, 33, 327, 341, 370, 407, 440

~ 「단궁 상」(檀弓 上) 52, 97, 113, 403~406

~ 「악기」(樂記) 348, 350

~ 「예기」(禮器) 427

~ 「예운」(禮運) 428, 439

~ 「잡기 하」(雜記 下) 33, 84

~ 「표기」(表記) 317, 318

「예문유취」(藝文類聚) 「설원」(說苑) 409

예의염치(禮義廉恥) 58, 249

오규 소라이(荻生徂徠) 29, 30, 247, 330, 331, 359, 367

「오월춘추」 166, 291

오자서(伍子胥) 57, 58, 152, 291

온고지신(溫故知新) 345, 347

와쓰지 데쓰로(和辻哲郎) 408

왕안석(王安石) 25

외천명(畏天命) 46, 433

요시카와 고지로(吉川幸次郎) 28, 335

우(禹) 151, 332

우중(虞仲) 286, 287

원헌(原憲) → 자사

위령공(衛靈公) 원(元) 192, 250, 251, 252, 255, 256, 257, 261, 265, 336

위성공(衛成公) 258, 259

위장공(衛莊公) → 괴외

위출공(衛出公) 첩(輒) 192, 246, 255, 256, 295, 306

위편삼절(韋編三絶) 357, 358

유방(劉邦) 74, 75, 76
유보남(劉寶楠) 277
유비(孺悲) 33, 84
유절(劉節) 35
유하혜(柳下惠) 286, 287
유향(劉向) 55, 166
유흠(劉歆) 32, 42
6예 102, 121, 124~129, 139, 140, 342, 349
『윤문자』(尹文子)「대도 하」(大道 下) 212
『의례』(儀禮) 33, 341
이기론(理氣論) 422
이일(夷逸) 286, 287
이탁오(李卓吾) 54
이토 진사이(伊藤眞齋) 29, 30, 165, 367
『인간의 조건』 281
인지합일(仁知合一) 249, 419, 422, 423
일민(逸民) 286~290
임어당(林語堂) 115, 120, 254

ㅈ
자가자(子家子) 158~161
『자견남자』(子見南子) 254
자공 242, 246, 267, 271~273, 293, 300, 304, 306, 307, 318, 331, 338, 350, 355, 362~364, 369, 386, 404, 406, 407, 409, 417, 433
자로 175, 197, 198, 200, 201, 208, 224~228, 233, 253, 254, 271, 272, 276, 278, 279, 285, 287~

289, 294~296, 368, 383~388, 392, 393, 396, 397, 400~404, 406, 420
자사(子思) 408~410
자산(子産) 129, 130, 140~149, 153, 154
자유(子游) 83, 354, 355, 362, 369
자장(子張) 127, 128, 354, 362, 369
자하(子夏) 38, 123, 124, 338, 354, 355, 362, 369
자화(子華) → 공서적
장소백(臧昭伯) 160, 324, 325
『장자』 27, 89
  ~「도척」(盜跖) 235
  ~「산목」(山木) 234
  ~「양왕」(讓王) 234, 270
  ~「어부」(漁父) 234
  ~「외물」(外物) 31, 33, 36
  ~「천운」(天運) 234
  ~「천하」(天下) 365
  ~「추수」(秋水) 266
장저(長沮) 286, 288~290
『전국책』(戰國策) 55
전국칠웅(戰國七雄) 55
전목(錢穆) 87, 199
접여(接與) 294, 295
정고보(正考父) 93, 95
정명(正名) 191~193, 296
정약용 14, 28, 134, 135, 150, 151, 301, 302, 319, 327, 331, 351, 357, 358
정이천(程伊川) 173, 174, 327, 350, 378, 394, 395

정현 134, 364, 370, 405

제간공(齊簡公) 393, 394

제경공(齊景公) 154, 155, 159, 162~
165, 167~169, 218, 219, 232

제자백가 14, 315, 333, 360

제환공(齊桓公) 57, 67, 143, 172~
175, 220, 395

조간자(趙簡子) 200~202, 260, 276~
278, 300, 302

조두(俎豆) 114, 115, 117, 118, 126,
257

조조(曹操) 24, 76, 152, 153

조최(趙衰) 57, 58, 67

존왕양이(尊王攘夷) 57, 58, 143,
313, 353, 395

종법제(宗法制) 61, 62, 69

좌구명(左丘明) 117

주공 단(旦) 62, 63, 91, 119, 140, 320

『주례』(周禮) 341

『주역』(周易) 150, 188, 358

주유설(侏儒說) 35

『주자가례』(朱子家禮) 53, 426

주희 24, 25, 29, 83, 104, 105, 150,
172, 174, 175, 191~193, 199,
259, 284, 301, 316, 318, 319,
330, 331, 357, 358, 359, 366,
378, 382, 424

중궁(仲弓) → 염옹

중량회(仲梁懷) 185, 186

『중용』 24, 331

증삼(曾參) 377

증자 330, 331, 369

지행합일(知行合一) 135

진목공(秦穆公) 57, 154

진문공(晉文公) 57, 67, 395

진민공(陳閔公) 268, 269

진시황 203

진평(陳平) 74~76

진항(陳亢) 389, 393~395, 401

징재(徵在) 90, 97~99, 103, 106,
109, 118, 125

ㅊ

초소왕(楚昭王) 293, 294

최술(崔術) 28, 84, 87, 89, 95, 104,
199, 211, 214, 232, 277, 340,
366, 405

추방설 234, 235, 236

『춘추』 55, 351~355, 365, 396, 399,
400

춘추5패(春秋五覇) 56

『춘추곡량전』(春秋穀梁傳) 103, 173,
397~399

『춘추공양전』(春秋公羊傳) 103, 173,
224, 229, 395~399, 403

『춘추번로』(春秋繁露) 316

『춘추좌전』 37, 70~73, 92, 96, 100,
105, 116, 119, 129, 141, 145,
155, 161, 167, 185, 188, 194,
197, 210, 219, 223~225, 252,
254, 260, 265, 277, 279, 290,
295, 305, 308, 324, 342, 376,
379, 385, 386, 394, 398, 400,
401, 405~408

충질문이상설(忠質文異常之說) 319

측은지심(惻隱之心) 421, 422

치국평천하(治國平天下) 38, 283
치이자피(鴟夷子皮) 166, 167

ㅋ

카알그렌(B. Karlgren) 362
쿨랑주(N. D. Coulange) 64
크릴(H. G. Creel) 28, 87, 88, 89,
  100, 103, 164, 168, 169, 189~
  191, 199, 232, 261, 289, 290,
  310, 382, 407, 408

ㅌ

탁고개제(託古改制) 313
탕왕(湯王) 70, 91
태숙질(大叔疾) 307, 308
태자 건(建) 291~293
티엔(天) 40~46, 66, 418, 431

ㅍ

8일무(八佾舞) 156, 157, 324~326
풍우란(馮友蘭) 199
프랑스혁명 440
프레이저(J. G. Frazer) 37
플라톤 12, 23, 26, 430, 436, 437
필힐(佛肸) 269, 276~278, 300, 302,

374

ㅎ

『하간논어』(河間論語) 367
하궤(荷蕢) 286
하안(何晏) 113, 150, 358
한무제(漢武帝) 23, 38, 354
『한비자』 27, 89, 201, 234, 367
  ~「외저설 좌하」(外儲說 左下) 188, 200,
  233
『한서』「화식전」(貨殖傳) 362
『한시외전』(韓詩外傳) 270
한신(韓信) 74
한유(韓愈) 24, 150, 151, 316, 318,
  319
합려(闔閭) 56, 152, 292
항우(項羽) 74~76
허신(許慎) 35
현상시대(賢相時代) 141, 143
협곡회동 167, 200, 210, 217, 219~
  222, 237, 242, 430
형정(刑鼎) 144~147
화보독(華父督) 94
황간(皇侃) 326, 327
획린(獲麟) 393, 395~401

지은이 학오(學吾) **신동준**(申東埈)은 1956년에 충남 천안에서 태어났다. 경기고등학교 재학시절 태동고전연구소에서 한학의 대가인 청명(靑溟) 임창순(任昌淳) 선생에게 사서삼경과 「춘추좌전」 등의 고전을 배웠다. 서울대학교 정치학과와 같은 대학원을 다녔고 「춘추전국시대의 정치사상」으로 박사학위를 받았다. 「조선일보」와 「한겨레신문」 정치부 기자와 도쿄 대학교 동양문화연구소 객원연구원 등을 역임했다. 현재 21세기정치연구소를 열어 활발한 저술활동을 전개하며 서울대 · 외국어대 · 국민대 등에서 한국정치와 통치리더십 등을 가르치고 있다. 지은 책으로는 「통치학원론」 「삼국지통치학」 「조조통치론」 「덕치 · 인치 · 법치」 「연산군을 위한 변명」 「중국문명의 기원」 등이 있고, 옮긴 책으로는 한길사에서 펴낸 「춘추좌전」을 비롯하여 「난세를 평정하는 중국통치학」 「자치통감-삼국지」 「실록 열국지」 「국어」 등이 있다. 논문으로는 「역대대통령 통치행위 비교분석」 「몽양 여운형사상에 관한 치도론적 분석」 「중도주의 이념정립에 관한 고찰」 등이 있다.